# 이 시대를 향한 설교학

계지영 지음

PREACHING
TO SUCH TIMES
LIKE THESE

한국장로교출판사

이 시대를 향한 설교학

초판인쇄　2014년 1월 10일
초판발행　2014년 1월 20일

지은이　계지영
펴낸이　채형욱
펴낸곳　한국장로교출판사
주　소　110-470 / 서울 종로구 연지동 135 한국교회100주년기념관 별관
전　화　(02) 741-4381 / 팩스 741-7886
영업국　(031) 944-4340 / 팩스 944-2623
등　록　No. 1-84(1951. 8. 3.)

ISBN 978-89-398-4035-5 / Printed in Korea
값 19,000원

편 집 장　정현선
교정·편집　이슬기 김효진 이성신　　표지디자인　김보경
업무차장　박호애　　　　　　　　　　영업차장　박창원

※ 이 출판물은 저작권법에 의해 보호를 받는 저작물이므로 무단전재와 무단복제를 할 수 없습니다.

# 머리말

미국의 교회 성장 전문가인 라일 쉘러(Lyle Schaller)에 의하면 지난 45년 동안 미국과 유럽에서는 가톨릭교도들의 2세대, 3세대, 4세대, 그리고 5세대들이 가톨릭 교회를 떠나 개신교로 교적을 옮기는 '대(大)출애굽' 사건이 일어났다고 한다. 특히 미국에서는 천주교인 6천만 명 중 1천 5백만 명이 천주교를 떠났는데, 가톨릭 교회를 떠난 1천 5백만 명 중 적어도 600백만 내지 1,300만 명의 천주교인들이 개신교로 교적을 옮겼다고 한다. 그리고 그 이유는 좀 더 진지하게 신앙 생활을 하기 위하여, 더 깊게 성경 공부를 하기 위해서였다고 한다. 그러나 이러한 세계적인 현상과는 달리 한국에서는 개신교로부터 가톨릭으로 교적을 옮기는 사례들이 점점 늘고 있다. 최근 어느 미래 사회 연구소는 앞으로 개신교의 교세는 급격하게 줄어들 것이라고 예측하면서, 30년 후에는 가톨릭이 한국의 최대 종교가 될 것이라고 전망하고 있다.

한국 개신교회의 마이너스 성장에는 여러 복합적인 요인들이 있을 것이지만, 강단에서 비성서적인 메시지가 선포되는 것도 큰 이유 가운데 하나가 될 것이다. 강해설교를 하고 있는 보수적인 설교자들 가운데는 텍스트에서 칼 바르트가 말하는 '이상한 새로운 세계'(strange new world)를 체험하지 못한 채, 또한 청중을 대신한 제사장적인 귀를 가지고 본문에서 들려주시는 음성을 듣지 못한 채, 피상적이고 즉흥적인 큐티를 한 다음, 청중들의 삶에 율법적이고, 권위적이며, 도덕주의적 적용을 하는 설교를 하는 경우가 있다. 또 오순절 계통의 교단에서는 예수 믿으면 복 받고 잘살 수 있다는 건강과 부(health & wealth)를 복음으로 자주 선포하며, 진보적인 설교자들 가운데는 청중들의 가려운 귀를 의식하고 인본주의적인 메시지인 적극적인 사고방식이나 긍정의 힘을 복음의 전부인 것처럼 외치고 있다.

우리가 기독교의 역사를 살펴보면 교회가 영적인 부흥과 성장을 이루게 되었을 때에는 반드시 역동적인 성경적 메시지가 주도적인 역할을 해 왔고, 반면에 교회가 세상을 변화시키지 못하고, 오히려 세상을 닮아 갔던 시대에는 강단의 메시지가 생명력을 잃어버렸던 때임을 발견하게 된다. 설교의 역사에 관한 고전적인 저서를 남긴 에드윈 다간(Edwin C. Dargan)도 교회의 사역과 영적인 삶의 쇠퇴는, 생명력이 없고 형식적이며 열매가 없는 설교에 의한 경우가 대부분이라고 말한다. 반면에 기독교 역사에 있어 위대한 부흥운동은 대부분 강단의 설교에서 유래한 것이라고 말하고 있다. 이러한 관점에서 한국 교회의 갱신과 영적인 부흥은 성경적인 설교의 회복에 달려 있다고 말할 수 있을 것이다. 성서적인 설교의 회복을 위하여, 이 책이 조금이나마 한국 교회 설교자들에게 도움이 되기를 희망한다.

필자는 포항에서 목회하면서 「현대설교학개론」을 저술한 바 있었는데, 이 책이 한국장로교출판사의 신학연구도서 시리즈의 하나로 출간되었었다. 그리고 이 책이 출판된 이후 설교학계에 많은 변화가 있어 새로운 책이 절실히 요청되어 왔는데, 필자가 한국에서의 목회를 끝내고 다시 미국으로 돌아와 풀러신대원과 맥코믹신대원의 한국어 목회학 박사과정(D. Min.)에서, 또 미주 장로회신학대학교의 신대원 과정에서 강의하면서 정리한 내용을 이번에 출간할 수 있게 되었다. 풀러에서 강의할 수 있도록 해 주신 풀러신대원의 세계적인 신약학자 김세윤 박사님과 풀러 한인 목회학 박사원 원장 황진기 박사님께 감사를 드리며, 또 원고를 꼼꼼히 읽어 주고 유익한 코멘트를 해 준 신앙과 삶의 동반자 아내 박은덕에게 감사를 드린다. 그리고 무엇보다도 우리의 주가 되시고 구원자가 되시는 살아 계신 주님께 감사와 찬양을 올려 드린다.

2013년 12월
계지영

머리말 _ 3

## 제1부 설교와 신학 _ 9
### 제1장 설교와 신학 _ 11
1. 설교를 위한 신학의 기능 _ 13
### 제2장 성경적 설교란 무엇인가? _ 18
1. 성경적 설교의 내용 _ 18
2. 성경적 설교의 기능 _ 22
### 제3장 설교란 무엇인가? _ 25
1. 설교는 전령이 하나님의 말씀을 선포하는 것 _ 26
2. 설교는 말씀으로 청중을 목양하며 치유하는 것 _ 32
3. 설교는 하나님의 말씀으로 청중을 가르치는 것 _ 39
4. 설교는 다리를 놓는 것 _ 42
5. 설교는 선물을 주는 것 _ 44
6. 설교는 하나님의 말씀을 이야기하는 것(Storytelling/Poem/Art) _ 47
7. 설교는 신앙 공동체의 작품 _ 54
8. 설교는 하나님의 말씀을 증언하는 것 _ 59
9. 설교는 예수의 독특성을 설교하는 것 _ 64
10. 설교는 청중들에게 다른 대안의 대본인 텍스트의 세계를 제공하는 것 _ 72

**제2부 설교의 작성 _ 79**

　　**제1장 어떻게 설교 본문을 선택하는가? _ 81**

　　**제2장 주일 설교 준비를 위한 시간 계획 _ 84**

　　**제3장 영성 훈련으로서의 렉시오 디비나 _ 88**

　　　　1. 첫째 단계 : 성경 읽기(Lectio) _ 90

　　　　2. 둘째 단계 : 성경 묵상하기(Meditatio) _ 90

　　　　3. 셋째 단계 : 성경으로 기도하기(Oratio) _ 92

　　　　4. 넷째 단계 : 성경 속에서 관상 또는 관조하기(Contemplatio) _ 93

　　**제4장 성경해석학 _ 96**

　　**제5장 본문의 석의 _ 100**

　　　　1. 기도함으로 시작하는 석의 과정 _ 102

　　　　2. 상상력을 사용한 브레인스토밍을 거치는 석의 과정 _ 103

　　　　3. 본문의 석의 _ 106

　　　　4. 역사적 탐색 _ 106

　　　　5. 문학적 탐색 _ 110

　　　　6. 본문의 장르와 구조 _ 115

　　　　7. 신학적 탐색 _ 118

　　**제6장 설교의 제목 _ 122**

　　**제7장 설교의 서론, 설교의 결론 _ 128**

　　　　1. 설교의 서론 _ 128

　　　　2. 설교의 결론 _ 138

　　**제8장 설교의 적용 _ 149**

　　　　1. 적용의 방법 _ 151

　　　　2. 적용의 위치 _ 155

　　**제9장 청중의 해석 _ 158**

　　　　1. 청중들의 필요성 _ 161

　　　　2. 인간 이해를 통한 청중 분석 _ 164

　　　　3. 신앙을 통한 청중 분석 _ 165

　　　　4. 포스트모던 시대 청중들의 가치관과 세계관 _ 166

제10장 설교자의 자기 체험 이야기 _ 179

제11장 예화, 스토리, 이미지, 삶의 경험, 그리고 메타포 _ 190

## 제3부 설교의 실제 _ 211

제1장 제목 설교와 주제 설교 _ 213

제2장 강해 설교 _ 217

   1. 강해 설교의 정의 _ 217

   2. 강해 설교의 기능 _ 225

   3. 강해 설교와 문학적 양식 _ 227

   4. 강해 설교와 신설교학 _ 228

제3장 원 포인트 설교 _ 234

제4장 신설교학 설교 _ 238

   1. 설교의 전개 방법 : 연역법적 & 귀납법적 설교 전개 방법 _ 238

   2. 스토리텔링 설교와 내러티브 설교 _ 242

   3. 움직임과 구조의 설교 _ 255

제5장 신학적인 설교 _ 263

   1. 설교의 4페이지(네 페이지 설교) _ 263

   2. 그리스도 중심의 설교 _ 270

제6장 Orientation, Disorientation and Reorientation으로 움직이는 설교와 첫 번째 순진성, 비판적 반성, 그리고 두 번째 순진성으로 움직이는 설교 _ 276

   1. Orientation(정향), Disorientation(굴절) and Reorientation(재정향)으로 움직이는 설교 _ 276

   2. 첫 번째 순진성, 비판적 반성, 그리고 두 번째 순진성으로 움직이는 설교 _ 278

제7장 신설교학을 넘어서 _ 283

   1. 신설교학을 넘어서 _ 283

   2. 이야기식 강해 설교(강해적 이야기체 설교) _ 289

### 제4부 상상, 이미지, 은유와 멀티미디어 시대의 설교 _ 293

#### 제1장 상상, 이미지, 은유와 멀티미디어 시대의 설교 _ 295

1. 멀티미디어 시대의 회중 _ 295
2. 성서 안의 다채로운 상상, 이미지, 은유, 그림의 언어 _ 297
3. 문자 이후 시대의 설교 _ 303

#### 제2장 예수님의 비유 _ 308

1. 알레고리(Allegory) : 암호의 이미지 _ 311
2. 직유(Simile) : 그릇의 이미지 _ 313
3. 은유(Metaphor) : 예술의 대상의 이미지 _ 314

#### 제3장 설교와 유머 _ 316

#### 제4장 설교와 커뮤니케이션 _ 323

1. 거룩한 공연으로서의 설교 _ 323
2. 원고로부터 자유로운 설교 _ 325
3. 흥미롭고, 극적인 효과가 있는 설교 _ 329
4. 설교와 멀티미디어 _ 332

#### 제5장 설교자의 영성 _ 334

1. 설교자의 연구 생활 _ 336
2. 설교자의 기도 생활 _ 339
3. 설교자의 인격 _ 341

부록 : 설교의 실례 _ 343
중요한 참고 도서 _ 413

제 1 부

# 설교와 신학

# 제 1 장
# 설교와 신학

에드워드 마르쿼트(Edward F. Markquart)는 '신학은 모든 설교의 본질적인 요소'라고 말한다.[1] 설교가 어떠한 형식을 취하고 있든지 간에 모든 설교에는 설교자의 신학적인 전제와 신학이 반영되어 있다. 그러하기에 설교자는 그의 설교를 지배하고 있는 자신의 신학과 해석학을 점검해 볼 필요가 있다. 루터 계통의 설교자들은 자신도 의식하지 못하는 사이에 '칭의'에 관한 설교를 많이 할 것이며, 개혁파에 속한 설교자들은 회중들의 책임과 행동을, 웨슬리 계통의 설교자들은 성결과 거룩을 설교에서 많이 강조하게 될 것이다. 어느 설교자들은 요한복음이나 히브리서의 기독론인 '중보자와 대제사장으로서의 그리스도'를 많이 강조하며, 또 다른 설교자들은 마가복음의 '섬기는 종'으로서의 기독론을 설교하기를 좋아한다. 이러한 현상들은 설교자의 메시지에 그의 신학과 해석학이 반영되고 있기 때문이다.

설교는 '신학적인 행위'다.[2] 그렇기 때문에 모든 설교는 신학적이며 교리적이다. 그런데 설교자들 중에서 "나는 복음을 설교하지, 신학을 설교하지 않는다."라고 주장하는 이들이 종종 있다. 이러한 주장은 의사들이 "나는 해부학이나 생리학이 필요 없다. 나는 돌팔이 의사다."라고 말하는 것과 마찬가지라고 미국 남침례신학교의 러

---

1) Edward F. Markquart, *Quest for Better Preaching* (Minneapolis : Augsburg, 1985), 69.
2) Ronald Allen, "New Direction in Homiletics," *Journal for Preachers* 16 (Easter 1993), 20-26.

스트(E. C. Rust) 교수는 말하고 있다.[3] 오늘날 한국 교회에는 신학무용론을 주장하는 설교자들이 많이 있다. "신학으로 교회를 성장시킨 사람이 어디 있느냐? 신학서적을 읽을 시간이 있다면, 그 시간에 기도원에 가서 성령충만함을 받아야 교회가 부흥할 수 있다."는 이야기가 목회자들 사이에서 자주 들려온다. 신학을 교회 성장의 걸림돌로 생각하고 있는 것이다. 그런데 설교자들은 모든 설교에는 설교자의 신학이 반영되고 있음을 알아야 한다. 설교자는 그가 인식하든 인식하지 못하든 설교를 통하여 자기의 신학과 해석학을 회중들에게 전달하고 있는 것이다. 문제는 신학이 있느냐 없느냐가 아니고, 설교자가 성서적이고 복음주의적인 신학을 가지고 있느냐, 아니면 비복음주의적인 신학을 가지고 있느냐이다. 신학이 필요 없다고 주장하는 사람에겐 그 주장이 바로 그 사람의 신학이 된다. 그러하기에 신학이 없는 설교자는 존재하지 않으며, 모든 설교자들은 자기 나름대로의 신학을 가지고 설교를 하고 있는 것이다.

루이스(C. S. Lewis) 교수는 어느 날 사막에서 홀로 묵상과 기도를 하다가 하나님을 경험하는 산 체험을 가진 사람을 만난 적이 있었다. 그는 루이스 교수에게 "신학이 무슨 소용이 있습니까? 하나님을 만나는 경험이 중요합니다."라고 말했다고 한다. 루이스는 집에 돌아와 그가 한 말을 곰곰이 생각하면서 다음과 같이 말하고 있다.

> 나는 어떠한 의미에서 그 사람의 의견에 동의한다. 나는 그 사람이 사막에서 하나님을 만나는 산 체험을 가졌음을 인정한다. 하나님을 만난 산 체험을 가진 사람이 교리나 신학을 바라볼 때 실제적인 것이 아닌 것으로 생각하는 것도 이해할 만하다. 이것은 마치 해변가에서 아름다운 대서양을 바라본 사람이 집에 돌아가 지도를 보는 것과도 같을 것이다. 실제의 바다를 본 체험과 지도를 보는 경험은 비교할 수도 없을 정도로 질적인 차이가 있다. 그런데 여기에 중요한 문제가 있다. 지도는 종이 위에 색깔로 그려진 것에 불과하다. 그러나 우리가 기억해야 할 점이 두 가지 있다. 첫째로, 지도란 수많은 사람들이 대서양을 실제로 항해한 경험에 의해 만들어진 것이다. 해변가에서 대서양을 바라본 것이 실제적인 경험인 것처럼, 지도를 만드는 데에도

---

[3] E. C. Rust, "Theology and Preaching," *Review and Expositor* 52 (April 1995), 146.

많은 사람들의 실제적인 경험이 들어 있다. 내가 해변가에서 바다를 바라보는 것은 나 한 사람의 경험이지만, 지도는 많은 사람들의 경험을 종합·체계화한 것이다. 둘째로, 우리가 어딘가를 향하여 항해하기 위해서는 지도가 절대적으로 필요하다. …… 우리가 미국을 향하여 항해하기 원한다면, 지도란 해변가를 산책하는 경험보다 훨씬 더 필요한 것이다. 신학이란 바로 지도와 같은 것이다.[4]

우리가 지도 없이 항해를 할 수 없는 것처럼, 신학이 없는 설교는 실용주의와 공리주의 또는 샤머니즘과 같은 사상에 휩쓸리게 된다. 그래서 "신학이 없는 설교는 장님과 같다."라고 게르하르트 에벨링은 말하고 있다.[5]

## 1. 설교를 위한 신학의 기능

첫째, 신학은 교회의 복음 선포사역이 성서의 말씀에 신실한가를 성찰하고 봉사하기 위하여 존재한다. 칼 바르트(Karl Barth)는 다음과 같이 말한다.

> 설교(Proclamation)는 오류가 많은 인간의 사역이기에 신학(Dogmatics)이 필요하다. …… 신학은 "설교가 진리와 순수함 속에서 이루어지고 있는가?"라는 질문을 던짐으로 설교를 섬기고 있다. 신학은 설교의 케리그마가 정통성이 있는지를 검사한다.[6] 신학은 교회의 복음 선포를 섬기는 종(servant)이다.[7]

바르트는 신학의 책임은 교회의 복음 선포사역을 성찰하고 비평적으로 논평하는 것이라고 주장한다. 즉, 신학은 교회의 설교가 성서의 증언에 신실한가를 검토하는

---

4) C. S. Lewis, "Beyond Personality," *Mere Christianity* (New York : Macmillan, 1960), 135-136.
5) Gerhard Ebeling, *Theology and Proclamation* (Philadelphia : Fortress, 1966), 20.
6) Karl Barth, *Church Dogmatics*, vol. I/1, trans. G. W. Bromiley (Edinburgh : T & T Clark, 1975), 82.
7) Ibid., 92.

일을 해야 한다는 것이다. 오늘날 한국 교회의 강단은 실용주의가 지배하고 있다고 말할 수 있다. 교회만 성장할 수 있다면 목회자들은 어떠한 방법이든 사용하기를 주저하지 않는다. 설교자들 가운데는 성서적인 메시지를 전하기보다는 청중들에게 호소력 있는 설교, 회중들로부터 '아멘'이라는 소리가 나오는 설교를 하는 데 더 관심을 가진 이들이 있다. 스위스 바젤 대학의 오트(Heinrich Ott) 교수는 다음과 같이 말한다.

> 신학은 설교의 양심이다. 그리고 설교는 신학의 마음과 영혼이다. 좋은 설교를 하기 위하여 설교자는 신학적인 성찰(reflection)을 하여야 한다. 설교자 스스로 신학적인 사고를 가지지 않고, 그 일을 신학자에게만 맡기는 설교자는 마음과 양심을 가지지 못한 나쁜 설교자이다. 또한 신학자로서 교회가 실제적으로 행하는 가장 중요한 복음 선포의 일을 설교자에게만 맡긴다면 그 신학자는 교회의 나쁜 교사이다.[8]

설교의 양심으로서의 신학은 설교자로 하여금 나의 설교가 성서의 말씀에 신실한 것인가를 검토하게 한다. 신학은 말씀의 사역자인 나 자신이 복음을 진실되게 선포하는가, 아니면 나 자신의 의견이나 세상의 학문을 대언하고 있는 것은 아닌가 살펴볼 수 있게 한다.

설교의 양심 역할을 할 수 있는 신학은 복음주의적인 신학이다. 그러나 뉴욕 유니온 신학교의 신약학 교수인 로빈 스크록스(Robin Scroggs)는 "나는 성서가 우리의 신앙과 도덕적 생활에 대하여 권위를 가지고 있다는 주장을 버려야 한다고 제안한다. …… 성서는 우리의 현재를 결정할 아무런 법적인 권위를 가지고 있지 않다."라고 말하고 있다.[9] 심지어 스크록스 교수는 성서는 하나님의 말씀이 아니고, 우리 대화의 파트너가 되는 기본적인 문서(foundational document)라고 주장한다. 이처럼 포스트모던 사조의 영향을 받은 이 시대의 사람들은 어떠한 보편적이면서도 절대적인

---

8) Heinrich Ott, *Theology and Preaching* (Philadelphia : Westminster, 1965), 31.
9) Robin Scroggs, "The Bible as Foundational Document," *Interpretation* 49 (January 1995), 23.

진리와 규범, 그리고 권위를 부인하고 있다. 신학자들 가운데에도 진리는 상대적이라고 생각하는 사람들이 있는 것이 현실이다.[10] 그러나 설교자는 복음주의적인 개혁신학 전통 위에 서 있어야 한다. 엘리자베스 악트마이어(Elizabeth Achtemeier) 교수는, 설교자는 자신의 설교에 관하여 다음과 같은 질문을 던져 보라고 권면하고 있다.[11]

- 설교를 통해 하나님이 전능하신 아버지, 천지를 지으신 창조자로서 영광을 받으시는가? 아니면 하나님이 피조물 또는 어떠한 사람과 동일시되는가?
- 설교를 통해 삼위일체의 하나님이 선포되는가? 아니면 삼위일체 하나님 가운데 다른 분은 무시되거나 제외되어 오직 한 분만이 강조되는가?
- 설교가 그리스도의 신성과 인성을 동시에 선포하는가? 그리스도의 신성은 무시하고 그리스도를 도덕적인 인간이나 성인으로 묘사하는가? 아니면 성육신하신 그리스도의 인성을 제외하는가?
- 설교가 성령님을 교회를 창조하시고 우리의 삶과 역사를 주관하시며, 지탱해 주시는 분으로 고백하는가? 아니면 그리스도의 몸인 교회를 하나의 인간적인 단체로만 언급하는가?
- 다가오는 하나님의 나라, 역사의 주인이시며 심판자인 그리스도가 선포되는가?

프레드 크래독(Fred Craddock)도 설교자들은 다음과 같은 성서의 진리를 고백하고 믿을 수 있어야 한다고 말한다.

> 하나님은 삼위일체의 한 분으로 만물을 창조하시며, 지탱하시고(sustain), 심판하시며 구속하신다. 하나님은 모든 인간을 사랑하시며, 동시에 우리로 하여금 하나님의 사랑과 은혜에 책임 있게 응답하는 삶을 살기를 요구하신다. 하나님은 자연, 역사, 예언서를 통해 우리에게 계시하신다. 그러나 하나님은 그리스도의 십자가의 죽음,

---

10) Ronald J. Allen, Barbara S. Blaisdell, and Scott B. Johnston, *Theology for Preaching* (Nashville : Abingdon Press, 1997), 9-33.
11) Elizabeth Achtemeier, *Preaching as Theology and Art* (Nashville : Abingdon Press, 1984), 12-13.

부활과 그의 영광 받으심을 통해 가장 온전하게 계시하여 주신다. 하나님의 성령은 믿음과 공동체 안에 거하시며, 우리를 위로하시고, 인도하시며, 책망하시고, 순결하게 하신다. 하나님은 우리 삶의 근원이시며 목적이 되시고 의미가 되실뿐더러 그의 선하시고 완전하신 계획에 따라 모든 삶을 섭리하시고 주관하신다.[12]

설교는 인간들의 필요와 사람들이 매일의 삶에서 겪고 있는 어려움(struggles)을 다루어야 하지만, 궁극적으로는 하나님을 보여 주어야 한다. 그렇지 않다면 설교자는 소망을 필요로 하는 사람들에게 삼위일체의 하나님과 성육신하신 그리스도를 선포하는 목양적 신학자가 아니고, 단순히 심리치유사나 인생상담가로 전락하게 될 것이다.[13] 70년대 이후 미국의 주류 교단을 중심으로 수많은 설교의 이론과 방법론들이 소개되었다. 귀납법적 설교, 이야기체 설교, 대화체 설교, 움직임과 구조의 설교 등 새로운 방법론과 이론들이 소개되었지만, 이 기간 동안 미국의 주류교단은 가장 극심하게 교세가 감소하였다.[14] 교회는 왜 쇠퇴하였는가? 많은 이유 가운데 근본적인 이유는 설교자들이 복음주의적인 신앙 위에 서 있지 않았기 때문이었다. 복음에 대한 설교자의 확신과 뜨거운 감격이 없이는 구원의 역사가 일어나지 않는다. 신학이 설교를 섬기고, 설교의 양심이 되기 위해서는 성서적이고 종교개혁적인 전통을 전수받은 복음주의 신학이 되어야 한다.

둘째, 신학은 설교자로 하여금 본문을 문맥과 장과 본문이 속한 책에서만 바라보지 않고, 성경 전체의 관점에서 바라보고 해석할 수 있도록 한다. 복음주의적인 신학은 설교자로 하여금 성경을 하나님의 구속사의 관점에서 거시적으로 바라볼 수 있는 해석학적인 안목을 가져다준다.

셋째, 신학은 설교자로 하여금 무엇이 중요하고, 무엇이 중요하지 않은가를 분별

---

12) Fred B. Craddock, *Preaching* (Nashville : Abingdon, 1985), 145.
13) Lenny Luchetti, *Preaching Essentials* (Indianapolis : Wesleyan Publishing House, 2012), 28.
14) Charles L. Campbell, *Preaching Jesus Christ* (Grand Rapids : Eerdmans, 1977), xi, 121.

할 수 있도록 해 준다. 오늘날 강단에서 선포되는 메시지는 회중들의 시야를 넓혀 주고 비전을 보여 주는 설교가 되지 못하고, 너무나도 작고 사소한 문제들만 다루고 있다고 프레드 크래독은 지적한다.[15] 설교자는 교구 안의 신학자이다. 회중들이 직면하는 개인적, 가정적, 사회적인 문제들을 복음의 관점에서 조명하며 해석해 줄 수 있어야 한다. 더 나아가서 청중들도 그들의 절실한 문제를 복음의 관점에서 바라보며 스스로 해석할 수 있는 해석학적 안목을 가질 수 있도록 설교자가 메시지를 통하여 청중들을 양육하는 것이 필요하다.

오늘 이 시대의 교회는 실천신학자로서의 목회자를 요구하고 있다고 조셉 휴(Joseph Hough)와 존 콥(John Cobb)은 말하고 있다.[16] 다가오는 주일의 설교를 준비하는 데에는 좋은 예화 한 편이 도움이 되지, 신학이 직접적인 도움을 주지는 못한다는 것이다. 그러하기에 신학무용론을 주장하는 설교자들도 있다. 그러나 신학은 간접적으로 설교를 도와준다고 말할 수 있다.[17] 설교자들은 자신의 사상과 이해력, 그리고 통찰력을 깊게 하기 위하여 목회 사역 기간 동안 계속적으로 고전적인, 그리고 최근의 신학 서적들을 읽어야 할 것이다. 틈틈이 신학 서적을 읽고, 그 내용을 깊이 성찰함으로 새로운 이해와 관점을 얻는 설교자들은 설교 사역에 놀라운 성장을 이루게 된다. 그러하기에 설교자들은 신학적인 성찰을 계속함으로 칼뱅이 말한 바 '교구 안의 신학자'로서의 사명도 감당해야 할 것이다.

---

15) Fred B. Craddock, *Preaching*, 49.
16) Joseph C. Hough, Jr. and John B. Cobb, *Christian Identity and Theological Education* (Chico : Scholars Press, 1985), 118.
17) Paul Scott Wilson, *The Practice of Preaching* (Nashville : Abingdon, 1995), 67-68.

# 제 2 장
# 성경적 설교란 무엇인가?

전통적으로 설교는 제목(topical)설교, 본문(textual)설교, 강해(expository)설교로 분류되어 오다가, 70년대와 80년대에 들어서면서 소위 신설교학(new homiletic) 계통의 귀납법적 설교, 이야기체 설교, 움직임과 구조(moves and structure)의 설교, 네 페이지 설교 등이 소개되었다. 이처럼 많은 형태의 설교들 가운데, 설교자들은 자신의 설교가 어떠한 형식의 설교가 되어야 할 것인가에 관심을 가지게 되었다. 그러나 설교자의 설교가 어떠한 형태를 갖든, 설교자는 반드시 자신의 설교가 성경적인 설교인가에 관심을 가져야 한다. 이는 설교에 성경이 얼마나 많이 사용되고 있으며, 인용되고 있는지의 문제가 아니다. 또한 설교자가 얼마나 많이 성경에 관하여 말하고 있느냐, 아니면 설교의 대지와 소지가 본문에서 나왔느냐의 문제도 아니다. 성서학자 레안더 켁(Leander Keck)은 성경적 설교란 "성경이 설교의 내용을 지배하고, 설교의 기능이 본문의 기능과 유사한(analogous) 설교"라고 정의하고 있다.[1]

## 1. 성경적 설교의 내용

첫째, 성경적인 설교는 그 내용이 인본주의적(anthropocentric)이 아니고 신본주

---

1) Leander E. Keck, *The Bible in the Pulpit* (Nashville : Abingdon, 1981), 106.

의적(theocentric)이 되어야 한다. 성경은 무엇보다도 하나님께 관심을 부여하고 있다. 물론 성경에는 많은 인물들과 사건이 실려 있지만, 성경의 중심과 주인공은 하나님이시다. 성경의 목적은 인간의 이야기를 말하기에 앞서 하나님의 이야기를 말하고자 하는 데 있다. 구약 족장들의 이야기에서도 성경의 주요 관심사는 족장들의 삶 자체가 아니고, 그들의 삶을 통해서 구속의 역사를 펼쳐 가시는 하나님이시다.

성경에는 2,930명의 인물들이 등장한다. 우리가 인물별 설교를 할 때는 성경에 나오는 인물을 도덕적인 삶의 한 예나 모형으로 부각시켜, 우리가 본받아야 할 사람이나 아니면 본받아서는 안 될 인물로 표현하는 인본주의적인 설교를 하기 쉽다. 그러나 성경의 저자는 그들을 도덕적인 모형으로 부각시키지 않고, 그들의 불완전함과 신실하지 못함에도 불구하고 그들을 통하여 구속의 역사를 이루어 가시는 하나님을 말하고자 한다.[2] 칼 바르트(Karl Barth)는 신학과 설교는 항상 신학-인류학(theo-anthropology)이 되어야 한다고 말한다.[3] 신학은 물론 설교도 하나님과 인간을 말해야 하지만, 그보다 먼저 인간을 구원하시는 하나님을 말해야만 한다는 것이다. 즉, 하나님 중심이 되어야 한다는 것이다.

둘째, 성경적인 설교는 그리스도 중심적(Christocentric) 설교가 되어야 한다. 그리스도 중심적 설교란 하나님 중심의 설교가 그리스도에게로 초점이 맞추어 강조되는 설교이다. 성경의 하나님은 예수 그리스도의 삶과 죽음과 부활을 통해 인간을 구속하시는 하나님이시다. 칼 바르트가 지적한 것처럼 성경은 예수 그리스도를 통한 구원의 약속과 성취를 증거하는 책이다. 따라서 구약의 본문은 구약의 지평(horizon) 안에서만 해석되는 것이 아니고 성경 전체의 넓은 지평 안에서, 즉 그리스도의 관점에서 해석되고 설교되어야 한다.

셋째, 성경적인 설교란 예수 그리스도 안에서 하나님이 우리를 구원하셨다는 기쁜 소식(Good News)이 되어야 한다. 설교는 그리스도 안에서 우리를 향하신 하나님의 '예'(Yes)의 선포다. 스위스 바젤 대학의 하인리히 오트(Heinrich Ott) 교수는 성

---

2) Donald Gowan, *Reclaiming the Old Testament for the Christian Pulpit* (Atlanta : John Knox Press, 1980), 3.
3) Karl Barth, *Evangelical Theology* (Grand Rapids : Eerdmans, 1963), 12.

경적 설교에는 세 가지 요소가 있어야 한다고 주장한다. 첫째, 인간은 죄로 인하여 스스로를 구원할 수 없는 자임을, 즉 죄로 인한 절망과 함께 비참한 존재임을 깨닫게 할 수 있어야 하며, 둘째, 하나님의 은혜에 대한 인간의 응답과 책임을 구체적으로 말해 줄 수 있어야 하고, 셋째, 무엇보다도 예수 그리스도 안에서 우리를 향한 하나님의 구원의 기쁜 소식이 설교의 중심에 있어야 한다는 것이다.[4]

설교에서 인간의 죄와 그로 인한 멸망과 심판만을 강조하여 청중으로 하여금 더욱더 절망을 느끼게 한다면 그것은 성경적 설교가 아니다. 마틴 루터(Martin Luther)가 말했듯이, 설교자는 법정에서 죄인의 죄를 찾으려는 검사의 역할을 해서는 안 된다. 외과 의사는 환자를 수술할 때 살을 찌르는 아픔을 주지만 그 아픔은 환자를 살리기 위한 것이듯, 설교자가 죄를 말하는 것은 그에게 기쁜 소식을 전하기 위함이어야 한다. 즉, 오트 교수는 구원의 기쁜 소식의 컨텍스트 안에서 죄가 지적되고 회개가 요청되어야 성경적인 설교라고 말한다. 또한 인간은 하나님의 은혜를 값싸게 받아들이거나 잊어버리고 방만한 삶을 걸어가기 쉬운 까닭에, 설교에서 반드시 구원받은 자들의 책임과 응답을 촉구해야만 하는데, 이것 역시 그리스도 안에서, 우리에게 베푸신 하나님의 은혜의 컨텍스트 안에서 행해져야만 한다는 것이다.

넷째, 성경적인 설교는 예언자적(prophetic) 요소와 목양적(pastoral) 요소가 통합된 것이어야 한다. 우리는 흔히 예언자적 사역과 목양적 사역을 분리하여 생각할 때가 많다. 예언자적인 설교를 하는 목회자들은 사회, 경제, 정치 제도의 개혁보다는 한 개인의 영혼 구원에 더 관심을 가진 목회자를 현실에 타협하는 목회자로 속단해 버리는 경향이 있다. 반면에 목양적인 사역을 하는 이들은 예언자적인 목회를 하는 이들을 비성경적인 목회를 하는 목회자로 단정해 버리기도 한다. 그러나 성경적인 관점에서 볼 때, 예언자적 사역과 목양적 사역은 둘로 구분된 영역이 아니라 목회 사역 안에서 통합된 하나의 기능이다.

월터 브루그만(Walter Brueggemann) 교수는 이스라엘의 예언자들은 문제를 일으키는 자들이 아니라 오히려 미래에 대한 비전에 비추어 이스라엘의 역사적 유산과

---

4) Heinrich Ott, *Theology and Preaching* (Philadelphia : Westminster press, 1961), 53.

모세의 신앙 전통을 지키며 보존하려고 했던 사람들이며, 그들의 임무는 불의와 부정에 대하여 하나님의 뜻에 부합하는 대안(alternative)을 제시하고, 양육하고, 배양하는 것이었다고 말하고 있다. 이스라엘이 이집트에서 바로의 전제제도하에 억압을 당할 때, 모세는 하나님의 공의와 평화가 넘치는 자유의 세계를 그들에게 대안으로 제시하고, 그 세계에 대한 비전과 상상력을 불러일으켰다는 것이다.[5] 따라서 예언자는 이스라엘의 신앙 공동체에 비전과 상상력(imagination)을 불러일으킨 시인이자 예술가라고 브루그만 교수는 말한다. 그는 엘리야 선지자의 사역을 예언자적인 기능과 목양적인 기능이 통합된 것으로 보았다. 즉, 엘리야는 아합 왕과 이세벨 왕후의 바알 우상신 숭배에 대해서는 하나님 말씀의 준엄한 심판을 선포했지만, 사렙다 과부에게는 목양적인 관심과 돌봄을 베풂으로 예언자적인 기능과 목양적인 기능을 통합시켰다는 것이다. 설교자는 청중에 대한 깊은 목양적 사랑의 컨텍스트 안에서 하나님 나라의 비전을 제시하며, 천국 시민으로서의 삶의 양식에 대한 상상력을 불러일으킴으로 회중을 양육해야 할 것이다.

라인홀드 니버 교수도 그의 젊은 시절의 목회 경험을 기록한 책에서 "청중은 꾸짖거나 책망함으로 변화되지 않고, 설교자가 그들에게 구속받은 백성으로서 살아야 할 삶의 아름다움과 매력을 제시하고 보여 줄 때 변화된다."라고 말하고 있다.[6]

다섯째, 성경적 설교는 성서의 본문과 회중들의 삶이 교차되는 지점에서 일어나는 설교이다. 성경적인 설교는 말씀이 일방통행식으로 청중들에게 선포되는 설교가 아니다. 하나님의 말씀과 구체적인 삶의 현장에 있는 청중들과의 만남이다.[7] 회중들의 삶에 연결되지 않는 설교는 아무리 훌륭한 성서적인 설교라 할지라도, 청중들에게 들리지 않는 설교가 된다. 그러하기에 성서의 본문(text of Scripture)과 삶의 본문(text of life)의 지평을 융합하기 위하여 설교자는 두 세계 속에서 살아야 한다.

---

5) Walter Brueggemann, *The Prophetic Imagination* (Philadelphia : Fortress Press, 1978), 13.
6) Reinhold Niebuhr, *Leaves from the Notebook of a Tamed Cynic* (Atlanta : Westminster John Knox Press, 1990).
7) Ian Pitt-Watson, *A Primer for Preachers* (Grand Rapids : Baker, 1986), 46-55.

청중의 석의(exegesis) 없이 본문의 의미만 계속 설명되고, 청중들의 상황에 본문의 적용이 없다면 설교의 목적은 성취될 수 없다. 마찬가지로 청중들의 삶만 석의되고, 본문에 기록된 하나님의 말씀을 청중들에게 가져다주지 못해도 설교의 목적은 성취되지 않는다.[8]

설교자는 서재에서 성경을 연구만 하는 자가 되어서는 안 되고, 청중들이 삶의 현장에서 갖는 희망과 두려움, 믿음과 의심, 기쁨과 슬픔을 함께 공유할 수 있어야 한다. 회중들과 함께 삶을 나누는 설교자일 때 청중들의 심층을 울리는 성경적인 메시지를 전할 수 있다.

## 2. 성경적 설교의 기능

성경적 설교는 설교의 내용이 본문이 무엇을 말하고(saying) 있는가에 의하여 영향을 받듯이, 설교의 기능도 본문이 무엇을 행하고(doing) 있는가에 의하여 영향을 받아야 한다. 예를 들면, 본문의 내용이 말하고자 하는 것이 "모든 그리스도인들은 다 은사를 받았다."라는 것일 때 본문이 행하고 있는 것은 '방언을 하지 못함으로 스스로를 2등급 그리스도인으로 격하하는 성도들을 격려하는 것'이다.[9] 본문이 무엇을 행하고 있는지를 알기 위해서는 먼저 본문이 기록된 당시의 역사적인 상황과 그 시대의 교회의 삶의 자리(Sitz im Leben)를 알아야 한다. 마태복음 10 : 34~36에 보면 예수께서는 "내가 세상에 화평을 주러 온 줄로 생각하지 말라 화평이 아니요 검을 주러 왔노라 내가 온 것은 사람이 그 아버지와, 딸이 어머니와, 며느리가 시어머니와 불화하게 하려 함이니 사람의 원수가 자기 집안 식구리라"고 말씀하신다. 마태 교회의 상황이 세상과 타협하며 제자도에 무관심한 경우라면, 이 본문이 행하는 것은 '비록 집안에 희생이 있더라도 그리스도에게 최우선적인 충성과 헌신을 드려야

---

8) D. A. Hagner, "Biblical Theology and Preaching," *The Expository Times* 96 (Feb 1985), 140.
9) Fred B. Craddock, *Preaching*, 123.

함을 회중들에게 요구하는 것'으로 해석해야 한다. 그러나 마태 교회의 상황이 이미 그리스도의 제자로서의 사명을 위해 사회적·가정적으로 값비싼 희생의 대가를 치르고 있는 경우라면, 본문이 행하고 있는 것은 '십자가에 못 박히신 그리스도의 고난에 우리도 동참하고 있으니 위로를 받으라고 회중을 격려하는 것'으로 해석해야 한다.

제임스 샌더스(James A. Sanders) 교수는 설교자는 성경의 기록자들이 어떠한 종류의 해석학적 방법을 사용하고 있는지 아는 것이 필요하다고 말한다. 즉, 본문이 회중을 위로하고 격려해 주는 제사장적인(constitutive hermeneutic) 방법으로 사용되고 있는지, 아니면 회중을 책망하고 소명받은 자로서의 책임을 촉구하는 예언자적인(prophetic hermeneutic) 방법으로 사용되고 있는지 알아야 설교자도 그에 따라 제사장적으로 혹은 예언자적으로 설교를 할 수 있다는 것이다.[10] 존 헤이즈(John Hayes)와 칼 홀라데이(Carl Holladay)는 그들의 저서에서 제사장적인 방법과 예언자적인 해석 방법에 교육적(advisory) 방법을 추가하고 있다. 따라서 본문이 제사장적으로, 예언자적으로, 또는 교육하고 양육하는 방법으로 행하는 것이 파악되면 설교자도 본문이 사용하는 방법에 따라 메시지를 준비할 수 있다는 것이다.[11]

본문이 행하는 것을 알기 위한 다른 방법 가운데 하나는 본문의 문학적 장르를 아는 것이다. 성경에는 내러티브, 시, 잠언, 기적의 이야기, 비유, 알레고리, 예언서, 역사서, 서신, 묵시록 등 다양한 문학적 양식이 있다. 설교의 양식이 본문의 형식을 그대로 따를 필요는 없으나 본문의 문학적인 장르를 존중해 주는 것이 성경적인 설교이다.[12] 시편을 본문으로 한 설교가 시처럼 작성되어야 한다는 것이 아니다. 그러나 '여호와를 송축하라'는 본문의 의도(intentionality)를 존중해야 한다는 것이다. 내러티브 본문인 탕자의 비유를 설교하면서 "오늘 본문 말씀은 하나님의 사랑에 관하여 세 가지 교훈을 우리에게 말해 주고 있습니다."라고 설교하지 말고, 이야기식

---

10) James A. Sanders, *God Has a Story too* (Philadelphia : Fortress Press, 1979), 15.
11) John H. Hayes, Carl R. Holladay. *Biblical Exegesis*, 3rd edition (Atlanta : Westminster John Knox Press, 199-203.
12) Thomas G. Long. *Preaching and the Literary Forms* (Philadelphia : Fortress, 1989).

으로 설교를 전개하라는 것이다. 성경적인 설교는 본문 장르의 다양성에 비추어 획일적인 한 가지 방법이 아니라, 다양한 방법으로 작성되어야 할 것이다.

# 제 3 장
# 설교란 무엇인가?

　한국의 설교자들은 세계 어느 나라의 설교자들보다 더 많은 설교를 해야만 한다. 미국 주류 교단의 설교자들은 주일 낮 예배 때 전할 한 편의 설교를 위하여 일주일 내내 설교를 준비할 수 있는 시간적인 여유가 있지만, 한국의 설교자들은 주일 낮 설교 외에도 주일 저녁 설교, 수요일 성경 강해, 매일 새벽예배 설교, 금요일 심야 기도회의 설교 등 수많은 설교를 해야 한다. 날마다 제한된 시간 안에 적어도 한 편 이상의 설교를 작성해야만 하는 한국의 설교자들은 자신이 강단에서 선포하는 설교가 무엇인가를 다시 한번 성찰해 보며, 최근의 신학자들은 설교를 어떻게 정의하고 있는지, 그리고 성경에서는 설교를 어떻게 말하고 있는지 점검해 보는 것이 필요하다. 한국 교회의 변화가 설교의 갱신에 달려 있다고 할 때 설교가 갱신되기 위해서는 그에 대한 새로운 이해가 필요하기 때문이다.

　설교자는 자기 나름대로의 설교에 대한 이해와 신학을 가지고 있다. 신약 사전으로 가장 권위 있는 게르하르트 키텔(Gerhard Kittel)이 편집한 TDNT(*Theological Dictionary of the New Testament*)에 의하면 신약성서에서는 설교를 30개 이상의 단어로 표현하고 있다.[1] 이것은 설교를 획일적으로 정의 내리기는 매우 어려우며, 설교에 대한 다양한 이해와 견해가 있다는 것을 우리에게 암시하고 있다. 본 장에서는

---

1) Michael J. Quicke, *360 Degree Preaching* (Grand Rapids : Baker Academic, 2003), 25.

설교에 대한 고전적인 정의에서부터 포스트모던 시대의 설교에 대한 이해까지 다양한 이미지를 살펴보고자 한다.

## 1. 설교는 전령이 하나님의 말씀을 선포하는 것

설교를 '하나님의 보내심을 받은 전령(herald)이 하나님의 말씀을 선포하는 것'으로 보는 견해는 구약의 예언서, 특히 이사야서에 근거를 두고 있다. 신약성서의 로마서 10 : 15에 보면, "보내심을 받지 아니하였으면 어찌 전파하리요 기록된 바 아름답도다 좋은 소식을 전하는 자들의 발이여 함과 같으니라"(딤전 2 : 7, 딤후 1 : 11도 참조할 것)라고 한다. 신약에서 전령은 '케릭스'(keryx)라고 부르며, 전령이 전하는 메시지는 선포(proclamation)로, 케리그마(kerygma)이다. 설교를 하나님의 말씀의 선포로 보는 견해는 설교의 메시지에 초점을 맞추고 있다. 전령은 자기보다 더 높고 위대한 사람의 메시지를 전한다. 마찬가지로 설교자는 자신의 메시지를 전하는 것이 아니라 하나님의 메시지를 전하는 사람이다. 전령이 왕의 메시지를 신실하게 전하기만 하면 되듯이, 설교는 설교자 자신의 생각이나, 유명한 학자들의 최신 이론, 또는 이데올로기의 토론장이 되어서는 안 되고, 하나님께서 말씀하시는 하나님의 메시지만이 전파되어야 한다.[2] 설교를 하나님의 보내심을 받은 전령이 복음을 전파하는 (kerusso) 것으로 보는 견해는 금세기에 들어 칼 바르트(Karl Barth)의 신정통주의 신학의 영향을 받아 더욱 부각되었으며, 최근에는 포스트리버럴(Postliberal) 신학과도 연관이 있다. 바르트는 설교에 관한 세미나에서, 그리고 「교회교의학」에서 다음과 같이 말한다.

> 설교란 하나님 자신이 말씀하시는 하나님의 말씀이다. 하나님은 설교자를 사용하셔서 성경의 한 구절을 가지고 회중에게 그의 이름으로 말하게 하신다. 설교자는 하나님께서 회중들에게 하실 말씀을 성경의 한 구절로부터 설교자의 말로 설명해 줌으로

---

2) John S. McClure, *Preaching Words* (Louisville : Westminster John Knox, 2007), 46.

선포해야 하는 의무를 가지고 있다.³⁾

선포란 왕이 전령의 입을 통해 말하는 것처럼, 하나님 자신이 인간의 언어 안에서, 또 인간의 언어를 통하여 말씀하시는 것이다.⁴⁾

즉, 설교자가 자신이 살고 있는 문화권의 언어로, 그 시대의 회중을 향하여 설교할지라도 실상은 하나님 자신이 설교자를 통하여 말씀하신다는 것이다. 그렇다면 하나님께서 설교자의 설교를 통하여 말씀하신다는 말은 무엇을 의미하는가? 설교자의 모든 설교가 다 하나님의 말씀이라는 것인가? 이러한 질문에 대한 해답을 얻기 위하여 우리는 '하나님의 말씀'에 대한 바르트의 신학적 이해를 알아야 한다. 바르트는 종교개혁의 전통에 서서 하나님의 말씀을 삼중적(threefold)으로 구분한다. 첫 번째 형태의 하나님의 말씀은 '계시된 말씀'(revealed Word)으로 성육화된 하나님의 아들로서의 예수 그리스도이고, 두 번째 형태의 하나님의 말씀은 '쓰여진 말씀'(written Word)으로 선지자들과 사도들에 의해 기록된 예수 그리스도에 대한 증언인 성서이며, 세 번째 형태의 하나님의 말씀은 '설교된 말씀'(preached Word)으로 예수 그리스도에 대한 예언적, 사도적 증언인 교회의 선포이다. 물론, 두 번째 형태의 말씀인 성서는 첫 번째 형태의 계시된 말씀인 예수 그리스도와 동등하지 않으며, 세 번째 형태의 말씀인 설교와도 동등하지 않다. 두 번째와 세 번째 형태의 말씀은 첫 번째 형태의 말씀인 예수 그리스도와 직접적으로 동일시(direct identity)되지 않고, 오직 간접적으로 동일시(indirect identity)된다. 즉, 쓰여진 말씀인 성서와 선포된 말씀인 설교는 간접적인 하나님의 말씀이고, 계시된 말씀인 예수 그리스도는 직접적인 하나님의 말씀이다.⁵⁾

바르트가 "성서는 하나님의 말씀이다. 그리고 설교도 하나님의 말씀이다."라고 말

---

3) Karl Barth, *The Preaching of the Gospel* (Philadelphia : Westminster, 1963), 9.
4) Karl Barth, *The Doctrine of the Word of God, Church Dogmatics* I/1, trans. G. T. Thompson (Edinburgh : T & T Clark, 1936), 192.
5) Karl Barth, *The Doctrine of the Word of God, Church Dogmatics* I/1, trans. G. W. Bromiley (Edinburgh : T & T Clark, 1975), 88-120.

할 때, '이다'는 '된다'를 의미한다. 설교가 오직 계시 자체인 예수 그리스도의 살아 있는 증언이 될 때, 설교는 성령 안에서 하나님의 말씀이 된다. 설교는 하나님 말씀을 강해하는 것으로, 잘못된 강해가 있을 수 있는 인간의 증언들이다. 그러나 설교가 어디에서나, 언제나 하나님을 기쁘시게 할 때, 설교는 성령의 사역하심 안에서 하나님의 말씀이 되며(become), 바로 그 순간에 설교는 듣는 자에게 하나님의 말씀이다(are).[6] 하나님은 그의 영원하신 자유로우심 가운데, 은혜롭게 교회의 설교를 택하셔서 계시의 통로가 되게 하신다. 이처럼 바르트에게 설교가 '하나님의 말씀'이 되는 것은 계시의 사건이자, 성령의 사역이다.[7]

설교를 전령이 하나님의 말씀을 전하고, 선포하는 것으로 보는 관점에서는 무엇보다도 설교의 내용에 중점을 둔다. 전령이 왕의 명령을 왜곡하거나 변형, 축소 또는 확대해서는 안 되고 왕으로부터 받은 메시지의 내용을 그대로 가서 전달해야 하는 것처럼, 설교자는 성경에 계시된 하나님의 말씀, 그리스도를 통한 구원의 기쁜 소식을 신실하고 정확하게 전파해야 하는 책임이 있다. 그러하기에 설교자의 인격(ethos)이나 진정성(authenticity)을 크게 중요하게 여기지 않는 것은 강조점이 설교자에 있는 것이 아니고, 하나님의 말씀에 있기 때문이다. 오늘날 많은 설교가 복음을 일종의 도덕 강해나 적극적인 사고, 긍정의 힘이나 성공적인 삶의 비결로 제시하고 있는 현실에 비추어, 설교를 말씀의 선포로 보는 견해는 우리로 하여금 신본주의적인 설교관을 갖도록 한다. 즉, 설교의 메시지가 본문 말씀에 충실해야 함을 우리에게 말해 주고 있다.

반면에 이렇듯 설교를 하나님의 말씀의 선포와 전파로 보는 견해는 설교의 수사학적인 면과 효과적인 커뮤니케이션의 방법을 등한시하는 경향이 있다. 설교의 내용이 강조되기에 설교의 효과적인 커뮤니케이션이나, 전달, 상상력을 불러일으키는 언어의 구사 등에는 관심을 두지 않는다. 하나님의 말씀은 살아 있고 운동력을 가지고 있기에 설교자는 성서의 내용에 충실하게 메시지를 전달하기만 하면 될 뿐, 회중

---

6) Klaas Runia, *The Sermon Under Attack* (Exeter : Patternoster Press, 1983), 35.
7) Andre Resner, Jr., *Preacher and Cross* (Grand Rapids : Eerdmans, 1999), 59.

의 마음을 설득할 어떠한 수사학적 방법이나 인위적인 행위를 사용하지 않아도 된다는 것이다. 바르트는 자신의 설교에 관하여 다음과 같이 말한다. "수사학에 의존하여 청중들의 마음을 움직이려는 나의 능력을 가장 적게 의지할 때, 나의 설교가 청중들의 마음을 움직이고(reach), 청중들에게 흥미(interest)를 준다는 인상을 받는다."[8] 바르트는 설교자들이 설교의 서론에서 청중들과의 접촉점(point of contact)을 찾으려는 유혹을 받기 때문에, 설교의 서론을 생략하고 본론으로 직접 들어가라고 말한다. 설교 전의 성경 봉독이나 본문 말씀에 대한 간단한 배경 설명으로 본론과 충분히 연결이 되기에 설교의 서론은 불필요하다는 것이다. 또한 바르트는 설교는 본문 강해로 충분하기 때문에 따로 결론을 내릴 필요가 없다고 말하고 있다. 결론에서 인위적인 적용을 시도하거나, 청중에게 어떠한 권면을 하거나 어떠한 동기를 부여하려고 하지 말고 본문 강해와 '아멘'으로 설교를 끝내라고 바르트는 말한다.[9]

그러나 현대 커뮤니케이션의 이론도 우리를 향한 하나님의 선물이기에 설교의 효과적인 전달을 위하여 사용되어야 할 것이다. 세계적인 신약학자인 한스 디터 베츠(Hans Dieter Betz)는 클레어몬트에서 강의할 때, 바울의 서신들은 그 당시 로마의 수사학자들이 사용하던 최고 수준의 수사학을 사용하여 기록된 것이라고 말했다. 바울을 비롯한 성서의 기록자들은 그들의 문화권에서 사용되던 수사학을 사용하여 성서를 기록한 것이다. 성서의 저자들은 무엇을 말할 것인가(what to say)에 대한 관심뿐만 아니라, 어떻게 말할 것인가(how to say)에 대해서도 지대한 관심을 가졌다. 성서의 기록자들은 성서에서 메타포, 유비 등과 같이 상상력을 불러일으키는 언어와 수사학, 커뮤니케이션 방법을 사용하고 있는데, 그 본문을 설교하는 설교자가 텍스트의 내용에만 관심을 기울이고, 텍스트가 '어떻게' 말하고 있는가에 대해서는 관심을 기울이지 않는다면 그것은 잘못된 일이다.[10]

또한 설교를 말씀의 선포와 복음의 전파로 보는 견해는 청중들의 컨텍스트와 상

---

8) Thomas G. Long, *The Witness of Preaching*, 2nd edition (Louisville : Westminster John Knox, 2005), 21에서 재인용.
9) Karl Barth, *Homiletics* (Louisville : Westminster John Knox, 1991), 121-127.
10) Thomas G. Long, *The Witness of Preaching*, 2nd edition, 24-25.

황을 고려하지 않는 경향이 있다. 스코틀랜드 장로교회의 명설교가였으며 *Heralds of God*(하나님의 전령들)이란 책을 저술한 제임스 스튜어트(James S. Stewart)의 설교에 관하여 에드먼드 스타이믈(Edmund Steimle)은 다음과 같이 말하고 있다.

> 나는 목회 초년에, 스코틀랜드의 설교자 제임스 스튜어트의 설교집을 읽으며 그것들이 제2차 세계대전의 상황 속에서 설교된 것이라는 사실을 깨닫기 전까지는, 그를 크게 흠모하였다. 그런데 그의 설교를 읽을 때, 우리는 설교의 상황을 짐작조차 할 수 없다. 그의 설교들은 소위 '특정 시간에 제한받지 않는' 설교로, 개인적인 삶을 향한 설교들이다. 그러나 특정한 시간에 제한받지 않는 설교는 오늘은 물론, 100년 전에도 설교될 수 있는 설교로, 매우 빈약한(poor) 설교이다. …… 독일의 신학자 헬무트 틸리케(Helmut Thielicke)가 지적하는 것처럼, 오늘 우리가 때때로 듣는 설교 가운데는 1880년도에 설교해도 괜찮았을 것 같은 설교들이 있다. 그러나 이렇듯 시간에 제한받지 않는 설교들은 탁월함을 보여 주는 것이 아니라, 설교의 퇴보(degeneration)를 나타내고 있다.[11]

설교는 세상의 컨텍스트 안에서 선포되는 말씀의 강해이다. 설교가 말씀과 삶의 상황 속에서 균형 있는 관점을 가지지 못한다면, 푹스(Ernst Fuchs)가 말하는 언어의 사건(Word-event)은 일어나지 않는다.[12] 우리는 성경의 저자들이 메시지의 내용은 물론, 메시지를 듣는 회중의 상황도 중요하게 생각했던 것을 알 수 있다. 바울이 고린도 교회에 보낸 서신은 고린도 교회의 상황에 필요한 말씀이었고, 갈라디아 교회에 보낸 서신은 갈라디아 교회의 상황에 맞는 말씀이었다. 갈라디아서가 고린도 교회에, 고린도서가 갈라디아 교회에 잘못 보내졌다고 생각해 본다면, 말씀이 그 교회들에게 주었던 영향력과 충격이 훨씬 감소되었을 것이다.[13]

---

11) Edmund A. Steimle, Morris J. Niedenthal & Charles L. Rice, *Preaching the Story* (Minneapolis : Augsburg, 1980), 168-169.
12) Ibid., 109.
13) Nigel Watson, *Striking Home* (London : Epworth, 1988), 21.

텍스트와 컨텍스트를 동시에 중요시하는 설교가 좋은 설교이며, 성서적인 설교인 것이다. 칼 바르트는 그의 저서 「설교학」에서는 서론과 결론도 생략하라며, 청중들의 삶의 상황을 중요하게 생각해서는 안 된다고 말하고 있지만, 그가 바젤의 교도소에서 형목으로 설교했을 때 그의 설교를 검토해 보면 그렇지 않다.[14] 즉, 바르트의 설교에는 서론과 결론과 같은 형식도 있으며, 수사학을 적극적으로 사용하고 있고, 교도소에 있는 청중들의 상황에 비추어 메시지를 적용하고 있음이 발견된다. 심지어 "설교자는 한 손에는 성서를, 다른 손에는 신문을 들고 읽어야 한다."라고 말한 사람이 바로 칼 바르트라고 전해지고 있다. 설교 세미나에서 바르트는 다음과 같이 말하고 있다.

> 설교자의 독백(monologue)이 놀랄 만한 것일지라도 회중들에게 반드시 도움이 되는 것이 아니기에, 설교자는 그의 설교가 독백이 되지 않도록 하기 위하여 모든 노력을 기울여야 할 것이다. 설교자가 설교를 준비하는 동안, 설교자의 마음에는 그의 설교 대상이 될 사람들이 항상 현존(present)해야만 한다. 설교자가 청중들에 관하여 아는 지식은 그가 본문을 연구할 때, 그에게 예기치 않았던 아이디어와 그와 같이 있게 될 연상(associations)을 암시할 것이다. 또한 설교자가 청중에 관하여 아는 지식은 본문을 동시대의 상황에 적용하는 데 사실적(actuality)인 요소를 제공할 것이다.[15]

설교자를 전령으로, 설교를 하나님 말씀의 선포로 보는 설교의 관점은 청중들의 상황과 커뮤니케이션을 등한히 하는 결함이 있음에도 불구하고 지속적으로 설교자들에게 중요한 관점이 될 것이다. 왜냐하면 이 관점은 본질적으로 설교가 설교자의 행위가 아니라 하나님의 행위임을 말해 주며, 설교자로 하여금 내가 누구의 메시지를 회중들에게 전하는 것인가를 상기시켜 주기 때문이다.[16]

---

14) Karl Barth, *Deliverance to the Captives*, trans. Marquerite Wieser (NY : Harper & Row, 1961). ; 칼 바르트의 설교에 관하여 매우 도움이 되는 책인 William H. Willimon, *Conversations with Barth on Preaching* (Nashville : Abingdon Press, 2006)을 참조할 것.
15) Karl Barth, *The Preaching of the Gospel*, 53.

## 2. 설교는 말씀으로 청중을 목양하며 치유하는 것

설교의 목적은 하나님 말씀의 선포다. 그러나 목회자가 설교를 할 때, 목회자는 설교를 통해 회중들의 영혼을 치유하며(cure of souls), 복음에 비추어 그들의 영적, 정서적인 필요를 충족시켜 주는 목회적 돌봄(pastoral care)의 일도 행하게 된다. 설교는 말씀을 듣게 될 청중의 특정한 필요와 삶의 정황에 비추어 작성된다.[17] 그러하기에 모든 설교에는 항상 목양적인 요소가 포함되어 있다. 그러나 청중들의 개인적인 관심과 상황, 그리고 필요를 보다 더 깊게 숙고하여 작성되는 설교가 목양 설교(pastoral preaching)다.[18] 목양 설교는 삶의 상황(life-situation) 설교,[19] 치유(therapeutic) 설교, 격려(encouraging)의 설교,[20] 또는 실용주의적[21] 설교 등 다양한 이름으로 불린다.

목양 설교와 삶의 상황 설교(Life-Situation)의 대가인 해리 에머슨 포스딕(Harry Emerson Fosdick, 1878-1969)에 의하면 사람들은 성경의 역사를 배우기 위하여, 또는 교리의 세부적인 내용을 학습하기 위하여 교회에 나오는 것이 아니라고 한다. 오늘의 회중들은 삶의 여러 문제들과 염려로 에워싸여 있기에 하나님이 그들을 어떻게 도울 수 있을지를 발견하기 위하여 교회에 나온다는 것이다. 그러하기에 목양 설교의 메시지는 본문으로부터가 아니라 청중들의 삶의 자리인 상황으로부터 출발한다. 포스딕은 1928년 「하퍼스 매거진」(*Harper's Magazine*)에 실린 "설교가 어찌된 일인가?"(What Is the Matter with Preaching?)라는 글에서 아래와 같이 말하고 있다.

모든 설교는 문제 해결을 설교의 중요 과제로 삼아야 한다. 즉, 설교는 지극히 중요

---

16) John S. McClure, *Preaching Words*, 47.
17) Edmund A. Steimle, Morris J. Niedenthal, & Chalrles L. Rice, *Preaching the Story* (Philadelphia : Fortress Press, 1980), 108.
18) John S. McClure, *Preaching Words*, 100.
19) 포스딕 목사의 목양 설교를 '삶의 정황(상황) 설교'(Life-Situation)라고 부른다.
20) Robert Stephen Reid, *The Four Voices of Preaching* (Grand Rapids : Brazos, 2006), 79-118.
21) Kenton C. Anderson, *Choosing to Preach* (Grand Rapids : Zondervan, 2006).

하고 중대한 문제, 당혹하는 마음(puzzling minds), 무거운 양심, 혼란된 삶 등의 문제들을 해결할 수 있어야 한다. 실질적인 문제에 부딪쳐 한줄기의 빛이라도 던져 주는 설교, 이러한 문제를 헤쳐 나갈 수 있도록 실제적으로 몇 사람을 돕는 설교는 어떠한 설교라 할지라도 전혀 지루하지 않을 것이다.[22]

포스딕은 후에 기록한 그의 자서전에서 자신의 설교관을 다음과 같이 피력하고 있다.

> 설교는 회중들의 진정한 문제로부터 시작되어야 한다. 설교의 전문 분야는 바로 사람들의 문제가 되어야 한다. 그러하기에 설교는 에세이나 강연과 다른 것이다. 모든 설교는 회중들의 마음에 있는 난제들과 양심의 무거운 짐, 어지러운 삶의 문제들에 건설적인 해결책을 주는 것을 주요 과제로 삼아야 한다. 사람들의 어려움에 빛을 비추어 주고, 그 어려움을 승리할 수 있도록 도와주는 설교라면 어떠한 설교도 결코 헛된 것이 될 수 없다.[23]

포스딕은 또한 설교를 그룹 카운슬링으로 생각하였다. 설교자가 회중들의 문제를 일일이 다 해결해 줄 수 없기에, 설교를 통하여 집단으로 회중들의 문제를 해결해 주고, 필요를 충족시켜 주며, 치유한다는 것이다.[24] 명설교가인 포스딕의 이러한 설교관은 미국의 주류 교단의 설교자들에게 큰 영향을 주어 많은 설교자들이 청중들이 직면하고 있는 난제, 어려움 등을 정확하게 진단하고, 그들의 상황에 연결되는(connect) 설교, 그들의 필요를 채워 주는 목양 설교를 하게 되었다. 목양 설교는 '의도적으로 청중들의 유익한 변화를 추구하고, 청중들로 하여금 그들의 삶을 이해할 수 있도록 도우며, 청중들이 더 책임감 있고, 윤리적인 삶을 살 수 있게 하는

---

22) Harry Emerson Fosdick, "What Is the Matter with Preaching?," *Harper's Magazine*, July 1928, 134.
23) Harry Emerson Fosdick, *The Living of These Days* (NY : Harper & Row, 1956), 94.
24) Edmund H. Holt, *Preaching as Counseling* (Valley Forge : Judson Press, 1966).

촉매가 되도록 노력하는' 설교다.[25] 제임스 월리스(James A. Wallace)가 말하는 것처럼, 모든 사람들이 배고픈 마음을 가지고 있으므로 하나님의 백성들을 먹이고자 하는 것이 목양 설교이다. 목양 설교는 구체적인 상황에서 청중들이 절실하게 필요로 하는 것을 복음의 말씀으로 채워 주고, 치유하고자 한다. 설교를 하나의 사건으로 바라보기에, 설교자들에게 주요한 질문은 "무엇을 말할 것인가?"가 아니고, "무엇이 일어나게 할 것인가?"이다.[26] 즉, 설교를 통하여 치유와 회복, 도덕적 및 윤리적인 삶으로의 결단의 사건이 일어나며, 설교를 통해 청중들이 살아 계신 하나님을 만나고 그의 은혜를 체험함으로 삶의 변화가 일어나게 하는 데 그 목적을 두고 있다.[27]

목양 설교는 21세기를 사는 구도자에 초점을 맞춘 초대형 교회에서 많이 사용하고 있는 설교 형태로, 켄트 앤더슨은 이러한 설교 방식을 '실용주의적인 설교'라고 부르며 대표적인 설교자로 릭 워렌 목사를 언급하고 있다.[28] 앤더슨은 미국의 초대형 교회들이 청중들의 현실적인 문제에 도움을 주는 실용적인 설교를 사용함으로 교회들이 크게 부흥하게 되었다고 지적한다.[29] 실용주의적인 설교는 청중들이 직면하고 있는 문제들, 결혼의 문제, 사업의 실패, 외로움과 소외감, 건강, 재정에 대한 염려, 영적인 배고픔과 같은 문제들에 복음으로 적절한 해답을 주는 설교다. "나는 왜 외로움을 느끼는가?"라는 청중들의 질문에, 실용주의 설교자들은 "하나님은 결코 여러분을 홀로 있도록 내버려 두지 않으십니다. 여러분들이 구체적으로 이러이러한 것들을 실천하면 하나님께서 항상 여러분들과 함께 계심을 기억하게 될 것입니다."라고 말하며, 구체적으로 적용을 제시한다. 예를 들어 "여러분들이 기도 생활을 개발하면, 하나님께서 사랑으로 여러분과 함께하심을 깨닫게 되며 외로움을 극복할 수 있을 것입니다."라고 말한다.[30] 실용주의적 설교는 강해 설교처럼 어느 한 본문을 순서대로 강해(verse-by-verse)하지 않고, 청중들의 삶과 연관된 아이디어나 주제

---

25) Thomas G. Long, *The Witness of Preaching*, 2nd edition, 28-29.
26) Ibid., 29.
27) Robert Stephen Reid, *The Four Voices of Preaching*, 107.
28) Kenton C. Anderson, *Choosing to Preach*, 161.
29) Ibid., 161-162.
30) Ibid., 176.

또는 제목을 설명하고 적용하기 위하여, 성경 전체로부터 관련된 여러 성경 구절들을 발췌하여 설교한다(verse-with-verse).[31] 그러하기에 한 편의 설교에 수십 개의 성경 구절들이 인용되고 있다. 실용주의적인 설교에는 적용이 중요하다. 릭 워렌은 로마서의 50%, 에베소서의 50%, 갈라디아서의 100%, 야고보서의 80%, 베드로전서의 60%, 예수님의 산상보훈의 90%가 적용이기에 설교에는 적용이 많으면 많을수록 좋다고 말한다.[32]

목양 설교에서는 설교자와 청중들 간의 관계가 매우 중요하다. 설교자의 인품과 신앙적 및 지적인 체험, 설교자의 영성, 상처받고 아파하는 사람들에 대한 사랑의 공감(empathy), 도덕성의 권위 등을 청중이 신뢰하고 존경할 때, 설교자의 메시지를 통해 변화와 성장, 그리고 치유의 사건이 일어날 수 있게 된다. 그러하기에 설교자와 청중들과의 신뢰 관계가 성립되지 않으면, 목양 설교의 사건이 잘 일어나지 않는다.

그런데 오늘날 우리가 살고 있는 사회는 크리스토퍼 래쉬(Christopher Lasch)가 말한 바 지나친 '자기애(愛)의 문화'(culture of narcissism)다. 사람들이 종교적인 구원에는 관심이 없고, 개인적인 웰빙, 건강, 심리적 및 재정적 안전, 그리고 자아의 실현(self-actualization)에 배고파 하고 있는 문화이다.[33] 사람들은 교회에 나올 때에도 자신이 원하는 것을 만족시켜 주는 교회를 쇼핑(shopping)하여 나오고 있다. 설교도 내가 듣기 원하는 설교를 하지 않으면 들으려고 하지 않는 청중들에게 있어서, 그들의 필요만을 충족시켜 주려는 목양 설교는 청중을 제자도와 선교의 사명을 망각한 이기적인 이들로 만들 수 있다.[34] 또한 치유를 강조하는 목양적 설교자들 가운데는 성서로 우리의 문제에 대한 해답을 주려고 하기보다는 심리학이 하나님이 되어서(Psychology is God), 최신의 심리 치료 방법으로 우리의 문제를 진단하고 해

---

31) Rick Warren, "Purpose-Driven Preaching : An Interview with Rick Warren," by Michael Dudit, in *Preaching With Power*, ed. Michael Duduit (Grand Rapids : Baker, 2006), 221.
32) Rick Warren, *Preaching for Life Change* (Lake Forest : PurposeDriven, 2002), 8.
33) Robert Stephen Reid, *The Four Voices of Preaching*, 107.
34) Thomas G. Long, *The Witness of Preaching*, 2nd edition, 32.

답을 주려 하는 이들도 있다. 그리하여 구원을 자존감의 회복으로, 죄를 부적응으로, 교회를 그룹 치료(group therapy)로, 예수를 'Dear Abby'로 변형시키기도 한다.[35] 이처럼 목양 설교는 하나님의 말씀을 인간의 지혜로 대치하려는 위험이 있다.[36]

목양적 설교자들은 항상 "어떻게 설교를 통해 청중들이 직면한 문제들을 도울 수 있을 것인가?"라는 질문을 마음속에 던지면서 메시지를 준비한다. 매우 중요한 질문이지만, 너무 작은 질문이기도 하다.[37] 그러하기에 목양 설교의 취약점 가운데 하나는 인간의 필요의 개념을 지나치게 좁히고 제한시키는 데 있다. 인간의 문제에는 경제적, 사회적, 심리적인 요소도 있지만, 무엇보다도 그 핵심에는 영적인 요소가 있기 때문이다.

> 인간은 단지 특정한 개인적인 위기 속에서 올바른 결정을 내리는 데 있어서만 도움을 필요로 하는 것이 아니다. 인간은 전반적인 삶의 깊은 의미를 발견하는 데 있어서도 도움이 필요하다. 인간은 여러 삶의 위기를 통과할 때 그들을 지원해 주는 도움이 필요할 뿐만 아니라, 그들의 삶이 어디를 향하여 가고 있는지를 보여 주는 비전, 또 그들의 삶이 궁극적으로 보람이 있을 것이라는 소망이 필요하며, 하나님이 그들을 어떠한 사람이 되라고 부르신, 그 사람이 되도록 촉구해 주는 자극도 필요하다.[38]

성서는 우리의 근본적인 문제가 최신의 심리적 치료 방법으로 해결되는 것이 아니고, 그리스도의 복음 안에서만 해결되고 치유됨을 말하고 있다. 그러하기에 칼 바르트는 설교를 할 때 성경 이외의 다른 방법으로 삶에 관하여 더 명확하고, 좀 더 적절한 설명을 주려고 시도해서는 안 된다고 주장하면서, "회중은 하나님의 빛에 의해서 밝혀지는 삶의 의미를 기다리고 있다."라고 말하고 있다.[39]

목양 설교자들에게 청중은 선교의 사명을 가진 공동체라기보다는 개인적인 문제

---

35) William H. Willimon, "Been There, Preached That," *Leadership* 16 (Fall 1995), 76. ; "Dear Abby"란 미국의 주요 일간지에 매일 실리고 있는 인생문제의 상담칼럼을 의미한다.
36) Robert Stephen Reid, *The Four Voices of Preaching*, 109.
37) Thomas G. Long, *The Witness of Preaching*, 2$^{nd}$ edition, 33.
38) William H. Willimon, *Integrative Preaching* (Nashville : Abingdon, 1981), 37.
39) Karl Barth, *The Preaching of the Gospel*, 53.

에 대한 해결책이나, 어떠한 필요가 충족되어야 하는 개인들이 함께 모여 있는 집단에 가깝다. 그러하기에 리 램지(G. Lee Ramsey, Jr.)는 목양 설교의 목적은 개인들로 구성된 회중들을 세상을 돌보며 치유할 수 있는 공동체로 만드는 것이 되어야 한다고 말한다. 즉, 목양 설교자는 그의 설교를 통해 개인들로 구성된 회중들을 든든한 신앙 공동체로 만들어, 공동체로 하여금 세상에서 치유와 돌봄의 사역을 행하며, 우리를 돌보시고 치유해 주시는 그리스도를 증언하는 선교 공동체가 되도록 해야 한다는 것이다.[40]

또한 목양 설교는 주로 외로움과 아픔을 맛보며, 실패와 절망 속에서 개인적인 도움이 필요한 사람들을 향하여 초점이 맞추어 있기에, 섬김과 제자도를 열정적으로 행하려는 사람들, 선교적 사명으로 헌신하려는 사람들은 잊혀질 수 있다. 토마스 롱 교수는 조셉 시틀러(Joseph Sittler)의 말을 아래와 같이 인용하고 있다.

> 최근 소외된 자, 상처받은 자, 낙심한 자, 패배한 자를 위한 복음은 있는데, 기뻐하는 자, 분주한 자, 세상에서 일하는 자들을 위한 복음은 없다는 말들이 있다. 물론 황폐함과 외로움에 대하여 아무 언급이 없는 복음은 복음이 아니지만, 기쁨 속에 있는 사람들, 창조적이고 건설적이며 효율적인 활동을 하는 사람들을 그 영역 안에 포함하여, 그들을 향해서도 말하지 않는 복음은 흥미롭지 않기 때문에 아무 도전을 주지 못하는 것은 더욱더 분명한 사실이다.[41]

토마스 롱은 복음에는 과거, 현재, 미래의 시제(tense)가 있다고 말한다. 설교는 오늘 현재 우리가 이곳에서 당면하는 문제들을 성공적으로 극복하는 것 이상이 되어야 한다. 설교는 하나님께서 어떻게 그의 백성들에게 구원과 치유의 사역을 행하셨는지 과거의 기억을 새롭게 상기시키기도 하며, 다가오는 미래에 대한 하나님의 약속을 선포하기도 한다는 것이다.[42]

---

40) G. Lee Ramsey, Jr. *Care-full Preaching* (St. Louis : Chalice Press, 2000), 127-131.
41) Joseph Sittler, *The Anguish of Preaching* (Philadelphia : Fortress Press, 1966), 38. ; Thomas G. Long, *The Witness of Preaching*, 33에서 재인용.
42) Thomas G. Long, *The Witness of Preaching*, 2nd edition, 33.

크리스천은 그리스도의 부활의 승리와, 종말의 날 최후의 승리 사이인 중간 시간에 살고 있다. 그리스도의 부활의 사건을 통해 하나님의 치유와 승리의 약속이 우리에게 이미(already) 주어졌지만, 그 약속이 아직 완전히 실현된 것은 아니다(not yet). 우리의 어떠한 문제나 갈등, 그리고 비극적인 상황은 현재가 아니라, 미래의 날인 종말의 날에 완전히 해결된다. 그러하기에 설교자는 어떠한 문제들은 종말의 날까지 우리가 짊어지고 살아야 한다는 사실을 청중들에게 설교할 수 있어야 한다. 캐시 블랙 교수는 병 나음(cure)과 치유(healing)를 구분하고 있다. 아내를 버리고 집을 나간 남편은 다시 집으로 돌아오지 않으며, 전쟁에서 받은 부상으로 인해 시력을 잃어버린 사람에게는 다시 시력이 주어지지는 않는다. 많은 경우에 상황은 변화되지 않지만, 하나님의 도우심을 우리는 체험하게 된다. 하나님께서는 우리에게 지금 치유(healing)의 선물은 주시지만, 나음(cure)의 선물은 종말의 날에 완성된다는 것이다.[43]

복음에 신실한 목양 설교는 또한 예언자적인 설교이기도 하다. 우리는 목양 설교는 부드러운 설교이며, 예언자적인 설교는 담대하게 외치는 설교로 생각하고 목양 설교와 예언자적인 설교를 구분하려고 하지만, 성서에서는 목양과 예언의 사역을 같은 것으로 보고 있다. 바울은 자신을 담대히 복음을 전하는 설교자(고전 1:17)로 보고 있으면서, 또한 스스로를 유모처럼 보고 있다(살전 2:7).[44] 위기와 어려움에 놓여 있는 청중들에게 목양 설교자가 복음의 빛으로 소망의 비전을 보여 주며, 복음의 능력으로 청중들이 직면하고 있는 상황을 새로운 시각으로 바라볼 수 있게 해 줄 때, 청중들에게 치유와 성장, 그리고 변화의 사건이 일어나게 된다. 이때의 목양 설교는 예언자적인 설교의 기능도 행하게 된다. 이러한 사건이 일어나면 청중들은, "하나님! 저의 삶 속에 이러한 일을 가능케 해 주시니 감사합니다." 또는 "주님, 저에게도 이러한 일이 일어나게 하소서."라고 말할 수 있게 될 것이다.[45]

---

43) Kathy Black, *A Healing Homiletic* (Nashville : Abingdon, 1996), 50-54.
44) William H. Willimon, Richard Lischer, eds., *Concise Encyclopedia of Preaching* (Louisville : Westminster John Knox, 1995), 361.
45) Robert Stephen Reid, *The Four Voices of Preaching*, 95.

## 3. 설교는 하나님의 말씀으로 청중을 가르치는 것

바울은 에베소서 4 : 11에서 "그가 어떤 사람은 사도로, 어떤 사람은 선지자로, 어떤 사람은 복음 전하는 자로, 어떤 사람은 목사와 교사로 삼으셨으니"라고 말하는데, 여기에서 '목사'와 '교사'는 두 가지의 다른 직책이 아니라 같은 직책을 의미한다고 성서학자들은 말한다. 즉, 목사가 교사요, 교사가 목사라는 것이다. 설교자를 교사로 보는 견해는 최근의 강해 설교자들과, 초대형 교회의 설교자들에 의하여 많이 받아들여지고 있다. 미국의 유명한 강해 설교자인 존 맥아더, 척 스미스, 척 스윈돌 목사와 같은 이들은 그들의 최우선적인 임무를 하나님의 말씀인 성서를 회중에게 가르치는 것으로 보고 있다. 그러하기에 그들은 자신을 목사로만 생각하지 않고, 자신을 '목사-교사'로 바라보고 있다. 또한 미국의 초대형 교회에서 담임 목회자와 더불어 설교를 분담하고 있는 목사들의 명칭을 '가르치는 목사'(teaching pastor)라고 부르고 있다. 종교개혁가 칼뱅은 교회는 말씀을 배우는 학교이며, 하나님은 회중을 가르치기 위하여 목사를 임명했다고 말한다. 칼뱅에게 있어서 설교와 가르치는 것은 같은 의미로 사용되는 단어였다.[46]

그런데 성서학자 도드(C. H. Dodd)는 초대 교회 사도들의 설교를 연구한 그의 저서 「사도적 설교와 그 전개」(*The Apostolic Preaching and Its Development*)에서 케리그마적 선포와 디다케를 엄격히 구분하고 있다. 그래디 데이비스도 그의 저서 「설교의 디자인」에서 도드의 영향을 받아 설교의 기능적 형태를 케리그마적 선포(proclamation)와 디다케(teaching)로 구분하면서, 여기에다 데라퓨에인(therapy)을 추가하고 있다.[47] 그러나 최근 성서학자들에 의하면 초대교회의 설교는 케리그마와 디다케, 그리고 데라퓨에인이 획일적인 선을 그은 것처럼 구분된 것이 아니고, 오히려 통합(integration)된 성격을 가지고 있었다고 한다.[48] 복음서에 보면 예수께서는

---

46) Ronald J. Allen, *The Teaching Sermon* (Nashville : Abingdon, 1995), 16.
47) H. Grady Davis, *Design for Preaching* (Philadelphia : Fortress, 1958), 98-138.
48) Robert C. Worley, *Preaching and Teaching in Earlinest Church* (Philadelphia : Westminster, 1967), 87.

말씀을 전하시고 가르치시며 병자들을 치유하시는 사역을 행하였다. 마태복음 4 : 23에 보면, "예수께서 온 갈릴리에 두루 다니사 그들의 회당에서 가르치시며 천국 복음을 전파하시며 백성 중에 모든 병과 모든 약한 것을 고치시니"라고 말한다. 예수님의 사역에는 설교, 가르침, 치유가 하나의 통합된 사역이었다. 예수님의 치유 행위는 그의 메시야적 정체(identity)를 선포하는 것이었으며, 그의 설교는 가르치는 기능과 치유하는 기능을 가지고 있었던 것이다. 초대교회의 설교에도 케리그마의 선포와 가르침이 항상 공존하고 있었다. 그러하기에 도드처럼 설교에서 복음의 선포와 가르침을 엄격하게 구분하는 것은 올바르지 못하다.

그런데 오늘날 많은 설교자들이 말씀의 강해로 회중들을 가르치는 일을 등한히 하고 있다. 미국에서는 포스트모던 시대의 사람들이 삶의 궁극적인 의미와 목적을 추구하고 있을 때, 교회가 그들의 진정한 영적인 요구를 채워 줄 수 있는 하나님의 말씀으로 해답을 주지 못하고, 그들이 세상에서도 얻을 수 있는 해답을 제시하였기 때문에 많은 사람들이 주류 교단을 떠나게 되었다고 교회성장학자들은 말하고 있다. 미국의 주류 교단 가운데 하나인 '그리스도의 제자 교회'(Disciples of Christ)에서 교단 내 목회자들의 설교 200편을 분석해 본 결과, 그 설교들은 회중들이 일상생활에서 직면하는 도덕적인 삶의 어려움에 도움을 주지 못하고 있다고 밝혀졌다. 즉, 주류 교단의 설교자들이 신학적, 성서적인 망각 증세(amnesia)에 걸려, 회중들에게 복음으로 하나님 나라의 비전을 보여 주며, 그리스도의 제자로서 어떠한 가치관과 세계관을 가지고 삶을 살아야 하는지를 제시하지 못하고 있다는 것이다.[49] 웨이드 클락 루프(Wade Clark Roof)가 미국 서부와 동부에 사는 1,150명의 사람들을 대상으로 조사한 결과, 그들 가운데 66%의 사람들은 교회나 종교 단체와 아무 관계없이 독립적으로 종교적인 신앙을 가질 수 있다고 응답했고, 특히 18~34세의 연령층들은 73%가 교회를 나가지 않고도 신앙생활을 할 수 있다고 응답했다고 한다.[50] 또한 다른 조사에 의하면 교회에 출석하는 사람들 가운데 상당수가 그들의 자녀가 기독교

---

49) Ronald J. Allen, *The Teaching Sermon*, 18.
50) Cited in Jackson W. Carroll, *Mainline to the Future* (Louisville : Westminster John Knox, 2000), 34.

외의 다른 종교를 택하여도, 그들이 행복해 하고 건전한 시민으로서의 삶을 살 수 있다면 괜찮다고 응답했다고 한다.[51]

사도행전에 나타나는 초대교회는 그리스도의 복음을 세상에 구현(embody)시키기 위하여 세상을 복음화하려는 사명을 가지고 있었다. 교회는 세상의 문화 가운데 다른 문화를 가진 공동체였으며 사도적이고 선교적인 사명을 가지고 있었던 공동체였다. 초대 기독교회는 사회 안에서 소수 그룹에 불과했으나 선교적인 열정을 가지고 세상으로 나아가 세상과 상호 교류를 하였으나 세상과는 전혀 다른 정체성과 문화를 가지고 있었다. 그들은 교회를 세상에 맞추려고 하지 않고 세상을 교회에 맞추려고 하며, 세상을 변화시키려고 했던 '사도적 패러다임'을 가지고 있었던 것이다. 그러나 로마 황제 콘스탄틴이 기독교를 로마의 국교로 선포하게 되자, 교회와 세상과의 긴장 관계가 사라지고 교회와 국가가 하나 되는 '크리슨덤 패러다임'(Christendom Paradigm)으로 변화되었다. 오늘 21세기의 유럽과 북미에서 기독교회는 점점 영향력을 잃어 가고 있으며, 세속화된 사회에서 소수 그룹이 되었다. 로렌 미드는 교회가 이제는 세상과의 거리(distance)를 인식하고 초대교회처럼 '사도적 패러다임'으로 목회를 전환해야 한다고 주장한다.[52]

교회성장 전문 컨설턴트인 라일 쉘러는 포스트모던 시대와 종교 다원화 시대를 살아가고 있는 오늘날의 사람들에게 가장 필요한 설교는 교육적 설교라고 주장한다. 그에 의하면 미국의 초대형 교회의 담임 목회자들은 대부분 교육적 설교를 하고 있는데, 교육적 설교는 시간이 많이 필요하기에 그들의 설교 시간이 35~60분가량 된다고 한다. 여기에서 교육적 설교란 성경에 관한 고고학적, 역사적 지식이나, 기독교 교리에 관한 추상적인 지식을 전달하는 설교를 의미하지 않는다. 교육적 설교란 회중들로 하여금 세속화된 사회에서 어떻게 크리스천의 가치관, 세계관을 가지고 그리스도의 제자로서의 삶을 살아갈 수 있는지를 실제적으로 보여 주는 설교를 의미한다.[53] 진보적인 주류 교단 설교자들의 설교 시간이 18~20분으로 점점 축소되고 있

---

51) Donald A. Luidens, Dean R. Hoge, and Benton Johnson, "The Emergence of Lay Liberalism Among Baby Boomers," *Theology Today* 51 (July 1994), 249-255.
52) Loren Mead, *The Once and Future Church* (Bethesda, MD : Alban Institute, 1991).

는 상황에서, 초대형 교회 설교자들의 설교 시간이 이처럼 길다는 것은 놀라운 일이다. 연령적으로 젊은 계층이 많이 참석하는 교회는 설교 시간이 짧을 것이라는 우리의 기대와는 달리, 젊은 층이 많이 모이는 교회일수록 설교 시간이 길다는 연구 조사가 있다. 젊은이들이 성경의 스토리에 비추어 어떻게 현실의 삶을 살아야 할 것인가를 더 열정적으로 배우고자 하기 때문이다.[54]

설교자들은 메시지를 통하여 하나님의 이야기에 낯선 사람들로 하여금 말씀의 보화를 발견하는 사람이 되도록 도와주고, 말씀에 익숙한 사람들은 그들이 마치 성서를 처음 읽는 사람들처럼 말씀 안에서 기쁨과 환희를 다시 맛보며, 성서 안에서 풍요로운 은혜의 세계를 체험함으로 선교의 사명을 가진 그리스도의 제자들이 될 수 있도록 인도해 주는 교사의 역할을 감당할 필요가 있다. 예수님의 제자는 태어나는 것이 아니고, 교육과 훈련 과정을 통하여 만들어진다. 복음서에 보면 예수님을 부르는 중요한 명칭 가운데 하나가 바로 '랍비' 또는 '선생님'이었다. 오늘과 같은 포스트모던 현실에서 설교자들이 말씀을 통해 청중들을 크리스천으로 형성하는 교육적 사명을 잘 감당함으로, 설교자를 '랍비' 또는 '선생님'이라고 부르는 의미를 다시 회복하는 것이 바람직하다고 윌리엄 윌리몬은 지적한다.[55]

## 4. 설교는 다리를 놓는 것

설교를 '다리를 놓는 것'(bridge building), 설교자를 '다리를 놓는 사람'의 은유로 말하는 이는 존 스토트(John Stott)다. 스토트에 의하면 성경에서는 설교를 다리 놓는 것이라고 명백히 말하고 있지는 않지만, 본문과 오늘의 회중들 사이 존재하는 커다란 간격에 다리를 놓는 이미지로 암시하고 있다고 한다.[56] 왜냐하면 성

---

53) Lyle Schaller, *21 Bridges to the 21ˢᵗ Century* (Nashville : Abingdon Press, 1994), 85.
54) William H. Willimon, *Pastor* (Nashville : Abingdon Press, 2002), 216-217.
55) Ibid., 214-216.
56) John Stott, *I Believe in Preaching* (London : Hodder & Stoughton, 1982), 137. ; 이 책은 미국에서는 *Between Two Worlds*라는 서명으로, 한국에서는 「현대 교회와 설교」

서적인 설교는 단순히 본문의 강해만이 아니라 커뮤니케이션이며, 단순히 본문의 석의가 아니라, 하나님으로부터 주어진 메시지를 들어야 할 필요가 있는 사람들에게 전달하는 것이기 때문이다. 스토트는 다리 놓는 것으로서의 설교를 다음과 같이 말한다.

> 다리란 강이나 협곡으로 말미암아 단절되어 있는 두 장소를 소통시키는 수단이다. …… 그렇다면 골짜기나 깊은 구렁(chasm)이 상징하는 것은 무엇인가? 그것을 연결하는 다리는 무엇인가? 깊은 구렁은 성서의 세계와 현대 세계 사이의 깊게 갈라진 틈이다. …… 기독교의 커뮤니케이터(communicator)들이 다리를 가로질러 놓아야 하는 것은 이 2천 년 동안의 문화의 변화의 넓고 깊은 간격이다(구약의 경우에는 더욱더 넓고 깊음). 우리의 과업은 오늘날의 남자와 여자들의 삶 속으로 하나님의 계시된 진리가 성경으로부터 흘러들어 갈 수 있도록 하는 것이다.[57]

그런데 성서의 세계와 오늘의 세계를 연결시키는 다리를 잘 놓지 못하고 있는 것이 교회의 현실이다. 보수주의 신앙을 가진 사람들은 성서적이지만, 오늘의 시대와 연결되어 있지 않고, 진보주의 신앙을 가진 사람들은 오늘의 세계와는 연결되어 있지만, 성서적이지 않다. 양측이 다 적합한 이유를 가지고 있다. 보수주의자들은 하나님의 계시를 보존하려고 하고, 진보주의자들은 오늘 이 시대의 사람들과 연관되려고 한다. 양측은 서로에게서 배워야 할 것이다. 진보주의 신학을 가진 사람들은 보수 신학을 가지고 있는 사람들로부터 역사적이고 성서적인 기독교의 근본을 보전할 필요성을 배우고, 보수 신학을 가진 사람들은 진보 신학을 가진 사람들로부터 기독교의 근본을 오늘의 세계에 연관시킬 필요성을 배우는 것이 필요하다. 미래의 교회가 절실하게 필요로 하는 크리스천 커뮤니케이터들은 성서의 세계와 오늘의 세계의 큰 간격에 다리를 놓는 사람들이다. 즉, 하나님의 영원히 변치 않는 말씀을 항상 변하고 있는 오늘의 세계에 연결시키려고 애쓰고, 진리를 연관

---

라는 서명으로 출판되었음.
57) Ibid., 137-138.

성(relevance)에 희생시키거나 연관성을 진리에 희생시키는 것을 거부하지만, 성경에 신실하며 동시에 오늘의 세계와도 연결되기를 결심하는 말씀의 커뮤니케이터들인 강해 설교자들이 진정으로 요구되고 있다.[58] 이러한 맥락에서 존 스토트는 말한다. "강해 설교자들의 첫 번째 의무는 성서 본문에 신실(faithfulness)해야 하는 것이며, 강해 설교자들의 두 번째 의무는 오늘의 세계에 민감(sensitivity)해야 하는 것이다."[59]

## 5. 설교는 선물을 주는 것

기독교 2,000년의 역사를 통하여 설교자들에게 알려진 설교에 대한 여러 가지 정의가 있다. 예를 들어 미국의 명설교자였던 필립스 브룩스(Phillips Brooks)는 설교를 '하나님 말씀의 진리가 설교자의 인격을 통하여 선포되는 것'으로 말하고 있다. 설교자가 설교를 어떻게 이해하고 있느냐는 매우 중요하다. 왜냐하면 그의 설교관은 그의 메시지에 많은 영향을 끼치기 때문이다. 최근에 제시되는 설교에 대한 메타포 가운데 하나는 '선물을 주는 것'(gift giving)이다. 독일의 순교자이자 신학자였던 본회퍼는 설교를 '선물을 주는 것'이라고 정의를 내린 적이 있다. 본회퍼는 다음과 같이 말한다. "참된 복음적인 설교는 어린아이에게 아름다운 붉은 사과 하나를 주는 것, 아니면 목마른 사람에게 물 한 잔을 내밀며, '이것을 마시겠습니까?'라고 묻는 것과 같은 것이어야 할 것이다."(A real evangelical sermon must be like holding a pretty red apple in front of a child or a glass of cool water in front of a thirsty person and then asking : "do you want it?")[60] 그런데 설교가 선물을 주는 것이라는 메타포를 더욱 발전시킨 사람은 남침례교회의 저명한 설교자였다가 감독교회(한국

---

58) Ibid., 144.
59) John Stott, "Convictions of Biblical Preaching," in *The Art & Craft of Biblical Preaching*, eds. Haddon Robinson & Craig Brian Larson (Grand Rapids : Zondervan, 2005), 26-27.
60) Dietrich Bonhoeffer, *The Collected Sermons of Dietrich Bonhoeffer* (Minneapolis : Fortress Press, 2012), 34.

에서는 성공회)로 교적을 옮긴 존 클레이풀(John Claypool) 목사다.[61]

클레이풀 목사는 시카고의 로욜라 대학의 교수이자 가톨릭 신부인 존 포웰(John Powell)에게 일어났던 사건에 관하여 말하고 있다. 포웰 신부는 어느 날 대학의 학생들과 교직원들을 대상으로 영적 형성(spiritual formation)에 관하여 강연을 하게 되었다. 그는 강연이 시작되기 전 강단에 앉아 청중들을 바라보면서, '오늘 내가 여기에 모인 사람들을 깜짝 놀라게 할 만한 멋있는 강연을 하여, 나야말로 두뇌가 뛰어나게 명석하고, 깊은 영적 통찰력과 지혜를 가진 사람이라는 인상을 사람들의 마음에 심어 주어야겠다.'라고 생각하고 있는 자기 자신을 발견하게 되었다고 한다. 강연을 통하여 청중들의 신앙 여정에 도움과 힘이 되어 주는 말, 청중들에게 하나님의 사랑과 은혜의 선물을 주려고 하기보다는, 청중들의 칭송과 찬사를 받으려고만 생각하고 있었던 자기 자신의 부끄러운 모습을 바라보고 포웰 신부는 회개하였다고 한다. 클레이풀 목사는 자기 자신도 설교를 통하여 청중들에게 하나님의 은혜와 사랑의 선물을 주기보다는, 청중들로부터 자신의 설교에 대한 칭찬과 찬사를 받으려고만 했었다고 고백하고 있다. 교단의 중요한 모임에 주제 강사로 설교할 때마다, "오늘 교단의 영향력 있는 사람들이 내 설교를 듣고, '클레이풀 목사는 정말 우리 교단에서 가장 뛰어나게 설교를 잘하는 젊은 목회자'라고 인정하여, 어느 대형 교회에 공석이 생길 때, 나를 추천하여 내가 청빙받는 일이 있기를 원하는 마음을 가졌었다."고 한다.

설교자가 메시지를 통하여 청중들에게 선물을 주기보다는 칭찬과 찬사의 선물을 받으려고 하는 이유는 무엇인가? 그것은 나를 향한 하나님의 무한한 은혜와 사랑의 선물을 설교자 자신이 아직 받지 못하고 있기에, 사랑에 대한 설교자의 필요성을 청중들의 칭찬과 찬사, 그리고 인정(recognition)으로 채우려고 하는 것이라고 존 클레이풀 목사는 말한다. 우리에 대한 하나님의 사랑은 선물-사랑(gift-love)이다. 하나님께서 우리를 창조하신 이유는 하나님에게 우리의 사랑이 필요해서가 아니라, 우리에게 사랑을 주시기 위함이다. 하나님의 사랑은 무조건적으로 주시는 선물이다. 설

---

61) John R. Claypool, *The Preaching Event* (Waco : Word Books, 1980).

교자가 나를 무조건적으로 받아 주시고, 나를 있는 그대로 용납해 주시는 하나님의 은혜와 선물-사랑을 체험하게 될 때, 비로소 하나님으로부터 받은 선물-사랑을 청중들에게 줄 수 있게 된다고 클레이풀 목사는 주장한다.

설교자에게 청중들로부터 그의 설교에 대한 비판과 혹평을 듣는 것처럼 더 아프고, 더 상처 받는 일은 없다. 클레이풀 목사가 켄터기 루이빌에 있는 남침례 신학대학원(Southern Baptist Seminary)에 인접한 교회에서 목회하고 있었을 때, 많은 신학교 교수들과 학생들이 그의 교회 예배에 참석했었다고 한다. 어느 날 한 신학생이 찾아와 상담을 원하였는데, 그는 클레이풀 목사에게 오자마자 이렇게 말했다. "솔직히 말하면 나는 오늘 왜 내가 목사님을 찾아왔는지 그 이유를 나 자신도 잘 모르겠습니다. 나는 목사님의 설교를 싫어합니다. 목사님의 음성은 듣기 거북하고 이상한 음색이 있어, 목사님의 설교를 들을 때마다 나는 견딜 수가 없어 내 귀를 닫고 싶을 정도입니다." 그 신학생은 클레이풀 목사에게 이렇게 말한 다음, 비로소 자신의 문제를 토로하기 시작했다고 한다. 클레이풀 목사는 신학생이 그를 탁월한 설교자로 인정하는 말을 할 줄 알았는데, 오히려 그의 설교에 대한 비판과 그의 설교를 싫어한다는 말을 듣게 되자 받은 상처가 너무나 커, 상처로부터 회복되기 위하여 적어도 5분간은 그 신학생이 무슨 말을 하고 있는지 한마디도 듣지 못한 적이 있었다고 고백하고 있다.

그런데 설교자가 자신을 향한 하나님의 놀라운 은혜와 사랑의 선물을 체험하고 간직하고 있다면, 청중들이 그의 설교를 거부하고 혹평한다 할지라도 크게 상처를 받지 않는다고 클레이풀 목사는 말한다. 왜냐하면 설교의 목적은 청중들로부터 설교에 대한 인정과 찬사를 받음으로 나의 사랑에 대한 필요를 충족시키는 것이 아니라, 내가 하나님으로부터 받은 은혜와 사랑의 선물을 청중들에게 주고자 함이기 때문이다. 설교자는 나를 향하신 하나님의 한없는 은혜의 선물, 내가 받은 그리스도의 구속의 사랑의 선물, 나를 치유하고 변화시킨 복음의 권능, 내가 선물로 받은 하나님 나라에 대한 비전과 소망을 메시지를 통해 청중들에게 선물로 주는 자이다. 주일마다 한국 교회의 설교자들을 통하여 하나님의 놀라운 은혜와 사랑의 선물이 성도들에게 주어지기를 기대한다.

## 6. 설교는 하나님의 말씀을 이야기하는 것(Storytelling[62]/Poem/Art[63])

성경은 예수 그리스도를 통하여 인간을 구원하시는 하나님의 이야기(God's Story)이다.[64] 성서는 하나님께서 온 우주 만물과 인간을 창조하신 이야기, 아담의 원죄 이야기, 아브라함과 그의 후손인 이스라엘 민족을 선택하여 구원의 역사를 펼치시는 하나님의 이야기, 때가 이르렀을 때 독생자 예수 그리스도를 이 세상에 보내시어 하나님 나라의 복음을 전파하게 하신 이야기, 예수의 십자가의 죽음과 부활을 통해 인간을 구원하시려는 하나님의 이야기인 것이다. 그러하기에 가톨릭 신학자 요한 메츠(Johann Baptist Metz)는 성서는 창조로 시작하여, 새 하늘과 새 땅의 비전으로 끝나고 있는, 주로 이야기 형태로 기록된 경전이라고 하였다.[65] 성경이 인간을 구원하시는 하나님의 이야기이기 때문에, 초대 기독교회는 하나님의 구원의 이야기를 말하는 사람들(storytellers)의 공동체로 시작되었다.[66]

그러나 역사 속에서 기독교회의 메시지는 초대교회의 스토리텔링(storytelling) 전통을 잃어버리고, 주로 논증과 이성적 설명의 형식을 취하여 왔다. 그러다가 1950년대 후반에 이르러 그래디 데이비스(H. Grady Davis)는 성경의 아이디어들이 전반적으로 스토리 형식을 통해 이야기되고 있기 때문에, 설교자들은 좀 더 많은 스토리 형태의 설교를 해야 할 것이라고 주장했다.[67]

---

62) 스토리텔러(Storyteller)는 주로 '이야기꾼'으로 번역된다. 그러나 '꾼'이라는 말이 대수롭지 않고 가볍다는 의미를 내포하고 있으므로 하나님의 말씀을 전달하는 스토리텔러로서의 설교자는 '이야기를 말하는 사람'이라고 번역하는 것이 더 바람직하다.
63) 켄트 앤더슨은 예술가라고 부르지 않고, 선지자(visionary)라고 부르고 있다.
64) James A. Sanders, *God Has a Story Too* (Philadelphia : Fortress Press, 1979).
65) Johann Baptist Metz & Jean-Pierre Jossua, eds., *The Crisis of Religious Language* (New York : Herder and Herder, 1973), 85.
66) Robert Waznak, *Sunday after Sunday* (New York : Paulist Press, 1983), 27.
67) H. Grady Davis, *Design for Preaching*, 157.

우리는 논리적 주장(assertion)의 힘을 과대평가하며, 내러티브가 의미를 전달하고 사람들의 삶에 영향을 끼치는 힘을 과소평가하고 있다. 신화와 전설, 인류의 서사시의 명백한 힘에도 불구하고 그렇게 행하고 있다. 그리고 소설과 드라마의 놀라운 영향 — 연극, 스크린, 라디오, 텔레비전 — 등은 우리의 설교 대상인 바로 그 사람들의 의견, 윤리적 아이디어, 그리고 행동을 형성하는 데 엄청난 영향을 끼치고 있음에도 불구하고 우리는 이야기를 경시하고 있다.[68]

1970년대 초에 이르러 프레드 크래독은 「권위 없는 자처럼」(*As One Without Authority*)[69]이라는 그의 저서에서 귀납법적인 설교를 주장하였고, 1980년에 이야기체 설교에 관한 세 권의 주요 도서가 출판되면서, 이야기체 설교가 본격적으로 설교자들에게 소개되기 시작했다. 리차드 젠슨의 「이야기를 말하기」(*Telling the Story*)[70]와 에드먼드 스타이믈, 모리스 니덴달, 찰스 라이스가 공동으로 저술한 「이야기를 설교하기」(*Preaching the Story*),[71] 그리고 유진 라우리의 「설교의 플롯」(*The Homiletical Plot*)[72] 등의 도서가 출간되었다. 이야기체 설교에는 크게 스토리텔링 설교와 내러티브 설교의 두 가지 흐름이 있다.

스토리텔링 설교를 주장하는 흐름 가운데 에드먼드 스타이믈, 모리스 니덴달, 찰스 라이스는 하나님의 이야기(God's Story)와 하나님의 이야기를 체험한 설교자의 이야기(Preacher's story), 그리고 하나님의 이야기가 삶의 현장에서 체험되고 있는 청중들의 이야기(Listener's story)를 엮어서(weave)[73] 작성하는 방법을 제시하고 있

---

68) Ibid., 158.
69) Fred B. Craddock, *As One Without Authority*, Revised and with New Sermons (St. Louis : Chalice Press, 2001).
70) Richard A. Jensen, *Telling the Story* (Minneapolis : Augsburg, 1980).
71) Edmund A. Steimle, Morris J. Niedenthal, & Charles L. Rice, *Preaching the Story* (Philadelphia : Fortress Press, 1980).
72) Eugene L. Lowry, *The Homiletical Plot*, expanded edition (Louisville : Westminster John Knox, 2001).
73) Edmund A. Steimle, Morris J. Niedenthal, & Charles L. Rice, *Preaching the Story.*; 'weaving'이란 단어를 '짜깁기'로 번역하는 경우가 많이 있는데, '짜깁기'라는 단어가 주

다. 리차드 젠슨은 성경의 스토리와 유사한 내용을 가진 오늘 이 시대의 이야기를 중심으로 스토리텔링 설교를 할 것을 주장하고 있는데, 창의적인 문학적 재능을 가지지 못한 대부분의 설교자들이 본문의 스토리와 유사한 오늘의 이야기를 창작한다는 것은 매우 어려운 일이다. 복음주의적인 남침례교회의 설교자 스티븐 슈메이커(H. Stephen Shoemaker)는 성경의 스토리의 흐름과 플롯을 장면으로 나누어 리텔링(retelling)하는 설교를 하고 있으며,[74] 이는 많은 복음주의적인 설교자들이 선호하는 방법이다.

조지 바스(George Bas),[75] 그리고 브루스 살몬(Bruce Salmon)[76] 등은 설교 안에 많은 이야기가 담겨 있어야 함을 주장한다. 전통적 설교에서처럼 설교의 내용을 쉽게 이해시키기 위하여 예화를 사용하는 것이 아니라 삶을 변화시키는 스토리(전통적으로 '예화'라고 불리어 왔음.)를 활용하자는 것이다. 즉, 복음이 성육화된 스토리, 복음이 삶의 현장에서 구체화된 이야기는 회중들로 하여금 복음을 체험케 하며, 어떻게 복음적인 크리스천의 삶을 현실에서도 살아갈 수 있는지를 보여 준다는 것이다. 예를 들면, 설교자가 "우리는 비극적인 상황에서도 하나님의 선하심을 신뢰할 수 있습니다."라고 말한다면 회중들은 설교자의 말이 무엇을 의미하는지를 이해할 수 있으며, 또 이러한 설교자의 말에 동의할 수 있다. 대신 이러한 설교자의 말은 회중들의 마음에 감동을 주지 못한다. 그러나 설교자가 어린아이의 갑작스러운 죽음을 체험한 어느 가정이 비극적인 상황 속에서도 신비한 하나님의 넘치는 사랑을 깨닫게 된 스토리를 말해 준다면, 청중들은 이러한 이야기의 세계에 들어가 그들과 같은 체험을 맛볼 수 있으며, 그들의 삶에 새로운 지평이 열리는 체험을 할 수 있게 된다. 그들은 이처럼 어느 형태의 설교에든지 삶을 변화시키고 감동을 줄 수 있는 신앙의 스토리를 설교 안에 많이 사용할 것을 주장하고 있다.

---

로 부정적인 의미로 사용되기 때문에 'weaving'을 '엮어서'라고 번역하였다.
74) H. Stephen Shoemaker, *Retelling the Biblical Story* (Nashville : Broadman Press, 1985).
75) George M. Bass, *The Song & the Fury* (Lima : C. S. S., 1984).
76) Bruce C. Salmon, *Storytelling in Preaching* (Nashville : Broadman Press, 1988).

이야기체 설교에는 설교를 플롯이 있는 내러티브처럼 작성하자는 흐름도 있다. 전통적인 설교는 본문에서 하나의 중심 주제나 빅 아이디어를 추출하여 그 중심 주제나 빅 아이디어를 주로 3~4개의 대지(point)로 전개하였다. 그리하여 '첫째는, 둘째는, 셋째는……'이라고 말하며 대지를 설명하고, 예증하고, 적용한 다음에 결론에 가서 한 편의 시나 찬송가 가사의 한 구절로 설교를 끝내는 경우가 많았다. 유진 라우리는 내러티브 설교에는 대지 대신에 줄거리, 개요(outlines) 대신에 움직임(movement or flow)이 있어야 한다고 말한다. 즉, 내러티브 설교는 어떠한 문제나 갈등으로 시작되어 그 문제나 갈등이 더욱 악화되고 심화되다가, 어떤 해결의 전환점을 복음에서 찾은 다음에 대단원을 내리는 형태로 설교가 작성되어야 한다는 것이다.[77] 그는 설교 안에 스토리나 예화가 하나도 포함되어 있지 않아도, 설교가 라우리가 제시하는 내러티브 틀로 작성되었다면 내러티브 설교가 된다고 주장한다.

스토리텔링 설교와 내러티브 설교는 본문의 장르에 관계없이 모든 설교를 '첫째는, 둘째는, 셋째는……'으로 표현하는 대지 설교보다 매우 성서적이다. 왜냐하면 이야기체 설교는 내러티브 본문의 장르를 존중하여 이야기식으로 설교하기 때문이다. 또한 주로 지성에 호소하는 설교에 비하여 청중들을 본문 안에 흐르는 스토리의 세계 속으로 초청하여 복음을 경험케 함으로 삶의 변화의 사건이 일어나기를 추구하기 때문에 다른 형식의 설교보다 청중들의 감성을 움직임으로(touch) 더 많은 삶의 변화를 가져올 수 있다.

라우리는 성서의 다른 장르인 서신이나, 지혜문학, 묵시문학, 교리, 시와 같은 모든 본문도 그가 제시하고 있는 내러티브 설교 작성의 방식을 사용할 것을 권장한다. 왜냐하면 내러티브가 아닌 본문들도, 성경 전체를 포괄하는 하나님의 구원의 이야기 범주 안에 포함되기 때문이라는 것이다. 바울이 "이방인 신전에 드려진 고기를 그리스도인들이 먹을 수 있는 자유가 있는가?"라는 문제를 다룰 때(고전 8장), 그가 고린도 교회 성도들에게 준 교리적 해답의 배후에는 예수의 이야기가 있다고 한다. 따라서 복음서에 기록된 예수의 이야기를 떠나서는 바울의 교리적 해답을 이해할 수 없

---

77) Eugene L. Lowry, *The homiletical Plot*.

다는 것이다.[78] 성서의 잠언 역시 이야기와는 가장 관계가 없어 보이지만, 잠언의 배후에는 실제 일상생활에서 항상 일어나고 있는 여러 사건들과 경험들이 있으며, 잠언은 이러한 축적된 경험들로부터 얻어진 지혜에 대한 진술이라고 한다.

그러나 라우리의 주장처럼 내러티브 설교 방식으로 모든 성서의 본문들을 설교하는 것은 옳지 않다. 물론 성서학자들이 지적하는 것처럼, 내러티브가 아닌 성서의 다른 문학적 장르의 본문들도 하나님의 구원의 이야기라는 큰 범주 안에 포함된다. 하지만 라우리의 주장대로 설교를 작성할 경우, 그가 제시하는 일정한 틀에 모든 본문들을 짜 맞추는 결과를 가져오게 되기 때문이다. 라우리는 그가 제시하는 내러티브 설교의 방식으로 다른 본문들을 설교하는 것이 가능하다고 하지만 실제 라우리가 보여 주고 있는 설교의 실례들은 모두 내러티브 본문, 특히 예수님의 비유 설교로 제한되어 있다.

유진 라우리를 포함한 내러티브 설교학자들은 '스토리'라는 단어보다는 '내러티브'라는 단어를 더 선호하며, 애써 스토리텔링 설교와 내러티브 설교를 구분하려고 하지만, 목회 현장에서 매주 설교하고 있는 미국의 설교자들의 대부분은 스토리텔링 설교와 내러티브 설교를 같은 형태의 설교로 이해하고 있으며, 스토리와 내러티브를 같은 의미를 가진 단어로 생각하여 혼용하여 사용하고 있다.

최근 이야기체 설교에도 변화가 일어나고 있다. 제나 칠더스(Jana Childers)는 그녀의 저서에서 최근 설교학계의 변화를 다음과 같이 말하고 있다.

> 1960년대의 케리그마적 설교는 1970년대에 귀납법적 설교에게 길을 내어 주었다. 1980년대에는 내러티브와 상상력에 대한 강조가 있었다. 1990년대에 이르러 설교를 하나의 예술로 언급한다 해도, 놀라는 사람은 적을 것이다.[79]

이야기체 설교는 시적이고 상상력이 풍부한 메타포와 같은 언어의 사용에 대한

---

78) Thomas G. Long, *The Witness of Preaching*, 2nd edition, 39.
79) Jana Childers, *Performing the Word* (Nashville : Abingdon Press, 1998), 52.

관심으로 확대되었다. 토마스 트뢰거(Thomas H. Troeger)[80]와 복음주의 강해 설교자인 워렌 위어스비[81]는 이야기체 설교에서는 물론, 다른 모든 형태의 설교에서 이미지, 상징, 그림, 메타포, 그리고 상상력을 불러일으키는 언어의 사용을 강조하고 있다.

설교를 예술이라고 말하며 설교하고 있는 대표적인 설교자 가운데 랍 벨(Rob Bell) 목사가 있다.[82] 랍 벨은 설교는 예술의 한 형태라고 말한다. 설교자들이 예술가가 되지 못하고, 과학자들과 분석가(analysts)들이 되어 버렸는데, 이제는 설교자들이 다시 예술가가 되어 하나님의 위대하시고 혁명적인 놀라운 일들에 관하여 말할 것을 주장하며 다음과 같이 말한다. "나는 잃어버린 설교의 예술적 형태를 다시 되찾아야 할 필요성이 있다고 생각한다. 이것은 설교 예술을 위한 나의 원대한 대망(ambition)이다."[83] 예술 작품에는 우선 내용(substance)이 있어야 한다. 화려한 장식과 기교만 있다면 매우 공허하다. 그러하기에 예술가로서의 설교자는 먼저 성서적이어야 한다

---

80) Thomas H. Troeger, *Imagining a Sermon* (Nashville : Abingdon Press, 1990).
81) Warren W. Wiersbe, *Preaching & Teaching with Imagination* (Wheaton : Victor Books, 1994).
82) Debra Bendis, "Bell's Appeal," in *The Christian Century* 126 (March 24, 2009), 22-25. 그는 미시간 주의 마스 힐(Mars Hill) 교회의 담임 목회자이며, 차세대의 빌리 그레이엄 목사로 불린다(「시카고 선 타임즈」). 1999년도에 교회를 개척하여 2008년 기준 11,000명의 사람들이 주말 예배에 참석하고 있으며, 그의 NOOMA(헬라어 pneuma의 음성표기) 비디오는 80개의 국가에서 1백 20만 개 이상이 판매되었다. Wikipedia : The Free Encyclopedia에 의하면 랍 벨 목사는 2011년에 「타임 매거진」에 의해 전 세계적으로 영향력 있는 100인에 선정되기도 했다. 랍 벨은 풀러 신학교 M. Div. 과정의 설교학 과목에서 평점을 잘 받지 못했는데, 그 이유는 그의 아이디어를 혁신적인 방법으로 전달하려고 했기 때문이라고 말한다. 랍 벨 목사는 2011년에 「사랑이 이긴다 : 천국과 지옥, 그리고 지금까지 살았던 모든 인간의 운명에 관하여」(*Love Wins : A book about heaven, hell and the fate of every person who ever lived*)라는 책에서 모든 사람들이 예수 그리스도의 사랑으로 구원을 받는다고 주장함으로 복음주의 계통의 교계를 크게 흔들게 되었다. 이후 랍 벨 목사는 그가 개척하여 세운 교회를 사임하고, 잠시 휴식 기간을 가진 후 남가주에서 교회를 개척할 계획이라고 전해지고 있다.
83) Rob Bell, "The Subversive Art : Interview with Rob Bell," *Leadership* 25, no. 2 (Spring 2004), 27.

고 벨은 믿는다. 그는 본문의 메시지를 듣기 위하여 철저한 주석적 연구를 한다. 본문에 나오는 주요 단어들의 원어와 그 의미, 본문에 등장하는 사람들, 그들의 생활양식과 문화에 대한 깊은 연구, 유대인 랍비들의 구약 해석을 참조하며, 무엇보다도 본문이 오늘날의 삶의 현장에서 무엇을 어떻게 행하고 있는가를 깊이 묵상한다. 벨은 본문의 철저한 연구와 묵상을 통해 빅 아이디어를 발견한 다음, 메시지를 청중의 머릿속에 이미지화하며, 그림을 그리고, 비전을 바라볼 수 있도록 한다.

벨은 교회를 개척하면서 일 년 동안 레위기 연속 강해를 하였다. 레위기에는 피, 동물, 제사장의 의복의 색과 같은 생생한 이미지가 계속하여 나오기 때문이었다고 한다. 레위기 16장의 속죄일을 설교할 때에는 강단에 대제사장의 의복을 입은 사람, 의자, 그리고 염소 한 마리를 세워 놓고 메시지를 전하였다. 대제사장의 의복을 입은 사람이 염소의 머리 위에 손을 얹고 이스라엘의 죄를 전가한 다음에 염소를 건물 밖으로 내보냈는데, 이때 벨은 예수 그리스도 안에서 우리의 죄가 용서 받았음을 청중들의 마음 깊은 곳에 심어 주기 위하여 "염소가 건물을 떠났습니다."라는 말을 설교 도중에 계속하여 여러 번 반복하였다.[84] 나실인의 서약 구절이 나오는 민수기 6장을 설교할 때에는, 강단 위에 있는 어느 한 사람의 머리털을 깎는 장면을 연출하기도 했다. 아가서를 시리즈로 설교할 때에는 솔로몬의 아가서에 나오는 여러 꽃들이 성적인 연상(overtone)과 이미지를 가지고 있기에, 아가서에 나오는 모든 꽃들을 전 세계로부터 구하여 강단을 꽃으로 덮고 메시지를 전하였다고 한다.[85] "주의 말씀의 맛이 내게 어찌 그리 단지요 내 입에 꿀보다 더 다니이다"(시 119 : 103)를 설교할 때에는 교인들에게 조그마한 꿀통을 나누어 주기도 했다. 또한 에베소서 2 : 8~10을 설교할 때에는 도자기 만드는 점토 일만여 개를 준비하여 예배에 참석하는 교인들에게 나누어 준 다음, "우리는 하나님의 작품(poiema)입니다."라는 설교의 중심 메시지를 청중들로 하여금 점토를 손으로 만지면서 들을 수 있도록 했다고 한다.[86]

---

84) Dave Stone, *Refining Your Style* (Loveland : Group, 2004), 210.
85) Ibid., 215.
86) Rob Bell, "Crafting an Experience" in *The Art & Craft of Biblical Preaching*, eds. Haddon Robinson & Craig Brian Larson (Grand Rapids : Zondervan, 2005), 393.

이는 청중들이 메시지를 듣기도 하지만, 보기도 하고, 냄새도 맡을 수 있도록 하기 위함이었다. 벨은 그의 설교에서 하나님의 은혜로 그리스도 안에서 청중들이 어떻게 하나님의 걸작품이 되었는지를 그들의 머릿속에 그림을 그릴 수 있도록 하며, 청중들이 성령의 도우심으로 그러한 걸작품다운 삶을 살 수 있도록 비전을 제시하고 있다. 머릿속에 새겨진 이미지, 그림, 그리고 비전은 사람들이 집에 돌아간 후에도 오랫동안 그들의 기억 속에 생생하게 남아 있게 되며, 청중들이 이미지와 비전을 머릿속에 그리게 되면, 그들이 그 이미지와 비전에 맞는 삶을 살아가기 때문이라고 그는 말한다.[87]

## 7. 설교는 신앙 공동체의 작품

1874년 파리의 어느 스튜디오에서 모네, 세잔, 피사로, 르누아르, 드가 등의 인상파 화가들의 작품 200여 점이 전시된 적이 있었다. 이들의 작품은 미술 평론가들로부터 혹평을 받았으나, 일반 대중들은 그 작품들을 열광적으로 받아들이고 다른 장르의 작품보다 더 선호했다. 인상파 화가들의 그림에 있는 소용돌이(swirl), 점, 얼룩들은 캔버스 위에서 감각적으로 움직이는 것 같았고, 가물가물한 빛을 조성하고 있었다. 인상파 화가들은 그 당시로는 놀랄 만한 주제, 즉 평범한 일상생활을 주제로 그림을 그렸다. 일요일의 피크닉, 카페에 있는 한 쌍의 남녀, 피아노를 치는 여인 등과 같은 주제였다. 인상파 화가들이 성취한 놀라운 업적 가운데 하나는 그림의 의미를 보는 사람들로 하여금 완성하도록 한 일이다. 그들은 작가의 권위로 그림의 의미를 관람객에게 강요하지 않고, 관람객으로 하여금 그림의 의미를 스스로 깨달아 완성하게 했던 것이다.

토마스 롱에 의하면 인상파 화가들에 의해 일어난 미술계의 혁명이 지금 설교학계에도 일어나고 있다. 지난 40여 년간 커뮤니케이션 이론에서 가장 괄목할 만한 변화는 피동적인 청중으로부터 활동적이고 메시지를 선별하여 듣는 청중, 메시지에

---

87) Kenton C. Anderson, *Choosing to Preach*, 219-221.

의하여 조종당하지 않고, 메시지를 조종(manipulate)하는 청중의 역할을 인식하게 된 것이라고 한다. 프레드 크래독이 설교를 귀납법적으로 전개시키며 결론도 설교자가 내리지 않는 열린 결론으로 맺을 것을 주장한 것도 청중들을 설교에 참여시키며, 그들로 하여금 스스로 결론을 내리도록 하기 위함이다. 귀납법적 설교와 내러티브 설교는 전통적인 설교보다 청중들을 설교에 더 참여시킬 수 있는 형태의 설교이다.

최근에는 청중들을 설교의 참여자로서만이 아니라, 설교를 작성하는 과정에서 동역자로 일할 수 있도록 하는 유형이 루시 로즈(Lucy Rose)와 존 맥클루어(John McClure)에 의해 제시되었다. 이들의 주장에 따르면 설교는 설교자 한 사람의 작품이 되어서는 안 되고, 신앙 공동체의 작품이 되어야 한다. 로즈는 북미의 설교자들이 사용하고 있는 설교방법론을 세 가지의 카테고리로 분류하고 있다.

첫째, 고전적이고 전통적인 설교 방법으로 설교자가 본문으로부터 하나의 중심사상, 빅 아이디어 또는 명제를 추출하여 본문의 '진리'를 설득력 있게 전달함으로 말미암아 본문의 진리가 회중들의 마음속에 심어지는 것을 목적으로 하는 설교 방법이다. 둘째, 케리그마적인 설교로 설교자가 복음을 청중들에게 신실하게 선포할 때 하나님께서 설교자의 음성을 통해 말씀하시게 됨으로, 설교가 구원의 사건이 되게 하는 이론이다. 따라서 설교자는 그의 설교를 통해 하나님께서 말씀하시게 함으로 설교가 말씀의 사건, 구원의 사건이 일어날 수 있도록 해야 된다는 설교 방법론이다. 셋째, 최근 새로운 설교(new homiletic) 계통, 즉 귀납법적 설교, 내러티브 설교, 움직임의 설교 등에서 주장하는 삶의 변혁(transformation)을 일으키는 설교다. 설교를 통해 복음을 경험하게 함으로 삶의 변화를 일으키고자 하는 설교방법론이다.

로즈에 의하면 이러한 세 가지 형태의 설교방법론은 청중들을 수동적인 자세로 만들고 설교자의 역할만 강조하고 있다고 말한다. 즉, 전통적인 설교에서는 설교자가 본문의 진리나 원리를 청중들의 마음속에 심어 주기 위하여 힘써야 하며, 케리그마적인 설교에서는 설교자가 그의 설교를 통해 청중들에게 말씀의 사건, 구원의 사건이 일어나도록 하며, 신설교학 계통의 귀납법적 설교, 내러티브 설교, 움직임의 설교에서도 설교자가 청중들로 하여금 복음을 체험케 함으로 삶의 변화를 가져오게 해야 하는 설교자의 역할만 강조한다는 것이다. 청중들은 설교자가 전하는 메시지를 단지 수용하고 받아들이는 역할만을 행하게 됨으로, 설교에 참여하지 못한다는 것이다.

그러하기에 로즈는 청중들이 설교 작성에 참여하는 '대담적(conversational) 설교', 맥클루어 교수는 '공동 협력적(collaborative) 설교'를 제안한다. 이는 설교자와 청중들이 공동으로 설교를 작성하는 설교, 공동 협력적인 설교다. 이러한 설교는 포스트모던의 특징인 탈권위적인 시대에 적절한 설교이며, 온 회중을 설교 사역에 참여하게 하고, 포괄적이며, 공동적이고, 탈권위적인 설교가 된다는 것이다.

로즈의 '대담적 설교'와 맥클루어의 '공동 협력적 설교'에서 중요한 이미지는 원탁(Roundtable)이다. 설교자는 원탁의 사회자로서 교인들을 설교를 작성하는 과정에 초청한다. 설교 브레인스토밍 그룹 또는 설교 이전의 스터디 그룹에 참여하는 교인들은 10명 이내로 제한하는 것이 좋으며, 연령별, 성별, 직종별, 기혼, 미혼 등의 여러 상황을 고려하여 선발하고, 교회 생활의 중심부에 있는 사람뿐만 아니라, 교회 생활의 변두리에 있는 사람들도 포함시키는 것이 좋다고 제안한다. 설교를 위한 브레인스토밍 그룹은 4~6개월을 단위로 하여 절반의 인원을 새로운 사람들로 바꾸는 것이 바람직하다고 맥클루어 교수는 말한다.

설교자와 교인들이 원탁에 모여 같이 말씀을 탐구할 때, 목회자가 성경의 전문가라고 해서, 또 그가 신학적인 문제에 관하여 많은 지식이 있다고 해서 목회자의 성경과 신앙에 관한 해석이 다른 참여자들의 해석보다 더 중요하거나 더 무게 있는 것으로 여겨져서는 안 되며, 목회자와 참여자들의 해석과 관점이 동등하고 중요하게 받아들여져야만 한다. 왜냐하면 설교자와 교인들은 다 같이 신앙 공동체의 일원이며, 똑같이 제사장의 직분을 가지고 있기 때문이다. 이처럼 설교 브레인스토밍 그룹 또는 설교 이전의 스터디 그룹에서 주일 예배에 선포될 본문이 해석되고 적용되며, 설교자의 스토리는 물론, 참여자들의 스토리들도 같은 중요성을 가진 대담이 이루어질 때, 설교는 설교자 한 사람의 산물이 아니고 온 회중들의 작품이 될 수 있다는 것이다. 교인들과 같이 설교를 위한 브레인스토밍 과정을 거쳐 작성된 설교는, 형식면에서는 설교자 혼자 전달하는 독백적(monological) 설교가 되지만, 내용면에서는 대화적(dialogical)인 설교가 된다는 것이다. 이를 두고 루시 로즈는 설교는 그리스도 안에서 친구가 되는 사람들(목회자와 교인) 간의 대담(conversation)과 같은 것이라고 말한다. 공동 협력적 설교는 하나님의 말씀은 공동체의 책이기 때문에 어느 한 설교자나 학자에 의해서 성서가 해석되어서는 안 되고, 공동체가 해석하고 공동체가 말씀을 선포해야 한다는 신학적 입장에 서 있다.

설교 브레인스토밍 그룹은 매주 1시간 30분 정도 모이는데, 그 순서는 다음과 같이 하는 것이 좋다고 맥클루어는 제안한다.

1. 피드백/피드포워드(Feedback/Feedforward), 10분 : 지난 주 설교에 대한 반응과 이번 주 있게 될 설교에 대하여 미리 반응하기
2. 본문에 주의 돌리기(Engaging the text), 20분
3. 서로에게 주의 돌리기(Engaging one another), 60분

이 단계에서는 마지막 세 번째 단계인 서로에게 주의 돌리기가 매우 중요한데, 이 과정에서는 본문이 그들에게, 그리고 공동체에게 주는 말씀이 무엇인가를 같이 탐색하며, 찾은 본문의 말씀에 비추어 그들이 어떻게 살아야 할 것인가를 토론한다.

설교자와 회중들이 원탁에 모여 본문을 해석하고 적용하는 대담을 나눌 때, 어느 누구도 자신이 처해 있는 특수한 상황, 경험, 자기의 이익, 그리고 제한된 시야를 벗어나지 못한다. 어느 누구도 본문의 진리를 완전히 포착할 수는 없는 것이다. 그러하기에 설교자와 회중들이 그들의 공동체에 주어진 텍스트의 의미를 공동으로 찾는 작업이 필요한 것이다. 이러한 설교 브레인스토밍 그룹, 또는 설교 이전 스터디 그룹을 통하여 만들어진 설교는 설교자 한 사람의 작품이 아니고, 공동체에게 이번 주일 주시는 하나님의 말씀이 될 것이다.

루시 로즈와 존 맥클루어가 청중들을 설교 작성 과정에 동역자로 참여시키자고 제안하고 있다면, 더그 패짓(Doug Pagitt)은 설교 작성 과정은 물론, 설교자가 설교를 하고 있는 도중에도 청중들에게 설교의 동역자로 참여할 기회를 주어야 한다고 주장한다. 더그 패짓은 미네소타 주의 미니애폴리스에 있는 솔로몬 전각 교회(Solomon's Porch)의 목사로, 요즈음 많은 사람들이 주목하고 있는 이머징 교회(Emerging Churches)의 대표 주자 가운데 한 사람이다. 그는 최근 문을 닫은 교회로

이사를 가서 예배드리는 본당을 일반 가정집의 거실처럼 개조하여 주일 오후 5시에 예배를 드리는데, 현재 300명 이상의 교인들이 모여 예배를 드리고 있다.

패짓은 오늘날의 설교를 스피칭(speeching)이라고 말하면서, 포스트모던 시대의 설교는 전진적인 대화(progressional dialogue)가 되어야 한다고 말한다. 전통적인 설교는 설교자가 말하는 권한을 독점하고 설교 도중에 교인들이 설교에 대하여 말할 수 있는 권한을 부여하지 않았는데, 그가 주장하는 전진적인 대화는 설교 도중에 청중들에게 말할 수 있는 기회를 부여하고 있다. 전통적으로 설교는 설교자가 조용한 서재에서 본문을 연구하고 묵상하며, 주석 책들을 참조하여 설교의 서론, 본론, 결론을 작성한 다음 회중들에게 말로써 준비한 내용을 전달했다. 그러나 설교는 설교자의 것만이 되어서는 안 되고 신앙 공동체의 공동적 대담(collective conversation)이 되어야 하며, 설교자의 메시지도 교인들의 아이디어, 입력(input), 관점에 의하여 수정되고 재구성(reframe)되어야 한다는 것이다. 교회는 교인들 앞에 서 있는 설교자의 음성만 듣는 공동체가 아니라 교인들의 소리, 즉 평신도 설교자의 소리도 듣는 공동체가 되어야 한다고 패짓은 주장하고 있다.

패짓은 설교 준비 과정에서 설교 본문을 교인들과 같이 심층 연구한다. 설교를 할 때에도 내용을 어느 정도 말한 다음, 교인들에게 공개 토론 시간을 준다. 그러면 청중들 가운데 A라는 사람이 설교를 듣는 도중 과거에 전혀 생각해 보지 못했던 아이디어나 관점이 머리에 떠올라 자기의 생각을 말하게 된다. B라는 사람도 설교의 어떤 부분에 관하여 말하고 있는 A의 말을 듣는 도중 자기에게 떠오른 관점, 생각, 아이디어를 이어서 말한다. 이렇게 설교에 대한 여러 사람의 말을 들으면 설교자 자신도 새로운 시야가 열리고, 새로운 통찰력을 갖게 되어 그가 준비한 설교 내용을 수정하고 재구성할 수 있게 된다. 서로의 생각과 관점을 듣는 전진적인 대화를 통해 서로의 생각에 변화를 가져오게 되며, 기대하지 못했던 새로운 아이디어를 가지게 되고, 새로운 시야가 열리게 된다는 것이다. 설교는 이처럼 성령 안에서 공동체의 일원들끼리 서로 가르치고, 권면하는 것이다. 설교는 전통적인 설교처럼 스피칭이 되어서는 안 되며, 전진적인 대화(progressional dialogue)가 되어야 한다고 더그 패짓은 그의 저서 *Preaching Re-Imagined*(설교를 다시 상상함.)에서 주장한다.

## 8. 설교는 하나님의 말씀을 증언하는 것

최근 설교를 증언(witness 또는 testimony)의 이미지로 바라보는 견해가 많이 부각되고 있다.[88] '증언'은 성경에 깊이 뿌리를 박고 있는 단어로, 예수님의 설교에서, 부활절 아침 무덤가에 있었던 여인들의 증언에서, 예수님의 제자들과 바울의 메시지에서, 성 어거스틴의 고백론에서 증언을 들을 수 있다. 그동안 증언은 설교의 이미지로 사용되기보다는 전도 집회나 부흥 집회 때, 평신도들이 자신의 개인적인 신앙의 체험, 회심이나 치유의 체험을 이야기하는 소위 '간증'으로 이해되어 왔다. 설교는 목회자가 성서 본문을 강해하는 것이며, 간증은 주로 평신도가 개인적인 신앙 체험을 이야기하는 것으로 이해되어 온 것이다.

또한 증언은 법정의 심리(trial) 과정에 사용되는 법적인 용어로, 법원과 판결의 분위기를 발산하고 있다. 따라서 은혜나 자유와 연관된 복음의 선포인 설교의 이미지에 증언은 적합하지 않은 것으로 생각되어 왔던 것이다. 설교를 증언으로 바라보는 설교학자들은 프랑스의 철학적 해석학자인 폴 리쾨르(Paul Ricoeur)와[89] 구약성서학자인 월터 브루그만(Walter Brueggemann)[90]의 많은 영향을 받아, 성서적 이미지인 증언을 다시 발견하게 되었다. 폴 리쾨르는 크리스천 해석학은 사실에 의거하지 않고 증언에 근거를 두고 있으며, 증언(testimony)이란 사건을 증언하고, 본 것과 이해된 것을 보고하는 행위라고 정의 내린다. 중요한 것은 증언이란 무엇이 일어났는지를 이야기하며 보고한다는 점이다. 커뮤니케이션 행위로서의 증언은 증언하는

---

88) 토마스 롱, 안나 카터 플로렌스, 데이비드 로즈, 존 맥클루어 교수 등이 이 계열에 속하고 있다.
89) Paul Ricoeur, "The Hermeneutics of Testimony," in *Essays on Biblical Interpretation*, ed. Lewis Mudge (Philadelphia : Fortress Press, 1980). ; Paul Ricoeur, "Emmanuel Levinas : Thinker of Testimony," in Mark J. Wallace, ed., *Firguring the Sacred : Religion, Narrative, and Imagination*, trans. David Pellauer (Minneapolis : Fortress, 1995).
90) Walter Brueggemann, *Theology of the Old Testament : Testimony, Dispute, Advocacy* (Minneapolis : Fortress Press, 1997).

사람(사건을 목격하고 보고하는 사람)과 증언을 듣는 사람(사건을 목격하지는 못했지만 증언의 보고를 듣고, 증언의 진위에 관한 견해를 가지는 사람)이라는 두 가지의 요소를 가지고 있다. 리쾨르는 우리는 증언을 들음으로써만 증언이 사실인지 거짓인지를 결정할 수 있으며, 증언은 항상 법정의 심의 과정을 통해 판단을 요구한다고 강조한다.[91]

증언은 사건 자체가 아니며, 사건의 보고이다. 따라서 "거짓 증언은 보고의 실수가 아니라, 증언자의 마음에 있는 거짓말이다."[92]라고 폴 리쾨르는 말하고 있다. 마찬가지로 참되고 진실된 증언자는 단순히 정확한 보고자일 뿐만 아니라, 자기의 확신을 공적으로 고백함으로, 전파자의 열심으로, 자신의 생명을 희생하기까지의 개인적인 헌신으로, 자기가 변호하는 어떠한 대의(cause)에 자신을 묶는 것을 봉인(seal)하는 사람이다.[93] 증언은 매우 위험이 따르는 일이다. 증언은 증언자의 말(words)뿐만 아니라, 확신과 헌신이 행동으로 보여지는 증언자의 행위(acts)를 포함하기 때문이다. 그러므로 참된 증거와 거짓 증거의 차이는 증언자의 참여(engagement)에 달려 있다. 즉, 증언자가 청결한 마음을 가지고, 죽음에 이르기까지 자신의 증언을 보증(engagement)하는 것이 참된 증언이다. 참된 증언자는 죽음의 위험을 무릅쓰고도 자신의 증언에 책임을 지기에, 증언자는 헬라어로 순교자를 의미한다.[94]

리쾨르는 성서 본문에서 증언은 예언적(prophetically)으로, 그리고 복음적(evangelically)으로 사용되고 있음을 관찰했다. 리쾨르는 이사야 43 : 8~13과 44 : 6~8에서 증언의 예언적 모습을 다음과 같이 말하고 있다.[95]

- 증인(The Witness)은 지원자가 아니다. 증언하기 위하여 보내심을 받은 사람이다.
- 증인의 증언은 인간 경험의 포괄적인 의미에 관한 것이 아니라, 삶에 대한 하나님의

---

91) Paul Ricoeur, *Essays on Biblical Interpretation*, 123.
92) Ibid., 128.
93) Ibid., 129.
94) Ibid., 130.
95) Ibid., 130-134.

요구(claim)에 관한 것이다. 증언자의 증언에서 증거되는 분은 야훼 하나님이시다.
- 증언의 목적은 모든 사람들에게 선포하기 위함이다. 증언은 사람들을 위하여, 그들의 믿음(belief)과 이해를 위하여 행하여진다.
- 증언은 증언자의 생명이 희생되기까지의 말과 행동의 전적인 맞물림(engagement)을 요구한다.

리쾨르에 의하면 성서적 증언의 특징은 하나님이 개시(initiates)하신 데 있다. 하나님은 증언자들을 부르셔서 그의 위대한 구원의 행위를 증언하도록 하셨고, 부르심을 받은 사람들은 무슨 일이 일어났는지를 말하며, 그 의미를 고백해야 한다는 것이다. 그러므로 예언적 증언은 본 것을 이야기하는 것과 신앙의 고백을 융합하고 있다.

복음적 증언은 목격자의 이야기를 강조하는 신약에서 찾아볼 수 있다고 리쾨르는 말한다. 복음서는 나사렛 예수의 이야기가 실제로 일어난 역사적 사건임을 강조한다. 무덤가의 여인, 오순절 날의 제자들, 부활하신 주님을 만난 바울 등과 같은 목격자들은 그들이 보고 들은 것을 증언하고 있다. 목격자들은 일어난 사건의 사실만 증언하지 않고, 그 사건의 의미를 해석하며 증언하고 있다.[96] 기독교의 증언의 독특성은 하나님께서 예수 그리스도의 삶과 죽음과 부활에 자신을 성육신하여 계시하신 데 있다. 하나님께서는 이 기쁜 소식을 우리에게 보여 주셨고, 이 소식을 이웃들과 나누도록 우리를 부르신다. 따라서 기독교는 증언의 해석학에 의해 존재한다.[97]

구약성서학자 월터 브루그만은 구약성서 신학을 이스라엘이 본 것, 들은 것, 하나님으로부터 받은 것을 증언하는 것에 기초하고 있다. 브루그만에 의하면 구약성서에는 이스라엘의 하나님에 대한 핵심적인 증언(core testimony)이 있다고 한다. 하나님에 대한 핵심적 증언에는 비교할 수 없는 하나님의 위대하심과 강하심, 주권자이시며 긍휼이 많으심, 그리고 선하심과 신실하심이 있다. 또한 구약성서는 하나님에 대한 반론적 증언(counter-testimony)이 있는데, 반론적 증언은 이스라엘이 그들의 고

---

96) Ibid., 124-142.
97) Anna Carter Florence, *Preaching as Testimony* (Atlanta : Westminster John Knox Press, 2007), 64.

난과 환란 가운데, '왜(Why)? 얼마나 오래(How long)? 언제(When)? 어떻게(How)?'의 경험에서 왔다고 한다. 반론적 증언에는 하나님의 부재(absence), 하나님의 침묵, 측량할 수 없음(inscrutableness), 애매모호함(ambiguity) 등이 있다. 법정에서 증언자의 증언이 반대신문(cross examination)을 통해 진실 여부가 결정되듯이, 모든 구약성서의 증언은 반대신문을 받게 된다. 이스라엘의 핵심적인 증언은 반론적 증언의 다른 증거(evidence)를 통하여 얼마나 잘 지탱될 수 있는지 반대신문을 받는다. 핵심적인 증언과 반론적 증언은 하나가 되어 구약성서 증언의 전체를 이루고, 서로 계속적인 상호 교류를 통해, 이스라엘로 하여금 세상에서 야훼 하나님의 신실한 신앙 공동체를 이루도록 하고 있다.[98]

증언으로서의 설교란 우리가 보고 믿은 것을 고백하고, 선포하는 것이다. 증언으로서의 설교란 단순히 설교자의 삶에 일어난 어떤 사건이나 그가 읽은 소설, 본 영화, 어느 파티에서 일어났던 일에 관하여 말하는 것이 아니다. 증언으로서의 설교는 설교자가 성서의 세계와 그의 삶의 현장에서 보고, 듣고, 만나고, 믿는 하나님을 이야기하고, 고백하는 것이다. 설교자가 자신이 증언하는 말에 자기의 생명을 바치고 봉인할 때, 그가 증언하는 설교는 참된 메시지가 된다.[99]

증언자의 권위는 증언자의 인종이나 연령, 학문적인 지식, 인생의 다양한 경험, 그의 사회적인 위치나 소유하고 있는 재물로부터 오지 않고, 증언자가 사건을 현장에서 목격하고 경험한 것에서부터 온다. 마찬가지로 설교자의 권위는 그가 가지고 있는 신학교의 학위나 성직자로서의 권위에서 오는 것이 아니다. 설교자의 권위는 설교자가 성서의 세계와 그의 개인적인, 그리고 공동체의 삶의 현장에서 하나님을 만나고, 듣고, 체험한 사건으로부터 온다.

> 증언자로서의 설교자는 그의 직위나 영향력(power) 때문에 권위가 있는 것이 아니라, 그가 보았고, 들은 것 때문에 권위를 가지게 된다. 설교자가 성서의 텍스트와

---

98) Walter Brueggemann, *Theology of the Old Testament : Testimony, Dispute, Advocacy*, 145-400.
99) Anna Carter Florence, *Preaching as Testimony*, xiii.

씨름을 하며 메시지를 준비할 때, 설교자는 단순히 본문에 관한 정보를 수집하는 것이 아니다. 설교자는 하나님의 음성을 들으려고 하며, 하나님의 임재(presence)하심을 기대하고, 텍스트를 통해 하나님께서 우리에게 요구하시는 것과 마주치기(encounter)를 희망한다. 이러한 일이 일어나기 전에는 설교자는 아무것도 말할 것이 없다. 그러나 이러한 일이 일어날 때, 설교자는 성서를 통하여 그가 보고, 들은 것에 대하여 증언자가 되며, 설교자의 권위는 바로 그가 보고 들은 것으로부터 생겨난다.[100]

또한 설교자의 권위는 신앙 공동체에 의하여 택정함을 받고, 매주 성서의 세계로 보내진 사람이라는 데 있다고 토마스 롱은 주장한다. 신앙 공동체는 공동체의 생명이 성서를 통하여 하나님의 약속과 우리에게 요구하시는 진리의 말씀을 듣는 데 달려 있다는 것을 알고 있기에, 설교자를 따로 세워 성서의 세계로 들어가 하나님의 말씀을 듣는 지극히 중요한 일을 행하게 한다는 것이다. 그러하기에 설교자의 권위는 신앙 공동체에 의하여 설교하도록 인정받은 권위라고 롱은 말한다.[101]

증언으로서의 설교는 다른 형태의 설교보다 확신이 가득하고, 강한 힘을 가지고 있다. 그것은 메시지가 설교자가 읽은 어떤 학문적인 서적이나 경건한 책, 또는 그가 다른 사람으로부터 들은 이야기를 전하는 것이 아니고, 설교자 자신이 성서와 삶의 현장에서 직접 보고 듣고 만나고 체험한 하나님의 은총의 사건을 이야기하기 때문이다. 증언자는 그가 목격하고 듣고 체험한 사건을 논증 형태로, 또는 다른 문학적인 양식의 형태로 증언할 수 있다. 그러나 증언자는 그가 목격하고 체험한 사건을 주로 이야기 형태로 증언한다. 그가 성서의 세계 속에서, 그의 개인적인 삶과 공동체의 삶의 자리에서 보고 듣고 체험한 하나님의 은혜의 세계를 주로 이야기의 형식으로 말하기에 포스트모던 시대의 회중들에게 더 호소력을 가지며, 회중으로 하여금 설교에 더 많은 참여를 할 수 있게 하고, 청중들에게 더 잘 들리고 받아들여지는 설교가 될 수 있다.

---

100) Thomas G. Long, *The Witness of Preaching*, 2nd edition, 47.
101) Ibid., 49.

## 9. 설교는 예수의 독특성을 설교하는 것

포스트리버럴(Postliberal) 신학[102]은 기독교를 보편적인 종교 현상의 하나로 이해하고 있는 자유주의 신학을 넘어서려는 신학으로, 예일 대학을 중심으로 시작된 포스트모던 신학의 한 형태이다. 포스트리버럴 신학은 크리스천의 신앙에 있어 내러티브에 의해 형성된 하나님의 백성들의 공동체 안에서 예수 그리스도의 독특한 정체성과 현존을 강조하며, 기독교가 가지고 있는 독특한 문화와 언어의 관점에서 신학에 접근하고 있다.

예일 학파의 선구자이며 성서학자였던 한스 프라이(Hans Frei)는 그의 저서 *The Eclipse of Biblical Narrative*(성서 내러티브의 침식)에서, 17세기 이전에는 기독교인들이 성서의 내러티브를 바탕으로 현실 세계를 규정하고 인식했다고 한다. 창조와 출애굽의 이야기, 그리스도의 세상에 오심, 그리스도의 십자가의 죽음과 부활, 그리스도의 재림과 최후의 심판 등, 하나님이 이끌어 가시는 성서의 이야기 안에서 그리스도인들은 자신의 정체성을 깨닫고, 삶의 의미와 목적을 발견하였다는 것이다. 성서의 이야기는 사람들의 현실의 삶을 규정해 주고 인도해 주었던 것이다. 그러나 17세기 계몽주의를 기점으로 18세기에 와서는 그 상황이 역전되어, 사람들은 더 이상 자신의 삶과 세계를 성서의 이야기를 따라 이해하지 않게 되었다고 한다. 과학 문명 시대에 사는 사람들은 자신들이 경험한 세계를 사실적, 우선적인 것으로 받아들이게 된 것이다. 따라서 성서의 이야기는 현실을 규정하는 힘을 상실하게 되었고, 신학자들은 성서의 이야기를 현실의 경험을 뒷받침하고 설명해 주는 것으로 해석하기 시작하였다.[103] 이제 성서의 이야기는 인간의 경험을 바탕으로 해석되고, 인간의 경험에 따라 그 진위를 판정받게 된 것이다. 인식과 진리 판정의 주체인 인간은 성서의 이야기가 사실이었는지를 확인하는 역사적인 진위의 문제를 중심으로 성서를 읽

---

102) 포스트리버럴(Postliberal) 신학을 '탈자유주의 신학' 또는 '후기 자유주의 신학'이라고도 번역하고 있으나, 여기에서는 포스트리버럴이란 말을 사용하고자 한다.
103) Hans Frei, *The Eclipse of Biblical Narrative* (New Haven, Yale University Press, 1974), 130.

기 시작했으며, 사람들은 또한 성서 이야기 자체보다는 그 이야기에 담겨 있는 도덕적 교훈이나 영원한 종교적 진리, 아니면 역사적인 사실을 발견하는 데 관심을 기울이게 되었다.[104]

프라이는 이러한 성서 해석 경향을 비판하면서, 성서의 이야기는 이야기 자체로서 해석되어야 한다고 주장한다. 프라이는 보수 정통주의 신학과 자유주의 신학의 성서 해석 방법을 모두 비판하고 있다. 자유주의 신학자와 성서학자들은 동시대의 인간의 경험으로부터 출발하여, 그것에 근거하여 성서 본문의 의미를 찾으려고 한다. 즉, 자유주의 신학은 성서의 내러티브의 의미를 본문 자체에서 찾으려고 하지 않고, 인간의 보편적인 경험에서 찾고 있다는 것이다. 반면에 보수주의자들은 역사 같은(history-like) 성서 내러티브의 의미를 본문 자체에서 찾으려고 하기보다는, 객관적인 역사적 사건이나 본문이 지시하는 영원한 진리(timeless truth)에서 발견하려고 시도하고 있다. 따라서 무엇이 실제로 일어났느냐에 관한 역사적 사실성과 본문에서 추출한 교리적 명제가 본문의 의미를 대치하는 결과를 가져오게 되었다고 프라이는 말한다.

프라이는 칼 바르트와 마찬가지로 성서 이야기의 중요성은 현대의 과학적인 세계관이나, 성서 밖의 어떠한 잣대에 의하여 측정되어서는 안 된다고 생각한다. 즉, 성서의 내러티브는 이야기 자체의 논리와 규칙을 따라 해석되어야 한다고 믿고 있다. 그는 성서의 내러티브가 사실적이며, 역사 같은 것임을 주장한다.[105] 내러티브의 이야기가 진리인지 아닌지는 내러티브의 사건들이 실제로 역사적으로 일어났는가, 일어나지 않았는가에 달려 있지 않고, 그 내러티브가 예수가 어떤 분인지를 우리에게 참되게 이야기하고 있는지, 아닌지에 달려 있다는 것이다. 왜냐하면 복음서의 목적은 예수가 누구인지를 이야기하려는 것이기 때문이라고 그는 주장한다. 프라이는 성서의 이야기들은 경험적으로 증명될 수 없다 할지라도, 사실적, 즉 삶과 같기에, 교회는 성서를 삶과 같은 내러티브로 읽어야 한다고 주장한다.[106] 프라이의 성서 해석

---

104) William C. Placher, "Postliberal Theology," in *The Modern Theologians*, 2nd edition, ed. David F. Ford (Oxford : Blackwell Publishers, 1997), 345-347.
105) Hans Frei, *The Eclipse of Biblical Narrative*, 10-16.

에서의 가장 큰 공헌은 성서를 예수 그리스도의 독특한(particular) 이야기에 중심을 둔 '사실적인 내러티브'(realistic narrative)로 읽어야 한다고 주장한 데 있다.[107] 그에 의하면 성서 해석자들은 성서 본문이 구체적으로 독특한 예수 그리스도의 정체성, 더 나아가서 하나님의 정체성을 기술하고 있기에 성서학자들은 성경 본문의 특수성에 주의를 기울여야 한다는 것이다.

한스 프라이의 성서와 역사에 대한 내러티브적 이해를 조직·신학적으로 발전시킨 사람은 프라이의 동료인 예일 신학부의 역사신학 교수 조지 린드벡(George Lindbeck)이다. 린드벡은 그의 저서 *The Nature of Doctrine*(교리의 본성)에서 기독교 교리의 해석에 대한 지금까지의 이론들을 크게 두 유형으로 분류하면서 그가 제안하고 있는 제3의 유형인 문화-언어적(Cultural-Linguistic) 이론을 과거의 두 이론들과 비교한다. 첫째는 '인지-명제주의'(cognitive-propositional) 이론이다.[108] 인지-명제주의는 보수 정통주의자들이 주장하는 교리론이다. 보수주의자들은 교리의 본질에 대한 이해에서 종교의 인지적 측면을 강조하고, 교리의 기능은 객관적 실재에 대한 정보를 제공하는 명제들 또는 진리의 주장이라고 믿는다. 이 이론에서 교리는 신적 실재에 대한 사실적, 객관적, 명제적 진술을 의미한다. 린드벡에 의하면 19세기 슐라이어마허를 중심으로 한 자유주의가 출현하기 전까지 인지-명제주의는 전통적인 기독교의 접근 방법이었다고 한다. 둘째는 '경험적-표현주의'(experiential-expressive) 이론으로, 자유주의 신학자들의 교리론이라고 린드벡은 말한다. 경험적-표현주의에 속한 자유주의 신학자들은 교리의 근거를 보수주의자들처럼 객관적 진리의 주장에서 찾지 않고, 인간의 보편적, 내적 종교 체험에서 찾는다.[109] 슐라이어마허의 '절대적 의존의 감정'(the feeling of absolute dependence), 루돌프 오토(R. Otto)의 '매혹적이고 두려운 신비'(mysterium tremendum et fascinans)로서의 거룩

---

106) Ronald Allen, *Thinking Theologically* (Minneapolis : Fortress Press, 2008), 54.
107) David Lauber, "Yale School," in *Dictionary for Theological Interpretation of the Bible*, ed. Kevin J Vanhoozer (Grand Rapids : Baker Academic, 2005), 859-861.
108) George A. Lindbeck, *The Nature of Doctrine* (Philadelphia : Westminster Press, 1984), 16.
109) Ibid., 16, 30-42.

함에 대한 체험과 같은 인류가 보편적으로 경험하는 원초적(primodial), 사유이전(pre-reflective)의 종교 체험을 기반으로 하여 교리를 설명하고 있는 입장이다. 교리는 인간의 보편적, 실존적인 종교 체험으로부터 유래한다는 것이다.

린드벡은 종교란 초월자에 대한 개인의 깊은 경험이나 참된 교리, 명제들의 요약이 아니라, 거룩한 분을 경험하도록 능력을 부여해 주고 진리를 설명할 수 있게 하는 문화나 언어라고 주장한다. 종교란 무엇보다도 자아와 세상을 주조(molds)하고 형성(shapes)하는 외적인 말(external word, a verbum externum)이다. 린드벡은 언어철학자 루드비히 비트겐슈타인(Ludwig Wittgenstein)과 문화사회학자 클리포드 기어츠(Clifford Geertz)의 영향을 받아, 종교는 인간의 모든 삶과 사고를 형성하는 문화적, 언어적 틀 또는 매개체라고 주장한다.[110] 하나의 종교로서의 기독교는 문화나 언어로 이해될 수 있다는 것이다. 우리가 어떤 사회 안에서 살아가기 위하여 그 사회의 이야기와 관례적인 행동 방식, 그 사회가 사용하는 단어와 문법을 배워야 하는 것처럼, 기독교인이 된다는 것은 기독교의 이야기, 기독교 문화의 행동 방식, 기독교의 단어와 문법을 배우는 것이다. "한 개인이 언어를 배움으로 인간이 되는 것처럼, 그리스도를 말하는 언어를 듣고, 그것을 내면화함으로 한 남자나 여자는 새로운 피조물이 되기 시작된다."[111] 만일 어떤 사람이 기독교인들에게 '하나님'이란 용어가 무엇을 의미하는지 알기 원한다면, 그는 기독교인들의 언어 게임에 들어가야만 한다. 그는 기독교인들의 교회에 가서 그들의 예식과 예전, 찬송, 기도, 그리고 여러 종류의 기독교인들의 실천 행동에 참여해야만 한다. 그는 좋은 인류학자들이 행하는 것처럼, 기독교인들의 삶의 양식에 자신이 젖어 들어가도록 해야만 한다. 그런 다음에야 비로소 그는 기독교인들이 사용하는 '하나님'이란 말이 무엇을 의미하는지 알게 될 것이라고 한다. 크리스천들의 '하나님'이란 용어가 유대인들의 '야훼' 하나님, 그리고 무슬림들의 신 '알라'와 같은 의미일 것이라고 우리는 선험적(a priori)으로 추정해서는 안 된다고 한다. 왜냐하면 어떠한 단어(words)가 무엇을 의미하는지는 특정

---

110) Ibid., 32-33.
111) Ibid., 62.

한 공동체 안의 삶의 형태의 기능에 의해서 결정되기 때문이다.[112]

포스트리버럴 신학은 언어가 경험을 선행(precede)하고, 경험과 실재를 세운다(construct)는 전제에 기초를 두고 있다. 린드벡은 종교적인 경험이 있을지라도 그 경험을 표현해 주는 언어적인 틀이 없으면, 그 종교적인 경험은 현실화되지 않는다는 점을 강조한다. 예를 들면 헬렌 켈러는 우물가의 물을 마셔도 보았고, 우물가 물로 손과 얼굴을 씻기도 했지만 물이 무엇인지를 알지 못하였었다. 그런데 어느 날 그녀를 가르치던 앤 설리번 선생이 우물가의 샘물을 펌프로 헬렌 켈러의 오른손 손바닥에 쏟아지게 하면서 왼손바닥에 'WATER'(물)라는 단어를 써 줄 때, 비로소 헬렌 켈러는 물을 경험할 수 있었다. 마찬가지로 우리는 종교적인 언어를 가지기 전에는 종교적인 체험을 할 수가 없다는 것이다.[113] 실재는 그것을 이해할 수 있게 하는 상징을 요구하고 있다. 종교적인 사람이 된다는 것은 어떤 특정한 종교의 언어에 익숙한 사람이 되는 것을 의미한다.

한스 프라이와 조지 린드벡, 그리고 그들의 제자들에 의해서 포스트리버럴 신학은 포스트모던 시대의 신학의 큰 물줄기 중 하나가 되고 있다. 포스트리버럴 신학은 설교학자들에게도 영향을 주어, 마크 엘링센(Mark Ellingsen)은 *The Integrity of Biblical Narrative*(성서 내러티브의 성실함)라는 그의 저서에서, 그리고 찰스 캠벨(Charles Campbell)은 그의 저서 「프리칭 예수」(*Preaching Jesus*)에서 포스트리버럴 설교관을 제시하고 있다.

캠벨에 의하면 포스트리버럴 설교는 첫째로, 성서의 내러티브에서 기술하는 예수의 스토리를 이야기해야 한다. 즉, 무엇으로도 대체할 수 없는(unsubstitutable) 구원자 예수의 정체성과 현존을 설교자는 선포해야 한다는 것이다.[114] 한스 프라이의 궁극적인 관심사는 성서의 장르로서의 내러티브나 내러티브의 플롯이 아니라, 성서의 내러티브 본문에서 기술하고 있는 나사렛 예수의 정체성과 현존이다. 설교의 구조와 형태가 스토리텔링 또는 유진 라우리의 내러티브 형식으로 되어 있고, 청중의 관심을

---

112) James F. Kay, *Preaching and Theology* (St. Louis : Chalice Press, 2007), 107.
113) George A. Lindbeck, *The Nature of Doctrine*, 34.
114) James F. Kay, *Preaching and Theology*, 117.

집중시킬 수 있는 재미있는 예화와 스토리가 설교에 많이 포함되어 있다 할지라도, 성서 내러티브 본문에서 기술하는 예수가 선포되지 않는다면, 비성서적인 설교가 된다. 전통적인 설교, 즉 논증적이고 논술적인 설교라 할지라도 복음서의 내러티브 구조 안에서 예수 그리스도의 정체성에 초점을 맞춘다면, 하나님 안에서 예수 그리스도의 정체성을 구체적으로 전하는 데 실패한 이야기체 설교보다 훨씬 신실한 설교가 된다. 최근 연역법적 설교냐, 귀납법적 설교냐에 관한 논쟁도 프라이에 의하면 무의미한 것이다. 연역법이든, 귀납법적 설교이든 간에 예수 그리스도의 정체성과 현존이 선포되는 설교가 성서에 신실한 설교가 된다.[115]

둘째로, 설교는 청중들로 하여금 성서 안에서 그들 자신의 이야기를 발견하도록 돕기보다는 오히려 성서의 이야기를 그들의 이야기로 만들도록 도와주어야 한다. 설교를 들은 청중들은 "내가 날마다 경험하는 것과 같은 것이 성경의 이야기 안에 있구나."라고 말하기보다는 "오! 내가 현대판 바리새인이로구나."라고 말할 수 있어야 한다.[116] 즉, 크리스천은 성서 안에서 자기들의 이야기를 발견하는 것이 아니고, 오히려 성서의 이야기를 자신들의 이야기로 만들 수 있어야 한다. 성서의 이야기는 크리스천의 삶의 인식을 변화시키며, 성서를 읽는 크리스천은 성서의 관점으로 세계를 새롭게 바라볼 수 있도록 해야 한다. 성서의 텍스트는 신자들에게 해석학적 틀을 제공하며, 실천적인 행동의 삶을 추구하고, 실재를 이해할 수 있게 해 준다.[117] 그러하기에 린드벡은 "세상이 텍스트를 흡수하는 것이 아니라 '성경' 텍스트가 세계를 흡수한다."라고 말하고 있다.[118]

셋째로, 포스트리버럴 설교에서는 언어가 수행적이기에 '실천적 행동'이 중요하다. 포스트리버럴 설교에서 중요한 개념은 수행(performance)이다. 낱말들은 무엇인가를 행한다. 낱말들은 수행적이다. 낱말들이 수행적이란 사고는 영국의 철학자

---

115) Charles L. Campbell, *Preaching Jesus* (Grand Rapids : Eerdmans Publishing, 1997), 167-180.
116) James F. Kay, *Preaching and Theology*, 117.
117) William H. Shepherd, Jr. *No Deed Greater than a Word* (Lima, Ohio : C. S. S. Publishing, 1998), 15.
118) George A. Lindbeck, *The Nature of Doctrine*, 118.

오스틴(J. L. Austin)의 언어행위 이론(Speech Act Theory)에 근거하고 있다. 예를 들자면, 결혼식에서 성직자가 "나는 당신들이 남편과 아내가 되었음을 선언한다."라고 말한다든지, 경찰관이 "나는 법의 이름으로 당신을 체포한다."라고 말할 때, 언어는 수행적이다.[119] 설교를 설교자 한 사람이 청중들을 설득시키려고 시도하는 것으로 보지 않고, 설교자가 공동체 앞에서 그의 설교를 통해 크리스천 스토리를 수행하지만, 설교를 들은 공동체의 일원들이 세상에 나아가 크리스천 스토리를 자기들의 삶을 통해 공연(enact)하는 것으로 이해할 수 있다.[120] 가장 좋은 예는 사도행전에서 찾아볼 수 있다. 베드로 한 사람이 설교를 하면, "하나님의 말씀이 점점 더 널리 퍼지고, 믿는 사람이 많아졌다"(행 12:24, 표준새번역). 또한 바울이 설교를 하면, 설교를 들은 청중들을 통하여 세상에서 말씀이 수행되었다. "이렇게 하여 주님의 말씀이 능력 있게 퍼져 나가고, 점점 힘을 떨쳤다"(행 19:20, 표준새번역).

넷째로, 포스트리버럴 설교는 회중을 예수 그리스도를 구현하는 공동체로 만드는 실천 행위(practice)다.[121] 설교는 사람을 만드는 실천 행위(a practice of constituting a people)다. 설교는 개인들의 문제나 가능성, 또는 사회적인 문제에 관하여 말하는 것이 아니고, 회중을 그리스도의 정체성을 가진 공동체로 세워 공동체로 하여금 그 정체성을 세상에서 공연하도록 하는 것이다. 따라서 포스트리버럴 신학에서는 공동체가 중요하다. 한 사람의 크리스천은 항상 공동체 안의 개인이다. 설교는 회중들로 하여금 사회와 세계에서 증언을 통하여 어떻게 크리스천의 정체성을 공연하며, 실천적인 삶을 살 것인지를 가르친다. 설교자는 이 과업을 실현시키기 위하여 설교를 통하여 회중들을 성서의 세계로 인도하여, 성서의 언어와 문법(그리고 교리)과 실천을 배우도록 돕는다.

린드벡은 종교적이 된다는 것은 문화적 또는 언어적으로 텍스트가 능숙하게 되어, 일련의 기술을 실천과 훈련으로 내면화하는 것이라고 말한다.[122] 만일 어떤 크리스

---

119) William H. Shepherd, Jr. *No Deed Greater than a Word*, 15.
120) Richard Lischer, *A Theology of Preaching* (Durham : The Labyrinth Press, 1992), 90-12.
121) Ronald Allen, *Thinking Theologically*, 56.

천이 모범적인 사랑을 보여 준다면, 그것은 그가 본래 사랑이 많은 사람이기 때문이 아니라 예수 그리스도의 모범과 "내가 너희를 사랑한 것같이 너희도 서로 사랑하라"라는 예수님의 말씀이 그로 하여금 새로운 실재를 상상하고, 행동할 수 있게 했기 때문이다. 어느 사람이 그리스도를 통한 하나님의 사랑을 담대하게 증거한다면, 그는 사도행전에 나오는 베드로와 바울의 예로부터 배웠기 때문이다. 이처럼 크리스천의 행동은 성서의 스토리, 교회의 가르침, 그리고 교회의 예배 의식(rituals)에 의해 형성되어야 한다. 크리스천들이 예배, 기도, 성찬에 참여, 성경 공부, 빈민 구제, 사회정의를 추구함, 평화를 만드는 일 등과 같은 것을 구현하는 공동체의 행함을 계속하여 실천할 때, 이러한 외형적인 행동의 표현들은 개인과 공동체에 가장 깊게 스며드는 가치관이 된다.[123] 교회의 이러한 특이한 언어와 실천은 교회를 하나의 독특한 문화로 만든다. 포스트리버럴 설교자들은 신앙 공동체는 소비주의, 제국주의, 우상, 불의, 착취, 그리고 폭력으로 가득 찬 사회의 문화 속에서 하나님의 가치(values)를 증언해야 한다고 믿는다. 교회는 세상과는 다른 가치관과 실천 행동의 지침을 가지고, 세상에 대한 대안으로 세상의 문화를 거스르는(countercultural) 공동체라는 것이다. 윌리엄 윌리몬과 스탠리 하우어워스(Stanley Hauerwas)는 교회는 세상에 '거주하는 이방인들'(residential aliens)의 식민지라고 주장한다.[124]

찰스 캠벨은 포스트리버럴 설교에서 설교의 역할을 다음과 같이 요약하고 있다.

> 문화-언어적(cultural-linguistic) 모델에서 설교의 중대한 역할은 인지적-명제주의적(cognitive-propositional)인 정보를 주는 것이 아니며, 또한 청중 각 개인을 위한 사적이고, 감정적인 경험의 사건을 일으키는 것도 아니다. 오히려 설교의 핵심적인 역할은 기독교의 담화를 사용하여 공동체로 하여금 기독교의 언어를 배우게 하는 것이다. …… 그 언어는 매우 길고 느린 과정을 통해 배우고 성장하게 된다. 교회

---

122) George A. Lindbeck, *The Nature of Doctrine*, 35.
123) Ronald J. Allen, *Thinking Theologically*, 55.
124) Stanley Hauerwas & William Willimon, *Resident Aliens* (Nashville : Abingdon Press, 1989), 90-92.

가 세속화된 사회에서 자신의 정체성 문제를 가지고 분투하고 있는 이 시점에서, 포스트리버럴, 문화-언어적 모델은 오늘 이 시대의 강단이 진지하게 다루어야 할 매우 중요한 것이다.[125]

## 10. 설교는 청중들에게 다른 대안의 대본인 텍스트의 세계를 제공하는 것

월터 브루그만은 설교란 청중들이 살아가고 있는 삶의 대본을 다른 대안의 대본(alternative script), 즉 복음의 대본으로 바꿔 주는 행위라고 말하고 있다. 세상의 대본들을 따라 살고 있는 사람들의 텍스트에 대항하는 대본(counter-scripts)을 제시하는 것이 설교라는 것이다. 브루그만에 의하면, 세상의 모든 사람들은 대본 또는 텍스트를 가지고 살아간다고 한다. 칼 마르크스의 텍스트를 따라서 사는 사람이 있는가 하면, 아담 스미스의 대본에 따라서, 부모나 스승의 가르침의 텍스트를 따라서, 아니면 세속주의나 인본주의의 대본을 따라 살기도 한다는 것이다. 따라서 우리가 의식하든 하지 않든 우리 모두는 텍스트나 대본을 가지고 살고 있기에, 이 세상에 텍스트 없이 사는 사람은 없다는 것이다.[126]

그런데 이 시대의 지배적인 대본은 계몽주의로부터 유래한 자율적인 개인주의이다. 개인이 진리의 절대적인 심판관이 되면서 무엇이 허용되고, 무엇이 허용되지 않는지를 판단하는 기준이 되었다고 한다. 그 결과, 사람들은 방종으로 인도하는 자기 몰입 상태 속에 빠지게 되었고, 종교는 오히려 자기도취를 제공하고 있으며, 많은 것을 소유할수록 더 좋으며, 가장 많이 소유한 사람이 가장 행복하게 된다는 소비주의의 대본에 따라 사람들은 살게 되었고, 공동체 안의 타자에 대한 어떠한 배려도 없이 끝없이 자신의 웰빙과 즐거움만을 추구하는 문화, 다른 사람을 희생시키더라도

---

125) Charles L. Campbell, *Preaching Jesus*, 23.
126) Walter Brueggemann, "Counterscript," in *The Christian Century* 122, no. 24 (November 29, 2005).; 또한 Walter Brueggemann, "The Preacher, the Text, and the People," in his *The Word Militant* (Minneapolis : Fortress Press, 2007), 41.

나를 행복하게 만든다고 생각되는 것들을 소유할 권리가 있다고 믿는 문화의 대본과 텍스트 속에 오늘 이 시대의 사람들이 살고 있다는 것이다.[127]

이러한 지배적인 문화의 대본과 텍스트를 따라 살고 있는 청중들을 향하여, 설교자들도 지배적인 문화 텍스트를 아무 비판 없이 그대로 메아리처럼 반영하고 있는 설교를 하고 있으며, 청중들도 지배적 문화의 대본을 아무 비판 없이 그대로 반영하는 형식의 설교를 좋아하고, 잘 받아들이고 있다고 브루그만은 지적한다.[128] 청중들은 매주 강단에서 선포되는 이러한 설교들을 계속하여 듣게 됨으로, 우리에게 다른 대안의 세계가 주어질 수 있으며, 그러한 대안의 세계를 우리가 선택할 수 있다는 것을 잘 알지 못하게 되었다는 것이다.[129]

그런데 설교자와 회중들에게 위탁된 성경의 텍스트는 현실을 해석하는 근저 해석본(sub-version)으로, 현실의 지배적인 텍스트를 전복(subvert)시킬 수 있다고 브루그만은 말한다.[130] 성경이 제시하는 세계는 지배적인 현실의 해석본(version)을 전복시키는 힘을 가지고 있다는 것이다. 왜냐하면 성경의 텍스트들은 현실을 묘사(describe)하는 것이 아니고, 현실을 하나님과 복음의 관점에서 다시 묘사하기 때문이다. 그러하기에 설교자는 하나님과 복음의 관점에서 현실을 다시 진술하고 묘사하는 텍스트를 제공해야 한다. 시적인 상상을 통하여 청중이 살고 있는 오늘의 세상을 다시 묘사할 수 있어야 한다. 이러한 맥락에서, 칼 바르트는 설교자가 증언하는 성경의 세계는 이상하고(strange) 새로운 세계라고 말하고 있다. 왜냐하면 설교자가 증언하는 성경의 세계는 관습적으로 세계를 설명하는 것에 대한 도전이기에 이상하고, 만물을 새롭게 하는 하나님을 지시하기에 새로운 세계라는 것이다.[131]

---

127) Walter Brueggemann, "Preaching as Reimagination," in his *The Word Militant* (Minneapolis : Fortress Press, 2007), 2-24.
128) Walter Brueggemann, "At Risk with the Text," in his *The Word Militant* (Minneapolis : Fortress Press, 2007), 17.
129) Walter Brueggemann, "Preaching as Reimagination," in his *The Word Militant* (Minneapolis : Fortress, 2007), 24.
130) Walter Brueggemann, "At Risk with the Text," in his *The Word Militant* (Minneapolis : Fortress, 2007), 19.
131) Walter Brueggemann, "At Risk with the Text," in his *The Word Militant*

성경이 제시하는 대안의 세계는 세상의 지배적인 해석 대본이 제시하는 세계가 아니라 하나님이 핵심적이고 결정적인 행위자가 되는 세계이다.[132] 설교자는 세상 너머로부터 오는 상상의 말씀을 제공하고, 회중들이 당연시하는 현실 세계를 도전하도록 복음으로부터 부름을 받았다.[133] 설교의 목적은 청중들이 살 수 있는 세계를 제공하는 데 있다. 실제로, 설교자는 텍스트에 나오는 세계를 중간에서 청중들에게 전달하라고 지명을 받은 사람이다.[134] 그러하기에 설교자는 청중들이 그동안 신뢰하며 살아왔던 대본을 버리고, 그들의 삶을 다르게 상상적으로 이야기해 주는 대안의 대본에 들어갈 수 있도록 설교를 통해 초청할 수 있어야 한다. 그러나 청중들이 예전부터 신뢰하며 살아왔던 대본을 성경 텍스트의 대본으로 바꾸기가 쉽지 않다. 그러하기에 설교자는 뛰어난 예술적 기교, 시적인 상상과 수사학을 동원하여, 청중들이 대안의 세계, 대안의 대본을 받아들인다면, 그들의 삶이 어떻게 다시 상상되어지고, 다시 묘사되어지며, 성령님의 도우심으로 어떠한 진실의 삶을 살아갈 수 있는지를 설교를 통해 보여 줄 수 있어야 한다고 주장한다.[135] 브루그만은 설교자들은 시인·예언자가 되어서 현실의 안정된 세계를 깨어 분쇄하는 음성(voice)으로 회중들에게 새로운 가능성을 불러일으키며, 청중들이 새롭고 위험한, 그리고 상상적 가능성의 세계를 향하여 나아갈 수 있도록 촉구할 수 있어야 한다고 말한다.[136]

복음의 텍스트가 우리에게 상상으로 제공하는 세계는 다른 대본과 다른 텍스트의 세계들에 대한 순종으로부터 벗어나, 새로운 순종으로 지금 우리를 부르시는 하나님

---

 (Minneapolis : Fortress Press, 2007), 17.
132) Walter Brueggemann, "Preaching as Sub-Version," in his *The Word Militant* (Minneapolis : Fortress, 2007), 148.
133) Walter Brueggemann, "The Social Nature of the Biblical Text for Preaching," in his The Word Militant (Minneapolis : Fortress Press, 2007), 99.
134) Walter Brueggemann, "The Social Nature of the Biblical Text for Preaching," in his *The Word Militant* (Minneapolis : Fortress Press, 2007), 96-97.
135) Walter Brueggemann, "Preaching as Reimagination," in his *The Word Militant* (Minneapolis : Fortress, 2007), 32.
136) Walter Brueggemann, *Finally Comes the Poet : Daring Speech for Proclamation* (Minneapolis : Fortress, 1989), 4, 6.

께서 통치하시는 세계이다.[137] 성경의 텍스트가 제공하는 대안적인 세계는 세상에서 독특한 다른 삶의 방식으로, 다른 상상의 방식에 따라 삶을 살겠다고 결단하는 신앙 공동체에 권능을 부여한다. 성경이 제시하는 세계는 지배적인 현실의 해석본(version)을 전복시키는 힘을 가지고 있다.[138] 대안적 대본이 보여 주는 삶의 방식은 언제나 독특하고, 특이하며, 늘 세상과 잘 조화를 이루지 못한다. 그러나 세상과는 다르며, 독특하고, 특이한 삶의 방식은 크리스천들에게 사랑, 용서, 기쁨, 자유, 그리고 자신을 이웃에게 줄 수 있는 삶을 가져다준다.[139]

브루그만은 유대교의 서기관의 사역에서 오늘의 설교자가 해야 할 임무를 발견하기도 한다. 유대교의 서기관들은 말씀을 잘 잊어버리고, 기억하지 못하는 청중들에게 텍스트를 제공하는 사역을 행하였었다. 오늘 우리는 신약성서에 묘사된 바리새인들과 서기관들의 위선과 교만으로 인하여, 서기관들에 관하여 부정적인 생각을 가지기 쉽다. 그러나 유대 민족의 바벨론 포로 시기에 서기관들은 하나님의 감동을 받아 그들의 예술적 상상에 의하여 구약의 내러티브를 기록한 사람들이다. 서기관들은 학자, 문인, 그리고 두루마리를 만드는 사람들로, 그들은 이스라엘의 오랜 전통과 기억들을 수집하고 편집하여 텍스트 형태로 보존한 사람들이었다. 구약의 서기관들 가운데 잘 알려진 사람은 예레미야서를 책의 형태로 두루마리에 기록, 보존했던 바룩이 있다. 또 유대 민족들이 바벨론에 포로로 억류되어 있던 시기에 활동한 에스라가 있다. 에스라 당시의 유대인들은 예측할 수 없는 역사적 소용돌이 속에 미래에 대한 희망을 잃어버린 상태에 빠져 있었고, 모세 전통에 뿌리를 둔 신학적 정체성을 잃어버린 상태였다. 이러할 때 서기관 에스라는 유대인 공동체를 다시 텍스트화(re-text)함으로 유대인들로 하여금 가장 기본적인 하나님의 약속과 요구(claims)에게로 그들

---

137) Walter Brueggemann, "The Social Nature of the Biblical Text for Preaching," in his *The Word Militant* (Minneapolis : Fortress Press, 207), 101.
138) Walter Brueggemann, "Preaching as Sub-Version," in his *The Word Militant* (Minneapolis : Fortess, 2007), 152.
139) Rebecca J. Kruger Gaudino, "Reflections on Walter Brueggemann's Preaching," in *Walter Brueggemann : The Collected Sermons of Walter Brueggemann* (Louisville : Westminster John Knox, 2011), xx.

의 상상과 실천을 돌리도록 하였다.[140]

예수께서도 마태복음 13：40~52에서 제자들에게 이 새로운 시대를 위하여 훈련 받은 서기관이 되라고 말씀하신다. "그러므로 천국의 제자 된 서기관마다 마치 새것과 옛것을 그 곳간에서 내오는 집주인과 같으니라"(마 13：52). 브루그만은 오늘날의 상황은 에스라 시대의 상황과 유사하다고 지적하고 있다. 왜냐하면 오늘 포스트모던 시대의 사람들도 예측하기 어려운 역사적 상황 속에서 혼돈을 겪고 있으며, 구약과 신약의 텍스트에 근거한 신학적 정체성을 망각하고 있기 때문이라는 것이다. 그러하기에 설교자의 과업은 이스라엘의 포로기 시대의 서기관들처럼 신앙 공동체를 다시 텍스트화함으로, 공동체의 상상과 실천을 가장 기본적인 하나님의 약속과 요구로 돌리는 일이라고 한다.[141] 설교자는 매 주일마다 강단에 서서, 들은 말씀을 곧 잊어버리고 기억하지 못하는 청중들에게 대안의 세계를 가져다주는 텍스트의 대본을 제공해야 한다. 삶에서 권력과 재물을 소유하는 것이 가장 중요하고, 부족한 세상의 자원을 이웃과 나누기보다는 자신의 미래를 위해 쌓아 놓아야 한다는 허구의 이야기를 받아들이고 있는 청중들에게 오늘의 설교자들은 유대교의 서기관들처럼 텍스트의 세계를 제시해야 한다. 설교자들이 매주 텍스트의 대본을 계속하여 청중들에게 제공하는 사역은 표면적으로는 그리 대단해 보이지 않는 일이다. 그러나 청중들의 심성에 텍스트를 새겨 넣는(inscribe) 사역은 하나님의 진리로 공동체를 다시 텍스트화(re-texts)하는 일이다. 풀은 마르고 꽃은 시드나, 하나님의 말씀은 영원히 서 있다. 말씀은 탈중심(de-center)적이며, 말씀은 폭발시키는 힘을 가지고 있는 것이다. 텍스트를 심령 속에 새겨 넣으면, 텍스트는 대안적 상상의 불꽃을 점화시킨다. 텍스트를 설교하면, 텍스트는 사람들에게 불이 붙도록 한다.[142] 신앙 공동체를 다시 텍스트화하기 위하여 설교자는 무엇보다도 텍스트의 사람이 되어야 한다. 즉, 텍스트를 연

---

140) Walter Brueggemann, "The Preacher as Scribe," in *Inscribing the Text : Sermons and Prayers of Walter Brueggemann*, edited by Anna Carter Florence (Minneapolis : Fortress Press, 2004), 12-13.
141) Walter Brueggemann, "The Preacher as Scribe," 13.
142) Anna Carter Florence, "Editor's Foreword," xii.

구하고, 신뢰하며, 텍스트의 대본과 교감하고, 텍스트의 인도함을 받으며, 설교자의 자기 생각을 텍스트에 복종시키고, 오늘날 사람들의 관점에서 이해하기 어려운 요소들이 텍스트 안에 있다 할지라도 생명의 말씀으로서의 텍스트에 대한 확신을 가져야 한다.[143] 다시 텍스트화하는 이 작업의 과업은 텍스트로 하여금 신앙 공동체에게 대안적 상상, 에너지, 그리고 정체성을 제공하는 자원(resource)이 되게 하는 데 있다.[144]

---

143) Walter Brueggemann, "The Preacher as Scribe," 13.
144) Walter Brueggemann, "The Preacher as Scribe," 14.

제 2 부

# 설교의 작성

# 제 1 장
# 어떻게 설교 본문을 선택하는가?

　주일 설교를 끝내게 되면 설교자들은 다음 주일에 무엇을 설교할 것인지를 생각하게 된다. 설교 본문을 선택하는 방법 가운데에는 첫째, 설교자가 임의로 선택하는(Preacher's Choice) 방법이 있다. 그동안 한국의 많은 설교자들은 성경 말씀을 묵상하다가 아이디어가 떠오르면 묵상하던 본문을 설교하거나, 기도를 하다가, 혹은 좋은 경건 서적을 읽다가 설교의 아이디어가 떠오르면 그 아이디어와 연관된 본문을 찾아 설교를 준비하여 왔었다. 그러나 설교자가 계획성 없이 매주 떠오르는 영감이나 아이디어에 따라 설교를 하게 되면 회중들에게 균형 있는 영의 양식을 제공하지 못하게 되고, 설교자의 기호에 따라 회중들이 말씀을 편식하게 될 염려가 있다. 또한 계획성 없이 설교를 준비하게 되면 설교자는 주일 설교의 본문과 주제를 찾느라고 많은 시간을 낭비하게 된다.

　둘째, 공동 성서일과(Common Lectionary)에 따라 설교하는 방법이 있다. 가톨릭 교회의 성직자들은 오랜 역사를 통해 성서일과에 따라 주일 말씀을 강론해 왔는데, 미국의 주류 교단에 속한 개신교 목회자들도 1970년도 중반 이후부터 초교파적으로 만들어진 공동 성서일과에 따라 매 주일마다 성서일과에서 주어지는 본문을 설교하게 되었다. 영미의 주류 교단에 속한 목회자들의 대부분은 공동 성서일과에 따라 설교를 준비하고 있다. 성서일과에 따라 설교를 하게 되면 매 주일마다 복음서, 서신서, 구약의 본문이 주어지기 때문에 본문을 찾느라고 시간을 낭비하지 않아도 되며, 또 다음 주일에 무엇을 설교할 것인가를 염려할 필요가 없게 된다. 또한 영미권의 교회에서는 성서일과에 따른 본문에 대한 주석, 설교의 착상 아이디어, 또 그와 연관된 예화를 제공해 주는 수많은 참고 서적들이 출판되고 있어, 공동 성서일과를 사용하는 설교자들에게 많은 도움을 주고 있다. 한국에서도 신년도가 되면 성서일과에 따른 설교 본문의 주석, 그리고 설교의 아이디어를 제공하는「예배와 설교 핸드북」(예배와 설교 아카데미 출판)과 같은 종류의 책들이 여러 종류 출판되고 있어, 성서일과에 따라 설교하는 목회자들에게 도움을 주고 있다. 한국의 설교학 교수들은 신학생들에게 성서일과를 사용할 것을 권장하고 있지만, 신학교를 졸업한 후, 목회 현장에서 성서일과에 따라 설교하는 목회자들은 아직도 소수에 불과하다.

셋째, 성경의 어느 한 책을 선택하여 연속적으로 강해 설교를 하는 방법이 있다. 이 방법은 복음주의 계통에 속한 설교자들이 선호하는 방법으로, 미국에서는 남침례교회에 속한 목회자들, 그리고 특히 달라스 신학교 출신 목회자들이 이 방법으로 설교를 하고 있다. 성경의 어느 한 책을 연속 강해하는 교회들은 성서일과를 사용하는 교회들에 비해 교회가 성장하고 있다. 한국의 성장하는 교회의 설교자들 가운데서도 성경의 한 책을 선택하여 연속 강해를 하는 경우가 많아지고 있다. 그런데 성경의 어느 한 책을 일 년 이상, 장기간에 걸쳐 강해 설교를 하면, 교인들을 지치게 하고 설교에 대한 흥미를 감소시킬 수 있다. 마틴 로이드 존스(Martyn Lloyd Jones) 목사는 주일 아침 예배 때 에베소서만을 가지고 230개의 설교를 하였는데, 로이드 존스 목사와 같은 명설교자에게는 가능할지 몰라도, 대부분의 설교자가 이처럼 오랫동안 어느 한 책을 연속 강해하는 것은 교인들을 싫증 나게 만들 것이다. 또한 성탄절기나, 사순절, 그리고 종려주일과 부활주일이 되었는데도 교회력을 무시하고 연속 강해를 계속하는 분들이 있는데, 이것은 바람직하지 못하다. 스튜어트 브리스코(Stuart Briscoe) 목사는 연속 강해 설교를 할 때, 의도적으로 가끔 중간에 제목 설교를 함으로 회중들의 긴장을 풀어 주고, 정신적인 휴식도 가질 수 있게 한다고 말하고 있다.

넷째, 어떠한 제목이나 주제를 중심으로 4~6주간의 시리즈로 강해 설교를 하거나, 아니면 제목(주제)-강해(Topical-Expository) 설교를 하는 방법이 있다. 이러한 방법들은 요즈음 미국의 초대형 교회 설교자들을 중심으로 많이 행해지고 있다. 교인들이 크게 관심을 가지고 있는 어떤 절실한 주제나 제목을 중심으로 4~6주간에 걸쳐 강해 설교를 하면, 어느 한 책을 연속적으로 몇 달에 걸쳐 강해하는 것보다 설교 기간이 짧고 현실의 삶에 피부로 와닿는 설교가 되기에, 교인들이 더 큰 관심과 흥미를 가지고 설교를 들을 수 있게 된다. 또한 연속 강해 설교나 성서일과에 따른 설교는 설교가 본문으로부터 출발하기 때문에 교인들의 현실의 삶과는 연관성이 적다는 약점이 있다. 그런데 어떠한 주제나 제목을 중심으로 강해하는 설교는 이러한 약점들을 극복하여 성서적이며, 동시에 교인들의 삶에 연관성(relevant)이 있는 설교가 될 수 있는 장점이 있다. 주제 또는 제목-강해 설교의 특징은 본문이 성경의 여러 책에서 오는 다양한 텍스트를 사용하고 있는 데 있다. 최근 들어 교인들이 크게 관심을 가지고 있는 주제나 제목을 중심으로 보통 4~6주 동안 시리즈로 진행되는 강해 설교가 성장하고 있는 교회의 설교자들과 교인들이 가장 선호하는 설교의 형태가 되어 가고 있다.

# 제 2 장
# 주일 설교 준비를 위한 시간 계획

주일 설교를 끝낸 설교자에게 다음 주일은 눈 깜짝할 사이에 다가온다. 설교자들에게 월요일은 목회 현장으로부터 휴식을 가지는 날이다. 그러하기에 설교자들은 월요일에 대학원 학위 과정을 공부하거나, 목회에 필요한 세미나에 참석하기도 하며, 적절한 여가 시간을 가짐으로 하루를 안식의 날로 삼기도 한다. 그리고 화요일부터 금요일까지 목회자들에게는 주일 설교를 준비할 틈도 없을 만큼 분주한 날들이 전개된다. 목회 일정들로는 매일의 새벽기도와 수요예배의 설교, 가정과 병원 심방, 상담, 시찰과 노회 모임, 지역 목회자 모임, 금요일 셀 그룹 지도자 성경 공부 인도, 그리고 금요일 심야 기도회 모임 등이 있으며, 주중에 결혼식과 장례식이 있으면 더 분주하다. 이렇게 한 주간을 바쁘게 지내다 보면, 금세 토요일 아침이 된다. 초조한 마음을 가지고 책상에 앉아 컴퓨터를 작동시킨 다음 모니터를 바라보며 주일 메시지를 작성하려고 하나, 창의적인 아이디어가 도무지 떠오르지 않기 쉬우며, 이렇게 되면 마음이 불안해지면서 설교 작성의 흐름이 더욱 막히게 된다. 대부분의 설교자들은 이러한 경험을 가진 적이 있을 것이다.

설교는 전자레인지에서 속성 과정으로 만들어지는 것이 아니라, 슬로우 쿠커(저온 가열의 장시간 요리용 전기 솥)에서 오랜 시간에 걸쳐 서서히 형성되는 것이라고 노트르담 대학의 설교학 교수인 존 멜로(John Allyn Melloh)는 말하고 있다.[1] 청중들에게 감동을 주는 메시지가 형성되기 위해서는 충분한 시간과 준비가 있어야 한다. 애즈

버리 신학대학원의 랄프 루이스(Ralph L. Lewis) 교수의 조사에 의하면, 주일 설교를 준비하는 데 많은 시간을 투자한 설교자들이 그렇지 않은 설교자들보다 더 많은 청중들을 향하여 메시지를 전달하고 있다고 한다. 즉, 설교를 준비하는 데 5시간 정도의 시간을 투자한 설교자들에 비해, 20시간 이상을 투자한 설교자들의 교회에 수백 명의 교인들이 더 모여들고 있다는 것이다.[2]

회중들에게 감동을 주는 설교가 오랜 시간에 걸쳐 만들어진다면, 분주한 목회 현장에서 주일 설교를 위해 충분한 시간을 어떻게 만들 수 있는 것인가? 그것은 효율적인 시간 관리를 통해 가능해진다. 목회자에게 가장 중요한 사역은 주일 설교를 통하여 교인들에게 영의 양식을 공급하는 일이다. 그렇기에 설교자는 주일 설교에 최우선 순위를 부여하여, 월요일부터 시작하여 한 주간 내내 충분한 시간을 배정하고 주일 메시지를 준비하는 규칙적인 습관을 가지는 것이 필요하다. 샌프란시스코 신학대학원의 제나 칠더스(Jana Childers) 교수는 그녀의 책에서 설교를 준비하는 초기 과정에서부터 설교를 강단에서 청중에게 전달하기까지의 전 과정을 설명할 때 아기를 출산한다는 의미로 출산(Birthing)의 메타포를 사용하고 있다.[3] 풀러 신학대학원의 이안 피트왓슨(Ian Pitt-Watson) 교수도 어머니 배 속에서 아기가 자라듯이, 설교는 설교자 안에서 자라나야 한다고 강조하고 있다. 설교자가 효율적인 시간 관리를 통하여 주초부터 설교를 준비하면 더 좋은 메시지를 준비할 수 있게 된다.

- 월요일

월요일은 목회자들이 휴식을 가지는 날이다. 그러나 월요일에도 설교자는 다가오는 주일 설교를 위하여 적어도 다음과 같은 일을 끝내야만 한다. 월요일 이른 아침, 늦어도 월요일 저녁까지는 본문 말씀을 여러 번 읽고, 묵상하며, 본문의 말씀을 듣는 시간을 가져야 한다. 로버트 와즈나크(Robert Waznak) 교수는 할 수만 있다면 주일

---

1) Robert P. Waznak, *An Introduction to the Homily* (Collegeville : The Liturgical Press, 1998), 95.
2) Ralph L. Lewis & Gregg Lewis, *Inductive Preaching* (Westchester : Crossway Books, 1983), 122.
3) Jana Childers, ed., *Birthing the Sermon* (St. Louis : Chalice Press, 2001).

저녁 잠들기 전에 다가오는 주일 설교의 본문을 읽고, 묵상하고 잠들라고 권장한다. 본문을 읽을 때에는 적어도 한두 번은 소리를 내어 읽는 것이 필요하다. 원어가 익숙하면 원어로 읽고, 원어가 익숙하지 않으면 한국에서 출판된 「옥스포드 원어성경대전」이나 「카리스 종합주석」을 참조하면 원어를 이해하는 데 큰 도움이 될 것이다. 한국어 성경은 개역개정판뿐만 아니라, 현대인의 성경, 표준새번역, 쉬운 성경, 그리고 영어 성경은 NRSV, NIV, ESV, NASB, CEB, New Living Translation, 유진 피터슨이 성경을 풀어 쓴 메시지(Message), 나아가 독일어, 일어, 중국어와 같은 외국어 성경을 함께 읽으면 본문의 의미와 의도를 더 정확히 이해할 수 있게 된다. 월요일에 설교자가 주일 설교 준비를 위하여 최소한 해야 할 일은 다음과 같다. 첫째, 본문이 제시하는 설교 주제의 여러 가능성 가운데 하나를 선택하고, 본문의 중심 내용, 또는 중심 아이디어를 짧은 문장으로 기록한다. 둘째, 설교의 목적을 설정한다. 셋째, 설교의 개요(outline)나, 설교의 움직임(moves), 흐름, 전개, 지도, 또는 설교의 플롯(plot)을 설정한다. 넷째, 잠정적인 설교의 제목을 정한다.

● 화요일

화요일 오전에는 여러 주석들을 참조하여 본문의 역사적, 문학적, 신학적 의미를 연구한다. 주석 중에 한두 권은 반드시 최근의 성서 연구를 반영한 학문적 주석을 읽을 필요가 있는데, 그 이유는 성서를 새로운 눈으로 해석하는 통찰력을 얻기 위해서다. 또한 윌리엄 바클레이, 아니면 한국의 호크마나 그랜드와 같은 경건 중심의 주석(devotional commentaries)들을 읽는 것이 필요한데, 그것은 설교의 예화나 설교를 적용하는 데 도움을 얻기 위해서다. 화요일 오후부터 수요일 아침까지는 설교의 예화, 스토리, 기타 설교 내용을 지원할 자료들을 수집한다.

● 수요일

오전 10시부터는 수요 기도회에서의 성경 강해 메시지를 준비한다.

● 목요일

이른 아침부터 오후 늦게까지 설교 원고를 작성한다. 저녁에는 금요일 셀 그룹 리더를 위한 성경 공부반을 위해 말씀을 준비한다.

● 금요일

아침에는 셀 그룹 리더 또는 순장들을 위한 성경 공부를 인도한 후, 오후에는 저녁에 있을 심야 기도회의 메시지를 준비하면서, 틈이 나는 대로 주일 설교 원고를 보강 또는 수정한다.

● 토요일

오전에는 주일 설교 원고를 수정하면서 최종본을 완성한다. 오후에는 설교를 여러 번 소리 내어 읽으며 내용을 완전히 소화하고, 원고로부터 탈피하여 원고 없이도 설교할 수 있도록 준비한다. 주일 설교를 위해, 그리고 메시지를 듣게 될 청중들을 위해 기도한다. 시간이 허용되면 산책을 하면서 주일 설교를 자신에게 설교해 본다.

이처럼 목회자들이 월요일부터 주일 설교 준비를 시작하며, 효율적인 시간 관리를 통해 한 주간 내내 설교를 준비한다면, 보다 감동 있는 메시지가 선포되리라고 믿는다.

## 제 3 장
# 영성 훈련으로서의 렉시오 디비나

오늘날 한국과 이민교회의 많은 크리스천들은 소그룹 성경 공부반에 참여하고 있으며, 교회에서 제자 훈련, 사역자 훈련, 전도 훈련 등을 받고 있다. 또 개인적으로 날마다 QT를 하며, 40일간의 특별 새벽 기도회에도 참여하고, 인터넷과 기독교 TV 방송을 통하여 24시간 방영되고 있는 수많은 설교자들의 메시지를 들으며 살고 있다. 그런데 이렇게 열심히 성경 공부와 QT를 하며, 제자 훈련을 받고, 좋은 설교들을 듣고 있는데도, 삶에 변화가 없고 신앙의 열매를 맺지 못하고 있다. 이러한 현상은 미국 교회에서도 찾아볼 수가 있기에, 성경강해가 워렌 위어스비(Warren W. Wiersbe)는 다음과 같이 말하고 있다.

> 크리스천이라고 고백하는 사람들이 의무적으로 교회에 앉아 성경적 설교를 들은 후에, 세상에 나아가 이방인처럼 살고 있지 않은가? 목회자들은 이러한 딜레마를 슬퍼하며, 말씀을 연구하고 기도하며 설교하는 것이 과연 값어치가 있는 일인가 의아해 하게 된다.[1]

---

1) Warren W. Wiersbe, *Preaching and Teaching with Imagination* (Wheaton : Victor Books, 1994), 60.

이러한 현상에 대한 대안으로 초대교회 때부터 내려오는 렉시오 디비나(Lectio divina, 거룩한 독서 또는 거룩한 읽기)가 근래에 가톨릭교회는 물론, 개신교 안에서도 크게 주목을 받고 있다. 삶의 변화를 위한 영성 훈련의 방법으로 렉시오 디비나를 조용히 실천하는 사람들이 점점 증가하고 있는 것이다. 거룩한 읽기는 말씀의 실천을 통한 삶의 변화를 목적으로 하고 있는데, 초대교회 때부터 수도사들이 실천해 온 역사적 흔적을 찾아볼 수 있다. 초대교회의 교부였던 오리겐(Origen)이 A. D. 238년에 거룩한 독서에 관하여 언급한 기록이 있으며, 5세기경 사막의 교부인 카시안(John Cassian)은 그의 제자에게 렉시오 디비나를 지속적으로 실천하라고 권면하고 있다. 동방교회의 수도사들도 거룩한 읽기를 그들의 핵심적 영성 수련의 방법으로 사용해 왔고, 베네딕트 수도회와 가르멜 수도회에서 묵상법으로 채택되어, 성 테레사(Saint Teresa of Avila)와 십자가의 요한(John of the Cross)에게 많은 영향을 끼쳤다. 개신교회에서는 루터와 칼뱅, 요한 웨슬리, 그리고 청교도들에 의해서도 거룩한 읽기가 영성 수련의 주요한 방법으로 사용되기도 했다.[2] 최근 영성 훈련에 관한 관심이 개신교 안에 크게 확산되면서, 유진 피터슨(Eugene H. Peterson)을 비롯한 많은 영성학자들이 렉시오 디비나를 영성 훈련의 중요한 방법으로 소개하고 있으며,[3] 설교학자 마이클 퀴크(Michael J. Quichke)와 레니 루체티(Lenny Luchetti)도 설교 준비 과정으로 렉시오 디비나를 소개하고 있다.[4]

렉시오 디비나는 말씀을 단순히 읽고 묵상한다는 것을 넘어서서 말씀을 통해 하나님과 지속적인 교제를 하며, 하나님과 하나 됨으로 삶이 변형되는 것이 목적이다. 거룩한 읽기는 4단계로 되어 있는데, 수학 공식처럼 1단계에서 4단계를 순차적으로 거쳐야 하는 것은 아니기 때문에 경우에 따라 단계의 순서가 바뀔 수도 있으나, 대체로 1단계에서 4단계의 순서를 따라 행하고 있다.

---

2) 양금희, "기독교교육적 '읽기'로서의 'Lectio Divina'," 「장신논단」 20 (2003), 422-424.
3) Eugene H. Peterson, *Eat This Book* (Grand Rapids : Eerdmans, 2006).
4) Michael J. Quicke, *360 Degree Preaching* (Grand Rapids : Baker Academic, 2003), 143-152.; Lenny Luchetti, *Preaching Essentials* (Indianapolis : Wesleyan Publishing House, 2012), 93-100.

## 1. 첫째 단계 : 성경 읽기(Lectio)

성서는 성령의 감동으로 기록된 책이기에, 오늘 말씀을 읽는 나에게도 성령님의 감동이 있게 되기를 바라며 기도한 후 말씀을 천천히 읽는다. 주어진 텍스트를 여러 번 반복하여 읽으며 음미한다(시 34 : 8, "너희는 여호와의 선하심을 맛보아 알지어다 그에게 피하는 자는 복이 있도다"). 말씀을 천천히 경건한 마음으로 읽되, 적어도 한 번 이상은 소리 내어 읽는 것이 좋다. 소리 내어 읽을 때 하나님께서 직접 나에게 말씀하시는 것처럼 들릴 수가 있기 때문이다.[5] 성서는 문자로 기록되기 전, 오랜 세월 동안 구전되어 내려왔다는 특성을 지니고 있다. 언어는 근본적으로 말하는 것이다. 그러하기에 듣는 것과 말하는 것이 항상 읽는 것보다 선행한다.[6] 이 단계에서 우리는 다른 텍스트를 통해서가 아니라, 오늘 하나님께서 주신 이 특정한 본문 말씀을 통해서 나에게 무엇인가를 말씀하실 것이라는 확신을 가지고 본문을 읽어야 한다.[7] 따라서 읽는 단계는 '듣기'의 단계라고도 말할 수 있다. 눈으로 보고 입으로 읽지만, 동시에 마음의 귀를 열고, 하나님께서 나에게 말씀하시고자 하는 것을 듣는 단계이기 때문이다.

이처럼 하나님의 말씀에 귀를 기울여 읽을 때, 설교자는 그의 모든 경험, 상상력과 지적, 정서적, 영적 차원의 모든 것을 동원하여 읽어야 한다.

## 2. 둘째 단계 : 성경 묵상하기(Meditatio)

성경의 묵상은 우리를 성경의 세계로 들어가게 하는데, 그 세계는 자신을 우리에게 계시하시는 하나님, 우리를 창조하시고 구원하시는 하나님, 그리고 우리에게 하나님의 나라를 약속해 주시며 복을 주시는 하나님의 세계이다. 묵상은 그리스도를

---

[5] Jan Johnson, *Savoring God's Word* (Colorado Springs : NavPress, 2004), 88.
[6] Eugene H. Peterson, *Eat This Book*, 92.
[7] David Day, *A Preaching Workbook* (London : SPCK, 1998), 17.

통하여 우리를 구원하시는 하나님의 이야기와 이미지가 우리의 이해 속으로 스며들도록 한다. 워렌 위어스비는 말씀을 공부하고 좋은 설교를 듣는 크리스천들의 삶이 변화되지 않는 것은 말씀이 묵상을 통해 그들 삶의 내면의 세계, 상상의 세계까지 스며들지 않기 때문이라고 말하고 있다.

> 이렇게 회중들의 삶이 변화되지 않는 복잡한 문제에 대한 간단한 대답은 없을 것이다. 그러나 이유가 되는 한 가지 분명한 요소는 회중들의 굶주린 상상(imagination)에 있다는 생각이 든다. 성도들은 성경을 공부하고 설교들을 들어 왔다. 그러나 성서의 진리가 그들의 상상에 스며들지 못했고…… 그들의 상상에 영향을 주지 못한 것이다.[8]

묵상은 우리를 성경 이야기의 구경꾼이 아니라 참여자로 만들어, 우리로 하여금 이야기에 나오는 사람들과 친교하며 대화할 수 있도록 한다.[9] 성경을 읽을 때, 우리는 "본문은 나에게 무엇을 말하고 있는가? 하나님께서는 이 텍스트를 통하여 오늘 나에게 무슨 말씀을 하시려는가?"와 같은 질문을 던지며 말씀을 반추한다.

설교자는 읽기 단계에서 특별하게 마음에 와 닿았던 단어나 구절, 이미지, 이야기를 묵상의 단계에서 반추하고, 그려 보며(visualize), 음미하면서, 그것이 설교자 자신의 삶과 신앙 공동체에 어떠한 의미를 주는지를 되새긴다. 예를 들어, "복 있는 사람은 악인들의 꾀를 따르지 아니하며"(시 1 : 1a)를 묵상할 때, 이 '꾀'를 영어의 NRSV 성경은 충고(advice)로, NIV은 조언(counsel)으로 번역을 하고 있는데, '복 있는 사람은 악인의 꾀를 따르지 않는다'는 시편 저자의 말을 읽고는 "나는 누구의 충고, 누구의 조언을 따라서 살아가고 있는가? 나는 누구의 영향을 받으며, 어떠한 것의 영향에 따라 살아가고 있는가?"를 반추할 수가 있다. 또 "복 있는 사람은 죄인들의 길에 서지 아니하며"(시 1 : 1b)라고 말하는데, "나는 누구와 벗을 하며 이 세상을 살아가고 있는가? 나는 어떠한 부류의 사람들과 사귐을 가지며 살아가고 있는가?"

---

8) Warren W. Wiersbe, *Preaching and Teaching with Imagination*, 61.
9) Eugene H. Peterson, *Eat This Book*, 98-102.

를 반추할 수 있다. 묵상은 이처럼 자신의 삶의 지평에서 성서의 말씀을 조명하고, 성서의 말씀에 비추어 자신의 삶에서 변화되어야 할 것들을 깨닫는 단계이다. 우리는 다음과 같은 질문을 자신에게 던져 보며 묵상할 수 있다.[10] "본문을 통해서 말씀하시는 하나님은 어떠한 하나님이신가? 본문을 통해서 깨닫게 되는 나는 누구인가? 본문을 통해서 드러나는 나의 죄는 무엇인가? 변화되어야 할 나의 자세와 태도는 무엇인가? 본문에서 하나님은 나에게 무엇을 명령하고 있으며, 나는 무엇을 행해야 하는가? 본문을 통해서 하나님이 나에게 주시는 약속은 무엇인가? 내가 믿어야 할 진리는 무엇인가? 내가 하나님께 감사해야 할 것은 무엇인가?"

우리가 묵상을 할 때 꿀벌이 꽃으로부터 꿀을 다 빨아들일 때까지 꽃을 떠나지 않는 것을 본받고 배워야 한다고 프란시스 드 세일즈(Francis de Sales)는 말한다.[11]

## 3. 셋째 단계 : 성경으로 기도하기(Oratio)

많은 사람들이 말씀을 읽은 후에, 묵상은 하지 않은 채 성경책을 덮고는 곧바로 기도로 들어간다. 그러하기에 읽은 성경 말씀과 기도가 자연스럽게 연결되지 않는다. 묵상은 읽은 성경 말씀과 기도를 연결시켜 주는 고리의 역할을 한다. 우리가 성경을 읽고 묵상한 말씀에 근거하여 기도를 하면 우리들의 기도가 풍성해진다. 기도의 왕자라고 불렸던 조지 뮐러(George Mueller)는 다음과 같이 말한다.

> 나는 이전에는 아침에 일어나면 옷을 입고 곧바로 기도를 하였다. 그러나 지금은 하나님의 말씀을 읽고, 읽은 말씀을 묵상하는 일에 나 자신을 바치는 것이 가장 중요한 일임을 알게 되었다. 말씀을 읽고 묵상할 때, 나는 위로와 격려를 받으며, 경고와 책망을 받기도 하고, 가르침을 받으며, 하나님과의 교제를 체험하게 된다. …… 말씀을 읽고 묵상하면, 몇 분 후에 나의 영혼이 죄의 고백이나 감사 기도, 또는 중보 기

---

10) Rick Warren, *Bible Study Methods* (Grand Rapids : Zondervan, 2006), 33-47.
11) Jan Johnson, *Savoring God's Word*, 89.

도, 아니면 간구의 기도로 인도됨을 나는 항상 발견하게 된다. 나는 기도가 아니라 묵상을 하였지만, 나도 모르게 곧 기도로 들어가는 것이다.[12]

기도의 단계는 읽기와 묵상의 단계에서 깨닫게 된 것, 말씀에 비추어 변화되어야 할 나의 삶의 모습들, 이기심, 탐심, 증오심, 무관심, 연약함 등을 하나님 앞에 내려놓고, 성령님의 도우심을 받아 변화되도록 간구하는 단계이다. 우리는 "……을 감사드립니다.", "……으로 인해 하나님을 찬양합니다.", "……을 도와주옵소서.", "……을 어떻게 행할지 용기와 지혜를 주옵소서."와 같은 간단한 기도를 드릴 수 있다. 영성 훈련을 실천하고 있는 사람들은 읽은 텍스트를 기도의 주요 내용으로 사용하여 기도를 드리기도 한다.[13] 실례를 든다면 다음과 같다. "제가 오늘 온종일 살면서 '오로지 주님의 율법을 즐거워하며' 살 수 있게 하옵소서. 또한 '시냇가에 심은 나무'처럼 '하는 일마다 잘되게' 하옵소서"(표준새번역, 시 1 : 2-3 참조).

## 4. 넷째 단계 : 성경 속에서 관상 또는 관조하기(Contemplatio)

성경의 관상은 하나님과의 일치를 체험하고 하나님의 품 안에서 안식하는 단계이다. 관상 단계에서는 묵상 단계에서처럼 질문하지 않는다. 말보다는 하나님과의 친교가 더 중요하기 때문이다.[14] 관상의 단계에서 우리는 흔들림 없는 안전과 평안을 누리게 되는데, 이것은 우리의 이름이 하나님의 손바닥에 새겨졌고, 하나님께서 우리를 늘 지켜보고 계시기 때문이다(사 49 : 16). 관상의 단계에 있는 우리는 희망과 기대감 속에서 하나님을 기다린다(시 33 : 18-22 ; 130 : 5-7). 따라서 관상은 성공과 업적 위주의 사회에서 분주한 일과를 살아가고 있는 현대인들에게는 시간 낭비처럼

---

12) Donald S. Whitney, *Spiritual Disciplines for the Christian Life* (Colorado Springs : NavPress, 1991), 70-71.
13) Evan B. Howard, *Praying the Scriptures* (Downers Grove : InterVarsity Press, 1999).
14) Jan Johnson, *Savoring God's Word*, 89.

생각되기도 한다. 관상의 핵심을 잘 보여 주고 있는 이미지는 시편 131 : 2이다. "오히려, 내 마음은 고요하고 평온합니다. 젖 뗀 아이가 어머니 품에 안겨 있듯이, 내 영혼도 젖 뗀 아이와 같습니다"(표준새번역). 어머니의 가슴에 안겨 있는 아이는 어떠한 것도 찾지 않는다. 만족하여 조용히 안식하고, 단지 어머니의 사랑의 가슴에 안겨 평온함을 누리고 있을 뿐이다.[15] 마찬가지로 관상은 하나님의 품에 안겨, 안식하며, 우리를 사랑하시는 그분을 바라보며 기다리는 것이다. 어느 개신교 목회자가 가톨릭 수도원을 다녀왔는데, 그는 수도사들이 예배당의 성찬상 앞에 앉아 몇 시간이 지나도록 지루한 줄도 모르고 관상 기도를 하고 있는 모습을 보고는 그러한 그들의 기도를 잘 이해할 수 없었다고 한다. 그런데 시간이 지나, 그 목회자의 집에 갓 태어난 아기가 요람 안에서 잠을 자고 있는 모습을 바라보던 어린 아들이 그에게 하는 말을 듣고서야 비로소 관상이 무엇인지를 이해할 수 있게 되었다고 한다. "아빠! 아기가 요람 안에서 잠을 자고 있는 모습을 바라보면, 너무나 신비스러워 시간이 지나가는 것을 모르겠어요."[16] 어린이들이 놀이를 할 때, 놀이에 온전히 빠져 시간이 흐르는 것을 모르듯이, 관상은 사랑의 하나님을 바라보며, 그분만을 즐기며, 그분 안에서 온전한 평강과 기쁨과 만족감을 누리는 것이다.

　관상의 열매는 사랑이다. 즉, 하나님 사랑과 이웃 사랑으로 관상의 열매가 나타나야만 한다. 관상을 통해 우리가 하나님과의 일치, 하나님 안에서의 안전(security), 그리고 은혜와 평안을 체험했다면 삶이 변형되어, 삶의 현장에서 사랑의 실천으로 표현되어야 한다. 진정한 관상의 경험은 사랑의 행위로 나타난다. 많은 사람들이 관상은 정적이고 비활동적이며, 세상으로부터 분리된 단계라고 이해하고 있는데 이것은 잘못된 생각이다. 관상과 행동은 항상 뗄 수 없는 관계에 있다. 관상은 행동의 다른 얼굴이고, 행동은 관상의 다른 얼굴이다. 관상이란 1단계에서 3단계에 이르기까지 읽고, 묵상하고, 기도한 텍스트를 일상생활에서 실천하는 것이다.[17]

---

15) Eugene H. Peterson, *Eat This Book*, 116.
16) Marjorie J. Thompson, *Soul Feast* (Louisville : Westminster John Knox, 2005), 47-49.
17) Eugene H. Peterson, *Eat This Book*, 109-117.

이렇듯 렉시오 디비나는 성서를 읽는 하나의 방법론적인 테크닉이 아니고, 예수님의 이름으로 텍스트를 따라 살면서 실천하는 삶의 관습이다. 영성학자 유진 피터슨은 렉시오 디비나는 교회가 세상에서 소금과 누룩이 되고, 교회 안에서 성서가 살아 있게 하는 단 하나의, 그리고 유일한(the way, the only way) 방법이라는 표현으로까지 강조하고 있다.[18]

---

18) Ibid., 116.

## 제 4 장
# 성경해석학

성경해석학(Biblical Hermeneutics)에 따르면 성경해석에서 중요한 것은 본문의 의미를 올바르게 이해하는 일이다. 그런데 전통적으로 본문의 의미를 정확하게 이해하기 위해서는 저자가 의도한 의미(Author-Centered Approaches to Meaning)를 찾아내는 것이 가장 중요한 작업으로 생각되어 왔다. 저자가 의도한 본문의 의미를 알기 위해서는 역사비평학을 사용하여 저자가 살고 있었던 당시의 역사적, 사회적, 문화적인 배경을 잘 알아야 한다고 생각하였다. 역사비평학에서는 성서의 본문을 구전을 통하여 전승되어 오면서 여러 단계로 쌓인 단층의 산물로 구성된 결과로 보고 있기에, 본문의 가장 초기의 모습을 찾아내고 재구성하려고 한다. 그러기 위하여 본문의 삶의 자리(Sitz im Leben)와 자료비평(source criticism)이나, 양식비평, 또는 편집비평을 통하여 본문의 원초적인 의미를 찾으려고 한다. 역사비평학에서는 본문의 가장 초기의 모습을 찾아냄으로 저자의 의도를 찾으려고 시도한다.

역사비평학은 '본문 배후의 세계'(the world behind the text)를 탐색하는 연구방법인데, 최근 역사비평학에 관하여 많은 비판이 제기되고 있다. 구약성서 학자인 버나드 앤더슨은 이렇게 말한다.

> 역사비평학의 중요한 약점은 …… 우리를 본문으로부터 다른 곳으로 데려가려고 하며, 하나님의 말씀인 성경을 완성된 문학작품(literature)으로 바라보지 않는 것이

다. 역사비평학은 성서 배후의 세계로, 본문 기원(origin)의 가상적인 장소로, 본문의 전승 과정으로, 본문이 생성되기 전 상황의 재구성으로, 아니면 그 후 연속되는 재해석으로 우리를 여행시킨다. 역사비평학은 우리를 먼 나라에 내버려 두는 경향이 있다.[1]

그런데 1970년대 후반기부터 성서학 분야에 역사비평학으로부터 문학비평학으로의 패러다임 전환이 일어났다. 문학비평학계에서는 이미 1940년대부터 해석자가 본문의 의미를 정확하게 이해하기 위해서는 저자 중심이 아니고 본문 중심(Text-Centered Approaches to Meaning)의 의미를 찾아야 된다는 신문학비평(New Literary Criticism)이 대두되기 시작하였었다. 이러한 방법론이 1970년대 후반기를 기점으로 하여 성서학 연구 분야에도 적극적으로 도입되기 시작하여 본문의 저자로부터의 독립(textual autonomy)을 주장하는 본문 중심의 해석방법이 성서학 분야에도 소개되기 시작하였다. 이 방법론에서는 저자의 의도를 중요하게 생각하지 않으며, 본문을 하나의 완성된 문학작품으로 보고 본문 자체의 의미를 중요시한다. 저자는 작품의 독창적인 창조자가 아니고, 그 당시 문화에서 통용되는 문학적인 기호나 관례를 사용하여 작품을 기술한 것뿐이라는 것이다. 그러하기에 해석자에게는 구조주의에서 주장하는 것처럼 본문의 역사적인 배경이나 저자의 의도가 중요하지 않으며, 해석자는 완성된 문학작품으로서의 본문 안에 있는 의미를 찾으려고 한다. 본문 중심의 연구방법은 '본문의 세계'(the world of the text)를 탐색하는 연구방법이다.

최근에는 독자 중심의 의미(Reader-Centered Approaches to Meaning)를 중요시하는 성서해석 방법론이 부각되고 있다. 이 방법론을 주장하는 이들에 의하면 독자마다 같은 본문을 다르게 해석하고 있는데, 그것은 독자들마다 그들의 독특한 삶의 경험과 전이해(pre-understanding)와 전제(presupposition), 이념과 관심들을 가지

---

1) Bernard W. Anderson, *The Living Word of the Bible* (Louisville : Westminster, 1979).

고 있기 때문이라는 것이다. 독자 반응 비평학에서는 본문 안에 단지 가능성으로만 존재하는 의미를 독자가 현실화한다고 말한다. 독자 중심 또는 독자 반응 비평을 극단적으로 주장하는 사람들은 독자가 본문의 의미를 부여하기 전까지는 본문은 아무런 의미를 가지고 있지 않다고 말하며, 독자가 본문의 의미를 창조한다고까지 말하고 있다. 독자 반응 비평은 '본문 앞의 세계'(the world in front of the text)를 탐색하는 방법론이라고 말할 수 있다. 폴 리쾨르는 다음과 같이 말한다.

> 본문의 의미는 텍스트 배후에 있는 것이 아니고 본문 앞에 있다. 본문의 의미는 숨겨져 있는 것이 아니고 나타난(disclosed) 것이다. 이해되어야 할 것은 담론(discourse)의 최초 상황이 아니고 …… 가능한 세계를 향하여 가리키는(points towards) 것이다. 이해는 저자나 저자의 상황과 관계가 있는 것이 아니다. 이해는 본문의 지시체(reference)에 의하여 열리는 세계-명제(world-propositions)를 파악하려고 추구한다.[2]

이와 같이 성경을 해석하는 세 가지 방법론(저자 중심, 본문 중심, 독자 중심)이 있는데, 복음주의적인 입장은 어느 한 가지 방법론만을 주장할 것이 아니고, 세 가지 방법론을 통합하는 성경해석 방법론이 되는 것이 바람직하다고 본다. 저자 중심의 의미를 찾는 방법은 본문의 세계와 독자의 세계를 등한히 하며, 본문 중심의 의미를 추구하는 방법론은 본문의 독립성을 주장하게 됨으로 저자의 세계가 본문에 부여하는 경계선을 가볍게 여기고 있다. 또한 독자 반응 비평은 독자의 세계와 본문의 세계의 상호 교류만을 주장하는 경향이 있다. 그러하기에 가장 바람직한 복음주의적인 성경해석 방법론은 이 세 가지 접근 방식을 통합하는 것이다. 즉, 해석자에게 본문의 의미는 성령님의 조명 아래 저자의 세계와 의도를 중요시하며, 성령 안에서 본문의 세계와 독자의 세계 사이의 대화(conversation)를 통하여 발견되는 것이다. 설교

---

2) Paul Ricoeur, *Interpretation Theory* (Forth Worth : Texas Christian University, 1976), 87.

자는 어느 한 가지 방법론만을 주장하기보다는 세 가지 방법론을 통합하는 복음주의적인 접근을 택하여야 할 것이다.[3]

---

3) W. Randolph Tate, *Biblical Interpretation : An Integrated Approach*, 3rd edition (Peabody : Hendrickson, 2008), 1-7.

# 제 5 장
# 본문의 석의

　본문을 가지고 렉시오 디비나를 하면, 설교자는 본문의 중심 사상(본문의 중심 사상은 학자들에 따라 빅 아이디어〈Big Idea, 해돈 로빈슨〉, 중심 아이디어〈Central Idea〉, 중심 진술〈Focus Statement, 토마스 롱〉, 중심 주제 및 내용〈Main Theme, Main Thesis, Take Home Truth, 도널드 스누키안〉, 명제〈Proposition〉, 중심 진리〈Central Truth〉와 같이 다양한 이름으로 불리고 있다.)이 무엇인지, 본문의 의도와 목적이 무엇인지를 잠정적으로 설정할 수 있게 된다. 또한 본문의 사고의 흐름(flow of thought), 본문의 움직임(moves), 플롯(plot), 지도(map), 또는 개요(outline)의 윤곽을 그릴 수 있게 된다. 이러한 과제가 끝나기 전까지, 설교자는 주석이나 성서 사전 및 기타 다른 참고 서적과 자료는 사용하지 않는 것이 좋다. 이 과제를 수행하기 전에 설교자가 세계적으로 유명한 석학들의 주석을 읽으면, 그들의 주장과 학설에 압도당할 우려가 있다. 또한 주석이나 강해집을 너무 빨리 참조하게 되면 설교자의 상상력, 창의력이 방해를 받고, 설교자가 말씀을 들을 때까지 본문과 씨름하는 노력을 게을리할 수 있다. 따라서 렉시오 디비나를 통하여 설교자가 주석이나 참고 서적 없이 스스로 행해야 하는 과제가 끝나기 전에는 주석이나 성서 사전 및 기타 다른 참고 서적과 자료는 사용하지 말아야 한다. 렉시오 디비나 과정을 통해 설교자가 비로소 본문의 중심 사상과 의도, 본문 사고의 흐름, 움직임, 플롯, 또는 개요의 윤곽을 그릴 수 있게 되면, 그때 주석, 성서 사전, 기타 다른 참고 서적을 참조하면서 석의(exegesis) 작업을 행한다.

　본문의 석의는 설교의 토대가 된다. 설교가 주의 깊은 성서 연구에 의해 가르침(informed)을 받지 않으면, 설교자는 회중들에게 하나님의 말씀을 선포하기보다는 종교적이고 윤리적인 삶에 관한 메시지를 제공하게 될 것이다. 설교의 근본적인 과제는 성서의 메시지를 열어 주는(unfold) 일이다. 설교는 성경을 설명하거나 관습적인 지혜의 모형에 맞추는 것이 아니고 성서의 메시지를 열어 주는 일이기에 엄격한 석의가 반드시 필요하다.[1] 석의란 성서의 텍스트로부터 '의미를 뽑아내다'(draw out) 또는 '이끌어 내다'(lead out)라는 의미를 가지고 있다. 흔히 성서학자들은 내가 원하는 말을 본문 안으로 집어넣어 본문으로 하여금 나의 생각과 나의 말을 하게 하는 것을 '자기 생각대로의 석의' 또는 '아이서지서스'(eisegesis)라고 부르는데, 석의는 자기의 생각을 개입시키는 석의인 이 '아이서지서스'와 반대가 된다. 석의는 본문의 의미를 언어와 문화, 그리고 다른 장애물들을 넘어 오늘의 의미로 전송해(forward) 오며, 오늘날 세계의 모든 실재를 본문으로 가져가 본문과의 대화를 통해 열매를 맺도록 하는 과정이다.[2] 석의의 중요성에 관하여 구약성서학자 존 브라이트(John Bright)는 다음과 같이 말한다.

> 석의를 하지 않는 설교자는 성서가 무엇을 말하고 있는지에는 아무런 관심이 없으며, 단지 자신이 말하고자 하는 요점을 뒷받침하기 위해서만 성서를 이용하는 사람이다. 이러한 설교자에게는 성서적인 설교를 할 수 있는 가능성을 전혀 찾을 수 없게 되는데, 그것은 그가 진지하게 성서로부터 시작하지 않았기 때문이다.[3]

　60년대까지만 해도 석의는 객관적인 과학으로 생각되었다. 그러나 오늘날의 성서

---

1) Richard B. Hays, "Exegesis," in *Concise Encyclopedia of Preaching*, eds. William H. Willimon & Richard Lischer (Louisville : Westminster, 1995), 122.
2) Paul Scott Wilson, *The Practice of Preaching*, Revised edition (Nashville : Abingdon, 2007), 8-9.
3) John Bright, *The Authority of the Old Testament* (Grand Rapids : Baker, 1975), 170.

해석학자들은 본문의 의미를 발견하는 것은 객관적이고 과학적인 작업이 아니라 예술이라고 말한다. 석의에 있어 단 하나의 기계적인 방법이란 없으며, 설교자들마다 성서와 가장 효과적으로 만나는 방법을 찾아야 한다.[4] 석의는 해석자들의 편견과 경험, 기대감, 가치관, 세계관, 그리고 성서에 대한 질문들에 의하여 필연적으로 영향을 받는다. 그러하기에 어느 정도의 자기 해석을 집어넣는(eisegesis) 것은 피할 수가 없고, 참된 것처럼 보이는(plausible) 해석의 다양성은 항상 가능하다. 그렇다면 자신의 생각을 집어넣은 해석과 석의의 차이점은, 석의는 성서를 읽고 해석하는 과정에 주의 깊은 관심을 기울이며, 텍스트의 복합성(complexity)을 존중한다는 데 있다.[5]

어떤 석의라도 다른 해석을 배제하는 단 하나의 결정적인 해석을 제공하지는 못한다. 석의 과정의 주요한 결과는 상상력을 자극하는 것이다. 본문에 대한 지속적인 관심은 설교자를 풍요롭게 시각화(visualized)시켜 설명되는 텍스트의 세계, 칼 바르트가 말했던 '새로운 생소한 세계'(the strange new world of the Bible)로 인도한다. 석의를 통하여 다른 가치관과 가설(assumptions), 그리고 다른 가능성의 세계를 성서에서 만나게 됨으로, 설교자는 하나님께서 미래에도 인간을 새롭고도 놀라운 방법으로 대하실 것을 바라보도록(envision) 격려받는다. 이와 같이 석의는 설교자의 설교적인 지평을 확대해 준다.[6]

## 1. 기도함으로 시작하는 석의 과정

성경의 저자들을 감동시켜 말씀을 기록하게 하셨던 성령님께서 본문을 석의하고 해석하며 설교를 준비하는 설교자의 마음도 감동시켜 주시고, 지혜와 영적인 통찰력을 주시도록, 또 메시지를 전하는 설교자와 말씀을 듣게 될 청중들의 삶에 변화와 성장, 그리고 영적인 축복이 있게 되도록 기도할 수 있어야 한다. 설교학자 린다 클래더(Linda Clader)는 설교를 준비할 때 다음과 같이 기도한다고 말한다. "나는 하나

---

4) Richard B. Hays, "Exegesis," 122-123.
5) Mary F. Foskett, *Interpreting the Bible* (Minneapolis : Fortress Press, 2009), 2.
6) Richard B. Hays, "Exegesis," 122.

님께서 나의 귀와 마음을 열어 주셔서 말씀을 받을 수 있기를 간구한다. 또한 하나님의 백성들이 들을 필요가 있는 메시지를 선포할 수 있도록 성령님이 인도하시기를 기도한다." 그녀의 기도는 주중에도 계속된다고 한다. "나는 회중들을 위하여 기도하며, 주일에 하나님께서 본문으로부터의 축복을 회중들에게 주시기를 간구한다. 또한 하나님께서 나에게도 상상력의 선물을 주셔서 나를 성장시키고 치유하는 말씀을 잘 해석할 수 있기를 기도한다. 나는 믿음과 영감을 위하여서도 기도한다."[7]

## 2. 상상력을 사용한 브레인스토밍을 거치는 석의 과정

렉시오 디비나 과정에서 본문을 읽고 묵상했지만, 석의 과정에서 다시 본문을 주의 깊게 읽는다. 본문을 원어로 읽을 수 있으면 더욱 좋지만, 여의치 않을 경우에는 원어가 영어로 대조되어 있는 성경인 *Interlinear Bible*을 참조하는 것도 도움이 될 것이다. 한국어 번역은 개역한글판, 개역개정판, 표준새번역 개정판, 쉬운 성경, 그리고 영어 성경은 NRSV, NIV, NASB, ESV, CEB, 나아가 독일어 성경인 Elberfelder Bibel, 중국어, 일어 또는 다른 외국어 성경도 읽게 되면 본문의 의미와 의도를 더 정확하게 이해할 수 있게 된다. 본문을 읽을 때에는 폴 리쾨르(Paul Ricoeur)가 말하는 첫 번째의 순진한(first naivete) 자세,[8] 즉 본문을 처음 읽고 처음으로 듣는 것과 같은 태도인 순진한 자세로 읽는다. 설교 준비를 위한 전문가의 자세가 아니고, 길을 잃어버린 여행자가 갈 방향을 찾으며 기다리는 심정으로 본문을 읽는 것이다. 고요함 속에서 눈을 감고 성서에 나오는 이미지가 우리 마음에 떠오르게 한다. 떠오르는 아이디어나 인상(impression)을 메모지에 기록하는 것이 중요하다. 왜냐하면 설교는 이 아이디어가 씨앗이 되어 발전되기도 하기 때문이다. 명설교자들은 항상 메모지를 휴대하여 아이디어가 떠오르면 바로 기록해 놓는다. 어니스트 캠벨(Ernest Campbell)에 의하면 많은 설교자들이 게으름으로 인하여 최상의 설교

---

7) Paul Scott Wilson, *The Practice of Preaching*, 10.
8) Paul Ricoeur, "Reply to Lewis S. Mudge," in *Essays on Biblical Interpretation* (Philadelphia : Fortress Press, 1980), 43–44.

아이디어의 90% 이상을 잃어버린다고 한다. 유명한 여류 문필가 매들린 랭글(Madeleine L'engle)은 이른 아침에 일어나면 식탁에 홀로 앉아 제일 먼저 떠오르는 아이디어, 관찰, 성찰(reflection)을 그녀의 저널에 기입한다고 한다. 피정(retreat)에 가서도 저녁 때가 되면 다른 사람들은 담소하며 즐거운 시간을 보내느라고 소일하지만, 랭글은 땀을 흘리며 글을 쓴다고 한다. 그녀는 말한다. "나의 저널이 나를 유지시켜 줍니다. 나는 나의 저널을 계속 써야 합니다."[9)]

한 예로 마가복음 2 : 1~12을 읽고 묵상하며 상상하여, 머리에 떠오르는 여러 아이디어나 인상(impression), 질문, 의문점 등을 기록하며 다음과 같이 브레인스토밍을 할 수 있다.

- 1절에 보면 "수일 후에 예수께서 다시 가버나움에 들어가시니 집에 계시다는 소문이 들린지라"라고 했는데, 예수님은 어디를 갔다 오신 것인가? 며칠 동안 다녀오신 것인가? 가버나움에 있는 누구의 집에 머물고 계시는가?
- 중풍병자의 친구들이 남의 집 지붕을 뜯어내고 말씀을 전하고 있는 예수님 앞에 중풍병자가 누워 있는 들것을 달아 내렸다고 하는데, 유대인들의 집의 구조가 어떠하기에 그렇게 할 수 있었는가?
- 예수께서는 왜 병자의 믿음이 아니라, 네 명의 친구들의 믿음을 보시고 중풍병자의 병을 고쳐 주셨는가? 다른 사람의 믿음으로 구원을 얻을 수 있다는 것인가? 교회에 다니지 않은 남편이 있다면, 그 사람의 아내가 예수 믿고 구원을 받았기에, 믿지 않는 남편도 그 아내의 믿음으로 구원을 받을 수 있다는 것인가?
- 왜 예수께서는 "네 병이 나았으니 일어나 걸어가라."라고 말씀하시지 않고, "작은 자야, 네 죄 사함을 받았느니라."라고 말씀하시는 것인가? 죄와 질병은 어떠한 관계가 있는 것인가?
- 예수님 당시의 서기관들은 누구이며, 그들은 왜 예수님이 하나님을 모독한다고 생각하게 되었는가?

---

9) John Killinger, *Fundamentals of Preaching*, 2nd edition (Minneapolis : Fortress, 1996), 49.

- 예수께서 중풍병자에게 하신 "네 죄 사함을 받았느니라."라는 말씀과 "일어나 네 상을 가지고 걸어가라."라는 말씀 중에서 어느 말씀이 더 쉬운 말인가?
- 예수님은 왜 자신을 '하나님의 아들'이라고 말씀하시지 않고, '인자'라고 말씀하시는 것인가? 예수께서 가지신 권세는 무엇인가?
- 왜 중풍병이 치유된 사람에게 "나를 따르라."라고 말씀하시지 않고, "집으로 가라."라고 말씀하시는가?

다음으로 마가복음 2:1~12의 내용을 한마디로 표현한다면 무엇이라고 말할 수 있을지, 본문의 의도와 목적은 무엇인지 본문의 개요나 본문의 흐름(flow), 본문의 움직임(moves)을 간단히 그려 본다.

- 본문의 윤곽을 다음과 같이 그려 본다.
  A. 치유의 이야기 : 시작(2:1-5a)
    1. 내러티브의 배경 : 가버나움에 모인 군중들(1-2절)
    2. 문제의 제시 : 중풍병자가 지붕을 뚫고 내려짐(3-4절).
    3. 예수께서 중풍병자 친구들의 믿음에 반응하심(5a절).
  B. 논쟁적 대화(2:5b-10a)
    1. 예수께서 죄의 용서를 선언하심(5b절).
    2. 서기관들이 예수님의 권위에 이의를 제기함(6-7절).
    3. 예수께서는 그들의 의심을 분별하시고, 그들에게 수사학적인 질문을 던지심(8-9절).
    4. 저자가 독자들에게 주는 삽입구적인 코멘트(10a절)
  C. 치유의 이야기 : 결론(2:10b-12)
    1. 예수께서 치유의 명령을 주심(10b-11절).
    2. 치유의 증거와 군중들의 반응(12절)

이러한 브레인스토밍 단계가 끝난 후에야 주석, 성경 사전, 기타 다른 참고 서적들을 참조하여 본문을 석의한다.

## 3. 본문의 석의

본문의 석의는 일반적으로 역사적(문화적, 정치적, 경제적, 사회적, 지리적 배경), 문학적, 그리고 신학적으로 탐색(exploration)된다. 그러나 역사적, 문학적, 신학적 탐색은 서로 엄격하게 구분되거나 상호 연결성이 없는 것이 아니고, 서로 뒤얽혀 있다(intertwined). 예를 들자면 자료 비평(source criticism)이나 양식 비평(form criticism)은 보는 관점에 따라 역사적 탐색이나 문학적 탐색의 범주에 속하기도 하며, 편집 비평(redaction criticism)도 관점에 따라 문학적 탐색이나 신학적 탐색의 범주에 속할 수 있다.[10]

## 4. 역사적 탐색

역사적인 해석은 폴 리쾨르가 말하는 '본문 배후의 세계'(The World behind the Text)[11]를 탐색하며, 역사를 통하여(diachronically=though time) 텍스트를 연구하는 방법이다. 모든 성경의 책들은 역사적인 문서이기에 역사적으로, 즉 그 당시의 시간과 장소, 그리고 문화의 관점에서 이해되어야 한다. 역사적인 탐색에서 설교자는 '누가' 이 텍스트를 저술했는가와 '누구에게'(최초의 청중), '언제', '어디에서'(사회적, 지리적인 위치), 그리고 '왜'(목적)라는 질문의 해답을 찾는다. 역사적인 해석은 성서가 쓰였던 당시의 문화적, 종교적, 정치와 사회적인 상황을 탐색함으로, 그리고 그 당시의 청중들에게 들려졌던 메시지를 들음으로 본문의 의도와 목적을 찾고자 한다. 그러나 최근의 문학비평과 구조주의비평에서는 본문은 한 가지의 의미만이 아니라, 독자의 해석과 관점에 따라 다양한 의미를 가지고 있기에, 저자나 본문의 의도를 찾으려고 하는 것은 무의미한 일이라고 주장한다.[12] 그럼에도 불구하고 해석의 무정부 상

---

10) Sidney Greidanus, *The Modern Preacher and the Ancient Text* (Grand Rapids : Eerdmans, 1988), 51.
11) Paul Ricoeur, *Interpretation Theory* (Fort Worth : Texas Christian University Press, 1976), 87-88.

태를 통제하기 위하여, 역사적인 해석을 통하여 본문의 본래의 의도(original intent)와 의미를 탐색하는 것은 매우 중요한 일이다.[13] 역사적인 탐색은 최초의 청중들의 자리에 서서 그들이 들었던 메시지를 들으려고 시도하기에, 본문을 올바르게 들을 수 있도록 돕는다. 예를 들어 보자. 출애굽기 21 : 23~25에 보면 "……생명은 생명으로, 눈은 눈으로, 이는 이로, 손은 손으로, 발은 발로…… 갚을지니라"고 했다. 역사적인 탐색을 통하여 우리는 이 말씀이 원수를 갚는 것을 허락하거나, 원수 갚는 것을 요구하는 말씀이 아니고, 부러진 이로 인하여 다른 사람의 생명을 취하는 것을 비판(critique)하는 말씀인 것을 알 수 있게 된다. 또 고린도전서 14 : 34에 보면, "여자는 교회에서 잠잠하라……"고 했다. 역사적인 탐색 과정을 통하여 우리는 이 말씀이 여성들이 교회 안에서 말하는 것을 절대적으로 금하라는 말씀이 아니고(만일 그렇다면 고전 11 : 5과 상치가 됨.), 아내들이 교회의 앞좌석에 앉아 있는 남편들에게 질문들을 던짐으로 예배를 혼란스럽게 해서는 안 된다는 말씀임을 알 수 있다.[14]

### 1) 마가복음 2 : 1~12의 역사적 탐색

모든 성경의 책들은 저자의 사회, 정치, 경제, 또는 신학적 자리의 관점에서 기록된 역사적인 문서들이다. 마가복음을 역사적으로 탐색하기 위하여 설교자는 마가복음을 기록, 편집한 저자와 마가복음을 처음 읽고 들었던 공동체의 역사적, 문화적, 그리고 사회적 자리를 알아야 한다. 이러한 자료는 최근의 좋은 신약개론서나 신약사전 등과 같은 책에서 얻을 수 있다.

- 누가(Who)
마가복음은 처음 유통되었을 때에는 저자가 익명으로 알려졌었다. 그러나 전통적으

---

12) Sidney Greidanus, *The Modern Preacher and the Ancient Text*, 80.
13) Gordon D. Fee & Douglas Stuart, *How to Read the Bible for All Its Worth*, 2$^{nd}$ edition (Grand Rapids : Zondervan, 1993), 26.
14) Sidney Greidanus, *The Modern Preacher and the Ancient Text*, 81.

로 교회는 마가복음의 저자는 바나바의 조카이자 바울과 함께 1차 전도 여행을 했던 마가(행 12 : 12, 25 ; 15 : 37, 39)이며, 마가는 베드로의 제자로 베드로를 통하여 예수님의 사역과 십자가의 죽음과 부활의 이야기를 들은 것으로 받아들였다. 파피아스 감독, 저스틴 마터(Justin Martyr), 이레니우스, 알렉산드리아의 클레멘트(Clement of Alexandria), 오리겐, 터툴리안, 유세비우스, 제롬, 그리고 어거스틴과 같은 초대교회의 교부들은 마가복음이 마가에 의해 기록된 것으로 받아들이고 있다.[15]

- 언제(When)

마가복음은 유대인 전쟁이 있었을 때인 주후 65~70년 즈음에 쓰였다는 것에 대부분의 학자들은 동의한다. 그 이유로서 첫째, 마가복음은 특히 고난에 관심을 두고 세례 요한의 고난, 그리고 예수님과 제자들의 고난을 강조하고 있으며, 마가 공동체 자체도 고난받는 신앙 공동체였을 것이기 때문이다. 둘째, 마가복음 13장에는 주후 70년 예루살렘이 로마 군대에 의하여 멸망당할 것이라는 종말론적인 예언이 기록되어 있다. 셋째, 마태와 누가는 그들의 복음서를 기록할 때 마가복음을 주요 자료로 사용했는데, 마태와 누가는 주후 80년경에 그들의 복음서를 기록한 것으로 학자들은 추정한다. 그렇다면 마가복음은 더 일찍 기록되었어야만 할 것이다. 이러한 이유들로 인하여 마가복음은 주후 65~70년경에 쓰였을 것으로 성서학자들은 추측하고 있다.[16]

- 어디에서, 그리고 누구에게(Where and Whom)

마가의 공동체는 로마에 있었다고 주장하는 학자들이 있다. 마가는 유대인의 관습을 설명하기 위하여 내러티브를 이야기하다가 잠시 멈추기도 하며(막 7 : 3-4), 아람어를 번역하기도 하는데(5 : 41), 이것은 팔레스타인으로부터 멀리 떨어져 있는 로마의 청중들의 이해를 돕기 위함이라고 한다. 또한 마가는 많은 라틴어 어법(Latinisms)과 라틴어로부터 빌려온 단어를 많이 수록하고 있는데, 이것도 마가의 공동체가 로마에 있었기 때문이라는 것이다. 그러나 광대한 로마제국의 어디에서든지 라틴어는

---

15) Bonnie Bowman Thurston, *Preaching Mark* (Minneapolis : Fortress Press, 2002), 3.
16) Ibid., 3.

많이 사용되었을 것이기에, 마가의 공동체가 로마에 위치했었다는 주장에 많은 사람들이 동의하지 않는다. 대부분의 학자들은 마가의 공동체가 갈릴리 지역이나, 갈릴리의 바로 북쪽에 있는 로마의 식민지 시리아에 위치해 있었을 것이라고 생각한다. 마가의 공동체가 어디에 위치해 있었던지 간에, 주로 이방인들로 구성되어 있었고, 박해와 고난을 경험하는 공동체였기에, 예수님의 고난과 십자가를 더 깊이 이해할 필요가 있는 공동체였다고 한다. 리처드 로어바우(Richard Rohrbaugh)에 의하면 마가복음을 처음 듣고 읽은 청중들은 엘리트나 사회의 지도층이 아니고, 사회의 변두리에 있는 사람들, 즉 모세의 정결 의식을 지킬 수 없는 노동자들이나 염색업자들과 같은 사람들과 농부들이었다고 한다. 마가복음에서 38번이나 사용되는 단어 '무리'(헬라어로 'ochlos')는 이러한 가난한 계층의 사람들을 의미하고 있다고 한다.[17]

● 왜(Why)

마가는 고난을 받는 공동체에게 영광스러운 하나님의 나라는 고난과 섬김이 있는 제자도의 마지막에 도래하며, 우리는 섬기는 종과 왕으로 오신 예수님을 따라야 한다는 것을 이야기해 주고, 그들의 믿음을 든든히 하기 위하여 마가복음을 기록하였다.[18]

● 유대인들의 집 구조

유대인들의 집의 지붕은 평면이며, 집 밖에서 올라갈 수 있도록 되어 있다. 지붕은 치장벽토(stucco)와 같은 것으로, 진흙과 갑각류의 깨진 껍질, 나뭇가지 등을 섞어 만든 것이라 뜯기도 쉬우며, 고치기도 쉽게 되어 있다. 겨울의 우기를 앞두고 매년 지붕을 새것으로 바꾸기도 한다.[19]

---

17) Ibid., 4.
18) James Hoover, *Mark : Follow Me* (Downers Grove : InterVarsity Press, 1999), 8.
19) David E. Garland, *Mark : The NIV Application Commentary* (Grand Rapids : Zondervan, 1996), 92.

- 서기관

  유다 왕국이 멸망한 후 서기관들은 이스라엘의 구약성서의 문서들을 수집하였다. 그들은 성경의 사본을 복사하는 일과 구약성경을 편집하는 일을 수행했고, 성서 텍스트의 순수성을 지키는 사람들이었다. 예수님 당시의 서기관들은 공동체에서 매우 독특하게 영향력 있는 사람들이었다. 그들의 주요 사역은 율법을 가르치고 해석하며, 성서에 근거한 율법의 조직을 유지하는 일이었다.[20]

## 5. 문학적 탐색

문학적 해석은 폴 리쾨르가 말하는 '본문의 세계'(The World of the Text)[21]를 탐색하며, 주어진 본문을 하나의 문학작품으로 보고 본문 밖의 세계가 아니라 본문의 세계만을 해석하는(synchronically=at the same time) 방법이다. 설교학자 호건(Lucy Lind Hogan) 교수는 본문의 문학적 세계를 탐색하기 위하여 다음과 같은 항목을 점검하라고 권면한다.[22]

### 1) 핵심적인 단어

중요하다고 생각되는 단어들과 익숙하지 않은 단어들을 확인하라. 영어나 한국어로 번역된 본문의 중요한 단어들이 원어인 히브리어나 헬라어로 어떠한 의미들을 내포하고 있는지 찾아보라. 유명한 여류 작가 캐틀린 노리스(Kathleen Norris)는 그녀의 책 *Amazing Grace*(놀라운 은혜)에서 대부분의 크리스천들은 신앙적인 단어를 이해하지 못하며, '은혜', '구원', 그리고 '회개'와 같은 단어는 추상적이고 어느 정도는 위협적으로 들린다고 한다. 그러나 이러한 단어들의 기원(origin)으로 돌아가 그

---

20) Maxie Dunnam, *The Gospel of Mark* (Nashville : Cokesbury, 1988), 19.
21) Paul Ricoeur, *Interpretation Theory*, 87.
22) Lucy Lind Logan, *Graceful Speech : An Invitation to Preaching* (Louisville : Westminster John Knox, 2006), 102.

원어의 의미들을 알게 되면, 우리들의 신앙 성장을 위해 왜 저자들이 이러한 단어를 선택하여 사용했는지를 알 수 있게 된다고 한다. 그러할 때 이러한 단어들이 우리에게 실제적이고 살아 있는 단어가 된다고 말한다.

### 2) 본문의 상황

본문의 위치는 무엇인가? 설교자는 성경의 한 책에서 일정한 분량의 본문만을 발췌하여 읽기 때문에, 그 책의 저자가 그리고 있는 전체의 그림을 보지 못할 때가 있다. 우리는 발췌한 본문이 성경의 한 책 안에서 어떠한 위치에 놓여 있는지 본문의 앞뒤 문맥을 자세히 살펴보아야 한다. 왜냐하면 본문은 본문 앞에서의 질문에 대한 해답일 수도 있으며, 본문에서 제기된 질문은 본문 뒤에서 대답이 주어지기도 하기 때문이다. 본문의 문맥을 살펴보지 않을 때, 우리는 잘못된 해석을 내릴 수 있다. 실례로 우리는 마태복음 18:20의 "두세 사람이 내 이름으로 모인 곳에는 나도 그들 중에 있느니라"라는 말씀을 예배에 소수의 사람들이 모였을 때, 하나님께서 우리의 예배에 같이 임재하고 계신다고 말하면서 이 본문을 인용하기도 한다. 그러나 본문의 문맥을 잘 살펴보면, 이 본문은 공동체 예배에 관하여 말하고 있지 않고, 교회의 권징(discipline)에 관하여 언급하고 있음을 알게 된다. 설교자들 가운데는 설교 준비를 부지런히 하지 못했을 때, 마태복음 10:19b의 말씀 "……그때에 (성령께서) 너희에게 할 말을 주시리니"를 인용하여 설교 준비의 게으름을 변명하기도 한다. 그러나 본문의 문맥은 설교 준비에 관한 것이 아니고, 신앙으로 인하여 박해를 받아 권력자에게 끌려왔을 때를 말하고 있다. 또한 설교자들은 마태복음 8:23~27을 해석할 때 예수께서는 우리의 삶의 태풍을 잔잔하게 하시는 분이심을 강조한다. 그러나 본문의 요점은 이보다 더 크다. 제자들이 놀라워, "이이가 어떠한 사람이기에 바람과 바다도 순종하는가"라고 말하고 있는 것처럼, 마태는 예수님의 신적인 능력을 말하고 있는 것이다.[23] 본문의 위치는 저자의 해석학적인 행위에 의하여 결정되기에, 설

---

23) Tony Merida, *Faithful Preaching* (Nashville : B & H Academic, 2009), 67.

교자는 본문이 왜 여기에 위치해 있는지에 대하여 큰 해석학적 관심을 가져야 한다고 프레드 크래독은 말한다.[24]

### 3) 관련된 본문들

본문의 이야기는 다른 텍스트에 실려 있기도 한다. 오늘 본문의 기사와 다른 텍스트의 기사는 무엇이 같으며, 무엇이 다른가?

### 4) 장 르

저자가 사용하는 장르는 무엇인가? 본문의 문학적 형식에 대한 우리의 인식은 우리가 가지고 있는 전제(pre-supposition)와 같이 본문의 의미를 해석하는 데 영향을 끼친다. 본문의 형식에 대한 우리의 인식(perception)은 본문에 대한 기대감과 본문에 대한 질문을 인도한다. 본문의 장르를 잘못 인식하게 되면, 해석자는 본문에 대하여 잘못된 질문을 던지게 된다. 예를 들자면, 예언서와 묵시문학의 본문, 아니면 예수님의 비유를 역사적인 내러티브로 이해를 하고 질문을 던지며 해석을 하게 된다. 따라서 본문의 장르는 텍스트의 의도된 의미를 찾을 수 있도록 돕는 해석학적인 도구이며, 본문의 의미를 찾는 일에 초기의 실마리를 제공해 준다.[25]

월터 카이저(Walter C. Kaiser)는 성경의 장르를 ① 산문(prose), ② 시, ③ 내러티브, ④ 지혜문학, ⑤ 묵시문학으로 분류하고 있다. 고든 피(Gordon Fee)와 더글라스 스튜어트(Douglass Stuart)는 ① 서신, ② 구약의 내러티브, ③ 사도행전, ④ 복음서, ⑤ 비유, ⑥ 율법서, ⑦ 예언서, ⑧ 시, ⑨ 지혜문학, ⑩ 계시록으로 분류한다. 시드니 그레이다누스(Sidney Greidanus)는 성서의 장르를 크게 7개로 분류하는데, 그것은 ① 내러티브, ② 예언서, ③ 지혜문학, ④ 시편, ⑤ 복음서, ⑥ 서신서, ⑦ 묵시문학이다.[26]

---

24) Fred B. Craddock, *Preaching* (Nashville : Abingdon Press, 1985), 114.
25) Sidney Greidanus, *The Modern Preacher and the Ancient Text*, 16-17.

## 5) 구 조

본문의 구조는 어떻게 형성되어 있는가? 먼저, 본문이 어떻게 말해지고 있으며, 어떻게 본문의 메시지를 전달하는지를 탐색한다. 본문에서 반복되는 단어, 구(phrases), 절(clauses)들이 있는지, 저자가 본문에서 대구법(parallelism)이나, 교차대구법(Chiasm), 포괄법(Inclusio)과 같은 수사학적 기법을 사용하고 있는지를 확인한다. 본문이 이야기라고 하면, 어떻게 전개되는가? 본문에 갈등(conflict)이 있는가? 있다면 갈등과 문제가 어떻게 해결되는가? 폴 스콧 윌슨(Paul Scott Wilson)은 설교자들에게 설교를 영화처럼 만들라고 권면하고 있다. 당신이 이 본문을 연극이나 영화로 만드는 감독이라고 한다면, 어떻게 윤곽을 그리고 계획을 세우겠는가? 카메라앵글의 초점을 어디에다 맞추겠는가? 몇 개의 장면이 있을 것인데, 어떻게 장면을 변화시키겠는가?

## 6) 분위기 또는 어조

저자는 어떠한 분위기를 전하고 있는가? 위로하는 것인가, 아니면 도전하고 있는가? 저자의 음성에 기쁨이 있는가, 아니면 분노하고 있는가?

## 7) 마가복음 2:1~12의 문학적 탐색

- 본문에 나오는 중요한 단어들
  죄, 용서, 신성모독, 인자, 권세

- 많은 사람들
  군중들을 마가는 오클로스(ochlos)로 표현하는데 마가복음에 38번이나 사용되고 있다. 마가는 오클로스를 가난한 사람들의 메타포로 사용하고 있다. 군중들은 제자도

---

26) Ibid., 20-24.

를 추구하기 위하여 모인 사람들이 아니고, 호기심으로 모여든 사람들이다.[27]

- 믿음

믿음(pistis, 2 : 5)은 공관복음의 치유와 기적의 이야기에서 중요하게 강조되고 있다. 믿음은 여기에서 어떠한 교리를 믿는 것이 아니라, 예수님에 대한 신뢰를 의미한다. 예수님은 중풍병자의 친구들의 행동에서 믿음을 보셨다.

- 죄

죄(harmartia, 2 : 5, 7, 9, 10)는 과녁을 빗나가다라는 의미이다.

- 신성모독

- 인자

인자를 '나'의 완곡한 표현이라고 생각하는 학자들이 있으며, 인자는 다니엘 7 : 13~14에서 암시하는 이 세상 종말의 날의 메시야적인 의미를 내포하고 있다고 주장하는 사람들도 있다. 본문에서 예수님께서 자신을 향한 칭호로 사용하신 '인자'는 메시야적인 의미를 내포하고 있을 것이다.

- 권세

권세(exousia, 2 : 10)는 마가복음의 논쟁 담화에서 매우 중요한 주제이다. 권세란 단어는 '자유' 또는 '권능'이란 의미를 지니고 있다.

- 반복되는 단어들

본문에서 '상을 가지고'라는 말은 세 번이나 반복되고 있으며, '죄를 사한다'는 말이 네 번이나 반복되어 사용되고 있음을 주목해야 한다. 본문에서 반복되어 사용되는 단어는 본문의 중심 아이디어와 관련이 있는 경우가 많기 때문이다.

---

27) David Bartlett & Barbara Brown Taylor, *Feasting on the Word*, Year B, Vol. 1 (Louisville : Westminster John Knox Press, 2008), 381.

- 연관된 다른 복음서

  마태복음 9 : 1~8, 누가복음 5 : 17~26

## 6. 본문의 장르와 구조

내러티브 장르는 세 가지 형태로 나누어진다고 다니엘 도리아니(Daniel Doriani)는 말한다.[28] 첫째, 보고(reports), 둘째, 스피치 스토리(speech stories), 셋째, 드라마(story)이다. 도리아니는 마가복음 2 : 1~12을 드라마로 분류한다. 드라마는 갈등과 문제가 발생하여 갈등이 더 심화되거나 악화되다가, 복음으로 문제가 해결된 후, 새로운 세계가 열리는 형태로 되어 있다.

마가는 2 : 1~12에서 시작하여 3 : 6에 이르기까지 5개의 논쟁 담화를 교차대구법(chiastic) 형식으로 기록하고 있다.

| | | |
|---|---|---|
| A | 2 : 1~12 | 치유(죄) |
| B | 2 : 13~17 | 먹는 것(죄) |
| C | 2 : 18~22 | 금식 |
| B¹ | 2 : 23~28 | 먹는 것(안식일) |
| A¹ | 3 : 1~6 | 치유(안식일) |

2 : 1부터 5개의 논쟁(controversy)의 이야기가 전개되면서, 예수님에 대한 반대도 점점 더 강해지고 있다. 2 : 6에서 예수님에 대한 서기관들의 반대는 그들의 마음속에서 하는 것이었으나, 2 : 16에서는 예수님의 제자들이 공개적으로 비난을 받으며, 2 : 18, 24에서는 예수께서 비난이 담긴 질문을 받고, 3 : 2에서는 예수님을 고발하려고 하며, 3 : 6에서는 바리새인들이 헤롯 당원들과 함께 예수님을 죽일 모의를 한다. 이처럼 예수님에 대한 반대와 적대감은 점점 더 강하여져 마가복

---

28) Daniel M. Doriani, *Getting the Message* (Phillipsburg, N. J. : P & R Publishing, 1996), 62-64.

음 14장의 예수님에 대한 배반과 체포에까지 이어지게 된다.[29] 마가는 2 : 1~12의 이야기를 치유의 이야기로 시작을 하였다가(3-5절) 중단한 후, 논쟁의 이야기를 삽입(intercalation)하고(6-9절), 다시 치유의 이야기로 결론을 맺는다(10-12절). 중풍병자의 치유의 이야기 속에 논쟁의 이야기를 삽입하여, 독자의 관심을 논쟁의 이야기에 집중시키고 있다.

본문의 장르는 내러티브로 문제와 갈등(conflict)이 발생하여, 복잡하게 악화되다가(complication), 문제가 해결되고(resolution), 새로운 세계가 열리는(unfolding) 구조를 가지고 있다.

- 배경(Setting)

어느 날 가버나움의 한 집에 예수님이 계신다는 소문을 들은 많은 사람들이 그 집에 모여들어, 문 앞에까지도 가득 차 들어갈 자리가 없게 되었다. 대부분의 군중들은 호기심 때문에 모였으나, 예수님이 어떠한 분인가를 조사하기 위하여 종교 지도자인 서기관들도 군중과 함께, 아마도 예수님에게 가장 가까운 곳에 앉아 있었을 것이다.

- 인물들(Characters)

주인공(protagonist), 적대자(antagonist), 조력자(foil), 예수님, 서기관, 제자들, 예수님을 따르는 사람들, 군중들, 집주인(아마도), 그리고 중풍병자와 그의 네 명의 친구

- 갈등(Conflict)

예수님이 가버나움에 오셨다는 소식을 들은 중풍병자의 친구들은 예수님께서 그들의 친구의 병을 고쳐 주실 능력을 가지신 분으로 믿고, 환자를 들것에 메고 왔으나, 사람들이 너무 많아 예수님 앞으로 친구를 데리고 들어갈 수가 없게 되었다. 친구들은 여기에서 좌절하지 않고, 친구를 메고 지붕 위로 올라가 지붕을 뚫고 친구를 예수님 발아래로 내려놓았다. 예수께서는 친구들의 믿음을 보시고, "작은 자야 네 죄 사함을 받았느니라."(son⟨teknon, literally 'child'⟩ your sins are forgiven)라고 말

---

29) Bonnie Bowman Thurston, *Preaching Mark*, 26.

씀하신다. 사죄를 선언하시는 예수님의 말씀을 들었던 서기관들은 예수님에 대한 적대감을 가지게 되었다. 예수님께서 단지 중풍병자의 육신의 병을 고쳐 주신 것이라면 아무 문제도 생기지 않았을 것이다. 그러나 예수님의 죄를 용서하신다는 말씀에 서기관들이 격분하게 된다.

● 갈등의 심화(Complication)
위기는 더욱 악화된다. 중풍병자에게 죄의 용서를 선언하시는 예수님의 말씀을 들은 서기관들은 예수님이 신성모독을 한다고 분개한다. 하나님만이 죄를 용서하실 수 있는데, 예수가 어떻게 하나님의 권리를 침해할 수 있느냐는 것이다. 그들이 이렇게 마음속으로 신성모독이라고 분개해 할 때, 예수께서는 그들의 마음의 중심을 아시고, "왜 신성모독이라고 마음속에 생각하느냐 중풍병자에게 네 죄 사함을 받았느니라 하는 말과 일어나 네 상을 가지고 걸어가라 하는 말 중에서 어느 것이 쉽겠느냐?"라고 말씀하신다.

● 해소(Resolution)
적대적인 서기관들을 향하여 예수님께서는 그가 인간을 구원하러 오신 성자 하나님으로, 죄를 용서하는 권세를 가지신 분임을 말씀하신다. "인자가 땅에서 죄를 사하는 권세가 있는 줄을 너희로 알게 하려 하노라." 이렇게 말씀하시면서 예수님께서는 중풍병자에게, "내가 네게 이르노니 일어나 네 상을 가지고 집으로 가라."라고 말씀하신다. 네 명의 친구들에게 들려(airo, carry) 왔던 중풍병자는 이제 예수님으로부터 "일어나 네 상을 가지고(aron, airo의 명령형, carry) 걸어가라."라는 명령을 받는다. 예수님의 말씀에 중풍병자는 곧 일어나 자기의 침구를 가지고 모든 사람 앞에서 걸어 나갔다.

● 새로운 미래가 펼쳐짐(Unfolding)
중풍병자는 그의 영과 몸의 건강을 회복하여, 이제는 그리스도인이 되어 예수님을 따르는 제자도의 삶을 살아가게 되었다. 중풍병으로 남에게 의존하여 피동적으로만 살던 중풍병자가 예수님의 말씀에 치유를 받아 하나님 나라를 위한 삶의 적극적인 참여자가 된 것이다.[30] 예수님의 치유의 기적을 목도한 군중들은 하나님께 영광을 돌리며, 이러한 일을 우리가 아직까지 본 적이 없다고 놀라워했다.

## 7. 신학적 탐색

설교자의 석의 작업은 본문의 역사적(문화적, 사회적) 탐구와 문학적 탐구만으로는 불충분하다. 왜냐하면 성서는 하나님의 말씀, 즉 인간을 구원하시는 하나님(삼위일체)의 이야기이기 때문이다. 따라서 설교자의 석의 작업은 가장 중요한 신학적인 탐색을 통하여 완성이 된다. 오늘날 많은 설교가 하나의 도덕 강화처럼 전락한 이유는 본문에 대한 신학적인 성찰과 해석이 없기에, 신학적인 깊이가 결여되어 있기 때문이라고 존 브라이트(John Bright)는 지적한다.[31] 본문의 신학적인 탐색과 해석을 통하여 '그때 그곳'(then and there)을 향한 말씀이 '오늘 여기에'(here and now) 있는 우리를 향한 하나님의 말씀이 된다.[32] 따라서 신학적인 탐색은 설교자로 하여금 폴 리쾨르가 말하는 '본문 앞의 세계'(World in front of the Text)[33]를 청중들에게 열어 줄 수 있게 한다.

신학적인 해석은 본문에서 하나님의 음성을 듣고자 탐색한다. 설교자는 신학적인 해석을 위하여 다음과 같은 질문을 던져야 한다. 하나님(삼위일체)께서는 이 본문 안에서, 그리고 본문의 배후에서 무엇을 행하고 계시는가? 하나님께서는 이 본문 안에서 자신에 대하여, 그리고 그의 뜻에 대하여 무엇이라고 계시하시는가? 하나님께서는 이 본문을 통하여 우리에게 무엇을 말씀하시는가?[34]

### 1) 마가복음 2 : 1∼12의 신학적 탐색

독자들은 이 이야기가 예수님의 권능으로 중풍병자가 기적적으로 치유를 받는 치유의 이야기가 될 것으로 기대한다. 그러나 예수님께서는 중풍병자를 불쌍히 보시며

---

30) M. Eugene Boring, *Mark : A Commentary* (Louisville : Westminster John Knox, 2006), 7.
31) John Bright, *Authority of the OT* (Nashville : Abingdon Press, 1971), 172.
32) Ibid., 173.
33) Paul Ricoeur, *Interpretation Theory*, 87-88.
34) Paul Scott Wilson, *The Practice of Preaching*, Revised edition, 18.

손으로 어루만져 주심으로, 아니면 말씀으로 그의 병을 낫게 해 주시지 않고, "작은 자야 네 죄 사함을 받았느니라"라고 말씀하심으로, 치유의 이야기가 논쟁의 이야기로 전개가 된다. 서기관들은 예수님의 치유의 권위가 아니고, 예수님의 신적인 권위(exousia)에 문제를 제기한 것이다. 예수님께서 죄를 용서하실 수 있다면, 그는 바로 하나님의 권위를 가지신 분인 것이다. 이것이 사실이라면 이스라엘의 모든 종교 체제와 제사장과 서기관들의 권위가 다 무너지게 된다. 서기관들은 하나님만이 인간의 죄를 용서하실 수 있는데, 죄의 용서는 성전의 제사장들의 제의 행위를 통해서만 주어진다고 믿었다(레 4장 ; 5장 ; 16장 ; 17 : 11). 그동안은 제사장들이 백성들의 죄를 가지고 하나님 앞에 나아가 하나님의 용서를 구하는 제의적인 행위를 전담하여 왔다. 그런데 예수께서는 "네 죄 사함을 받았느니라"라고 말씀하심으로, 이러한 제의적인 행위를 생략하신다. 하나님과 인간 사이의 중보적인 역할을 행하여 왔던 성전과 제사장 제도를 넘어서서, 인간은 이제 예수님을 통하여 직접 하나님께 나아갈 수가 있게 된 것이다.[35]

예수님 당시의 유대인들은 욥의 친구들처럼 질병과 죄는 서로 연결되는 것이라고 믿었다. 탈무드에 보면 병자는 모든 죄가 다 용서받기 전에는 병상에서 일어나지 못한다고 말하고 있다.[36] 예수님께서는 중풍병자가 병에 걸린 것은 그의 죄 때문이라고 말씀하시지 않는다. 그러나 몸의 치유보다 영의 치유가 우선적이고 중요하기에, 중풍병자의 영혼을 먼저 치유해 주신다. 우리는 중풍병자가 어떠한 죄를 지었는지 알지 못한다. 그러나 "모든 사람이 죄를 범하였으매 하나님의 영광에 이르지 못하더니"(롬 3 : 23)라는 말씀처럼 모든 인간이 하나님 앞에 다 죄인이기에, 예수님께서는 중풍병자의 죄를 먼저 용서해 주신 것이다.

중풍병자의 죄를 용서하시는 예수님을 바라보던 서기관들은 예수님이 신성모독을 한다고 생각하여 마음속으로 예수님께 적대감을 가지게 되었다. 신의 권능으로 사람의 속마음과 생각을 아시는 예수님께서는(삼상 16 : 7 ; 대상 28 : 9) 서기관들을

---

35) David Bartlett & Barbara Brown Taylor, *Feasting on the Word*, Year B, Vol. 1, 382. ; David E. Garland, *Mark : The NIV Application Commentary*, 94.
36) Bonnie Bowman Thurston, *Preaching Mark*, 28.

향하여 말씀하신다. "중풍병자에게 네 죄 사함을 받았느니라 하는 말과 일어나 네 상을 가지고 걸어가라 하는 말 중에서 어느 것이 쉽겠느냐" 메시야이신 예수님께서는 신의 권능을 가지고 계시기에 말씀 한 마디로 중풍병자를 일어나게 하실 수 있지만, 죄의 용서는 십자가의 희생이 있어야만 한다. 그러하기에 죄의 용서는 말로 표현할 수 없을 정도로 더 어려운 일인 것이다.[37] 중풍병자가 죄를 용서받았다는 사실을 서기관들은 육안으로 확인할 수가 없다. 그러나 몸을 움직이지 못하는 중풍병자가 예수님의 말씀에 의해 곧바로 일어나 자기 침구를 들고 걸어간다면, 서기관들은 중풍병자가 죄를 용서받았다는 사실을 경험적인 증명(empirical proof)으로 알게 될 것이다. 그러하기에 예수께서는 중풍병자의 죄가 용서받았다는 사실을 서기관들에게 보여 주시기 위하여 다음과 같이 말씀하신다. "그러나 인자가 땅에서 죄를 사하는 권세가 있는 줄을 너희로 알게 하려 하노라" 그리고 예수께서는 중풍병자에게 다음과 같이 명령하신다. "내가 네게 이르노니 일어나 네 상을 가지고 집으로 가라"

그러자 중풍병자는 예수님의 말씀에 순종하여, 모든 사람들이 보는 가운데 일어나 자기의 침구를 들고 걸어 나갔다. 이에 놀란 무리들은 하나님께 영광을 돌리며 이러한 일을 처음 보았다고 말한다. 그러나 예수님께서 신성모독을 한다고 생각하는 서기관들의 적대감이 제사장, 바리새인, 헤롯 당원들에게도 확산되어 예수님께서는 신성모독의 죄명으로 정죄를 받으시고(막 14 : 64) 십자가형을 받으시게 된다. 서기관들의 적대감이 예수님의 십자가형의 전조(foreshadow)가 되듯이, 중풍병자가 치유를 받아 일어나는 것은 그리스도인들의 부활의 전조가 된다.[38]

설교자는 본문의 석의를 통하여 마가복음 2 : 1~12의 중심 내용(또는 빅 아이디어)을 다음과 같이 찾게 된다.

- 본문의 빅 아이디어 또는 중심 진술(big idea, focus statement, main point of the text) : 예수님은 죄를 용서하시는 권세를 가지신 분이다.
- 설교의 빅 아이디어 또는 중심 진술(big idea, focus statement, main point of

---

37) David E. Garland, *Mark : The NIV Application Commentary*, 95.
38) M. Eugene Boring, *Mark : A Commentary*, 78.

the sermon) : 예수님은 우리의 죄를 용서하시는 권세를 가지신 분이다.

설교자는 석의 과정을 통하여 찾게 된 본문의 중심 진술을 오늘의 청중을 향한 설교의 중심 진술로 바꾸는 것이 필요하다. 예를 들자면 이렇다.

- 에베소서 4 : 17~24
  - 본문의 빅 아이디어 : 바울은 에베소 교인들에게 불신자인 이방인들처럼 사는 것을 중단하고, 그리스도 안에서 새로운 정체감을 가지고 살 것을 가르친다.
  - 설교의 빅 아이디어 : 우리는 불신자들처럼 살아서는 안 된다. 왜냐하면 우리는 그리스도 안에서 새로운 피조물이기 때문이다.

- 디모데후서 2 : 1~7
  - 본문의 빅 아이디어 : 하나님의 은혜 가운데 바울은 디모데에게 다른 사람들을 가르칠 수 있는 사람들을 가르침으로 다음 세대들에게 복음을 전수해 줄 것을 권면한다.
  - 설교의 빅 아이디어 : 우리는 하나님의 은혜 가운데 다음 세대들을 가르칠 수 있는 사람들에게 복음을 신실하게 전수해야 한다.

- 야고보서 2 : 1~13
  - 본문의 빅 아이디어 : 야고보는 흩어져 살고 있는 크리스천들에게 큰 계명과 하나님의 긍휼을 반영하기 위하여, 외모로 사람을 차별하여 대하지 말고 긍휼을 보여주라고 말한다.
  - 설교의 빅 아이디어 : 우리는 사람을 외모로 차별하여 대해서는 안 된다. 왜냐하면 하나님께서는 그의 놀라운 긍휼을 우리에게 보이셨고, 우리도 그와 같이 행하라고 말씀하시기 때문이다.

설교자는 또한 본문의 기능(목적)을 오늘날의 청중을 향한 설교의 기능(목적)으로 (From Textual Function Statement to Sermon Function Statement) 바꾸어 설정하는 것이 필요하다.

# 제 6 장
# 설교의 제목

　오랫동안 설교학자들이나 신학자들은 설교 제목을 중요하게 생각하지 않았다. 신학자 디트리히 리츨(Dietrich Ritschl)은 "설교의 제목을 찾으려는 시도는 하나님께서 텍스트를 통하여 말씀하시고자 하는 것을 설교자가 능히 한마디로 요약할 수 있다고 느끼는 것을 의미한다."[1]라고 말하며, 설교자가 설교에 제목을 붙이는 것은 매우 주제넘은 일이라고 생각한다. 최근에 출판되고 있는 설교학에 관한 많은 책들에서도 설교 제목은 언급되지 않고 있다. 심지어 미국 장로교회의 영향력 있는 목사인 존 뷰캐넌(John M. Buchanan) 목사는 청중들의 마음을 사로잡는 신선한 제목을 찾는 일이 어렵기에, "설교 제목을 붙이지 말고, 마가복음 1:1~8에 관한 설교라고 부르면 어떻겠는가?"라고 말하고 있다.[2]

　그런데 영화 제작자들이나, 책을 출판하는 저자나 출판사, 시트콤 제작자들은 제목을 매우 중요하게 생각한다. 영화의 관객들이나, 책을 사서 읽게 될 독자들, 그리고 시트콤의 시청자들은 제목을 보고, 영화를 보거나, 책을 사고, 시트콤을 시청하는 경우가 많기 때문이다. 마가렛 미첼(Margaret Mitchell) 여사는 그녀의 처음이자

---

1) Dietrich Ritschl, *A Theology of Proclamation* (Richmond : John Knox Press, 1960), 138.
2) John M. Buchanan, "Title to come," *Christian Century* 126, no. 2 (Jan. 27, 2009), 3.

마지막 소설의 이름을 "무거운 짐을 짊어지고"(Tote the Weary Load)라고 지었다가, "우리들의 운명은 별에 달려 있는 것이 아니다"(Not in Our Stars)라고 고친 후에, 다시 "나팔은 진리를 노래한다"(Bugles Sang True)라고 최종 이름을 지었다고 한다. 그 후 그녀는 마지막으로 한 번 더 자신의 소설 제목을 "바람과 함께 사라지다"(Gone with the Wind)라고 개명했다고 한다.[3] 그녀의 소설이 다른 이름으로 출판되었다면, 그 소설이 지금처럼 전 세계적인 베스트셀러가 되었을까? 아무도 자신 있게 말할 수는 없으며, 소설도 제목이 매우 중요하다는 것을 우리는 알 수 있다.

설교에 적절하고 좋은 제목을 붙이는 것은 설교 사역에 매우 중요한 일임을 설교자들은 인식해야 한다. 그동안 설교의 제목은 메시지가 완성된 후에 만들어져야 한다고 설교학자들은 말해 왔다. 메시지를 작성하기 전에 설교 제목을 미리 정하게 되면, 설교의 전개와 방향이 본문에 의해서가 아니라, 제목에 의하여 통제를 받을 수가 있기 때문이라는 것이다. 그러나 최근의 설교학자들은 설교의 빅 아이디어와 설교의 목적이 설정되면, 지체하지 말고 곧 설교의 제목을 정하는 것이 좋다고 주장하고 있다. 왜냐하면 설교는 제목에 의해서가 아니라, 설교의 빅 아이디어에 의해 전개되기 때문이다. 설교의 빅 아이디어는 설교자로 하여금 메시지를 빅 아이디어에 초점을 맞추게 하고, 메시지에 통일성과 일관성(coherence)을 가져다준다. 따라서 설교 제목은 설교의 빅 아이디어와 연관하여서 짓는 것이 바람직하다. 가드너 테일러(Gardner C. Taylor)는 설교의 빅 아이디어와 제목의 관계를 다음과 같이 말한다.[4]

> 설교의 제목은 설교의 주제를 축소한 것이 되어야 하고, 주제 또한 설교를 축소한 것이 되어야 한다. 설교의 서론처럼, 설교 제목은 설교를 감춘 것이 되어야 하듯이, 설교는 제목이 드러나는 것이 되어야 한다.

또한 설교 제목을 설교 본문과 연관하여 짓는 것도 바람직하다. 본문의 단어나

---

3) Ibid., 3
4) Gardner C. Taylor, "Titles," in *Concise Encyclopedia of Preaching* eds. William H. Willimon & Richard Lischer (Louisville : Westminster John Knox, 1995), 491.

문구, 중요한 개념 또는 이미지와 연관된 제목은 청중들의 심성에 깊이 심어지게 된다.[5]

그렇다면 어떠한 설교 제목이 좋은 제목이 될 것인가?

첫째로, 좋은 설교 제목은 청중들의 삶과 연관성을 가지고, 설교에 대한 관심을 불러일으키는 제목이어야 한다. 시카고 인근에 있는 초대형 교회인 윌로우크릭 교회는 무신론자와 교회를 다니다가 쉬고 있는 사람들, 구도자들을 교회로 나오게 하여 그들을 헌신된 그리스도의 제자로 만드는 사역을 행하고 있는 교회이다. 최근 윌로우크릭 교회의 조사에 의하면, 구도자들과 교회를 매주 나오지 않는 사람들의 54%는 그 주일예배의 설교 제목을 알아야만 교회에 나온다고 한다.[6] 청중들의 삶과 연관성을 가지고 있는 설교 제목은 이처럼 청중들의 설교에 대한 관심을 불러일으키게 되며, 좋은 설교 제목은 청중들이 설교에 대한 기대감을 가지게 한다.

둘째로, 좋은 설교 제목은 설교의 내용과 통일성이 있어야 한다. 설교 제목은 설교의 내용을 암시적으로 보여 주는 것이다. 예배에 참석한 회중들은 주보에 실린 설교 제목을 보고, 어떠한 내용의 말씀이 선포될 것이라고 기대하게 된다. 따라서 설교 제목은 설교의 내용을 암시하고 어떠한 말씀이 선포될 것이라는 약속을 청중들에게 하는 것이다. 설교의 제목을 "고난에 대한 하나님의 답변"이라고 붙였다면, 청중들은 우리의 고난에 대한 하나님의 답변에 관한 내용의 설교가 선포될 것을 기대할 것이다.[7] 그러나 제목과는 전혀 다른 내용의 설교를 한다면, 청중들은 매우 혼란스러워 할 것이다.

셋째로, 좋은 설교 제목은 청중들이 오랫동안 기억할 수 있는 제목이다. 청중들이 설교의 제목을 오랫동안 기억할 수 있다면, 청중들은 설교의 내용까지도 기억할 수 있는 가능성이 매우 높다.[8] 20세기 초반기부터 중반기까지 미국 강단에서 가장

---

5) Calvin Miller, *Preaching : The Art of Narrative Exposition* (Grand Rapids : Baker, 2006), 103.
6) J. Ellsworth Kalas, *Preaching from the Soul* (Nashville : Abingdon, 2003), 46.
7) Thomas G. Long, *The Witness of Preaching*, 2$^{nd}$ edition (Louisville : Westminster John Knox, 2005), 236.
8) J. Ellsworth Kalas, *Preaching from the Soul*, 48.

영향력을 가졌던 해리 에머슨 포스딕(Harry Emerson Fosdick) 목사의 "의심을 의심하는 것의 중요성"(The Importance of Doubting Our Doubts), "교회 가는 것의 위험성"(The Danger of Going to Church), "위대한 그리스도와 작은 교회들"(The Great Christ and the Little Churches), "버스를 잘못 타는 것"(On Catching the Wrong Bus) 등의 설교 제목은 청중들의 기억 속에 오래 남을 수 있는 설교 제목들이다.

그런데 설교 제목을 너무 광범위하게 잡는 것은 적합하지 않다. 칼 바르트(Karl Barth)는 "회개"라는 제목으로, 유명한 부흥사였던 빌리 선데이(Billy Sunday)는 "천국"이라는 제목으로 설교를 한 적이 있다. 칼 바르트와 빌리 선데이와 같은 설교자는 설교 제목을 이렇게 넓게 잡고 설교를 해도 청중들에게 감동을 줄 수 있었지만, 일반 설교자들이 설교 제목을 이렇게 광범위하게 잡으면 20~30분 정도의 설교 시간에 모든 내용을 다 이야기할 수 없을뿐더러, 구체성과 상상력, 생동감이 결여된 제목이 된다. 설교 제목은 긴 문장보다는 쉽게 기억할 수 있는 짧은 문장으로 된 것이 더 바람직하다.

또한 흥미 위주나 선정적인 설교 제목을 붙여 청중의 관심을 유도하려고 하는 것은 적합하지 않다. "예수님의 낙서"(요한복음 8장)나 "무덤가의 나체주의자"(마가복음 5장) 등이 그 예라고 말할 수 있다. 저명한 설교학자 프레드 크래독(Fred B. Craddock)이 내슈빌에 있는 어느 교회에서 예배를 드렸는데, 그날 설교 제목은 "침대 이불 밑에 무엇이 있는가?"(What's under the Bedsheet)였다고 한다. 그날 예배당에는 메시지를 듣기 위해 너무나 많은 사람들이 몰려들어 이동 의자들이 동원되었고, 그것도 부족하여 서서 예배를 드리는 사람들이 있을 정도로 가득 차게 되었다고 한다. 설교가 시작되면서 두 명의 집사가 강단 위로 올라와 침대보(bedsheet)를 벗겨 보니, 설교의 대지가 적혀 있는 칠판이 보였다고 한다. 침대 이불 밑에 있었던 것은 그날 선포될 설교의 개요가 적혀 있는 칠판이었던 것이다. 그날 설교를 들은 청중들은 무엇인가에 속은 것 같은 표정을 지었고, 실망을 금치 못하는 것 같았다고 그는 말하고 있다.

또한 크래독 교수가 청소년 시절에 다니던 교회의 목사님은 어느 주일 "지옥에서 내가 가장 보기를 원하는 우리 교회 교인"이라는 제목으로 설교를 한 적이 있었다고 한다. 그날 예배당에는 교인은 물론, 평소에 교회에 다니지 않던 사람들과 교회학교 어린이들까지도 예배에 참석하여, 목사님이 미워하여 지옥에 가기를 원하는 사람이 누구인가를 궁금해하며 알기를 원했었다고 한다. 그날 목사님은 설교 도중에 그가 지옥에서 보기를 원하는 사람의 이름을 거명했는데, 거명된 사람은 주일학교 교사였다고 한다. 모두가 놀라워하고 있을 때, 목사님은 그가 지명한 주일학교 교사를 지옥에서 만나기를 원하는 이유를 설명했다. 그 교회학교 교사는 정말이지 진정한 크리스천답게 거룩한 삶을 살고 있기 때문에, 그가 지옥에 가면 지옥에 있는 죄인들이 그의 성결한 삶으로 인하여, 다 예수 믿고 회개할 수 있을 것이기 때문이라는 것이다. 그날 목사님은 설교 제목으로 인하여 다른 기대감을 가지고 모였던 회중들을 실망시켰다고 크래독 교수는 말한다.

한편 미국 텍사스 휴스턴에서 대형 교회를 담임하고 있는 저명한 설교자인 에드 영(Ed Young) 목사는 설교 제목을 정하는 데 많은 시간을 투자한다고 한다. 어느 해인가 그는 어머니 주일(5월의 2번째 주일)부터 아버지 주일(6월의 3번째 주일)까지 7주 동안 '부모의 역할'(Parenting)에 관하여 시리즈 설교를 한 적이 있었다고 한다. 마지막 날인 아버지 주일에 영 목사는 가정의 자녀들 가운데 신체적인 장애나, 정서적인 장애를 비롯한 여러 가지 종류의 장애를 가진 자녀를 양육하는 부모의 역할에 관하여 설교를 하였는데, 장애(handicap)란 단어를 사용하지 않고 특별한(exceptional)이란 단어를 사용하여, 설교 제목을 "가정에서 특별한 사람"(Exceptional People in the Family)이라고 잡았다고 한다. 마지막 주일의 "가정에서 특별한 사람"이라는 설교를 듣기 위하여 교인들은 물론, 교인들이 권면하여 온 많은 불신자들도 참석하여, 그 주일은 그해에 출석이 가장 많은 주일이 되었다고 한다.[9] 미국의 대형 교회들은 그 다음 주일에 선포될 설교의 제목을 미리 주보에 공고하기에, 설교 제목이 특별할 때에는 교인들이 이 메시지를 들으면 좋겠다고 생각되는 불신자들을 인도하여 같이 교회 예배에 참석하는 경우가 많이 있다.

좋은 설교 제목은 설교의 내용을 다 말해 주기보다는, 메시지의 내용을 암시해

---

9) Michael Duduit, ed., *Communicate with Power* (Grand Rapids : Baker, 1996), 233-234.

주며, 설교에 대해 기대감과 흥미를 가지게 하고, 설교를 적극적으로 듣고자 하는 마음을 불러일으키는 제목이다.

# 제 7 장
# 설교의 서론, 설교의 결론

## 1. 설교의 서론

노벨 문학상 수상자인 소설가 어니스트 헤밍웨이(Ernest Hemingway)는 소설을 집필할 때 가장 고통스러운 시간은 소설의 첫 문장을 어떻게 시작하느냐를 고민할 때였다고 한다. 헤밍웨이는 소설의 줄거리와 전개, 주요 등장인물들과 보조 인물들을 구상한 다음, 백지 한 장을 들고 책상에 앉아 독자들의 마음을 사로잡을 첫 문장을 어떻게 표현할 것인가 생각했다고 한다. 문장이 떠오르지 않으면 그는 오렌지 하나를 들고 난롯가에 앉은 다음, 오렌지의 껍질을 벗겨 불 속으로 던져 넣고 그 껍질이 불 속에서 타는 것을 바라보았는데, 그러는 동안에 착상이 떠오르면 책상으로 돌아가 앉은 다음 백지 한 장에 소설의 시작 부분을 완성하고, 그 일만 끝나면 앉은 자리에서 소설의 수백 페이지를 단숨에 써 버리는 경우가 많았다고 한다.[1]

소설이나 시의 첫 구절이 이렇게 중요하듯 모든 일에서 첫 출발은 매우 중요하다. 육상선수가 출발점에서 넘어지면 그 실수를 만회하기가 매우 어려운 것처럼, 설교에서도 서론이 매우 중요하다. 커뮤니케이션 연구가들에 의하면 회중들은 설교나 강연

---

1) Lloyd John Ogilvie, "Introducing the Sermon," *Handbook of Contemporary Preaching*, ed. Michael Dunduit (Nashville : Broadman, 1992), 175.

이 시작된 후 평균 30초 이내에 그들이 계속 흥미를 가지고 들을 것인가, 듣지 않을 것인가를 결정한다고 한다. 그러하기에 설교의 서론 부분에서 청중들과 잘 연결이 되면, 그 설교는 절반은 성공한 셈이라는 것이다.[2] 설교학자였던 일리온 존스(Illion T. Jones)의 관찰에 의하면 일반적으로 설교의 가장 약한 부분은 서론과 결론이라고 한다. 청중들의 마음에 감동을 주는 설교가 되게 하려면, 설교자는 서론에서 좋은 출발을 하여야 할 것이다.

### 1) 서론의 목적

서론은 청중을 메시지의 본론으로 안내하며 인도하는 일을 행하여야 한다. 설교의 중심 내용을 서론에서 말해 주는 것이 좋으냐, 그렇지 않느냐에 대해서 많은 논란이 있다. 전통적으로 서론의 임무는 회중들에게 설교의 내용을 소개하는 일이라고 이해되어 왔다. 일리온 존스는 다음과 같이 말하고 있다.

> 설교의 서론은 국립공원의 안내원이 관광객들에게 공원의 중요한 명물과 등산로 등을 차트에 그림을 그리며 설명해 주는 것과 같다. 이러한 차트는 관광객들로 하여금 안내원을 따라갈 것인가를 결정하게 하며, 더 나아가서 그들의 여정에 어떤 것들이 있는가를 미리 보여 주게 된다.[3]

그런데 최근에 이러한 견해가 도전을 받기 시작했다. 설교의 본론을 미리 소개받으면 설교 안에 긴박감이 없어진다는 것이다. 이러한 견해를 데이비드 버트릭(David Buttrick)은 다음과 같이 말하고 있다.

> 서론에서 설교의 구조를 미리 회중들에게 알려서는 안 된다. 연극의 막이 오르기 전

---

2) Bryan Chapell, *Christ-Centered Preaching* (Grand Rapids : Baker, 1994), 229.
3) Illion T. Jones, *Principles and Practice of Preaching* (Nashville : Abingdon, 1956), 153.

관객들이 극의 줄거리가 인쇄된 프로그램을 읽게 되면, 연극의 서스펜스가 사라지게 된다. 관객들은 미리 연극에서 무엇이 일어날 것인가를 다 알게 될 것이기 때문이다…… 서스펜스의 파괴야말로 매우 불친절한 일이다.[4]

  설교의 중심 아이디어와 내용을 서론에서 청중들에게 알려 주는 것이 좋으냐, 아니면 알려 주지 않는 것이 좋으냐는 설교의 특성에 비추어 결정하는 것이 좋다. 일반적으로 연역법적 접근을 하는 설교에서는 설교의 명제나 빅 아이디어를 서론에서 제시하지만, 귀납법적인 접근을 하는 설교에서는 본론의 내용을 서론에서 알리지 않는다. 그러나 설교가 연역법적으로 전개되든지, 아니면 귀납법적으로 전개되든지 간에 모든 설교의 서론에서는 청중들에게 설교의 흐름과 방향, 설교에서 청중들이 무엇을 기대할 수 있을 것인지를 암시해 주는 것이 바람직하다.
  서론은 설교자가 회중과 악수하는 것과 같다. 서론의 초두에서 설교자는 청중을 설교로 환영하며, 그들이 듣게 될 메시지는 그들의 삶에 매우 중요하고 도움이 될 것임을 확신시켜 주어야 한다. 설교자가 청중들이 직면하고 있는 문제들을 말하며, 성서가 그들의 문제에 해답을 줄 수 있음을 말할 때, 청중들은 하나님의 말씀에 더욱 귀를 기울이게 된다. 많은 설교자들이 서론에서 청중들이 듣게 될 설교의 내용이 어떠할 것인지는 말하여도, 그들이 왜 이 설교를 들어야 하는지를 설명해 주는 것에는 실패하는 경우가 많다.[5]
  그동안 설교학자들과 설교자들은 청중들이 설교에 별로 관심이 없기 때문에, 서론에서 그들의 관심과 흥미를 사로잡아야 된다고 생각해 왔다. 그런데 청중들은 설교자의 메시지에 번번이 실망해 왔으면서도, 설교자가 설교단에 올라설 때마다 이번만큼은 나의 삶에 큰 감동을 주는 메시지를 전할지도 모른다는 기대감으로 다시 한 번 설교자에게 관심을 집중시킨다고 한다. 그러하기에 청중들을 실망시키지 말고 본론과 결론에 이르기까지 그들의 관심 집중을 잘 지속시키는 일이 설교자에게 주어진

---

4) David Buttrick, *Homiletic : Moves and Structures* (Philadelphia : Fortress Press, 1987), 85.
5) Bryan Chapell, *Christ-Centered Preaching*, 231.

임무이다.[6] 여기에 관하여 랜들 니콜스(J. Randall Nichols)는 다음과 같이 말한다.

> 우리는 서론의 목적은 사람들의 관심을 얻는 것이라는 말을 반복해서 들어 왔다. 그런데 설교자가 설교 시간이 되어 단 위에 올라설 때 모든 사람들의 관심을 받지 아니한 때가 언제였는가? 고통스러운 사실은 우리는 이미 그들의 관심을 받고 있다는 것이다. 당분간이라도 그들이 기꺼이 들으려고 하는 자유의 선물을 우리는 받고 있는 것이다. 우리는 이제 전개될 설교에 참여하겠다는 그들의 헌납(offer)을 받고 있는 것이다. …… 설교자가 회중들의 관심을 받지 않고 설교를 시작한 때는 거의 없다. 물론 5분 후에 그들의 관심이 다 사라져 버리는 경우가 많이 있겠지만…….[7]

설교자는 서론에서 청중들의 흥미와 관심을 불러일으키려고 하지 않아도 그들의 관심을 이미 선물로 받고 있다. 그러므로 설교자는 청중들을 서론에서 설교로 초청하여 그들이 안고 있는 문제들, 두려움과 아픔에 대한 해답을 본론을 통하여 줌으로 그들의 기대를 실망시키지 말아야 한다.

### 2) 좋은 서론의 특성

그래디 데이비스(Grady Davis)는 20~25분의 설교에서 서론은 대체로 1~2분이 적절하다고 생각하며, 횟셀(Faris D. Whitesell)과 페리(Llord M. Perry)는 설교 시간의 5~12%가 서론에 할당되어야 한다고 주장한다. 서론은 청중들로 하여금 본론을 잘 들을 수 있도록 준비시켜 주고 안내하는 일을 하는 것이기에 많은 시간을 할애할 필요가 없다. 영국 웨일스의 유명한 청교도 설교자였던 존 오웬(John Owen)의 설교를 들은 어느 나이 많은 여인이 그에게 말하기를, "목사님께서는 식탁을 차리는 데 너무 오랜 시간을 보내셔서 저는 식욕을 다 잃어버렸습니다."라고 했다고 한다.[8] 좋은 사회자란 자신은 짧게 필요한 말만 하고 주 강사에게 많은 시간을 주는

---

6) Thomas G. Long, *The Witness of Preaching*, 2nd edition, 174.
7) J. Randall Nichols, *Building the Word* (S. F. : Harper & Row, 1980), 102-103.

사람이다. 마찬가지로 필요한 만큼만 말하고 청중을 곧 본론으로 이끄는 것이 좋은 서론이다.

좋은 서론은 겸손하다. 설교자는 서론에서 지나친 약속, 예를 들자면 "이 설교를 잘 듣게 되면 세계 평화를 이룰 수 있는 비결을 알게 될 것입니다."라고 말하거나 또는 "이 설교를 듣고 나면 종말론에 관한 모든 의문점이 다 해결될 것입니다."라고 말하는 것 같은 과장된 약속을 해서는 안 된다. 서론에서 많은 것을 약속해 놓고 정작 설교의 본론에서 그것을 이행하지 못한다면 청중들은 기만을 당한 느낌을 가지게 될 것이다. 해돈 로빈슨(Haddon W. Robinson)의 말처럼 완두콩을 맞추기 위해 대포를 쏘아서는 안 될 것이다. 실제로 어느 목사님의 설교를 듣고 난 한 성도는 말하기를 "목사님은 고층 건물을 지을 듯이 말씀하시며 설교를 시작하셨는데, 결국에는 닭장 하나를 지으신 것 같습니다."라고 평했다고 한다. 서론은 청중들과 일종의 계약을 맺는 것이기에, 설교자는 그 계약을 이행할 책임을 가지고 있다.[9]

좋은 서론은 청중들의 마음을 사로잡을 수 있어야 한다. 지루함과 거룩함은 동의어가 아니다. 복음은 생명을 가져다주는 기쁜 소식이기에 세상에서 가장 흥미진진한 뉴스가 되어야 한다. 복음은 기쁜 소식이지 나쁜(bad) 소식이 아니다. 그러므로 설교를 지루하게 만든다는 것은 죄를 짓는 일이다.[10] 설교자는 메시지가 시작되는 서론에서부터 이 세상에서 가장 기쁜 소식으로 청중의 마음을 사로잡아야 한다.

또한 설교자는 서론에서 사과와 변명을 해서는 안 된다. "지난 주간에 장례식이 몇 건 있었고 감기까지 걸려 설교를 제대로 준비하지 못했습니다."라고 변명한다 해도 청중들의 동정을 얻지 못한다. 설교 준비가 부족하다면 회중들이 설교를 듣는 동안에 발견하도록 하는 것이 좋고, 설교자가 미리 사과나 변명을 해서는 안 된다. 그러나 다행히도 많은 경우에 청중들은 그것을 발견하지 못한다.[11]

---

8) Harold T. Bryson & James C. Taylor, *Building Sermons to Meet People's Needs* (Nashville : Broadman Press, 1980), 105.
9) James W. Cox, *Preaching* (S. F. : Harper & Row, 1985), 171.
10) J. Daniel Baumann, *An Introduction to Contemporary Preaching* (Grand Rapids : Baker, 1972), 138.
11) Haddon W. Robinson, *Biblical Preaching* (Grand Rapids : Baker, 1980), 165.

## 3) 서론의 형태

모든 형태의 설교에 다 사용할 수 있는 서론은 가장 나쁜 서론이다. 서론은 각 설교의 특수성에 맞게 만들어져야 한다. 오늘의 주일 설교를 위해 작성된 서론이 다른 설교에도 사용될 수 있다면 그것은 이 설교에도 맞지 않는 서론이다.[12] 삶의 구체적인 상황과 본문 형태의 다양성에 비추어 서론도 다양한 방식으로 작성되어야 한다. 몇 가지 실례를 들어 보자.

첫째, 본문의 배경 설명으로 서론을 시작할 수 있다. 이 방법은 그동안 많은 설교자들이 사용해 온 방식이다. 본문의 역사적, 지리적, 또는 문화·사회적인 배경 설명을 함으로 본론으로 청중들을 인도하는 방법이다. 칼 바르트는 설교 전의 모든 예배 순서가 다 설교의 서론이 된다고 말한 바 있다. 바르트는 설교자들에게 서론에서 세상적인 이야기를 말하지 말고, 본문의 배경이나 본문 자체의 문맥을 설명함으로 설교를 시작하라고 권면하고 있다.

본문의 배경 설명으로 서론을 시작할 때에도 그 서론은 회중들의 삶과 어떠한 연결 고리를 가지고 있어야 한다. 본문의 배경 설명으로 설교를 시작할 때, 많은 경우에 서론이 지루하고 청중들의 삶과 너무나 멀리 떨어져 있으며, 그들의 삶과 아무 연관성이 없는 것처럼 들리는 경우가 많다. "오늘 아침에는 바벨론에서 70년간 포로 생활을 하다가 귀환하게 되는 유대인 포로들에게 관한 본문을 살펴보며 은혜를 나누고자 합니다."라고 말해도 청중들은 바벨론이나 유대인 포로들에 관하여 아무 관심도 가지고 있지 않다. 그들은 '지금 여기의' 문제에 관심과 흥미를 가지고 있는 것이다.

한편 존 스토트(John Stott)가 1976년 남미의 과테말라에서 목회자들을 상대로 설교 세미나를 가졌었는데, 바로 그때는 23,000명의 생명을 빼앗고 1백만 명 이상의 사람들의 집을 파괴한 큰 지진이 있었던 얼마 후였다고 한다. 존 스토트가 세미나에 참석한 목회자에게 지진이 있은 후 첫 번째 주일 설교에서 지진의 비극에 관하여

---

12) J. Daniel Baumann, *An Introduction to Contemporary Preaching*, 139.

설교한 사람이 몇 사람이나 되느냐고 질문했을 때, 상당수의 목회자들이 지진의 비극에 관하여 설교를 했다고 한다. 스토트는 이런 경우에 우리 목회자들은 "오늘 아침 본문 말씀은……."이라고 말하며 설교를 시작해서는 안 되고, 다음과 같이 서론을 시작하는 것이 적합할 것이라고 제시한다.

> 오늘 우리는 크나큰 슬픔 가운데 모였습니다. 우리 가운데 많은 사람들이 가족이나 친척, 친구를 잃어버렸습니다. 또 많은 사람들이 집과 재산을 모두 잃었습니다. 하나님은 왜 이런 재난을 허용하시는 것입니까? 오늘 우리는 모두 이러한 질문을 마음속에 품고 있습니다. 우리는 어떻게 사랑의 하나님을 계속 믿을 수 있는 것입니까?[13]

즉, 본문의 배경 설명으로 시작하기에는 부적합한 설교도 있음을 기억해야 한다. 둘째, 문제가 있는 삶의 이야기를 함으로 설교를 시작할 수 있다. 척 스윈돌(Charles Swindoll)은 고린도후서 1:3~11의 본문을 설교하면서 다음과 같은 이야기를 서론에서 말하고 있다.

> 엘 타블라조 산은 매우 가까이 보였습니다. 너무나 가까이 말입니다. 사건은 순식간에 일어났습니다. 14,000피트 높이의 뾰족한 톱니 모양의 산봉우리 아래로 추락해 버린 DC4기는 큰 금속성 소리와 함께 폭발했습니다. 에콰도르의 퀴토를 향해 비행하던 아비안카 항공회사 소속의 비행기 기체가 깊은 협곡의 산허리에 부딪혀 맹렬한 불길을 내며 폭파된 것입니다. 그 무서운 한순간의 사고는 어두움에 잠긴 콜롬비아의 한 산을 비추는가 싶더니, 곧 암흑에 다시 잠기고 말았습니다. 그리고는 고요함만이 깃들었습니다.
> 그날 아침 뉴욕의 케네디 공항을 떠나기 전, 글렌 쳄버스라는 청년은 어머니에게 간단한 소식을 전하려고 종이를 찾았으나 없어, 두리번거리다가 공항 바닥에 굴러다니는 종이쪽지 한 장을 주웠습니다. 그 종이는 가운데 '왜'(Why)라고 하는 한 단어가 커다랗게 쓰여진 광고지였습니다. 급한데 달리 마땅한 종이가 없어 쳄버스는 가운데

---

13) John Stott, *I Believe in Preaching* (London : Hodder & Stoughton, 1982), 245.

'왜'라는 글자가 쓰여진 광고지의 공백 위에 어머니에게 전할 소식 몇 자를 썼습니다. 곧 비행 이륙 시간이 다 되어 그는 얼른 그 편지를 봉투에 넣어 우체통에 넣었습니다. 그는 물론 더 많은 것을 쓰고 싶었을 것입니다. 에콰도르의 보이스 오프 안데스 (Voice of the Andes) 방송을 통해 그리스도의 선교 사역을 하게 된 일생의 꿈이 이루어지는 것에 대해서 말입니다. 그러나 그 꿈은 이루어지지 않았습니다. 쳄버스의 편지가 배달되기도 전에 그가 탔던 비행기와 그의 꿈은 밤하늘로부터 사라졌기 때문입니다. 그의 편지는 그가 죽었다는 소식보다 더 늦게 도착했습니다. 그의 어머니가 편지를 뜯어보았을 때 'Why'라는 글자가 눈에 띄었습니다. 그녀의 마음에 맨 먼저 떠오르고, 가장 오래 머릿속에 남는 것이 바로 그 질문입니다. 왜입니까? 왜 저입니까? 왜 이것입니까?[14]

문제가 있는 삶의 이야기로 서론을 시작할 때 고려해야 할 것은, 서론에서는 너무나 감동적이고 극적인 스토리를 사용하지 말아야 한다는 것이다. 왜냐하면 서론에서 클라이맥스에 오르게 되면, 본론과 결론은 감정적으로 내리막길의 안티클라이맥스가 되기 때문이다.

셋째, 신문이나 TV, 또는 다른 멀티미디어를 통하여 보도되는 뉴스나 어떤 기사로 서론을 시작할 수 있다.

아침 출근 시간, 워싱턴 D. C.의 연방 정부 건물들이 운집한 부근의 어느 전철역의 휴지통 옆에서 한 음악가가 45분가량 바이올린을 연주하고 있었다. 수천 명의 사람들이 지나갔지만 거의 모든 사람들은 그저 분주하게 지나갔다. 연주를 시작한 후 3분이 지났을 때 중년 정도 되어 보이는 한 사람이 몇 초가량 발걸음을 멈추었지만, 그도 역시 바쁘게 떠났다. 1분 후에 어느 여인은 바이올린 케이스에 1달러 지폐를 넣고 그냥 가 버렸다. 몇 분 후에 어떤 사람은 벽에 기대어 바이올린 연주를 잠시 듣더니, 그 역시 시계를 확인한 후 곧 떠나 버렸다. 길거리 연주가에게 가장 관심을 가진 사람은 세 살 먹은 어린이였다. 그 아이는 어머니가 끌어당기는 손에 멈추지 못하고

---

14) Haddon W. Robinson, *Biblical Preaching*, 162–163.

끌려가면서도 계속 뒤를 돌아보며 갔다. 45분을 연주하는 동안 6명의 사람들이 잠시나마 가던 길을 멈추고 음악을 듣다가 떠났고, 20여 명의 사람들은 멈추지 않고 분주하게 지나가면서 팁을 주고 갔는데 모인 팁은 도합 32달러였다. 이 바이올린 연주가가 45분간의 연주를 끝냈을 때, 그곳엔 침묵만이 있었고, 박수를 쳐 주는 사람은 아무도 없었다. 그런데 이 길거리의 연주가는 다른 사람이 아니고 세계적인 바이올린 연주가인 조슈아 벨(Joshua Bell)이었다. 그가 연주한 바이올린은 3백 50만 달러가 넘는 악기였다. 조슈아 벨이 전철역에서 길거리 연주를 하기 이틀 전 보스톤에서 연주회를 가졌는데, 평균 입장료가 1백 달러였다. 수천 명의 사람들이 전철역을 지나갔지만, 길거리에서 바이올린을 연주하는 길거리의 연주가 세계적인 바이올리니스트인 조슈아 벨인지는 아무도 알지 못했고, 그저 모두가 분주하게 지나갔다.[15]

넷째, 사람들에 관한 이야기, 특히 사회적인 저명인사들이나 연예인들, 운동선수들에 관하여 사람들은 많은 관심을 가지고 있다. 설교자는 그들에 관한 이야기로 서론을 시작할 수도 있다.

1970년대 초반 미국에서 가장 유명했던 여가수는 카렌 카펜터(Karen Carpenter)입니다. 그녀는 많은 히트곡을 내었습니다. "세계의 정상에서"(Top of the World), 그리고 그녀의 동생과 같이 부른 "당신에게 가까이"(Close to You)는 대단한 초히트곡이었습니다. 그녀의 앨범 중 100만 장 이상 팔린 것만 해도 14개가 넘었고, 그녀는 가수로서 최고의 명예인 오스카상과 그래미상을 세 번이나 받았으며, 앞으로도 대중음악계를 오랫동안 지배할 수 있는 인기 여가수였습니다. 그러나 그녀의 화려한 모습과는 달리 그녀의 속사람은 열등의식으로 가득 차 있었습니다. 그녀는 어려서부터 뚱뚱하다는 열등의식에 시달려 왔는데, 어느 음악 평론가가 그녀를 '뚱뚱한 가수'라고 평한 글을 읽고 큰 충격을 받아, 거식증(anorexia)에 걸렸습니다. 그녀는 화려한 성공에도 불구하고 굶어 죽어 가기 시작하여, 결국에는 영양실조로 인한 심장마비로 한창 젊은 나이에 비극적으로 사망하게 되었습니다. 그녀는 자기 자신과 평화하지

---

15) Gene Weingarten, "Pearls Before Breakfast," *Washington Post*, 8 April 2007.

못한 사람이었습니다. 그녀는 자기 자신을 있는 그대로 용납하지 못했던 것입니다.[16]

다섯째, 설교자 자신의 체험을 이야기함으로 서론을 시작할 수 있다. 예전에는 설교자가 자신에 관하여 말하는 것을 좋게 생각하지 않았으나, 최근에는 설교자가 자신의 체험에 관하여 말할 때 오히려 청중들에게 효과적으로 메시지가 전달됨을 알게 된 것이다. 여기에서 설교자는 자신의 영웅적인 행동, 성자 같은 행위를 말하기보다는 자신의 실수와 약점, 또한 자신의 인간적인 모습을 보여 주어, 신앙의 여정에서 설교자도 청중처럼 씨름하며 고뇌하는 신앙인이라는 것을 보여 주는 것이 좋다. 존 킬린저(John Killinger) 교수는 주기도문의 "일용할 양식을 주옵소서"를 설교하면서 다음과 같이 서론을 시작한다.

> 저는 본성적으로 물건을 쌓아 저장하는 사람입니다. 최근의 여행 도중 저는 제 가방 안을 뒤져 보았습니다. 제 가방 안에는 제가 레스토랑에서 가져온 크래커가 세 개, 비행기에서 얻어 온 땅콩 봉지가 하나, 비행기 회사의 마크가 찍힌 색깔 있는 냅킨이 두 장 있었습니다. 또한 모텔에서 가져온 성냥 한 갑, 도넛, 집에서 아침을 먹다가 집어 온 젤리가 두 개, 보험 판매원의 이름이 적힌 볼펜 하나가 있었습니다. 모든 것이 다 합법적으로 가져온 것이지만 제가 보물처럼 모아 놓은 그것들을 바라볼 때, 저는 근본적으로 신뢰하지 못하는 사람 같았습니다. 저는 일용할 양식을 기다리지 않았습니다. 제가 이스라엘 사람들과 같이 광야에 있었더라면, 저는 아마 만나를 많이 쌓아 놓았다가 하나님의 벌을 받아 쓰러져 죽었을 것입니다.[17]

이외에도 문제를 제시함으로, 경구로, 유머로 또는 여러 가지 다양한 방법으로 설교의 서론을 시작할 수 있다. 설교자가 무엇보다도 청중들의 삶의 현장으로부터 서

---

16) Tim Najpaver, "Making Peace With Your Past," *Preaching* 13 (July-August 1997), 38.
17) John Killinger, *Fundamentals of Preaching*, 2nd edition (Minneapolis : Fortress Press, 1996), 99.

론을 시작할 때, 회중들은 더 많은 관심과 흥미를 가지고 설교를 듣게 될 것이다.

## 2. 설교의 결론

결론은 설교를 단순히 중지(stop)하는 것이 아니라 설교를 완성(finish)하기 위한 것이다. 설교자는 설교의 중심 내용을 다시 한번 청중들에게 이해시키며, 그들의 감성이 성령으로 감동을 받아 복음에 합당한 삶을 살기로 결단케 함으로 설교가 자연스럽게 끝날 수 있도록 해야 한다. 결론에서 설교자는 "그래서 뭐 어떻다는 것인가?"(So what?)라는 회중들의 질문에 직간접적으로 대답을 주어야 한다. 도널드 스누키안(Donald R. Sunukjian)은 결론의 목적을 다음과 같이 말한다.

> 결론은 두 개의 목적을 가지고 있다. 요약하고(summarize) 권면하는(exhort) 것이다. 즉, 메시지에 통일성(unity)과 총체적인(wholeness) 감각을 주며, 청중들로 하여금 메시지의 진리를 그들의 삶의 한 부분이 되도록 촉구하는 것이다.[18]

어거스틴(Augustin)은 설교자는 회중들의 지성(mind)을 가르치고, 감성(affection)을 즐겁게 하며, 의지(will)를 설득하여 움직이도록 설교를 해야 한다고 말하였다. 그는 더 나아가서 '가르치는 일은 필요한 것이요, 즐겁게 하는 것은 달콤한 일이요, 설득하는 일은 승리하는 것'이라고 말했다.[19] 즉, 설교에서 가장 중요한 것은 말씀을 들은 청중들이 그 말씀을 그들의 삶 속에서 실천하도록 설득하고 도전하는 것이라고 어거스틴은 주장하고 있다. 그러하기에 설교자는 메시지를 들은 청중들이 메시지의 중심 내용(take home truth)을 기억하고, 더 나아가서 메시지의 중심 내용을 그들의 삶 속에서 실천할 수 있도록 결론에서 설득, 권면, 촉구할 수 있어야 한다.

식당에서 스테이크를 잘 먹은 다음 후식으로 커피를 마시면 식사가 다 끝난 뒤에

---

18) Donald R. Sunukjian, *Invitation to Biblical Preaching* (Grand Rapids : Kregel, 2007), 242.
19) John Stott, *I Believe in Preaching*, 246.

오는 만족감이 있는 것처럼, 설교자는 결론에서 회중들에게 설교가 끝났다는 만족감을 주며 설교를 끝내야 한다. 그런데 설교자들 가운데는 비행기가 안개 때문에 착륙하지 못하고 비행장 부근을 선회하듯이, 결론을 내려야 할 적절한 시점에서도 결론을 내리지 못하고 설교를 질질 끌고 가는 경우가 있다. 그러하기에 마틴 루터(Martin Luther)는 청중들이 가장 관심을 가지고 열심히 메시지를 들을 때 설교를 끝내라고 말하고 있다.[20] 실상 청중들은 설교를 듣는 도중 이제는 설교가 끝나야 된다는 것을 피부로 느낄 수 있다. 청중들도 직관적으로 이제는 설교가 끝나야 한다고 생각하는데, 그들의 기대를 벗어나 설교자가 계속 메시지를 전하게 되면 청중들은 마음의 귀를 닫아 버리게 된다.[21]

영국의 앵글리칸(성공회)에 속한 어느 교회의 한 농부는 교구 담임 목사가 설교를 하면 예배에 나오지 않고, 부교역자가 설교를 하면 예배에 참석을 했다. 마음이 상한 담임 목사는 농부에게, "왜 당신은 내가 설교를 하면 교회에 나오지 않고, 부교역자가 설교를 하면 교회에 나오는 것입니까?"라고 물었다고 한다. 그러자 농부는 "담임 목사님! 젊은 부목사인 스미스 씨는 설교를 할 때, '결론적'(in conclusion)이라고 말하면 곧 결론(conclude)을 내렸습니다. 그러나 담임 목사님은 '마지막'(lastly)이라고 말씀하시면서도 말씀을 지속하셨습니다(you do last)."라고 대답했다는 것이다.[22] 설교자는 설교에서 '결론적으로 말씀드리면'이라는 표현을 가급적 사용하지 않는 것이 좋다. 설교자가 '결론적으로'라고 말하면, 설교자의 메시지에 집중되었던 청중들의 의식이 분산되며, 설교보다는 시계에 더 관심을 기울이기 때문이다. 설교자는 '결론적으로', 아니면 '마지막으로'라는 말을 사용하기보다는, 청중들로 하여금 그의 설교가 이제는 결론을 향하여 가고 있다는 것을 자연스럽게 느낄 수 있도록 하는 것이 더 바람직하다.

그런데 이처럼 설교를 끝내야 할 때 끝내지 못하고 설교를 질질 끄는 것도 잘못이

---

20) George E. Sweazey, *Preaching the Good News* (Englewood Cliffs : PrenticeHall, 1976), 100.
21) Thomas G. Long, *The Witness of Preaching*, 2nd edition, 192.
22) R. E. O. White, *A Guide to Preaching* (Grand Rapids : Eerdmans, 1973), 111.

지만, 설교자가 결론에서 청중들에게 메시지의 내용을 다시 한번 기억하게 하지도 않고, 청중들로 하여금 메시지의 내용대로 새로운 삶을 살겠다는 마음을 불러일으키지도 않은 채 설교를 끝내면, 회중들은 메시지가 완성되지 못했다는 느낌을 가지고 집으로 돌아가게 된다. 그러므로 설교자들은 세밀한 계획을 가지고 결론을 잘 준비하여야 한다. 결론은 설교의 목적을 성취하는 마지막 기회이며, 설교에서 가장 중요한 순간이라고 말할 수 있다.

이러한 결론의 중요성에도 불구하고 설교에서 가장 취약한 부분은 결론이라고 데이비드 라슨(David Larsen) 교수는 말하고 있다. 물론 여러 가지 이유가 있겠지만 대개 설교자들이 본론을 작성하는 데 많은 시간과 정력을 투자하게 됨으로 결론을 작성할 때쯤 되면 지치고 시간에 쫓기어, 결론 부분에 충분한 시간을 할당하지 못하기 때문이라고 한다. 많은 경우에 설교자들이 결론 부분을 준비하지 못하고 설교를 하면서 즉흥적으로 결론을 내리기도 한다. 그러하기에 라슨 교수는 설교자들에게 메시지를 준비할 때, 설교를 준비하는 데 소요되는 시간의 2/3를 설교의 마지막 1/3 부분에 투자하라고 권면하고 있다.[23] 또한 청중의 입장에서도 25~45분(미국의 초대형 교회들의 설교는 평균 40-50분이 소요되고 있음.)에 이르는 설교를 집중하여 듣다 보면 결론 부분에서는 매우 피곤한 상태이기에, 설교자는 특히 결론 부분을 잘 준비하여 청중들의 관심을 설교의 마지막 순간까지 유지할 수 있어야 할 것이다.[24] 설교학자들 중에는 결론을 미리 작성한 다음 본론과 서론을 작성해야 설교의 목적이 분명해진다고 말하는 사람들도 있다. 그러나 대부분의 설교학자들은 설교의 빅 아이디어나 아웃라인, 본문의 사고의 흐름, 설교의 움직임과 방향이 설정된 다음에 결론을 준비하되, 메시지 작성이 구체적으로 진행되면서 메시지의 흐름과 움직임에 맞추어 필요하면 수정 또는 변경하는 것이 바람직하다고 말한다.[25]

서론과 마찬가지로 결론도 간결해야 한다. 25~30분의 설교에서 결론은 2~3분을

---

23) David L. Larson, *The Anatomy of Preaching* (Grand Rapids : Baker, 1989), 121.
24) George E. Sweazey, *Preaching the Good News*, 100.
25) Bryan Chapell, *Christ-Centered Preaching*, 2nd edition (Grand Rapids : Baker, 2005), 260.

초과하지 않는 것이 좋다고 다니엘 바우만(J. Daniel Baumann)은 말하고 있다.[26] 또한 결론에서는 본론에서 소개되지 않은 새로운 아이디어나 내용을 소개해서는 안 된다. 결론은 새로운 내용을 도입하는 단계가 아니라 청중들로 하여금 설교의 중심 내용을 명확하게 다시 기억하게 하며, 설교의 내용대로 결단을 촉구하는 시점이기 때문이다.

### 1) 결론의 형태

설교의 형태가 다양하듯이 설교를 결론짓는 데에도 여러 가지 방법이 있다. 설교자는 항상 같은 방식으로 설교를 끝내지 말고 설교의 목적과 방향에 따라 다양한 방법을 사용하는 것이 바람직하다. 데이비드 버트릭은 설교의 결론은 설교의 의도에 의하여 지배를 받아야 한다고 말하고 있다.[27] 설교의 목적이 설득하거나 가르치는 것이라면 결론에서 설교의 요점을 되풀이해서 말해 주고(recapitulate), 설교의 목적이 영감을 불러일으키는(inspire) 것이라면 설교의 결론을 청중을 도전하는 말로 하고, 설교의 목적이 죄를 깨닫게(convict) 하거나 또는 확신시키려는(convince) 것이라면 결론에서 청중의 회개의 결단을 요구하거나 또는 새로운 헌신을 촉구하는 것이 바람직할 것이다.[28] 그러나 어떠한 형태의 결론에서든지, 설교자는 청중들로 하여금 그들이 들은 메시지대로 살 수 있도록 결단을 촉구하게 해야 한다. 교리나 어떠한 사회적인 문제를 성서적인 관점에서 조명하여 청중들을 가르치는 교육적 설교라 할지라도, 설교자는 결론에서 청중들이 설교를 통해 받은 가르침을 따라 새로운 헌신의 삶을 결단하도록 초청하여야 하며, 슬픔에 젖은 청중을 치유하며 위로하는 설교에서도, 설교자는 청중이 결론에서 보혜사 성령님의 위로하심을 더 깊게 체험할 수 있도록 초청할 수 있어야 한다.[29] 이제 결론을 내리는 방법에 대해 몇 가지 실례를

---

26) J. Daniel Baumann, *An Introduction to Contemporary Preaching* (Grand Rapids : Baker, 1972), 143.
27) David Buttrick, *Homiletic : Moves and Structures*, 97.
28) John S. Mcclure, "Organizing Material," in *Best Advice*, ed. John S. Mcclure (Minneapolis : Fortress, 1998), 76.

들어 보자.

첫째, 설교의 중심 내용을 요약함으로 결론을 내리는 방법이 있다. 이 방법은 교육적 설교에 많이 사용된다. 인간의 기억력은 매우 짧기 때문에 설교자는 설교의 요약을 통하여 회중들의 기억을 다시 한번 살릴 수 있다. 본론의 내용을 결론에서 요약할 때에는 가급적 같은 단어나 어휘를 사용하지 말고, 같은 내용이라도 다른 말로 표현하여 청중들을 지루하게 만들지 않고 결론으로 유도함이 좋다.

도널드 스누키안은 야고보서 2:1~13를 "편견이 없는 사랑"(Impartial Love)이란 제목으로 설교하였다. 우리가 가난한 사람들보다 부유한 자와 사회적인 영향력이 있는 사람들에게 더 많은 관심과 친절을 베푸는 것은 그들로부터 어떠한 이득을 얻고 싶은 마음에서 오는 것이며, 이것은 우리가 나의 삶을 주관하시는 하나님을 전적으로 신뢰하지 못하기 때문이라고 말한다. 그는 본론을 네 개의 사고의 흐름으로 나누고 있다. 1) 우리가 편견 없이 사람들을 사랑할 때, 우리는 우리들의 삶을 주관하시고 돌보시는 하나님에 대한 깊은 신뢰를 나타낸다(2:4). 2) 우리가 편견 없이 사람들을 사랑할 때, 우리는 사람들에 대한 지혜를 나타낸다. 왜냐하면 일반적으로 가난한 사람이 하나님과 더 가까운 삶을 살고 있기 때문이다(2:5-7). 3) 우리가 편견 없이 사람들을 사랑할 때, 우리는 하나님의 말씀에 대한 순종을 나타낸다. 왜냐하면 하나님께서 명령하신 말씀을 우리가 순종하기 때문이다(2:8-11). 4) 우리가 편견 없이 사람들을 사랑할 때, 우리는 하나님의 은혜를 갈망하고 있음을 나타낸다. 왜냐하면 우리는 하나님의 심판이 아니라, 하나님의 자비를 원하고 있기 때문이다(2:12-13). 스누키안은 본문의 네 개의 사고의 흐름을 청중들로 하여금 그들의 구체적인 삶 속에서 실천할 수 있는 상황을 상상하게 하며 다음과 같은 결론을 내린다.[30]

다음 주일에 교회에서 여러분은 친교 분위기에 잘 어울리지 못하는 홀로 있는 어떤 사람, 자신감이 없어 보이는 어떤 사람 곁에 있을 수 있습니다. 아니면 주차장에서

---

29) Charles B. Bugg, *Preaching From the Inside Out* (Nashville : Broadman, 1992), 99-100.
30) Donald R. Sunukjian, *Invitation to Biblical Preaching*, 244-245, 354-355.

어린 자녀들과 아이들의 물건들을 차에 실으려고 애쓰는 어느 젊은 부부 곁에 있을 수도 있습니다. 아니면 지팡이를 짚고 느리게 걸어오며, 사람들과 부딪치지 않으려고 조심스럽게 문을 열려고 하는 나이 많은 어느 노인 곁에 있을 수도 있습니다. 아니면 셔츠 자락을 날리며, 얼굴에 여드름과 같은 피부 문제를 가지고 있는 10대 청소년 곁에 여러분이 있을 수도 있습니다. 아니면 과체중의 문제를 가지고 있는 사람, 아니면 몸에서 냄새가 몹시도 나는 사람 곁에 여러분이 있을 수 있습니다.

그러나 여기 하나님의 백성들 사이에서는 이들 모두가 사랑을 받습니다. 왜냐하면 이들이 우리에게 무엇을 행할 수 있기 때문이 아니고, 그들이 하나님의 백성이기 때문입니다.

이러한 사람들이 사랑을 받는 것은, 우리가 그들로부터 무언가를 얻을 수 있기 때문이 아니고, 하나님이 우리 삶의 모든 것을 주관하시고 돌보시기 때문입니다.

이러한 사람들이 사랑을 받는 것은, 우리는 알지 못하지만, 하나님께서는 그들의 삶 속에서도 어떠한 놀라운 일들을 행하시기 때문입니다.

이러한 사람들이 사랑을 받는 것은, 하나님께서 명령하신 모든 말씀을 행하고자 하는 것이 우리들의 최고의 갈망이기 때문입니다.

이러한 사람들이 사랑을 받는 것은, 우리들도 사랑을 받을 자격이 없는 사람들이지만, 우리를 향하신 하나님의 자비와 사랑이 끝이 없다는 사실을 우리가 잘 알고 있기 때문입니다.

둘째, 이야기로 결론을 내리는 방법이 있다. 본문의 진리는 때때로 강력한 예화를 사용함으로 가장 효과적으로 절정에 이르게 할 수 있다고 제임스 브래가(James Braga)는 말한다. 특히 예화가 설교의 중심 진리(big idea)를 요약하여 청중들로 하여금 생동감 있게 말씀을 체험하게 할 때 사용되면 그것은 매우 효율적인 방법이다.[31] 결론에 쓰이는 이야기는 듣는 사람이 설명 없이도 즉시적으로 의미를 이해하고 파악할 수 있는 것이어야 한다. 예화에 대한 보조 설명이 필요하다면 한두 문장으

---

31) James Braga, *How to Prepare Bible Messages* (Colorado Springs : Multnomah Books, 2005), 230.

로 설명을 끝낼 수 있는 것이 좋다.

미국 연합감리교회의 명설교가로 알려진 마크 트로터(Mark Trotter)는 구약의 에스겔 34 : 11~24과 신약의 마태복음 25 : 31~46을 본문으로 "모든 것이 말해졌고 행하여졌을 때"(When All Is Said and Done)라는 제목의 설교를 하고 있다. 트로터는 설교의 결론에서 감독교회의 지도자 가운데 한 사람이었던 캐롤 심콕스(Carroll Simcox) 목사가 시리아의 다마스쿠스를 여행했을 때 경험했던 이야기를 사용하고 있다.[32]

> 심콕스는 시리아의 다마스쿠스에서 있었던 일을 말하고 있습니다. 그는 극심하게 아픈 신장결석의 증상이 생겨 그곳에 있는 병원에 입원했습니다. 저는 신장결석을 겪어 본 사람들로부터 그것은 믿을 수 없을 정도로 매우 고통스러운 것이라고 들었습니다. 심콕스가 호텔의 방에 홀로 있었던 한밤중에 갑자기 고통이 시작되었다고 합니다. 그는 곧 호텔의 안내 접수처에 전화를 하여 의사의 왕진을 부탁했습니다. 얼마 후 호텔 사무직원이 의사는 아침에야 올 수 있다는 말을 전해 주었습니다. 그가 고통으로 인하여 계속하여 침대 위에서 몸부림치고 있을 때, 방을 청소하고 정리하기 위하여 호텔의 객실 담당 여자 청소원이 방 안으로 들어왔습니다. 그가 너무 고통스러워 몸을 비틀고 있는 것을 바라본 청소원은 깜짝 놀랐으며, 그의 모습을 보고는 측은한 표정을 지었습니다. 그 아주머니는 손을 위로 들고 그녀가 믿는 신 알라를 부르면서 기도를 한 후에, 심콕스에게 "곧 좋아질 것입니다"(good soon)라고 서투른 영어로 말했습니다. 그리고는 방을 나가더니, 곧 차 한 잔을 가지고 돌아왔습니다. 그 아주머니는 아무 말 없이 그의 머리를 들어 올리고 잔을 그의 입술에 대어, 그가 차를 마실 수 있도록 도와주었습니다.
>
> 심콕스는 말합니다. "주님은 다른 종교를 가진 이방인을 통하여 그의 손을 나에게 내밀어 주셨습니다. 그것은 마치 성찬식과 같았습니다. 나는 그리스도가 하신 말씀을 회상했습니다. '너희가 여기 내 형제 중에 지극히 작은 자 하나에게 한 것이 곧

---

32) Mark Trotter, "When All Is Said and Done," in *Best Sermons* 4, ed. James Cox (San Francisco : Harper Collins, 1991), 46–47.

내게 한 것이니라.' 그 상황 속에서, 그 나라에서, 집으로부터 5천 마일이 떨어진 그 곳에서, 나는 홀로였고, 지극히 작은 자였습니다."

"인자가 자기 영광으로 모든 천사와 함께 올 때에 자기 영광의 보좌에 앉으리니 모든 민족을 그 앞에 모으고" 모든 사람들이 주님 앞에 있게 될 것입니다. 모든 사람 ― 황인, 백인, 흑인, 개신교도, 가톨릭교도, 유대인, 남자, 여자, 부유한 자, 가난한 자, 건강한 자, 병든 자 ― 들이 주님 앞에 서게 될 것입니다. 그때 주님은 단 하나의 질문을 우리에게 던지실 것입니다. "너희가 지극히 작은 자를 도와주었느냐?"

셋째, 설교를 감싸는(wraparound) 방법으로 결론을 내리는 방법이 있다. 서론이나 본론의 초반부에서 언급했던 내용을 결론에서 다시 들으면서, 지금껏 어떠한 긴장이나 문제가 있었다면 해소하는 방법이다. 미국 남침례교회의 브라이언 하버(Brian Harbour) 목사는 요한복음 13 : 34~35을 본문으로 "사랑의 해부"라는 제목의 설교를 할 때, 사랑의 어려움을 표현하는 무명인의 시로 설교의 서두를 시작한다.[33]

우리가 사랑하는 사람과 천상에서 사는 것은 영광스러운 일이 될 것이다. 그러나 우리가 아는 사람들과 지상에서 함께 산다는 것은 다른 이야기가 된다.

설교의 본론에서 하버 목사는 사랑의 표현을 네 가지, 즉 격려, 도와줌, 용서, 감사로 말하고 있다. 그리고는 결론에서 이렇게 말한다. "예수님은 우리에게 서로 사랑하라는 새 계명을 주셨습니다. 오늘 설교에서 이야기한 사랑의 네 가지 요소인 격려, 도와줌, 용서, 그리고 감사를 우리가 실천에 옮길 수 있다면, 우리는 설교 초두에 인용한 시를 다음과 같이 바꿀 수 있게 될 것입니다."

우리가 사랑하는 사람과 천상에서 사는 것은 미래의 이야기이다. 그러나 우리가 아는 사람들과 지상에서 함께 산다는 것은 정말 영광스러운 일이 된다. 우리는 우리가

---

33) Brian L. Harbour, "Concluding the Sermon," *Handbook of Contemporary Preaching*, ed. Michael Duduit (Nashville : Broadman, 1992), 218-219.

크리스천이란 사실을 다른 사람에게 말할 필요가 없다. 그들은 우리의 사랑을 보고 우리가 그리스도인인 것을 알게 되기 때문이다.

찰스 버그(Charles B. Bugg) 교수는 요한복음 8 : 1~11을 본문으로, "새로운 날의 이른 아침"(The Dawning of a New Day)이라는 제목의 설교를 한 적이 있다.[34] 간음을 하다가 현장에서 잡힌 여인이 예수님께 끌려온 이야기인데, 8장의 서두를 표준새번역으로 보면 "'이른 아침'(개역개정 성경은 '아침'이라고만 번역했고, NIV는 'dawn'이라고 번역하고 있음.)에 예수께서 다시 성전에 가시니, 많은 백성이 그에게로 모여들었다."라고 한다.

버그 교수는 서론에서 이 여인이 예수님을 만났기 때문에, 그녀의 삶에 새로운 아침이 있게 될 가능성을 언급했다고 한다. 결론에서 버그는 "예루살렘 성전에 새로운 아침이 시작되고 있었습니다. 예수님으로 인하여 오늘 우리들에게도 새로운 아침이 시작될지 누가 알겠습니까?"라고 서론에서 말한 이른 아침이라는 이미지를 결론에서 다시 사용함으로, 오늘의 청중들에게도 이른 아침이 도래하여 새로운 삶을 걸어갈 수 있게 되기를 촉구하고 있다.

넷째, 개인적인 호소를 함으로 결론을 내릴 수 있다. 여호수아는 이스라엘 백성들에게 한 연설에서 결론적으로 다음과 같이 말하고 있다. "너희가 섬길 자를 오늘 택하라 오직 나와 내 집은 여호와를 섬기겠노라"(수 24 : 15b). 바울 역시 아테네의 아레오바고 광장에서 헬라 사람들에게 복음을 전하며 각 개인에게 직접 호소하고 있다. "알지 못하던 시대에는 하나님이 간과하셨거니와 이제는 어디든지 사람에게 다 명하사 회개하라 하셨으니 이는 정하신 사람으로 하여금 천하를 공의로 심판할 날을 작정하시고 이에 그를 죽은 자 가운데서 다시 살리신 것으로 모든 사람에게 믿을 만한 증거를 주셨음이니라 하니라"(행 17 : 30-31).

다섯째, 성경 구절이나 시, 찬송가의 가사 또는 유명한 사람의 말을 인용함으로 결론을 내릴 수 있다. 예를 들면 로마서 12 : 2의 말씀을 본문으로 설교할 때, 요한

---

34) Charles B. Bugg, *Preaching From the Inside Out*, 101-102.

웨슬리(John Wesley)의 말을 인용함으로 결론을 맺을 수 있다.

> 감리교의 창시자였던 요한 웨슬리는 다음과 같은 말을 하였습니다. "오, 하나님이여! 저에게 죄 외에는 두려워하는 것이 없고, 오직 하나님만을 사랑하는 청년 열 명을 주옵소서. 그리하면 제가 이 세상을 변화시키겠습니다." 여러분 가운데 누가 이 열 사람 중의 하나가 되겠습니까?

설교의 결론 부분에서 유명한 시나 찬송가의 구절, 인용구를 사용하는 방법은 전통적으로 많은 설교자들이 즐겨 사용하여 왔다. 그러나 예전의 시의 운율과 언어가 신세대에게는 익숙하지 않고 난해하기 때문에, 요즈음에는 지나간 세대보다는 적게 사용되고 있다. 어쨌든 설교에서 가장 중요한 순간인 결론 부분에서 시나 찬송가의 가사를 인용할 때에는 청중들을 바라보면서 구절들을 말해야지, 원고에 머리를 파묻고 읽으면 범죄를 저지르는 것과 마찬가지라고 채펠은 말하고 있다.[35]

여섯째, 귀납법적인 설교에서는 설교자가 결론을 내리기보다는 회중들에게 선택권을 주어 스스로 결론을 내리도록 하는 방법을 사용하기도 한다. 프레드 크래독은 열린 결론(open-endedness)을 그의 저서에서 주장하며 청중들로 하여금 설교를 완성케 하라고 말한다.[36] 그러나 귀납법적인 설교에서도 설교자는 청중들에게 설교의 중심 내용을 그들의 삶에서 실천하도록 초청, 권면, 그리고 도전하는 것이 필요하다.

일곱째, 본론의 마지막 대지(point)나 흐름, 또는 움직임(move)으로 설교를 끝내는 방법이다. 이 방식은 미국의 유명한 설교자였던 필립 브룩스(Phillips Brooks)가 자주 사용하던 방법이다. 다이아몬드를 여러 각도로 살펴보듯이 설교의 중심 아이디어나 주제를 여러 가지 관점에서 바라보며 설명, 전개, 증명, 그리고 적용하다가 마지막 대지에서 또 다른 관점에서 바라보며 중심 내용을 설명, 전개 또는 증명, 그리고 적용함으로 설교를 끝내는 방식이다.[37]

---

35) Bryan Chapell, *Christ-Centered Preaching*, 2nd edition, 257.
36) Fred B. Craddock, *As One Without Authority*, Revised and with New Sermons (St. Louis : Chalice Press, 2001), 62.

여덟째, 존 킬린저가 주장하는 방법으로, 설교의 빅 아이디어나 본문 사고의 흐름과 방향에 따라 자연스럽게 설교를 끝내는 방법이다. 골퍼의 자연스러운 스윙을 따라가듯이 설교의 흐름과 움직임을 따라 결론을 내리는 방법이다. 킬린저는 "작은 행동의 위대함"이란 설교에서 다음과 같은 결론을 짓는다.[38]

> 우리가 죽어서 하나님 앞에 설 때, 이 세상에서 이룬 업적이 우리를 대변해 주지 못한다는 것은 참으로 놀라운 일입니다. 그가 은행의 회장이었다든가, 그녀가 여자로서는 최초로 상원 의원이 되었다든가, 그가 23권의 책을 저술했다든가 하는 것 등은 하나님 앞에 내세울 만한 것이 되지 못합니다. 그러나 작은 일들, 너무나 미미해서 우리가 잊어버렸던 일들은 하나님께 인정받을 것입니다. 내가 아팠을 때 그가 우리 집 잔디를 깎아 주었던 일, 내가 시장에 갔을 때 그녀가 우리 아기를 돌보아 주었던 일, 내가 외로웠을 때 그녀가 나에게 꽃을 보내 주었던 일, 내 옷을 세탁해 주었고 내 양말을 수선해 주었던 그 아주머니의 수고, 이러한 일들은 하나님을 예배하는 위대한 성당을 짓는 작은 산돌들이 됩니다. 그러한 작은 일들은 성자들의 왕관에 있는 별들처럼 영원히 기억될 것입니다.

이 모든 것을 토대로 하여 결론은 각 설교의 특징, 목적, 그리고 회중들의 상황에 비추어 다양한 방법으로 작성되어야 한다. 항상 같은 방법으로만 결론을 내리지 말고, 창의력을 가지고 그 설교에 맞는 결론을 짓는 것이 바람직하다. 좋은 설교는 설교자의 결론으로 끝나는 것이 아니고, 청중들의 삶은 물론, 설교자의 삶에, 그리고 신앙 공동체의 삶 속에 남아 계속 영향을 주는 설교이다.[39]

---

37) John Killinger, *Fundamentals of Preaching*, 2nd edition, 105. ; Bryan Chapell, *Christ-Centered Preaching*, 2nd edition, 258.
38) John Killinger, *Fundamentals of Preaching*, 2nd edition, 111.
39) Thomas G. Long, *The Witness of Preaching*, 2nd edition, 197.

# 제 8 장
# 설교의 적용[1]

우리가 본문에 관해 물어야 할 가장 중요한 질문은 "이 본문의 의미는 무엇인가?"가 아니라 "나는 무엇에 순종해야 할까?"이다. 순종이라는 단순한 행위는 수많은 성경 공부와 사전과 성구 색인집보다 더 빠르게 우리의 삶 앞에 본문의 세계를 열어 보여 줄 것이다.[2]

---

1) 최근 데럴 존슨(Darrell W. Johnson)은 그의 저서 *The Glory of Preaching* (Downers Grove : IVP Academic, 2000)에서 설교자는 본문을 적용하려고 하지 말고, 본문의 함축성(implication)을 청중들에게 제시하라고 주장하고 있다. 적용은 본문의 주인 되시는 주님께서 성령을 통하여 수행하신다는 것이다. 설교자의 책임은 본문을 적용하는 것이 아니라, 본문에서 소개하는 새로운 실재(reality)를 청중들에게 제시하여 주는 것이라고 말한다. 즉, 설교자는 청중들을 본문의 세계로 초대하여, 본문만이 행할 수 있는 것을 본문으로 하여금 행하게끔 해야 한다는 것이다. 월터 부르그만도 그의 저서 *Hopeful Imagination* (Philadelphia : Fortress Press, 1986, 25.)에서 폴 리쾨르의 영향을 받아, 사람들은 윤리적인 권면보다는 시적인 상상(poetic imagination)에 의해 변화된다고 말한다. 한스 반 더 게스트(Hans van der Geest)도 *Presence in the Pulpit : The Impact of Personality in Preaching* (Atlanta : John Knox Press, 1981, 104.)에서 설교자가 설교의 적용을 할 때 세부적인 행동 지침이나 규범을 제시하는 것은 청중들의 자율성을 침해할 우려가 있다고 주장한다.
2) Eugene H. Peterson, "Eat This Book," 이승진 역, "이 책을 먹으라,"「영혼을 살리는 설교」(서울 : 좋은씨앗, 2008), 21.

신실한 강해 설교자는 본문의 의미를 명확하게 설명해야 하는 것은 물론, 본문의 의도를 청중들의 삶에 적용할 수 있어야 한다. 적용이란, 메시지를 들은 청중들이 들은 말씀에 비추어 "내가 무엇을 해야 하는가?"라는 질문에 답변하는 것이라고 말할 수 있다. 사도행전에 보면 오순절에 베드로가 선포한 말씀을 듣고 삼천여 명의 무리들이 "형제들아 우리가 어찌할꼬?"라고 부르짖었을 때, 베드로는 "너희가 회개하여 각각 예수 그리스도의 이름으로 세례를 받고 죄 사함을 받으라 그리하면 성령의 선물을 받으리니"(행 2 : 38)라고 답변했다. 베드로는 청중들의 필요성에 매우 구체적이고 명확하게 적용을 하였다.

　오늘날 크리스천들과 불신자들과의 삶에 별다른 구분이 없는 것은 적용이 없는 설교 때문이라고 말할 수 있다. 적용이 없는 설교 때문에 교회 안에 말씀을 믿는 신도들은 많아도, 말씀을 행하는 사람은 많지 않은 것이다. 그러하기에 설교자는 청중들이 말씀을 행하는 자가 되도록 가르쳐야 하며, 그러기 위해서는 설교에 적용이 있어야 하고, 메시지가 지식 위주가 아니고, 삶에서의 실천 중심이 되어야 한다. 신약에서 중요한 교리가 많이 기록되어 있는 로마서도 50%가 적용이며, 갈라디아서는 100%가 적용이고, 산상보훈도 90%가 적용이라고 한다.[3]

　그런데 설교자들이 설교에서 적용을 하려고 하지 않는 데에는 몇 가지 이유가 있다.[4]

　첫째, 설교자는 청중들 스스로 메시지를 삶에 연결하여 적용하리라고 생각하고, 둘째, 적용은 성령님께서 하신다고 믿으며, 셋째, 적용은 때때로 죄를 깨닫게 하기 때문에 청중들을 불편하게 만들 것이라고 생각하기 때문이다. 계속하여 넷째, 설교자가 자신의 삶에 메시지를 적용하지 않았기에, 다섯째, 적용은 설교를 준비하는 데 더 많은 시간과 노력이 필요하기 때문에, 여섯째, 적용은 청중들이 설교자를 너무 단순하다고 생각할 수 있음을 두려워하기에, 일곱째, 설교자가 적용하는 것을 배우

---

3) Rick Warren, "Why Do You Include So Much Application in Your Sermon?" (2001). [Internet] Available from 〈http : //www.pastors.com/blogs/ministrytoolbox/2001/04/05〉
4) Rick Warren, *Preaching for Life Change* (Lake Forest : Saddleback Church, 2003), 8.

지 못하였기 때문에, 여덟째, 설교자가 적용의 중요성을 아직 깨닫지 못하고 있기 때문이다.

그동안 설교자들은 신학교에서 본문의 중심 아이디어를 찾는 것은 배워 왔지만, 본문의 진리를 청중들의 삶에 어떻게 적용할 것인가에 관하여서는 가르침을 잘 받지 못했다. 우리 그리스도인들은 말씀을 듣는 자만 되어서는 안 되고, 말씀을 행하는 자가 되어야 하기에, 설교자는 청중들에게 특정한 적용을 제시할 수 있어야 한다. 설교자는 메시지를 통하여 회중들에게 단순히 감동만 주어서는 안 되고, 그들의 삶이 하나님의 선교를 위해 그리스도를 닮아 가는 사람으로 변형될 수 있도록 도울 수 있어야 한다.

## 1. 적용의 방법

첫째, 릭 워렌(Rick Warren)은 본문을 적용하기 위하여, 설교자가 본문에 대하여 다음과 같은 12개의 질문을 던지면 본문과 청중들의 삶과의 연관성을 찾는 데 도움이 될 것이라고 말한다.[5]

- 변화되어야 할 태도가 있는가?
- 요구(claim)할 복음의 약속이 있는가?
- 우선권(priority)을 바꾸어야 할 것이 있는가?
- 배워야 할 교훈이 있는가?
- 해결해야 할 문제가 있는가?
- 순종해야 할 명령이 있는가?
- 피하거나 중단해야 할 행위가 있는가?
- 믿어야 할 진리가 있는가?
- 허물어야 할 우상이 있는가? (매우 큰 문제이다.)

---

5) Rick Warren, "Why Do You Include So Much Application in Your Sermon?" (2001).

- 용서해야 할 것이 있는가?
- 새로운 방향으로 나아가야 하는 것이 있는가?
- 고백해야 할 죄가 있는가?

둘째, 설교자는 메시지를 먼저 자신의 삶에 적용할 수 있어야 한다. 설교자가 말씀을 자신의 삶에 적용하여 실천할 수 없는데 청중들에게 행하라고 말할 수는 없다. 그러하기에 설교자 자신이 성령님의 도우심을 받아 본문의 말씀대로 살려고 힘써 온 체험을 회중들에게 모델로 제시하는 것이 필요하다.[6] 바울은 고린도전서 4 : 6에서 하나님의 말씀을 자신의 삶에 어떻게 적용하며 살아왔는지를 고린도 교우들에게 말하고 있다. "형제들아 내가 너희를 위하여 이 일에 나와 아볼로를 들어서 본을 보였으니 이는 너희로 하여금 기록된 말씀 밖으로 넘어가지 말라 한 것을 우리에게서 배워 서로 대적하여 교만한 마음을 가지지 말게 하려 함이라"라고 말하고 있다.

---

6) Rick Warren, "Three Ways to Apply Scripture" (2003). [Internet] Available from 〈http : //www.pastors.com/blogs/ministrytoolbox/archive/2003/09/15〉; 귀납법적 성경공부에서 흔히 사용하는 다음과 같은 질문도 본문을 적용하는 데 도움이 될 수 있다.
1. 이 본문은 무엇을 말하고 있는가?(What does this passage say?)
2. 이 본문은 무엇을 의미하는가?(What does this passage mean?)
3. 하나님은 나에게 무엇을 말씀하시는가?(What is God telling me?)
4. 어떻게 내가 용기와 힘을 얻는 것인가?(How am I encouraged and strengthened?)
5. 내 삶에 고백과 회개가 필요한 죄가 있는가?(Is there sin in my life for which confession and repentance is needed?)
6. 내가 어떻게 변화되어서, 배우고 성장할 수 있겠는가?(How can I be changed, so I can learn and grow?)
7. 이 교훈이 나에게 영향을 주는 데 무엇이 방해하는가? 내가 하나님의 음성을 듣는 데 무엇이 방해하는가?(What is in the way of these precepts affecting me? What is in the way of my listening to God?)
8. 이 본문이 나에게 어떻게 적용이 되는가? 이것에 관하여 내가 무엇을 해야 할 것인가?(How does this apply to me? What will I do about it?)
9. 내가 무엇을 본받고 가르칠 수 있는가?(What can I model and teach?)
10. 하나님은 내가 다른 사람과 무엇을 나누기를 원하시는가?(What does God want me to share with someone?)

셋째, 적용은 특정한(specific), 그리고 구체적인 행위를 목표로 해야 한다. 설교자는 말씀을 들은 청중들이 어떠한 특정한 행동을 할 수 있도록 적용을 할 수 있어야 한다. 청중들이 실천할 특정한 행동이 무엇인지를 설교자가 알기 전에는 그의 설교가 준비되지 않았다고 말할 수 있다.[7] 설교자가 청중들에게 "경건한 아버지가 되어야 한다."라고 말한다면, 청중들은 "목사님의 말씀이 옳습니다. 그러나 어떻게 하면 경건한 아버지가 될 수 있습니까?"라고 반문하게 된다. "성경을 열심히 공부해야 합니다."라고 설교자가 말한다면, 청중들은 "어떻게 성경을 공부하면 됩니까?"라고 생각한다. 설교자가 "성도들이여, 우리는 이웃을 사랑해야 합니다."라고 말한다면, 그것은 너무나 추상적이다. 그러나 설교자가 사랑의 첫 번째 의무는 듣는 것이며, 우리가 이웃의 말에 귀를 기울이는 것이 사랑이라고 말하면 보다 구체적인 적용이 된다. 청중들의 삶에 변화가 일어나는 설교가 되기 위하여 설교자는 청중들로 하여금 말씀을 구체적으로 실천할 수 있는 방법과 스텝(step)을 보여 주어야 한다. 예를 들면, 시편 119 : 11을 설명하면서, 설교자는 청중들에게 다가오는 한 달 동안에 로마서 8장을 암송하도록 도전할 수 있다.

넷째, 설교자가 적용을 할 때, 본문의 의미의 범위 안에서 적용을 하여야 한다. 해돈 로빈슨은 본문의 석의보다 본문의 적용에서 많은 오류와 잘못이 행해지고 있다고 지적한다. 로빈슨 교수는 룻기를 본문으로 하여 시어머니와 며느리가 어떻게 하면 좋은 관계를 가질 수 있겠는지를 설교하는 어느 설교자의 메시지를 들은 적이 있다고 한다. 설교의 내용에는 많은 실천적인 권면과 적용이 있었지만, 본문으로부터 나온 메시지는 아니라고 그는 말하고 있다. 룻기는 이방 여인을 통한 하나님의 구속의 역사를 말하고 있지, 시어머니와 며느리의 관계에 주요 초점을 맞추고 있지 않기 때문이다. 해돈 로빈슨은 어떻게 하면 설교자들이 신실하게, 그리고 구체적으로 적용을 할 것인지 출애굽기 20 : 14, "간음하지 말라"를 실례로 들어 제시하고 있다.[8]

---

7) Rick Warren, "Six Ways to Put More Application into Your Sermons" (2010). [Internet] Available from 〈http : //www.pastors.com/blogs/ministrytoolbox/archive/2010/04/21〉
8) Haddon W. Robinson, "The Heresy of Application," *Leadership* (Fall 1997), 21.

이 본문은 다섯 가지 함축된(implications) 적용의 가능성을 가지고 있다고 한다. 즉, 필연적인 것(necessary), 있음직한 것(probable), 가능한 것(possible), 있음직하지 않은 것(improbable), 그리고 불가능한 것(impossible)이 있다는 것이다. "간음하지 말라"의 필연적인 함축된 적용은 자신의 배우자가 아닌 사람과 성적인 관계를 가져서는 안 된다는 것이며, 있음직한 함축된 적용은 자신의 배우자가 아닌 사람과 끈끈하고 긴밀한 우정의 관계를 가지는 것을 매우 조심해야 한다는 것이 될 수 있다. 가능한 함축된 적용은 자신의 배우자가 아닌 사람과 정기적으로 같이 여행이나 출장을 가서는 안 된다는 것이 될 수 있으며, 있음직하지 않은 함축된 적용은 자신의 배우자가 아닌 사람과 절대로 점심을 같이 먹어서는 안 된다는 것이 될 수 있고, 불가능한 함축된 적용은 어느 친구 부부와 같이 저녁을 먹어서는 안 되는데, 그것은 친구 부인이 나의 배우자가 아니기 때문이다가 된다. 많은 경우에 가능한 적용만을 가지고 하나님이 주시는 말씀처럼 전하는 것은 잘못된 일이다. 설교자는 필연적인 의미를 함축한 적용만이 하나님이 주시는 말씀이라고 확신을 가지고 말할 수 있다.

다섯째, 청중들의 마음속을 관통하는 질문(penetrating questions)을 던짐으로 적용할 수 있다.[9] 예수께서도 항상 청중들에게 질문을 하셨다. 마태복음 17:25에 보면 예수께서는 베드로에게 질문을 하신다. "시몬아, 네 생각은 어떠하냐? 세상 임금들이 누구에게 관세와 국세를 받느냐? 자기 아들에게냐, 타인에게냐?" 마태복음 18:12에서도 예수께서는 제자들에게 질문하신다. "너희 생각에는 어떠하냐? 만일 어떤 사람이 양 백 마리가 있는데 그중의 하나가 길을 잃었으면 그 아흔아홉 마리를 산에 두고 가서 길 잃은 양을 찾지 않겠느냐?" 누가복음 13:4에서는 무리들에게 질문을 던지신다. "또 실로암에서 망대가 무너져 치어 죽은 열여덟 사람이 예루살렘에 거한 다른 모든 사람보다 죄가 더 있는 줄 아느냐?" 이처럼 예수께서는 무리들에게 깊이 생각하게 하는 질문을 던지심으로, 그의 말씀을 듣는 사람들로 하여금 자신의 삶과 스스로를 살펴보도록 만드셨다.

---

9) Rick Warren, "Put Application into Your Messages" (2007). [Internet] Available from 〈http://www.pastors.com/blogs/ministrytoolbox/archive/2003/09/15〉

오늘의 설교자들도 이러한 방식으로 적용을 시도할 수 있다. 설교자가 고린도후서 8 : 6~15을 설교한다면, "여러분들에게 질문 하나를 던지겠습니다. 여러분들은 기쁨으로 헌금을 드리는 사람입니까? 아니면 내키지 않는 마음, 인색한 마음으로 헌금을 드리는 사람입니까? 혹은 체면 때문에 할 수 없이 헌금을 드리는 사람입니까?"라는 질문을 할 수 있다.

어느 설교자는 적용 부분에서 아프리카에서 최초로 선교 사역을 행하였던 리빙스턴에 관한 이야기를 예화로 사용하였다. 리빙스턴이 선교지에서 임종한 후, 아프리카를 너무나 사랑한 그였기에 그의 심장은 아프리카의 땅에 묻혔고, 심장을 제외한 그의 몸만이 영국으로 이송되어 묻혔다고 말하면서, 리빙스턴 이야기를 끝낸 설교자는 잠시 동안 침묵을 지킨 후에 다음과 같은 질문을 청중들에게 던졌다. "여러분들은 자신의 심장을 어디에 묻을 것입니까?"[10]

여섯째, 실제적인 실례를 이야기함으로 적용할 수 있다. 청중들에게 감동과 영감을 불러일으키는 삶의 스토리를 이야기할 때, 청중들은 이야기의 세계 속에 들어가 이야기를 체험하고 이야기의 한 인물과 자신을 동일시하게 되어, "나도 저 사람처럼 살아야 되겠다."라고 마음속으로 다짐하게 된다. 감동적인 삶의 스토리는 직접적인 적용이 아니라 간접적인 적용으로, 때로는 직접적인 적용보다 더 청중의 마음을 움직일 수 있다.[11]

## 2. 적용의 위치

설교의 세 가지 대지가 설교의 중심 사상을 전개, 설명(explanation), 증명, 예증(illustration)하는 것이라면, 적용(application)은 각 대지마다 하는 것이 바람직하며, 결론에서도 중심 내용과 관련된 적용을 하는 것이 좋다.[12]

---

10) Tony Merida, *Faithful Preaching*, 107.
11) 장두만, 「다시 쓰는 강해설교 작성법」(서울 : 요단출판사, 2000), 195-197.
12) Kenton C. Anderson, *Choosing to Preach* (Grand Rapids : Zondervan, 2006), 140.

서론(Introduction)

　　본론(Body)
　　　　대지 1(Point 1)
　　　　　　설명(explanation)
　　　　　　예증(illustration)
　　　　　　적용(application)
　　　　대지 2(Point 2)
　　　　　　설명(explanation)
　　　　　　예증(illustration)
　　　　　　적용(application)
　　　　대지 3(Point 3)
　　　　　　설명(explanation)
　　　　　　예증(illustration)
　　　　　　적용(application)

　　결론(conclusion, 중심내용과 관련된 적용을 함.)

　적용할 때에 설교자는 자신을 포함시키는 것이 바람직하다. "우리 모두가 고난주간 한 주일 동안 매일 30분씩 기도하십시다."라고 설교자와 교인들을 모두 포함하여 1인칭 복수를 사용하는 것이 좋다. 그러나 설교자가 텍스트를 자신의 삶에 적용하고 내면화(internalize)하여 살았으면, 때때로 2인칭 복수를 사용하여 "여러분들이 고난주간 한 주일 동안 매일 30분씩 기도하시기를 바랍니다."라고 말할 수도 있다.
　신실한 설교자는 책임감 있게, 그리고 적절하게 본문을 적용하려고 힘쓸 것이다. 설교자는 그가 가지고 있는 모든 지혜와 지식을 동원하여 말씀을 청중들의 삶에 적용하려고 노력할 것이지만, 무엇보다도 성령님의 권능의 힘을 받아야 한다. 궁극적으로 성령님께서 설교자의 입을 통해 선포되는 하나님의 말씀으로 청중들의 삶을 변형시키시기 때문이다.[13] 그러하기에 바울은 말한다. "그것은 우리가 여러분에게 전한 복음이 그저 말만으로 전해진 것이 아니라 능력과 성령과 굳은 확신으로 전해졌기 때문입니다"(살전 1 : 5a, 공동번역).

---

13) Tony Merida, *Faithful Preaching*, 107.

## 제 9 장
# 청중의 해석

    목회 경험이 적은 설교자는 어느 교회로부터 설교를 해 달라고 초청을 받으면 "무엇을 설교할 것인가?"를 생각하지만, 경험이 많은 설교자는 "내 설교를 듣게 될 청중들은 누구인가?"를 먼저 생각한다고 해돈 로빈슨은 말하고 있다.[1] 설교란 메시지가 청중들에게 일방통행으로 전달되는 것이 아니고, 하나님의 말씀과 구체적인 삶의 현장에 있는 회중들이 만나는 것이다. 그러하기에 풀러 신대원의 설교학 교수였던 이안 피트왓슨(Ian Pitt-Watson)은 설교를 준비할 때 설교자는 본문을 석의(Exegesis of the Text)하는 것은 물론, 청중들의 삶의 자리도 석의(Exegesis of Life)해야 한다고 말하고 있다.[2]

    물론 본문의 석의, 해석이 회중들의 삶의 석의, 해석(Interpretation of the Listeners)과 엄격하게 구분될 수는 없다. 설교자가 본문을 석의하고 해석할 때, 회중들을 대신하는 제사장으로서 말씀을 듣고, 회중들의 삶의 자리에서 석의하고 해석하기 때문이다.[3] 우리는 편의상 본문과 회중들의 삶의 석의 과정을 나누고 있을 뿐이다. 설교자가 본문과 회중들의 세계를 동시에 알아야 오늘 이 시대를 살아가고 있는 회중들

---

1) Haddon W. Robinson, "Foreward," in *Preaching to a Postmodern World*, Graham Johnson (Grand Rapids : Baker, 2001), 7.
2) Ian Pitt-Watson, *A Primer for Preachers* (Grand Rapids : Baker, 1986), 46-55.
3) Leander E. Keck, *The Bible in the Pulpit* (Nashville : Abingdon, 1978), 59.

에게 하나님의 말씀을 효율적으로 전달할 수 있게 된다. 그런데 설교자들은 본문을 석의하고 해석하는 과정은 매우 중요하게 생각하며 이 작업을 위해서 많은 시간을 투자하지만, 설교를 듣게 될 청중들의 삶의 자리를 해석하는 과정은 별로 중요하게 생각하지 않는 경향이 있다. 설교자들이 청중들의 삶을 석의하거나 해석하지 않고 메시지를 전달하기에, 청중들의 삶과 연관성이 없는 설교, 청중들에게 들려지지 않는 설교를 하게 된다.

설교자들은 오늘의 사회 현실 세계를 살아가고 있는 회중들에 관하여 잘 알지 못하는 경향이 있다. 설교자들은 지체함 없이 다가오는 주일의 메시지를 준비하기 위하여 항상 성경과 주석, 그리고 신학과 신앙에 관련된 경건 서적들을 주로 읽는다. 인간관계에서도 설교자들은 주로 자신들이 시무하는 교회의 교인들과 심방이나 모임을 통하여 만나며, 사회 친구들보다는 같은 교단에 속한 동역자들과 교제를 하고 있다. 어떠한 의미에서 설교자들은 현실 사회와는 격리된 세계인 '교회'라는 울타리 안에서 살고 있는 것이다. 그러하기에 사회에서 오늘을 살아가고 있는 청중들이 겪고 있는 두려움, 고뇌, 불안감, 그리고 그들이 사회에서 직면하고 있는 죄의 유혹을 실존적으로 잘 알지 못하고 있다. 그 결과로 오늘날 강단에서 선포되어지는 많은 설교들이 청중들의 심령에 아무런 감동을 주지 못하고, 그들의 삶을 변화시키지 못하는 무기력한 메시지가 되고 있다. "설교자들은 청중들의 삶의 자리를 잘 알지 못하기에, 그들이 아무런 관심조차 가지고 있지 않는 질문에 해답을 주는 메시지를 전하고 있다."라고 지나간 세대의 명설교자였으며 미국 상원의 원목이었던 피터 마샬(Peter Marshall) 목사는 지적한 바 있다.

예일 대학 신학부의 설교학 교수인 리오노라 티스데일(Leonora Tubbs Tisdale)은 농촌 지역에 있는 여러 교회에서 남편과 함께 공동 목회를 한 적이 있었다고 한다. 그녀는 설교에서 동북부 지역의 도시에 살고 있는 중산층 이상의 지식인들이 주로 읽는 잡지에 나오는 재미있는 글을 인용하거나, 뉴욕의 브로드웨이에서 호평을 얻으며 공연 중에 있는 감동적인 연극의 스토리를 자주 예화로 사용했는데, 농부들과 낙농업자들이 대부분이었던 청중들은 별 반응을 보이지 않았다고 한다. 왜 그런가 하고 그 이유를 분석해 본 결과, 그녀가 회중들의 삶의 컨텍스트를 잘 알지 못하고 설교를 했기 때문이었음을 알게 되었다. 미국 동부의 도시에 살고 있는 지식층들의 관심거리와, 동남부의 시골 농부들과 낙농업자들의 관심거리에는 큰 거리가 있다는 것을 알게 되었다는 것이다. 티스데일 목사가 그녀의 설교를 듣는 시골 농부들과 낙농업자들의 삶의 자리를 분석하고, 석의하고 해석하는 과정을 통해 그들의 삶과 연관성이 있는 메시지를 전하게 되자, 그녀의 설교에 대한 청중들의 긍정적인 반응이 있었다고 한다.[4]

설교학자 크래독 교수는 그가 알고 있는 평신도들로부터, 그들 교회 목회자의 설교가 굉장히 좋으니, 꼭 한번 그들의 교회에 와서 목사님의 설교를 들어 보라는 요청을 종종 받고 있다고 한다. 그러나 그가 막상 그 교회의 예배에 참석하여 목회자의 설교를 들어 보면, 설교학 교수의 입장에서 평가할 때 C 학점 수준밖에 되지 않았다고 한다. 그러면 그 교회 교인들에게는 그들의 교회 목회자의 설교가 그렇게도 좋은 설교로 들리는 이유는 무엇일까? 크래독 교수의 결론에 의하면, 그 교회의 목회자는 교인들의 삶의 상황을 어느 누구보다도 더 잘 알고 있었기에, 그들의 삶에 연관성이 있는 메시지를 전할 수 있었기 때문이라는 것이다.[5]

미국의 월마트와 같은 기업들은 어느 지역에 새로운 지점을 개설하고자 할 때, 그 지역 주민들의 평균 연령과 연 수입, 남녀 비율, 연령 계층 간의 비율, 인종의 비율, 그리고 현재의 인구와 앞으로 예상되는 인구의 증감 전망 등을 세밀히 조사한 후, 이윤을 얻을 수 있다는 연구 결과가 나와야 새로운 지점을 세운다고 한다. 일반 기업체들도 상품을 많이 판매하여 더 많은 이윤을 남기기 위하여, 지역사회의 주민들과 잠재적인 고객들에 관해 철저하게 연구하고 있는데, 영원한 구원의 복음을 전하고자 하는 교회는 더욱더 인근 지역의 주민들과 그들의 가치관, 그들의 삶의 양식과 삶의 자리(Sitz im Leben)에 관해 더 많은 연구를 해야 할 것이라고 교회성장학자 조지 바나(George Barna)는 지적하고 있다. 청중들의 삶에 연결되지 않는 설교는 회

---

4) Leonora Tubbs Tisdale, *Preaching as Local Theology and Folk Art* (Minneapolis : Fortress, 1997), 1-30.
5) Fred B. Craddock, *The Cherry Log Sermons* (Louisville : Westminster John Knox, 2001).

중들과 아무 연관성이 없는 설교가 된다. 그렇기 때문에 설교자는 성서의 본문(text of Scripture)과 삶의 본문(text of life)의 지평을 융합할 수 있어야 회중들의 심층을 터치할 수 있는 메시지를 전할 수 있게 된다.[6]

## 1. 청중들의 필요성

설교자들은 회중들이 필요로 하는 것이 무엇인지를 알아야 그들의 삶에 연관된 메시지를 전할 수 있다. 설교자들 가운데는 회중들이 예루살렘 원주민이었던 여부스 족속들의 행방에 관하여 지극히 큰 관심을 가지고 있는 것처럼 생각하고 설교하는 사람이 많이 있다고 해리 에머슨 포스딕 목사는 말한 바 있다. 여부스족의 행방에 관한 설교는 중동 지역의 고고학이나 역사학회에서 논문으로 발표될 수는 있으나, 오늘의 현실을 살아가는 회중들과는 아무 관계성이 없는 메시지가 될 것이다. 20년대 중반부터 50년대 말까지 미국의 가장 뛰어난 설교자였던 포스딕 목사는 회중들의 필요성을 채워 주는 민감한 설교를 하였었다. 그가 목회한 뉴욕 리버사이드 교회의 교인이었던 백만장자 존 록펠러는 포스딕 목사의 설교에 관하여 이렇게 말했다. "그분 설교의 위대함은 회중들 모두가 목사님이 나 개인에게 설교를 한다고 느끼게 하는 점이었다. 나는 그가 설교할 때마다 '어떻게 나의 문제를 아셨을까?'라고 항상 생각하곤 했었다."[7]

미국 시카고 교외 지역에 위치한 네이퍼빌에서 침례교회를 담임하고 있는 릭 이젤(Rick Ezell) 목사는 교회 인근 지역에 사는 사람들에게 더 효과적으로 복음을 증거하기 위하여, 지역사회를 연구함으로 교회 인근에 사는 사람들의 전형적인 프로필을 작성하여 선교 전략으로 사용하고 있다. 이젤 목사는 교회 인근 지역에 사는 전형적인 시민들의 프로필은 물론, 그의 교회에 출석하는 교인들을 대상으로 설문조사를 행하여, 네이퍼빌 침례교회의 전형적인 교인의 프로필을 작성하고 있다(교인들을 대

---

6) Ian Pitt-Watson, *A Primer for Preachers*, 46-55.
7) Harold T. Bryson and James C. Taylor, *Building Sermons to Meet People's Needs*, 42.

상으로 행하는 설문조사는 매 2-3년마다 새롭게 수정하는 것이 좋다고 이젤 목사는 말한다). 설문조사를 통하여 나타난 네이퍼빌 침례교회 교인들의 특성은 첫째, 직장 관계로 다른 지역으로 이사 가기 위하여 교회를 떠나는 교인들과 네이퍼빌에 있는 회사로 발령을 받아 이사 온 새 교인들이 등록하는 비율이 상당히 높다는 점이다. 회사의 발령으로 인한 주거지의 빈번한 이동은 많은 사람들과 그들의 가족에게 정서적, 심리적으로 헤어짐의 아픔과 외로움을 느끼게 하며, 새 지역에 잘 뿌리를 내리지 못하게 하고 있다. 둘째, 돈과 직장도 중요하지만, 자기 가족을 더 중요하게 생각하고 있다. 셋째, 전문직에 종사하는 교인들이 많아, 교회의 지도자, 시설, 자녀들의 기독교 교육, 예배, 그리고 설교 등이 최상의 수준이기를 바라며, 이러한 것들에 대하여 높은 기대감을 가지고 있다. 이젤 목사는 이러한 설문조사의 결과에 의하여 나타난 교인들의 필요에 관련된 주제를 가지고 4~5주간에 걸친 시리즈 설교를 한다고 한다.[8]

새들백 교회의 릭 워렌 목사도 교인들이 어떠한 주제의 설교를 듣기를 원하는지 설문지[9]를 통해 다음과 같은 여러 질문들에 체크를 하도록 하여 검토한 후에, 그의 시리즈 설교 계획을 세우고 있다.

| 설문 내용 | 응 답 |
|---|---|
| 1. 하나님이 멀리 계신 것처럼 느껴질 때? | |
| 2. 나의 결혼이 깨어지려고 할 때? | |
| 3. 내가 의심을 가졌을 때? | |
| 4. 나의 삶에서 무엇을 해야 좋을지 알지 못할 때? | |
| 5. 내가 불공평하게 비판을 받을 때? | |
| 6. 나에게 맞지 않는 사람과 결혼했다고 느껴질 때? | |
| 7. 나의 계획이 실패로 돌아갔을 때? | |
| 8. 내가 한계점에 놓이게 되었을 때? | |
| 9. 내가 결혼해야 할지, 말아야 할지 알지 못할 때? | |
| 10. 나의 자녀들이 반항할 때? | |
| 11. 나에게 어떤 기적과 같은 일이 일어나기를 기다리고 있을 때? | |
| 12. 나의 친구가 아주 잘못된 선택을 할 때? | |
| 13. 내가 큰 실수를 저질렀을 때? | |
| 14. 불가능한 상황처럼 보일 때? | |

---

8) Rick Ezell, *Hitting a Moving Target* (Grand Rapids : Kregel, 1999), 49-77.

| 15. 삶이 불공평하다고 느껴질 때? | |
| 16. 하나님이 나의 기도에 응답하시지 않는다고 느껴질 때? | |
| 17. 내가 염려하는 것을 멈추지 못할 때? | |
| 18. 하나님께서 나를 사역자로 부르신다고 느껴질 때? | |
| 19. 내가 듣기를 원하는 설교의 주제는 _____이다. | |

이처럼 설교자는 회중들이 무엇을 필요로 하는지를 알고, 그 필요성을 채워 줄 수 있는 메시지를 전할 수 있어야 한다. 설교자는 오늘 나와 함께 이 시대를 살아가고 있는 사회인들과 나의 설교를 듣는 청중들이 어떠한 것들에 관심과 흥미를 가지고 있으며, 그들이 읽는 신문, 잡지, 책은 무엇이며, 어떠한 것들에 관하여 이야기를 하고 있는지, 그들이 요즈음 즐겨 보는 TV 드라마, 영화, 비디오, DVD는 무엇이며, 어떠한 음악을 좋아하고 즐겨 듣고 있는지, 그들이 자주 방문하는 인터넷 사이트는 무엇인지, 청중들이 사는 문화와 삶의 자리를 항상 주의 깊게 관찰하고 해석할 수 있어야 한다.

그동안 미국에서 주류 교단들이 사회적인 문제를 가지고 교단 안에서 극심한 논쟁을 벌이고 있을 때, 복음주의적인 교회들은 청중들의 필요성이 무엇인지를 발견하고, 그 필요성을 채워 주는 메시지를 전달해 왔다. 결과적으로 회중들의 필요성을 채워 주지 못하는 주류 교단들은 교인 수가 크게 감소했지만, 반면에 복음주의적인 교회들은 크게 성장하는 결과를 가져왔다.

설교자는 교인들이 피부적으로 느끼고 있는 절실한 문제들(felt-needs)을 말씀으로 충족시켜 줄 수 있어야 한다. 그러나 설교자가 기억해야 할 중요한 사실은 회중들이 피부로 느끼는 필요성보다 더 깊은 곳에 있는 참된 필요성(real-needs)은 살아 있는 하나님의 말씀에 대한 배고픔과 목마름이라는 사실이다. 칼 바르트는 "하나님의 말씀을 말하고 듣는 것보다 더 중요하고, 더 긴급하고, 더 도움이 되며, 더 구속적이고, 더 유익한 것은 없다."라고 말한 적이 있다.[10] 남유다 왕국의 시드기야 왕이

---

9) 예배 주보에 삽입된 인쇄물.
10) Karl Barth, *The Word of God and the Word of Man* (New York : Harper & Row, 1957), 123.

예레미야 선지자에게 질문했던 것처럼 오늘날 회중들은 그들이 의식하고 있지 못할지라도, 그들의 마음속 깊은 곳에서 설교자를 향하여 "여호와께로부터 받은 말씀이 있느냐?"라고 묻고 있다. 오늘날의 청중들에게 참으로 필요한 것은 설교자가 성령의 조명 아래 성서의 텍스트와 삶의 텍스트를 주의 깊게 석의하고 해석함을 통해 받은 살아 있는 하나님의 말씀이다. 설교를 통해 회중들이 피부적으로 느끼는 필요성뿐만 아니라, 그들의 마음속 깊은 곳에 있는 하나님의 말씀에 대한 진정한 필요성을 충족시킬 때, 청중들의 삶이 변화되는 사건들이 일어나게 될 것이다.

## 2. 인간 이해를 통한 청중 분석

청중들을 이해하는 데 있어서 세계적인 정신분석학자인 아브라함 마슬로우(Abraham Maslow)는 설교자들에게 좋은 자료를 제공하고 있다. 마슬로우는 인간이 기본적으로 필요로 하는 것을 일곱 개의 범주로 나누고 있다.[11] 인간이 기본적으로 필요로 하는 것은 1) 육체적인 필요(physiological needs)라고 그는 말한다. 즉, 인간은 음식, 건강, 산소, 물, 휴식, 성 등에 관한 기본적인 욕구를 가지고 있다는 것이다. 이러한 육체적인 필요가 충족되면 인간은 다른 필요를 가지게 되는데, 그것은 2) 안전(safety)에 관한 필요라고 한다. 즉, 인간은 그가 거할 안식처와 경제적 안정, 정서적 안정, 범죄나 사회의 무질서로부터의 안전을 필요로 한다는 것이다. 안전에 관한 욕구가 충족되면 인간은 3) 사랑과 애정(affection), 그리고 소속감(belonging)에 대한 필요성을 가지게 된다고 한다. 인간은 육체적인 욕구에 대한 만족과 세상에서의 안전감을 가지게 되면, 이웃과의 관계에서 사랑을 하고 사랑을 받고 싶어 하며, 소속감에 대한 욕구가 충족되기를 원한다는 것이다. 다음 단계로 필요한 것은 4) 자존감(self-esteem)에 대한 욕구이다. 즉, 인간은 다른 사람으로부터, 그리고 그가 속해 있는 사회에서 존경과, 인정, 그리고 칭송을 받음으로 자존감이 충족

---

11) Harold T. Bryson and James C. Taylor, *Building Sermons to Meet People's Needs*, 44-46.

되기를 원한다는 것이다. 자존감에 대한 욕구가 만족되면 인간은 다섯 번째로 5) 자아실현(self-actualization)에 대한 욕구를 가지게 되어, 자신의 참된 가능성을 개발하여 이루기를 원하며, 창의력, 성숙한 관계, 자신이 성장하고 있다는 느낌, 그리고 깊은 종교적 체험에 대한 욕구가 충족되기를 원한다고 한다. 자아를 실현하고자 하는 욕구가 충족되면 인간은 6) 삶과 인생에 관한 여러 가지 사실들을 알고(knowing) 이해(understanding)하기를 원하며, 마지막으로 인간은 7) 아름다운 미(aesthetic)를 갈망하게 되어, 아름다움, 질서, 조화에 대한 욕구가 충족되기를 원한다고 마슬로우는 말하고 있다.

이와 같은 마슬로우의 필요의 위계(hierarchy of needs)는 설교자들의 인간 이해에 관해 많은 도움을 주고 있다. 이외에도 에릭 에릭슨(Erik H. Erikson)의 삶의 8단계 이론이나,[12] 제임스 파울러의 7단계 신앙의 발달 이론[13] 등도 청중을 이해하는 데 필요한 많은 통찰력을 설교자들에게 주고 있다. 칼빈 밀러(Calvin Miller)는 어느 세대에나 사람들이 제기하는 기본적인 질문은 다음 여섯 개가 된다고 주장한다. 첫째, 삶의 목적은 무엇인가? 둘째, 나는 이 세상에서 무엇을 해야 하는가? 셋째, 나는 어떻게 이 세상에 존재하게 되었는가? 넷째, 나의 삶이 마감되면 어떻게 될 것인가? 다섯째, 나는 어떻게 하면 적어도 행복해지고, 더 행복해질 수 있을까? 여섯째, 인간이 된다는 것은 무엇을 의미하는가? 설교자는 이러한 인간의 기본적인 질문에 성서적인 해답을 주어야 할 것이다.[14]

## 3. 신앙을 통한 청중 분석

신앙 공동체인 교회는 동질적인 사람들만이 모여 있지 않고, 다양한 계층의 사람들로 구성되어 있다. 교인들의 신앙 상태도 다양하다. 교회 안에는 신앙을 위해서가 아니라 친교를 위하여, 아니면 사업 거래상 사람들을 만나기 위하여 교회를 나오는

---

12) Erik H. Erikson, *Childhood and Society* (New York : Norton, 1963).
13) James W. Fowler, *Stages of Faith* (San Francisco : Harper & Row, 1981).
14) Calvin Miller, *Marketplace Preaching* (Grand Rapids : Baker, 1995), 134.

사람들이 있고, 구도자와 초신자들이 있으며, 오랫동안 교회를 다녔어도 영적으로는 아직도 유아기 상태에 머물러 있는 사람도 있고, 그리스도의 제자로 잘 성장하여 성숙한 신앙을 가지고 활발하게 봉사를 행하는 사람들도 있다. 이처럼 다양한 수준의 영적 성숙도를 가진 사람들로 구성된 청중을 향한 설교에서, 설교의 내용이 너무 어려우면 메시지를 이해하지 못하는 사람들이 생기며, 설교 내용이 너무 쉬우면 지루해 하는 사람들이 생긴다. 그러하기에 설교자에게 주어진 과제는 신앙이 성숙한 사람들에게는 도전을 주고, 동시에 성숙하지 못한 사람들도 말씀을 잘 이해하고 믿음이 성장할 수 있는 스타일의 설교를 하는 일이다.[15] 즉, 구도자나 초신자들도 이해할 수 있는 평이하고 소박(simple)한 설교이면서도, 예수님의 비유처럼 깊고 심오한(profound) 메시지가 되어, 성숙한 신앙을 가진 사람들도 감동받을 수 있는 설교가 되어야 할 것이다.

## 4. 포스트모던 시대 청중들의 가치관과 세계관

인간의 본성은 전근대(pre-modern) 시대나, 근대(modern)나, 포스트모던 시대에도 변화되지 않았고, 앞으로 다가오는 시대에도 변하지 않을 것이다. 인간은 하나님의 형상으로 창조되었으나, 죄로 인하여 타락했다. 인간은 하나님과 교제하도록 창조되었으나, 우상을 만들어 마음속 깊은 곳에 있는 공허감과 배고픔을 채우려고 한다. 인간은 과거에도, 지금도, 미래에도 자신의 죄를 회개하고, 믿음으로 하나님께서 예수 그리스도를 통하여 주시는 구원의 선물을 받아야만 한다. 인간의 본성은 예전이나, 지금이나, 미래에도 변하지 않을 것이고, 오직 그리스도를 통해서만 구원에 이르는 길이 주어지는 것도 변하지 않을 것이다. 그러나 인간의 문화는 시대에 따라 변화되고 있다. 항상 변화하는 문화 속에 살고 있는 청중들에게 더 효과적으로 복음을 전하기 위하여 설교자는 그 시대의 청중들이 살고 있는 문화를 알아야 한다.[16]

---

15) Terry G. Carter, J. Scott Duvall, and J. Daniel Hays, *Preaching God's Word* (Grand Rapids : Zondervan, 2005), 89.
16) Jeffrey D. Arthurs, "The Postmodern Mind and Preaching," in *Preaching to a*

오늘 우리가 살고 있는 시대를 포스트모던 시대라고 정의하고 있다. 그런데 포스트모던을 말할 때 학자들은 모던 시대와의 지나친 단절만을 강조하고 있는 경향이 있다. 그러나 포스트모던 시대는 모던 시대와의 연속과 단절이 공존하고 있다. 모더니즘의 특징들에는 인본주의, 탈신비주의, 문명의 발전과 진보에 대한 믿음, 과학적 발전, 개인의 자유, 반권위주의 등이 있다. 이러한 모더니즘의 특성 가운데 인본주의, 개인의 자유, 반권위주의 등은 포스트모더니즘에 그대로 계승되고 있다. 그러나 모더니즘의 가치가 문자적, 이성적, 개인주의적, 객관적 인식론에 근거한다면, 포스트모더니즘의 가치는 이미지 중심적, 감성적, 공동체 중심적, 주관적 인식론에 근거한다고 말할 수 있다.

포스트모더니즘과 연관된 가장 유명한 용어는 해체(deconstruction)다. 프랑스의 철학자이며 문학 이론가인 자크 데리다(Jacques Derrida)는 1967년 그의 저서 *Speech and Phenomena*(음성과 현상)과 *Of Grammatology*(그래머톨로지에 관하여 〈'기술학에 관하여'라고 번역하는 분이 있음.〉)에서 텍스트의 해체를 제안하였다. 해체란 용어는 하이데거의 'Destruktion'이란 단어에서 영향을 받았다고 데리다는 말하고 있다. 하이데거가 사용한 'Destruktion'이란 독일어 단어는 파괴(destruction)가 아니고, 구조의 단층(layer)을 분해(dismantle)하여 다시 건조한다(destructuring)는 의미를 가지고 있다.[17] 데리다도 하이데거처럼 해체를 긍정적인 의미로 사용하고 있다. 데리다에 의하면 철학은 우주와 인간의 역사에 궁극적인 목적과 방향이 있으며, 이러한 목적과 방향은 고요한 철학적인 성찰에 의해 확인될 수 있다고 한다. 우리는 이러한 아이디어를 해체해야 하는데, 그 이유는 우주와 인간 역사의 기원과 목적을 말하고자 하는 시도는 필연적으로 드러내는(reveal) 것만큼, 진리를 감추고(conceal) 있기 때문이라는 것이다. 예를 들자면, 프롤레타리아 계층의 승리를 인류 역사의 궁극적인 목적이라고 말하고 있는 칼 마르크스(Karl Marx)는 여성의 역할과 인간의 기본적인 권리, 인종과 성(sexuality) 문제가 어떻게 해결될 것인가에 관하여서는 아무

---

*Shifting Culture*, ed. Scott M. Gibson (Grand Rapids : Baker, 2004), 177-178.
17) Craig G. Bartholomew, "Deconstruction," in *Dictionary for Theological Interpretation of the Bible*, ed. Kevin J. Vanhoozer (Grand Rapids : Baker, 2005), 163.

말도 하지 않고 있다는 것이다. 데리다의 철학은 텍스트 안에 기록된 것이 아니라, 텍스트에 기록되지 않은 것을 읽고자 시도하는 것이다.[18]

다시 말하지만 데리다에게 해체라는 용어는 근본적으로 긍정적인 의미를 가지고 있다. 그러나 일반적으로 해체란 말은 주로 부정적인 의미로, 무엇인가를 제거하거나 파괴한다는 말과 동의어로 사용되고 있다. 처음 미국과 한국에서 데리다의 해체는 주로 파괴적인 의미로 소개되었다. 따라서 성서의 권위와 진리를 해체하는 부정적인 의미로만 이해되어 왔었다. 그런데 데리다의 영향을 받은 해체주의자들 가운데는 파괴하기 위하여 해체하는 파괴적인 해체주의자들(destructive deconstructionists)도 있었지만, 로제나우(Pauline Marie Rosenau)가 지적하는 것처럼 긍정적(affirmative)이고, 적극적(positive)이며, 건설적인 해체주의자들(constructive deconstructionists)도 있다.[19]

우리가 텍스트에 대하여 해체를 행하는 것이 아니고, 텍스트가 내적으로 스스로를 해체(deconstruct)한다고 데리다는 말한다. 텍스트 안에는 서로 경쟁적인 전통(trajectories)들이나, 문서(corpus of writings)들이 들어 있는데, 텍스트는 내적인 의도로 인하여 스스로 해체를 한다는 것이다.[20] 텍스트는 텍스트가 증진시키고 구체화시키는 그 의미를 스스로가 해체시킴으로, 본질적으로 텍스트는 해체적(deconstructive)이라고 한다. 또한 낱말과 텍스트는 우리가 부여하는 어떠한 의미와도 같이 유희를 할 것이라고 한다. 그렇다고 해서 어떠한 해석도 가능하다는 것을 의미하지는 않으며, 모든 해석은 컨텍스트와 공동체에 의해 통제를 받아야 한다고 데리다는 주장한다. 1990년대 이후부터 데리다는 유대인 철학자 에마뉘엘 레비나스(Emmanuel Levinas)의 영향을 받아, 해체란 궁극적으로 다른 사람들에 대한 책임으로 이해되는 정의(justice)에 관한 이야기(account)라고 강조하고 있다. 데리다는 그

---

18) Neil Turnbull, *Get a Grip on Philosophy* (New York : Barnes & Noble, 2003), 166.
19) Robert Kysar and Joseph M. Webb, *Preaching to Postmoderns* (Grand Rapids : Baker, 2006), 183-184.
20) Kelly J. Clark, Richard Lints, and James K. A. Smith, *101 Key Terms in Philosophy and Their Importance for Theology* (Louisville : Westminster John Knox, 2004), 15.

의 후기의 저술에서 해체를 과부와 고아와 이방인들에 대한 공의에 관심을 가지고 있는 예언자적 전통이라고 제시하고 있다.[21]

해체는 중심에 있는 지배적인 해석이 아니라 변두리와 가장자리에 밀려나 있는 해석과 침묵을 지키도록 강요된 음성들이 소리 낼 수 있도록 하는 데 관심을 가지고 있다.[22] 네덜란드의 미커 발(Mieke Bal)은 사사기에 기록된 가부장적이며, 남성 위주의 이야기를 해체하고, 변두리에 있던 여성들의 음성을 사사기에서 다시 듣고 있다.[23] 설교자는 내러티브 본문에서 중심적인 인물과 영웅적인 인물에만 관심을 기울이지 말고, 배후에 있는 단역들의 소리도 들을 수 있어야 한다. 로마서 16장에는 바울의 선교 사역을 도운 많은 사람들의 명단이 제시되고 있다. 배후에 있는 이런 사람들의 친절과 사랑에 바울이 얼마나 도움을 받았는지를 설교자가 묵상하면, 그들은 어두움 속에 묻혀 있는 사람들이 아니라, 살아 있는 인물들이 될 것이다.[24] 설교학자 크래독은 로마서 16장에 있는 사람들의 명단을 가지고 "여기에서 명단의 이름이 불릴 때"(When the Roll is Called down Here)라는 널리 알려진 설교를 한 적이 있다.

장-프랑스와 리오타르(Jean-Francois Lyotard)는 '포스트모던은 거대담론(Meta-narrative)에 대한 불신(incredulity)'이라는 유명한 정의를 내린 바 있다. 여기에서 거대담론이란 보편성과 과학적 탐구, 그리고 이성에 의해 진리로 합법화(legitimate)되고 있는 빅 스토리를 의미하고 있다. 즉, 칼 마르크스의 프롤레타리아 이야기, 아담 스미스의 국부론, 헤겔의 변증법적 역사발전론, 프로이트의 심리분석 이야기 등이 리오타르가 불신하고 있는 메타내러티브에 포함될 수 있다. 성경은 과학적 탐구나 보편적 이성에 의해 정당화되고 있는 이야기가 아니고, 그리스도를 통한 하나님의 구원의 이야기, 신앙의 이야기이기 때문에 리오타르가 불신하고 있는 거대담론에 포함되지 않는다.[25] 그러나 메타내러티브에 대한 불신은 거대담론에 대해서뿐만 아

---

21) Ibid., 15-16.
22) James K. A. Smith, *Who's Afraid of Postmodernism?* (Grand Rapids : Baker, 2006), 51.
23) David Jasper, *A Short Introduction to Hermeneutics* (Louisville : Westminster John Knox, 2004), 114-115.
24) Robert Kysar and Joseph M. Webb, *Preaching to Postmoderns*, 164-165.

니라, 포스트모던 시대 사람들의 삶의 전 영역에 영향을 미치고 있다.

크레이그 로스칼래즈(Craig A. Loscalzo)에 의하면, 포스트모더니즘 시대의 사람들은 의심의 해석학(hermeneutic of suspicion)을 가지고 삶에 접근한다고 한다. 즉, 사람들은 항상 내가 다른 사람들로부터 속임을 당하고 있다고 의심하며 살아간다는 것이다. 학생은 선생으로부터, 직장인은 상사로부터, 고객은 상인으로부터, 시민들은 정부로부터 이용을 당하고 있다고 믿으며 살아간다고 한다. 사람들이 의심의 해석학을 가지고 삶에 접근하기 때문에, 어떠한 권위든지, 즉 그것이 정부의 권위나 거대한 기업체의 권위이든지 간에, 학자나 교사의 권위, 교회나 성직자의 권위 또는 성서의 권위 등 그것이 어떠한 권위이든지 간에 포스트모던 시대의 사람들은 모든 권위에 대하여 의심의 해석학을 가지고 바라본다고 한다.[26]

그런데 역설적으로 권위를 의심하고 거부하는 포스트모던 시대의 예배의 중요한 주제는 예수 그리스도의 권위이다. 오늘날 많은 교회의 예배에서 부르고 있는 CCM(Contemporary Christian Music, 경배와 찬양)의 노래는 높임을 받으실 주님(exalted Lord)과 우리의 경배와 존경, 그리고 헌신을 받으시기에 합당하신 분을 발견한 기쁨에 초점이 맞추어져 있다. 이것은 무엇을 의미하고 있는가? 권위를 거부하는 포스트모던 사람들이 그들 위에 있을 권위의 가능성을 거부한다는 것은 아니라는 것이다. 포스트모던 사람들은 하나의 조직과 기관으로서의 교회나 교단에 그들의 충성(loyalty)과 헌신을 바치려고 하지 않지만, 높임을 받으실 그리스도, 참된 권위를 가지신 그리스도에게는 그들의 충성된 마음을 바치고자 한다는 것이다. 그러하기에 포스트모던을 향한 메시지는 우리의 구원자와 주님이 되시며, 영원한 구원과 생명을 주시는 그리스도에게 초점이 맞추어져야 한다.[27] 또한 포스트모던 시대의 사람들은 권위주의적인 웅변 스타일의 설교자들은 불신하는 경향이

---

25) James K. A. Smith, *Who's Afraid of Postmodernism?*, 59-79.
26) Craig A. Loscalzo, *Apologetic Preaching* (Downers Grove : InterVarsity Press, 2000), 19.
27) Harry Lee Poe, "The Gospel in a Postmodern Culture," in *Review and Expositor* 101 (Summer 2004), 504.

있지만, 대화적(conversational) 스타일의 설교자는 신뢰한다고 한다. 부활하신 예수께서 엠마오로 향하던 두 제자들에게 나타나 동행하시며 길에서 대화하실 때 제자들의 마음이 뜨거워졌던 것처럼, 포스트모던 사람들에게는 대화 스타일의 설교가 더 효율적이다.

    포스트모던 시대의 사람들은 절대적인 진리란 존재하지 않으며, 진리는 사람마다 주관적인 관점에 따른 상대적인 것이라고 믿기 때문에, 절대적인 진리를 주장하는 사람은 불신을 받게 된다. 지나간 시대에 빌리 그래함 목사는 전도집회 때마다 성경을 한 손에 높이 들고, "성경이 말씀하시기를……"이라고 말하며 말씀을 전하였다. 그 시대에는 이러한 설교를 듣는 기존 신자들은 물론 불신자들도 하나님의 말씀이 기록된 성경의 진리와 권위를 인정하였다. 그러나 포스트모던 시대에 성서의 절대적인 진리는 의심을 받고 있으며, 성서의 권위는 상대적이 되고 있다. 이제 성경은 이슬람의 코란, 힌두교의 베다, 유대교의 탈무드, 그리고 기타 군소 종교들의 경전과 더불어 인류의 고전적인 경전 가운데 하나로 인정받을 뿐이다.[28] 그러하기에 포스트모던 시대는 기독교가 로마의 국교로 공인되기 이전의 상황과 흡사하다. 기독교의 절대적인 진리가 인정받지 못하고, 모든 종교가 평준화된 초기 기독교의 상황이라고 말할 수 있다. 제임스 톰슨(James W. Thompson)은 오늘날의 상황이 바울이 선교 활동을 하던 초기 기독교 상황과 흡사하기에, 우리는 바울의 설교 방법의 지혜를 배우는 것이 필요하다고 주장하고 있다.[29]

    기독교는 보편적인 합리성과 과학적 증명에 근거하여 복음을 변증하는 모던 시대의 변증론(apologetics)을 지양하고, 기독교가 가지고 있는 자신의 고유한 이야기, 즉 그리스도를 통한 하나님의 구원의 이야기를 스토리텔링함으로 복음을 증거해야

---

28) Graham Johnston, *Preaching to a Postmodern World* (Grand Rapids : Baker, 2001), 30.
29) James W. Thompson, *Preaching Like Paul* (Louisville : Westminster John Knox, 2001), 1-36. ; 톰슨은 포스트모던 시대의 사람들이 기독교와 성경에 관하여 너무나 무지하기에 내러티브 형식의 설교만으로는 부족하고, 가르침이 있는 강해 스타일의 설교도 필요하다고 역설하고 있다.

한다. 기독교만이 가지고 있는 이야기, 즉 하나님의 은혜 가운데 예수 그리스도를 믿음으로 말미암아 영원한 생명과 구원을 선물로 받게 된다는 이야기를 스토리텔링 함으로 복음을 전하는 새로운 변증론을 비변증론(unapologetics)적인 변증론이라고 철학자 제임스 스미스(James K. A. Smith)는 말하고 있다. 또한 기독교의 예배에는 초대 교회의 예배처럼 설교와 더불어 그리스도를 통한 하나님의 구원의 드라마를 공연하는 성찬이 있어야 하며, 성도들에게는 세상에 나아가 하나님의 사랑의 이야기를 삶에서 실천하며 행동해야 하는 책임이 주어져 있다. 의심의 해석학을 가지고 바라보는 세상을 향한 기독교의 스토리텔링은 크리스천들의 스토리리빙(storyliving)으로 증명되어야 할 것이다.[30] 로널드 알렌(Ronald Allen)도 포스트모던 상황에서 그리스도로 인하여 나의 삶이 어떻게 변화되었는가를 증언(testimony)하는 것이 가장 효과적인 복음 증거와 기독교의 변증 방법이 된다고 말하고 있다.[31]

포스트모던 청중들은 상대주의의 영향을 받고 있다. 포스트모더니즘의 선구자라고 할 수 있는 니체와 하이데거의 영향을 받은 포스트모던 철학자들은 진리는 해석의 관점(perspectivism)에 의해서 달라지는 것이라고 말하고 있다. 즉, 절대적인 진리와 가치는 존재하지 않으며, 모든 진리는 상대적이라고 포스트모던 철학자들인 미셸 푸코(Michel Foucault), 자크 데리다(Jacques Derrida), 장 리오타르(Jean F. Lyotard)는 주장한다. 왜냐하면 진리는 객관적인 실제가 아니라 인간들이 세우고(construct), 만드는(create) 것이기 때문이다.[32] 이처럼 포스트모던 시대는 절대적인 진리나 가치관이 존재하지 않고 모든 진리가 상대적이기 때문에, 사람들 모두가 자신이 원하는 대로 행동하고자 하는 시대이다. 무엇이 옳고 그르다고 말할 수 없으며, 옳고 그른 것은 기호와 선택의 문제이다. 내가 무언가를 원하고 선택했다면, 그것은 나에게 진리이고 옳은 것이 되며, 다른 사람이 다른 것을 원하고 선택한다면, 그것이 그 사람에게 진리이며 옳은 것이 되는 것이다. 그래함 존스톤은 미국의 방송 프로그램인 코미디언 제이 레노 쇼(Jay Leno show)에 어느 출연자가 나와서 "나는 내 아

---

30) James K. A. Smith, *Who's Afraid of Postmodernism?*, 76-79.
31) Ronald J. Allen, "Preaching and Postmodernism," *Interpretation* 55 (Jan 2001), 47.
32) Graham Johnston, *Preaching to a Postmodern World*, 31-33.

내와 42년 동안 결혼 생활을 지속하고 있습니다."라고 말한다면 청중들은 모두가 그에게 박수를 보낼 것이라고 한다. 그러나 그 출연자가 계속해서 "나처럼 아내와 이혼하지 않고 평생을 같이 사는 것이 결혼한 부부들을 향한 하나님의 뜻입니다."라고 한다면, 청중들은 그를 향하여 무대에서 없어지라며 야유를 보낼 것이라고 한다. 즉, "한 남자가 한 여자와 이혼하지 않고 평생을 같이 사는 것이 하나님의 뜻이라고 믿는 것은 당신의 생각이고, 당신의 가치관이다. 그렇다고 당신의 윤리관을 우리에게 강요하지 말라."라는 태도를 포스트모던 시대의 청중들은 가지고 있다.[33]

포스트모던 시대는 다원주의 시대이다. 모든 삶의 영역에서 선택의 범위가 많은 것이 당연하게 생각되는 시대이다. 불과 20~30년 전만 해도 미국의 TV 채널이 그리 많지 않았다. 그러나 이제는 미국은 물론 한국에서도 케이블 TV에서 수십 개 내지 수백 개의 채널을 선택할 수 있게 되었다. 슈퍼마켓에 가면 시리얼만 해도 수십 종류가 있어, 고객들에게 선택권이 주어진다. 예전에는 영화관에 가면 한 영화관에서 한 편의 영화만을 상영했었는데, 이제는 영화관이 멀티플렉스가 되어 수십 개의 스크린에서 다른 영화들을 상영하고 있다.

포스트모던 시대의 사람들은 종교 생활에서도 여러 선택권이 주어져야만 한다고 생각하고 있다. 기독교의 십자가가 너무 어렵고 감당하기 어렵다고 생각하면 평화롭게 보이는 불교를 선택하고, 요가와 묵상을 원한다면 힌두교를 선택하고, 내 삶을 엄하게 다스리고 훈련(discipline)시키는 종교를 원한다면 이슬람 종교를 택할 수 있다고 생각한다.[34] 이처럼 포스트모던 시대의 사람들은 삶의 모든 영역에서 자신의 선호도에 따라 선택의 가능성이 열려 있어야 한다고 생각한다. 종교도 하나의 상품이라고 생각하기에 미국 기독교인들의 1/5은 한 교회에만 나가지 않고, 여러 교회를 다니며 예배를 드린다고 한다. 교회의 예배도 획일적인 스타일이 아니라 다양한 형태의 예배가 주어져, 내가 좋아하는 예배 스타일을 선택할 수 있기를 원하고 있다.

영국의 찰스 황태자(Prince of Wales)는 영국의 차기 왕이 될 사람이다. 영국의 국

---

33) Ibid., 41-42.
34) Craig A. Loscalzo, *Apologetic Preaching*, 84-85.

왕은 국교인 성공회의 수장으로, 그에게는 '그 신앙의 수호자'(Defender of the Faith)라는 칭호가 주어진다. 그런데 찰스 황태자는 국왕에게 주어지는 그 칭호가 이제는 정관사인 'the'('유일한', '오직 하나뿐인' 신앙을 의미하며 기독교를 가리켜 말함.)가 생략된 '신앙의 수호자'(Defender of Faith)로 바뀌어야 한다고 말하고 있다. 즉, 찰스 황태자에 의하면 기독교는 더 이상 유일한 종교가 아니기에 이제 영국의 국왕은 기독교만이 아니라, 모든 종교의 신앙을 보호하는 사람이 되어야 한다는 것이다.[35] 포스트모던 시대를 따라 모든 것이 상대적인 가치를 가지게 됨으로 인하여, 어떤 특정한 종교, 문화, 세계관이 다른 종교나 문화, 세계관보다 더 우월하거나 절대적인 것이 아니라 상대적인 가치를 가지고 있다고 믿는 다원주의 시대가 열리게 된 것이다. 종교 간의 차이는 진리와 거짓의 문제나, 고등 종교와 열등 종교의 문제가 아니라 종교에 대한 인식의 차이일 뿐이라고 포스트모던 시대의 사람들은 믿고 있다. 미국인들의 3/4은 하나님에게 가는 길은 하나의 길만이 아니라, 여러 종교에서 제시하는 여러 길이 있다고 믿는다고 한다.[36] 이러한 시대에 설교자는 '그리스도만이 구원에 이르는 길이요, 진리요, 생명'이라고 선포할 수 있을 것인가?

뉴욕 시의 팀 켈러(Tim Keller) 목사가 시무하는 리디머 장로교회의 예배에 출석하는 사람들의 30%는 구도자들이라고 한다. 켈러 목사는 말하기를, 구도자들에게 다른 종교와 비교하여 기독교의 절대성, 우월성을 강조하면, 관용(tolerance)을 최고의 미덕으로 생각하고 있는 포스트모던 사람들은 마음을 닫아 버린다고 한다. 그러하기에 켈러 목사는 기독교의 우월성이나 절대성보다, 기독교의 독특성(distinctiveness)을 강조한다고 한다. 타 종교에는 없는 기독교만의 독특성, 즉 우리를 구원하러 이 세상에 오신 임마누엘 하나님이신 예수 그리스도의 성육신 사건, 예수님이 우리를 대신하여 십자가상에서 죽으심으로 우리의 죄를 속죄하신 일, 그리고 죄와 사망의 권세를 이기신 부활의 소망 사건을 구도자들에게 가르치고 강조하는 것이다. 구도자들이 기독교만이 가지고 있는 이러한 독특성을 받아들이면, 그들은

---

35) Graham Johnston, *Preaching to a Postmodern World*, 34.
36) Barna Research Group, "The Year's Most Intriguing Findings," *Barna Research Online* (December 17, 2001), 2.

자연스럽게 '그리스도만이 구원에 이르는 길이요, 진리요, 생명'이라는 사실을 믿게 된다고 한다.[37]

또한 포스트모던 시대는 감성을 중요시하고 있다. 이성이 기초가 되어 수립된 근대의 문화들은 이제 영향력을 상실해 가면서, 감성 중심의 문화가 형성되고 있다. 감성 문화에서는 이성이나 논리보다 감정과 이미지가 중요하다. IQ보다 EQ가 중요시된다. 감성 문화를 가장 잘 활용하는 것은 광고 산업이다. 광고에서 상품에 관한 자세한 정보를 제공함으로 소비자들의 마음을 움직이려고 하기보다는, 감성과 이미지를 사용하여 소비자들로 하여금 상품을 구매하도록 이끄는 기법을 사용하고 있다. 1985년도는 미국의 공립 도서관에서 책보다 비디오가 더 많이 대출된 중요한 첫해였다.[38] 레너드 스위트(Leonard Sweet)는 우리는 인쇄 문화 시대로부터 이제는 이미지 시대에 살고 있다고 말한다.[39] 이미지는 논리적인 사고로 추론된 아이디어나 어떠한 교훈을 통해 메시지를 전달하는 것이 아니고, 인상(impression)과 충격을 통해 메시지를 전달한다. 설교자들은 단어들을 석의함으로써가 아니라, 이미지를 석의함으로(예 : the kingdom of God is like……) 메시지를 전달하셨던 예수님의 방법을 배워야 할 것이다.[40] 할리우드가 세상의 이미지를 만드는 공장이듯이, 이제는 교회가 복음의 이미지를 포스트모던 시대의 사람들에게 심어 줄 수 있어야 한다. 포스트모던 시대에 설교자는 전통적인 설교 방식, 즉 논리와 논증을 중심으로 한 설교 방법뿐만 아니라 이미지와 감성, 상상력을 적극적으로 활용하는 설교 방식을 배워야 할 것이다. 오늘 이 시대의 사람들을 향하여 설교자는 이미지가 이끄는(image-driven sermons) 설교를 배워야 한다고 칼빈 밀러는 주장한다.[41]

나아가 포스트모던 시대의 사람들은 신비와 초월성을 추구한다. 예전에는 미국 TV에서 '신'과 종교에 관하여 말하는 것을 금기로 생각했었다. 그러나 이제는 인기

---

37) Chris Altrock, *Preaching to Pluralists* (St. Louis : Chalice, 2004), 100.
38) Jeffrey D. Arthurs, "The Postmodern Mind and Preaching," 179.
39) Leonard Sweet, *Postmodern Pilgrims* (Nashville : Broadman & Holman, 2000), 86.
40) Ibid., 95.
41) Calvin Miller, *Marketplace Preaching*, 83-97.

프로인 오프라 윈프리 쇼 같은 데에서도 종교에 관하여 자주 방송하고 있다. 일반 TV 방송에서도 "세븐스 헤븐"(7th Heaven), 또는 "터치드 바이 언 엔젤"(Touched by an Angel)과 같은 프로그램이 인기를 끌고 있으며, 「영혼을 위한 닭고기 수프」(Chicken Soup for the Soul), 「천상의 예언」(The Celestine Prophecy), 「레프트 비하인드」(Left Behind), 그리고 최근의 「오두막」(The Shack)과 같은 책들은 일반 대중들에게도 베스트셀러로 읽혀지고 있다. 그런데 포스트모던 사람들은 어떠한 신비적이며 초월적인 것, 어떠한 영적인 것을 뉴에이지 운동, 자연 세계, 점성술, 주술, 요가, 힌두교, 티베트 불교 또는 일본의 선불교, 이슬람 등 제도화된 기독교회 밖에서 찾으려고 하고 있다. 조지 바나의 조사에 의하면 미국인들의 10명 중 7명은 교회를 가지 않고도 종교 생활을 할 수 있다고 믿는다고 한다.[42]

포스트모던 사람들이 명상을 통하여, 또는 다른 종교들을 통하여 무엇인가 초자연적인 것을 체험하고자 하는 것은 마음속 깊은 곳에 있는 갈망, 즉 그들보다 더 크고 높은 어떤 분인가를 만나고 경험하고 싶은 갈망의 표현이다. 미국의 이머징 교회들에서는 일반 신자들은 물론, 특히 구도자들로 하여금 예배를 통하여 하나님을 만나고 체험할 수 있도록 예배를 계획하고 있다. 이머징 교회의 특징은 다음과 같다. 첫째, 설교는 예배의 중심점이 아니라 예배를 체험하는 데 있어 한 부분이다. 둘째, 설교자는 청중들의 개인적인 문제를 해결하는 데 도움이 되는 성서의 진리를 나누어 주는 사람(dispenser)이 아니고, 청중들에게 예수님의 제자로서 하나님 나라의 삶을 살아가는 데 성서의 지혜가 어떻게 적용이 되는지를 가르치는 사람이다. 셋째, 설교자는 진리가 무엇인가를 설명하는 데 강조점을 두지 않고, 진리가 누구(who)인가를 체험케 하는 데 강조점을 둔다. 넷째, 성서의 메시지를 '말'을 통해서만이 아니라, 말과 음악, 사진, 춤, 시각 자료, 예술, 침묵, 증언과 이야기를 통해서도 전달한다. 다섯째, 청중들이 설교를 통해서만이 아니라 날마다 가정이나 직장에서 성경을 통해 하나님의 말씀을 스스로 배울 수 있도록 설교자는 설교를 통해 격려한다. 여섯째,

---

42) George Barna, *The Second Coming of the Church* (Nashville : Thomas Nelson, 1998), 18.

십자가를 비롯한 종교적인 상징물을 예배당에서 제거하지 않고(구도자 중심의 교회들처럼), 오히려 십자가와 다른 종교적인 상징물들을 교회당 안에 다시 설치한다. 왜냐하면 포스트모던 세대들은 이러한 종교적인 상징물들을 통해 초월성, 거룩성, 신비성을 체험하기를 원하는 마음을 가지고 있기 때문이다. 이머징 교회의 예배에서는 성찬 예식이 주류 교단의 교회나 구도자에게 민감한 교회와는 달리 매우 중요한 부분이며, 매주 성찬 예식을 가지는 것이 보편화되어 있다. 일곱째, 구도자에게 민감한 교회들처럼 예배당을 밝게 조명하기보다는 오히려 어둡게 함으로, 예배드리는 장소가 세상의 건물들과는 다르고 구분된다는 것을 포스트모던 세대들로 하여금 체험하도록 한다.[43] 이처럼 이머징 교회 계열에 속하는 교회들은 신비로움, 초월성, 영성을 추구하는 이 시대의 사람들에게 예배와 설교를 통하여 하나님을 만나고 체험하도록 하고 있다.

포스트모던 시대의 또 다른 특징은 많은 사람들이 공동체를 추구하고 있다는 점이다.[44] 이 시대의 사람들은 개인의 권리와 아무도 침해할 수 없는 사생활을 원하고 있으면서도, 공동체를 갈망하고 있다. 포스트모던 시대의 사람들은 모던 시대의 사람들보다 더 이기적이며, 개인적인 삶을 추구하면서도, 역설적으로 의미 있는 공동체를 찾고 있는 것이다. 사람들은 자신의 이야기, 아이디어, 꿈과 비전을 나눌 수 있는 공동체를 찾고 있으며, 그들을 진정으로 이해하고 받아 주며 사랑을 맛볼 수 있는 커뮤니티를 갈망한다.[45] 그러나 포스트모던 시대의 사람들은 교회가 제도화되었다고 생각하기에 교회에 대하여 편견을 가지고 있다. 제임스 엥겔(James Engel)에 의하면 복음을 받아들이는 데 가장 방해가 되는 요소는 교회에 대한 사람들의 부정적인 생각이라고 한다.[46] 이 시대의 사람들은 교회에 대하여 긍정적인 이미지를 가지기 전에는 복음에 대하여서도 긍정적인 생각을 갖지 않게 될 것이라고 한다. 교회

---

43) Dan Kimball, *The Emgerging Church* (Grand Rapids : Zondervan, 2003), 171-183.
44) 요즘 많은 사람들이 관계를 형성하기 위해 페이스북(facebook)의 친구 찾기 사이트를 자주 방문하고 있다.
45) Chris Altrock, *Preaching to Pluralists*, 78.
46) James F. Engel and H. Wilbert Norton, *What's Gone Wrong with the Harvest* (Grand Rapids : Zondervan, 1975), 75.

에 대하여 부정적인 생각을 가지고 있는 포스트모던 시대의 사람들에게 그리스도인들은 제도화된 교회의 실패를 인정하고, 그동안 교회가 참된 신앙과 사랑의 공동체가 되지 못했음을 인정하는 자세가 필요하다. 왜냐하면 포스트모던 상황에서 겸손과 정직은 사회인들에게 접근할 수 있는 가장 효율적인 방법이 되기 때문이다. 또한 포스트모던 시대의 사람들에게 교회의 허물과 부족함을 인정하되, 교회는 성서에서 보여 주는 참된 신앙과 사랑의 공동체를 이루기 위해 힘쓰고 있으며, 공동체를 찾고 있는 사람들에게 그들이 갈망하는 참된 신앙과 사랑의 공동체를 제공해 줄 수 있다는 것을 보여 주어야 한다.

프린스턴 대학의 종교사회학자인 로버트 워스나우(Robert Wuthnow) 교수도 포스트모던 시대에 교회가 사람들에게 강한 공동체감, 즉 진정한 공동체를 제공해 줄 수 있다면, 교회가 21세기에도 계속적으로 활력을 가지게 될 것이라고 말하고 있다. 공동체만이 사람들에게 자기 정체감을 줄 수 있기에 많은 사람들이 영적인 가정을 찾으며, 이러한 사람들에게 의미 있는 관계를 제공하는 일에 있어 교회는 다른 사회단체들보다 훨씬 더 유리한 입장에 서 있다고 워스나우는 말하고 있다. 교회는 성령 안에서 이루어지는 성도들 간의 코이노니아적인 교제, 삶의 목적을 찾는 일, 서로 돕는 일, 섬기는 사역을 행하는 일, 그리고 크리스천이라는 정체감을 제공하는 일에 있어서 다른 공동체가 줄 수 없는 것을 제공할 수 있다는 것이다.[47]

---

47) Robert Wuthnow, *I Come Away Stronger* (Grand Rapids : Eerdmans, 1994).

# 제 10 장
# 설교자의 자기 체험 이야기

　지나간 세대의 설교는 권위적이고, 강단과 회중석 사이에 큰 간격(gap)이 있었으며, 설교자와 청중 사이에 상호 교류적인 관계가 형성되지 않는 것이 큰 문제가 되지 않았다. 그러나 오늘의 청중들은 설교자가 그들의 삶과 연결되지 않는 메시지를 전하면, 그들의 마음과 귀를 닫아 버린다. 오늘의 청중들은 설교자가 그들과 친밀한 관계를 맺고, 설교자가 자신의 체험적 이야기를 하며, 자신을 노출(self-revelation) 시킬 것을 기대하고 있다.[1] 설교자들이 어느 교회에서 설교를 하고 나면, 청중들은 그 설교의 논리와 구조, 또는 설득력에 관하여 거의 말하지 않는다. 오히려 회중들은 "좋은 설교에 감사를 드립니다. 그러나 무엇보다도 목사님의 신앙과 인간적인 모습을 보여 주신 것에 감사합니다. 오늘 메시지를 정말 잘 들었습니다."라고 말한다고 한다. 오늘의 청중들은 설교자가 그들에게 관심을 가지며, 그들의 마음을 끄는(winsome) 사람이 되기를 기대하고 있다. 즉, 설교자가 그들의 필요에 관한 해답을 제시하는 것은 물론, 설교자 자신의 삶의 경험을 실례로 사용하는 것을 원하고 있는 것이다. 따라서 청중들이 관심을 기울여 잘 듣는 설교, 나아가 청중들이 좋은 설교

---

1) Haddon Robinson, "Bringing Yourself into the Pulpit," *Mastering Contemporary Preaching*, eds. Bill Hybels, Stuart Briscoe, Haddon Robinson (Portland : Multnomah, 1989), 129.

라고 판단하는 기준은 설교자가 자신의 삶의 경험을 어떻게 효과적으로 말하느냐에 달려 있다고 해돈 로빈슨은 말한다.[2] 포스트모던 시대의 청중들은 설교자의 신학적인 지식이나 성경 구절을 이론적으로 잘 강해하는 것보다, 설교자의 개인적인 신앙의 체험의 이야기에 더 권위를 부여한다고 한다.[3]

그런데 전통적으로 설교학자들은 설교자의 이야기나 개인적인 체험은 설교 중에 말하지 않는 것이 좋다고 주장해 왔다. 사도 바울이 "우리는 십자가에 못 박히신 그리스도를 전합니다"(고전 1 : 23, 현대인의 성경)라고 말한 것처럼, 설교자는 하나님의 말씀만을 전파해야지, 자기 자신을 전해서는 안 된다는 것이다. 강해 설교의 대가인 마틴 로이드 존스(D. Martyn Lloyd-Jones)는 설교자가 강단에서 자신의 이야기를 한다는 것은 청중들로 하여금 설교자 개인의 삶에 관하여 더 세부적으로 알려고 하는 욕구에 영합하는 것이 되기 때문에, 설교자는 강단에서 진리 자체만을 선포해야 한다고 말하고 있다.[4] 최근에도 미국의 저명한 설교학자인 데이비드 버트릭은 그의 저서 *Homiletic*(설교학)에서 설교자가 자신의 이야기나 개인적인 체험을 말하면 회중들의 의식을 분열(split the consciousness)시키기 때문에, 즉 청중들의 의식을 복음에 초점을 맞추게 하지 못하고 대신 설교자 개인에게 집중시키기에, 설교자가 개인적인 체험의 이야기를 하지 않는 것이 좋다고 주장하고 있다. 또한 설교자가 자신의 체험을 말하게 되면 회중들은 그들의 삶의 경험에서 설교자의 경험과 같은 것을 떠올리지 못해 공감하지 않을 것이며, 자신의 경험을 말하는 설교자의 이야기를 통하여 청중들은 설교자에 대해 어떠한 형태의 인격을 가진 사람이라고 판단하고 그러한 인격의 소유자라고 기억하기 때문에, 설교자는 자신의 이야기를 하지 않는 것이 바람직하다고 버트릭은 주장한다.[5]

그러나 최근에 이렇게 설교자가 자신의 체험 이야기를 말하지 않는 것이 좋다는

---

2) Ibid., 130.
3) Pamela Fickenscher, "Off-road ministry," *Christian Century* 124, no. 5 (March 6, 2007), 21.
4) D. Martin Lloyd-Jones, *Preaching & Preachers* (London : Hodder & Stoughton, 1971), 233.
5) David Buttrick, *Homiletic : Moves and Structures*, 142.

전통적인 견해가 도전을 받고 있다. 오래전 필립스 브룩스(Phillips Brooks)가 지적한 것처럼 하나님의 말씀은 설교자의 인격을 통하여 회중에게 전달되기 때문에, 설교자는 하나님의 말씀을 자신의 개인적인 체험의 스토리를 통하여 말하지 않을 수 없게 된다는 것이다. "우리는 우리 자신을 전파하는 것이 아니라 예수 그리스도가 주님이 되신다는 것과 우리는 예수님을 위한 여러분의 종이라는 것을 전파하고 있습니다"(고후 4 : 5, 현대인의 성경). 십자가에 달리신 그리스도만을 전파하기를 원했던 바울도 복음을 더 효과적으로 전파하기 위하여, 자신의 신앙적인 체험의 이야기를 그가 기록한 서신에서 말하고 있다. 예를 들자면, 바울은 다메섹으로 향하는 노상에서 부활하신 그리스도를 만나 회심한 체험담을 3번(행 9 : 1-9 ; 22 : 6-16 ; 26 : 12-18)이나 말하고 있다. 바울은 또한 그가 베드로를 만났던 일(갈 2 : 11-14), 배를 타고 가다가 파선을 당했던 경험, 그리고 유대인들로부터 39대의 매를 다섯 번이나 맞았던 일(고후 11 : 23-33)과 같이 그의 선교 여행을 통해 체험했던 여러 가지 일들을 말하고 있으며, 또한 육체의 가시(고후 12 : 7-10)라는 자신의 신체적인 질병에 관하여도 말하고 있다.

설교자가 설교에서 개인적인 이야기를 하며, 자신을 노출(self-disclosure)시키는 것의 신학적인 근거는 예수 그리스도를 통한 하나님의 성육신(incarnation) 사건에서 찾아볼 수 있다. 하나님께서 예수 그리스도를 통하여 자기 자신을 우리에게 보여주신 성육신 사건은 설교자가 청중들에게 설교를 통해 자기 자신을 노출시키는 것의 패러다임이 된다.[6] 하나님께서 자신을 그리스도의 성육신 사건을 통해 우리에게 전달(communicate)하신 것처럼, 우리 그리스도인들은 그분을 다른 사람들에게 전달해야 하는 사명이 주어졌다. 예수께서는 우리에게 "내 증인이 되리라"(행 1 : 8)라고 말씀하셨다. 증인은 법정의 이미지를 가지고 있다. 증인은 그가 체험하고 바라본 사건을 정직하고 진실되게, 그리고 모두 다 말해야 한다. 그리스도의 증인 된 설교자와 모든 크리스천들에게 자신들이 삶 속에서 만나고 경험한 그리스도를 다른 사람들에게 증거해야 하는 책임이 주어진 것이다.[7] 신학적인 관점에서 볼 때, 설교자가 자신

---

6) Myron R. Chartier, *Preaching as Communication* (Nashville : Abingdon, 1981), 33.

의 삶을 통해 경험된 하나님의 진리에 관해 말한다는 것은 어떠한 의미에서 하나님께서 예수 그리스도의 성육신을 통해 자기 자신을 보여 주신 과정을 재현하는 것과 같다. 그러하기에 설교자는 그의 삶을 통해 성육화된 하나님의 진리의 말씀을 증거해야 한다. 왜냐하면 하나님의 진리의 말씀은 설교자의 삶의 이야기를 통해 성육화되기 때문이다. 예를 들자면, "하나님은 사랑이시라"라는 추상적인 진술은 그리스도의 성육신 사건을 통하여 우리에게 보여지고 경험되어진다. 마찬가지로 설교자는 자신의 삶을 통하여 성육화(embodying)된 하나님의 진리를 청중들로 하여금 보고 경험할 수 있게 하여야 한다.[8]

최근 에드먼드 스타이믈(Edmund Steimle)은 스토리텔링 설교를 새로운 형태의 설교로 소개하고 있다.[9] 그는 하나님의 이야기와 하나님의 스토리를 삶에서 경험한 설교자의 이야기, 그리고 청중의 이야기를 엮어(weaving) 작성하라고 설교자들에게 권면한다. 즉, 하나님의 이야기를 강해할 뿐만 아니라, 하나님의 이야기가 설교자의 삶 속에서 성육화된 설교자의 이야기를 해 주는 것이 스토리텔링 설교에서 매우 중요하다는 것이다. 만일 설교자가 바울의 회심에 관한 설교를 한다면 설교자 자신의 회심의 이야기가 설교에 있어야 하며, 용서의 필요성에 관한 설교라면 설교자 자신이 어떤 사람을 참으로 용서하기 어려웠던 이야기, 그러나 하나님의 도우심의 은혜로 그를 용서할 수 있었다는 설교자 자신의 신앙 여정의 이야기가 설교에 있어야 한다는 것이다.[10] 설교자의 개인적인 체험이 이토록 중요하기에 리차드 툴린(Richard L. Thulin)은 신학생들에게 설교학을 가르칠 때, 성서 본문에 대한 각 개인의 과거의 경험, 아니면 본문에 대한 현재의 감정적, 지적, 그리고 행동적인 반응에 초점을 맞추고 귀를 기울이라고 요구한다고 한다.[11] 존 스토트(John R. W. Stott)도 설교자는

---

7) John Claypool, "Confessional Preaching," *Preaching in Today's World*, ed. James C. Barry (Nashville : Broadman, 1984), 59.
8) Jeffrey Arthus & Andrew Gurevich, "Theological and Rhetorical Perspectives on Self-Disclosure in Preaching," *Bibliotheca Sacra* 157(April-June 2000), 217.
9) Edmund Steimle, Morris Niedenthal, & Charles Rice, *Preaching the Story* (Philadelphia : Fortress Press, 1980).
10) Myron R. Chartier, *Preaching as Communication*, 33.

그가 개인적으로 체험한 맥락(context)으로부터 예수 그리스도를 설교해야 한다고 말한다. 설교자는 다른 사람으로부터 들은 이야기나 책으로부터 읽은 이야기가 아니라, 그가 직접 체험적으로 목격한 그리스도를 증거해야 한다는 것이다.

> 설교에서 우리는 우리에게 주어진 말씀을 단순히 강해만 해서는 안 되며, 하나님의 위대한 구원의 행위를 전령처럼 선포만 해서도 안 될 것이다. 이러한 것에 더하여, 우리는 하나님의 말씀과 구원의 행위를 생생하게 경험한 증언자로서 하나님의 말씀과 행위를 강해하고 선포해야 한다. 우리는 하나님의 말씀을 통하여 그의 고요하게 속삭이는(still, small voice) 음성을 듣는다. 우리는 우리를 위하여 행하여진 하나님의 구원의 행위를 보았고, 우리는 믿음으로 그의 한량없으신 혜택을 누리게 되었다. 우리의 과제는 철학적인 객관성을 가지고 예수님에 대하여 강의하는 것이 아니다. 우리는 개인적으로 예수님과 밀접하게 관련을 맺어 온 체험적인 이야기를 말해야 한다.[12]

시카고 제4장로교회의 목회자이며 미국의 저명한 저널인「크리스천 센트리」(*Christian Century*)의 편집자이자 발행인인 존 뷰캐넌(John Buchanan) 목사는 어느 날 뉴욕 유니온 신학교의 설교학 교수이며 리버사이드 교회의 담임 목회자인 제임스 포브스(James Forbes) 목사가 인도하는 설교 워크숍에 참여한 적이 있었다고 한다. 포브스 목사는 이 워크숍을 '증언의 시간'(testimony time)으로 시작하자며, "여기에 있는 목사님들 모두 한 사람씩 일어나서, 성령님께서 여러분의 삶에 어떻게, 그리고 어디에서 사역하고 계시는지 말씀하시기 바랍니다."라고 말했다고 한다. 이 말을 듣는 순간 뷰캐넌 목사는 내가 잘못 참석했다고 생각하며 뒷문으로 빠져나오고 싶었다고 한다. 모두가 불편해 했지만, 결국 참여한 모든 목사님들이 한 사람씩 일어나

---

11) Richard L. Thulin, *The "I" of the Sermon* (Philadelphia : Fortress Press, 1989), 16-17.
12) John R. W. Stott, *The Preacher's Portrait* (Grand Rapids : WM. B. Eerdmans Co., 1961), 74.

성령님께서 자신의 삶 속에서 어떻게, 그리고 어디에서 사역하고 계신지를 증언(testimony)했으며, 빠져나오고 싶었던 존 뷰캐넌 목사도 증언을 했다고 한다. 참여한 모든 목사님들의 증언이 끝나자, 포브스 목사는 미국 주류 교단 목회자들의 설교가 주식회사의 연례 주주총회에서 연설하는 최고경영자(CEO)의 연설과 유사하다면서, 설교는 본질적으로 증언이 되어야 한다고 말했다고 한다.[13]

포스트모던 시대의 청중들에게는 설교자의 입을 통하여서만 전달되는 설교보다는, 설교자의 실제적인 삶을 통하여 살아 있는 메시지가 더 설득력을 가진다. 몇 년 전 교회성장의 컨설턴트인 라일 쉘러(Lyle Schaller)는 성장하는 교회와 성장하지 못하는 교회 목회자들의 설교를 분석하고 연구한 적이 있었다. 그의 연구 결과에 의하면 성장하는 교회와 성장하지 못하는 교회 목회자들의 설교 내용에는 어떠한 질적인 차이가 없었다고 한다. 단지 성장하는 교회의 설교자들은 자신이 체험한 하나님의 은혜를 확신과 설득력을 가지고 회중들에게 전하고 있다는 것이다. 지나간 시대에는 설교에서 메시지의 내용만을 중요하게 생각했는데, 21세기를 향한 설교는 설교의 내용뿐만 아니라 설교자의 인격과 성품, 설교자의 복음의 체험이 더 중요해진다고 한다. 청중은 설교자 자신이 실제로 자기가 전달하는 말씀처럼 살아가고 있는지를 알기 원한다고 쉘러는 말하고 있다.[14]

실제로 미국의 초대형 교회인 사우스이스트 기독교회의 어떤 교인은 교회에 등록하기 전에, 교회 사무실로부터 담임 목사인 밥 러셀(Bob Russell) 목사의 주소를 얻은 다음, 직접 차를 몰고 러셀 목사가 살고 있는 동네에 와서 목사님이 살고 있는 집이 지나치게 호화로운 집인지 아니면 알맞은 집인지를 확인하고, 그리고 목사님이 타고 다니는 자동차가 최고급 외국 승용차인지, 아니면 적합한 차인지를 조사한 후에야 교인으로 등록을 하였다고 한다. 그 교인은 러셀 목사의 좋은 설교를 듣는 것으로 만족하지 않고, 목사님이 강단에서 전파하는 말씀처럼 실제로 살고 있는지를 알

---

13) John M. Buchanan, "The 'I' in Sermons," *Christian Century* 124, no. 5 (March 6, 2007), 5.
14) Lyle Schaller, *The Seven Day a Week Church* (Nashville : Abingdon Press, 1992), 95.

기 원했던 것이다.[15]

그런데 설교자 자신의 개인적인 이야기나 체험을 이야기할 때 고려해야 할 점들이 있다.

첫째, 이야기에 등장하는 사람들의 사전 허락을 받아야 한다. 설교자 개인의 이야기를 할 때, 설교자와 관계된 사람들이 등장하게 된다. 설교자들은 자녀들이나 아내, 또 다른 이웃들과의 관계에서 일어난 이야기를 자주 하게 되는데, 설교를 하기 전에 그들이 관련된 이야기를 해도 좋을지 그들로부터 허락을 받는 것이 필요하다. 그렇지 않으면 그들의 신뢰감을 잃어버리게 된다. 또한 가능하면 현재 사역하고 있는 교회의 교인에 관한 이야기는 하지 않는 것이 좋다. 설교자의 이야기에 나오는 사람들의 개인적 사생활을 존중하는 것이 필요하다.[16]

둘째, 같은 범주 안에 들어가는 똑같은 실수를 계속하여 말하지 않는 것이 좋다. 예를 들어 설교자가 교통 규칙을 위반하여 경찰로부터 교통 위반의 소환장을 받은 이야기를 여러 번 계속하여 말하게 되면, 청중들은 "목회자도 저렇게 반복하여 교통 규칙을 위반하는데……."라고 생각하며, 교통 규칙을 준수하는 것을 가볍게 생각하게 된다. 설교자는 법을 준수하는 면은 물론, 일상생활의 모든 영역에서 변화되고 성장하는 모습을 청중들에게 보여 주어야 한다.[17]

셋째, 설교자가 자신이 겪은 어려움이나 고뇌의 경험을 말할 때에는 신앙과 말씀 안에서 이미 그 문제를 해결한 것이어야 한다. 성령님의 도우심을 받아 믿음으로 해결하지 못한 문제를 말하게 되면 청중들의 마음을 불안하게 하고, 회중들로 하여금 설교를 듣는 일에 집중하지 못하게 만든다. 해돈 로빈슨은 어느 교회에서 설교자가 다음과 같이 말하는 것을 들었다고 한다.

---

15) Bob Russell, *When God Builds a Church* (West Monroe : Howard Publishing Co., 2000), 99.
16) Jeffrey Arthus & Andrew Gurevich, "Theological and Rhetorical Perspectives on Self-Disclosure in Preaching," 224.
17) Joe Stowell, "Self-Disclosure that Glorifies Christ," *The Art & Craft of Biblical Preaching*, eds. Haddon Robinson, Craig Brian Larson (Grand Rapids : Zondervan, 2005), 144.

직장에 나가시는 교우들은 8시쯤에 집을 떠나 직장으로 갈 것입니다. 교회는 11시에 예배를 드리니, 늦게 일어나 충분한 시간을 가지고 교회에 올 수 있을 것입니다. 이렇게 충분한 시간이 있어도 일이 잘못될 경우가 있습니다. 오늘 아침 나는 아내와 극심한 말다툼을 가졌습니다. 솔직히 말씀드리자면, 아직도 우리 사이의 문제가 해결되지 않았습니다. 가급적 오늘 오후나 저녁 때에 아내와 이 문제를 해결할 수 있기를 희망하고 있습니다.[18]

청중들은 설교자가 완전한 사람임을 기대하지는 않는다. 그러나 적어도 설교자가 어려운 문제를 믿음으로 잘 해결함으로 청중들의 역할 모델과 신앙의 본보기가 되기를 원하고 있다.

넷째, 설교자는 회중들 앞에 솔직한 모습을 보인다고 해서, 자신의 어떠한 은밀한 죄나 잘못을 설교 중에 고백해서는 안 될 것이다. 남침례교 신학교의 설교학 교수인 찰스 벅(Charles B. Bugg)은 어느 교회 주일예배에서 설교자가, "나는 지금 극심한 우울증에 빠져 있으며, 자살을 생각하고 있고, 아내와 이혼하게 될지도 모른다."라고 말하는 것을 들은 적이 있다고 한다. 이러한 설교자의 고백을 들은 회중들은 너무나 놀랐으며, 인간적으로 설교자에게 동정할 수도 있었지만, 어떻게 해야 할지를 몰라 당황했었다고 한다.[19] 그러하기에 로버트 모르간(Robert Morgan)은 "설교자가 빛의 근원을 발견하기 전에 자신의 어두움에 대하여 방송하는 것보다 교회를 더 낙심시키는 일은 없다."라고 말한다. 같은 맥락에서 리처드 엑슬리(Richard Exley)도 다음과 같이 말한다.

> 나는 청중들의 관심이 나의 투쟁(struggle)이 아니라 하나님의 은혜에 집중되기를 위해, 나의 개인적인 유혹을 노출시키는 것을 매우 조심한다. …… 내가 만일 죄악된 행실을 고백한다면, 내가 이미 회개한 것들이며 가능하면 회복된 것들이다. …… 나의 설교는 회중들에게 희망을 가져다주는 것이어야지, 흥미, 동정, 심지어 의심을

---

18) Haddon Robinson, "Bringing Yourself into the Pulpit," 130.
19) Charles B. Bugg, *Preaching from the Inside Out* (Nashville : Broadman, 1992), 83.

가져다주는 것이 되어서는 안 될 것이다. 청중들로 하여금 설교자가 지금 겪고 있는 유혹에 대하여 내밀히 관여하게 한다면, 우리는 필연적으로 그들을 위협하게 될 것이다.[20]

메시지를 통하여 회중들에게 소망을 공급하는 일이 설교자의 책임이다. 강단은 설교자 자신의 문제를 치료하는 장소가 아니다. 설교자는 자신의 개인적인 이야기가 회중들의 관심을 복음의 진리의 말씀으로 집중시키는 데 도움이 될 것인지, 회중들로 하여금 그리스도를 만나게 할 수 있겠는지를 항상 생각하고, 그들의 신앙에 변화와 성장을 가져다줄 수 있는 이야기만을 말해야 한다.

다섯째, 설교자가 자신의 체험을 말할 때, 청중들은 "설교자가 말하는 것이 사실인가? 설교자는 그가 말하는 것을 행하고 있는가?"라는 질문을 던지게 된다. 그러하기에 설교자는 자신의 이야기를 과장하거나 확대하지 말고, 진실되게 말해야 한다. 한번은 해돈 로빈슨이 어느 교회에서 설교할 때, 그의 가정에서 어떻게 가정 예배를 드리고 있는지에 대하여 말했다고 한다. 그리고 그날 그와 동행했던 그의 아들이 집으로 돌아오는 차 안에서, "아버지, 오늘 설교에 대하여 질문을 하나 해도 좋을까요?"라고 물었다고 한다. 로빈슨은 아들이 그의 설교를 열심히 들은 것 같아 기특하여, "물론이지."라고 대답했고, 아들은 이렇게 말했다. "설교에서 사실이 아닌 것을 말해도 되나요? 아버지가 말한 우리 집 가정 예배는 한두 번 드린 것에 불과한데, 아버지는 우리 집에서 매주마다 가정 예배를 드리고 있는 것처럼 설교에서 말씀하셨거든요." 로빈슨 교수는 크리스천들의 가정에 가족 예배가 있어야 할 필요성을 강조하다가, 자기 가정에서 한두 번 가정의 경건 시간을 가졌던 것을 지금도 매주마다 가지고 있다고 과장하고 확대하여 말했다는 것이다. 이 체험을 통해 설교자는 자신의 체험을 확대하거나 사실보다 더 미화시키지 않고, 정직하게 말해야 함을 다시 한 번 깨닫게 되었다고 로빈슨은 토로하고 있다.[21] 존 스토트는 설교자들에게 다음과

---

20) Jeffrey Arthus & Andrew Gurevich, "Theological and Rhetorical Perspectives on Self-Disclosure in Preaching," 225.
21) Haddon Robinson, "Bringing Yourself into the Pulpit," 137.

같이 경고한다. "우리의 체험과 우리의 증언 사이에는 정확한 일치가 있어야 한다. 우리는 철저하게 정직해야 한다."[22]

여섯째, 설교 중에 설교자가 자기 자신을 은근히 과시하며, 자신을 자랑하는 이야기를 즐겨 하거나, 자기 자신이 마치 성자가 된 것처럼 청중들을 향하여 말하면, 회중들의 신뢰감을 잃어버리게 된다. 오늘날의 회중은 설교자가 진실된 인간이기를 원한다. 설교자가 성직자라는 가면 속에 자신을 감추고 있는 사람이 아니라, 설교자도 그들과 같은 감정을 느끼고, 그들이 직면한 문제를 가지고 씨름하기를 원한다.[23] 현대인들이 원하는 설교자는 청중들과 다른 세계에서 사는 사람이 아니다. 그들처럼 신앙의 여정을 걸어가면서 오늘도 씨름하며(struggle), 의심하기도 하고, 고뇌하며, 때로는 실수하여 넘어지기도 하지만, 다시 일어나 그리스도를 푯대로 하여 묵묵히 회중들보다 앞서 걸어가는 인간성(humanity)을 가진 설교자를 회중들은 역할 모델로 바라보며 존경하게 되는 것이다. 교회성장학자 조지 바나(George Barna)에 의하면 청중들에게 감동을 줄 수 있는 설교자는, "나는 완전을 이룬 사람이 아닙니다. 나는 여러분의 문제들에 대한 모든 해답을 가지고 있지 않습니다. 그러나 이 시점에서 내가 생각하는 바로는, 우리는 이렇게 살아야 한다고 믿습니다. 나는 여러분들이 나와 함께 성장하기를 원합니다."라고 말할 수 있는 설교자라고 한다.

첨단 기술 문명 시대에 살고 있는 청중들은 예전처럼 강단에서 목소리를 높여 고함을 지르듯 말하거나, 강단을 주먹으로 치며 열변을 토하는 웅변조의 설교자들을 원하지 않는다. 오늘날의 회중들은 강단에서 전파하는 말씀과 가정과 사회에서 살아가는 삶이 일치하는 설교자를 찾고 있다. 설교자의 삶이 열려 있으며, 정직하고, 다가가기 쉬운(accessible) 설교, 또한 감정이입적(empathetic)이고, 메시지 스타일이 대화체이며 연관성(relational)이 있고, 설교자 자신이 실제로 체험한 복음을 전하는 설교를 목말라하고 있다.[24] 청중들은 설교자의 진실된 삶의 렌즈를 통해 복음을 바

---

22) John Stott, *The Preacher's Portrait*, 74.
23) Edward F. Markquart, *Quest for Better Preaching* (Minneapolis : Ausburg Fortress, 1985), 58.
24) George Barna, *The Habits of Highly Effective Churches* (Ventura : Regal, 1999),

라볼 수 있기를 원하고 있는 것이다."[25] 프레드릭 뷰크너(Frederick Buechner)는 다음과 같이 말한다.

> 오늘날 많은 설교들의 문제는 설교자가 세상에서 무엇이 일어나고 있는지를 잘 모르거나, 신간서적들, 그리고 신학에 어둡기 때문이 아니다. 설교자들의 문제는 그들이 자기 자신의 삶 속에 무엇이 일어나고 있는지, 그리고 설교를 듣게 될 청중들의 삶 속에 무엇이 일어나고 있는지를 잘 알지 못하는 데 있다. 설교의 주제가 소망이나, 신앙, 사랑, 또는 무엇이든지 간에, 설교자들은 그들 자신의 삶 속에서 이러한 것들을 체험한 진리를 말해야 한다. 설교자들은 자기 자신들이 되는 용기를 가져야 한다.[26]

---

104.
25) John S. McClure, *Preaching Words* (Louisville : Westminster John Knox Press, 2007), 124.
26) Frederick Buechner, quoted from *Christianity Today* (July 8, 2002), 62.

## 제 11 장
# 예화, 스토리, 이미지, 삶의 경험, 그리고 메타포

설교에서 사용되는 스토리, 일화(anecdote), 삶의 단편적 이야기(slice of life), 유추, 이미지, 메타포 등을 모두 포함하는 포괄적인 단어로 '예화'라는 말을 전통적으로 사용해 왔다. 설교의 예화라는 단어는 영어로 'illustration'(예화)이라고 부르고 있는데, 예화라는 말의 동사인 'illustrate'는 '빛을 비추다' 또는 '조명하다'라는 의미를 가지고 있다. 즉, 예화는 이해하기 어려운 설교의 논지(thesis)나 명제(proposition), 또는 대지의 의미를 청중들이 쉽게 이해할 수 있도록 빛을 비추어 주고, 조명해 주고, 설명하여 준다는 의미를 지니고 있다. 19세기 강단의 왕자라고 불리는 영국의 명설교자인 찰스 스펄전(C. H. Spurgeon)은 「목회자 후보생들에게」(*Lectures to My Students*)라는 그의 저서에서 집에 창문을 달아 빛을 들어오게 하듯이, 설교에서 예화를 사용하는 이유는 설교의 어려운 개념이나 대지에 빛을 비추어, 청중들로 하여금 쉽게 이해할 수 있게 하기 위함이라고 말하고 있다.[1] 해돈 로빈슨은 예화는 설교의 빅 아이디어, 즉 중심 내용을 다시 진술하고, 설명하며, 증명하고, 실제의 삶에 적용하는 데 사용되며, 예화는 TV의 화면처럼 설교자가 설명하는 것을 확실하게 보여 주는 것이라고 말한다.[2]

---

1) C. H. Spurgeon, *Lectures to My Students* (Grand Rapids : Zondervan, 1954), 349.

그런데 설교학자들의 관점에서 볼 때 설교에서 가장 중요한 것은 중심 아이디어나 명제, 그리고 대지들인데, 설교를 듣는 청중들은 설교의 핵심인 중심 아이디어나 명제, 또는 대지들은 곧 잊어버리지만, 설교의 예화는 오랫동안 기억하고 있다. 설교의 중심 내용에 빛을 비추어 주는 창문의 역할, 즉 부수적인 역할을 행해야 하는 예화가 청중들에게는 오히려 설교의 명제나 대지들보다 더 중요한 부분이 되고 있다는 사실을 설교학자들은 발견한 것이다.

그러하기에 설교학자들이나 신학자들은 설교에서 예화나 이야기를 사용하는 것에 관하여 편견을 가져 왔다. 특히 신학자들은 예화를 반지성적인 것으로 생각하고, 설교자가 생각하기를 싫어하는 청중들을 즐겁게 하기 위하여 예화를 사용한다고 주장하기도 한다. 칼 바르트(Karl Barth)의 「교회교의학」(*Die Kirchliche Dogmatik*)을 영어로 번역한 지오프리 브로밀리(Geoffrey Bromiley)는 "나는 성경에 나오는 예화가 아니면 좋아하지 않는다. 그 이유는 회중들이 대지는 잊어버리고 예화만 기억하기 때문이다."[3]라고 말하고 있다. 20세기 중반기에 미국 설교학의 대표적인 저서로, 신학교 교재로 많이 사용되어 왔고 내러티브 설교에 많은 영향력을 준 *Design for Preaching*(설교를 위한 디자인, 1958년 초판)을 저술한 그래디 데이비스(Grady Davis)는 예화란 설교를 재미있게 하는 인공적인 장식에 불과한 것으로, 설교자가 무엇인가 회중들의 삶에 연관성이 있는 메시지를 전달할 수 있다면 설교를 재미있게 하기 위한 예화란 필요하지 않을 것이라고 주장하고 있다.[4] 이처럼 그동안 많은 신학자들과 설교학자들은 예화란 설교의 본질적인 요소가 아니며, 단지 설교의 대지들을 쉽게 이해시키기 위한 보조적인 역할을 행하는 것, 깊이 생각하기를 싫어하는 일반 회중들을 위한 것으로 생각해 왔다. 그러하기에 어느 설교자가 예화를 많이 사용하면 설교학자와 신학자들은 그 설교자의 메시지에는 신학적인 깊이가 없고, 세상적인 이야기만 나열하여 청중들을 즐겁게 하는 아무 내용이 없는 설교라고 평가절하하기도

---

2) Haddon W. Robinson, *Biblical Preaching*, 2nd edition, 152.
3) John Killinger, *Fundamentals of Preaching*, 2nd edition (Minneapolis : Augsburg Fortress, 1996), 117.
4) H. Grady Davis, *Design for Preaching*, 257.

했다.

그런데 우리는 신약성서에 수록된 예수님의 설교 대부분이 이야기와 스토리임을 발견하게 된다. 예수님의 청중들은 구약의 말씀만이 아니라, 주로 그들의 일상생활에서 나오는 비유의 이야기를 들었던 것이다. 에드먼드 스타이믈은 예수님의 비유는 본질적으로 세속적인 이야기였다고 지적한다. 우리는 설교에서 스토리가 풍부하여 흥미로우면 신학적인 깊이가 없다, 혹은 진리의 말씀은 없고 이야기만 있다고 생각하기 쉽다. 예수님의 설교를 들은 바리새인이나 서기관들은 예수님의 설교에 신학적 깊이가 없다고 느꼈을 것이라고 한다.[5]

그러나 예화나 스토리에 대한 생각의 패러다임이 바뀌어 가고 있다. 예화와 이야기는 청중들로 하여금 설교의 명제, 중심 아이디어와 대지들을 단지 쉽게 이해하도록 설명해 주는 역할뿐만 아니라, 그 이상의 기능을 행하고 있는 것을 알게 되었다. 스토리와 예화는 성서를 인간의 삶의 경험으로 석의(exegete)하는 것으로,[6] 스토리는 회중을 성서의 이야기와 삶의 이야기에 초청하여, 그 이야기에 나오는 사람과 자신을 동일시하게 하며, 그 이야기를 체험케 함으로 청중의 삶을 변화시키는 힘을 가지고 있다는 것이다.

> 예수님께서 비유로 말씀하신 것은 재미있는 예화로 청중들을 즐겁게 하거나, 종교적 강화(religious speech)를 듣는 일에 청중들의 마음을 집중시키기 위해서가 아니었다. 예수님께서는 사람들을 변화시키기 위하여 비유의 이야기를 말씀하신 것이다.[7]

이처럼 이야기나 이미지, 메타포는 회중들의 마음을 변화시키고, 그들이 가지고 있는 고정관념과 생각을 전복시키고 파괴시키는(disrupt) 가능성을 가지고 있으며,[8]

---

5) Edward F. Markquart, *Quest for Better Preaching*, 174.
6) Bryan Chapell, *Using Illustrations to Preach with Power* (Grand Rapids : Zondervan, 1992), 13.
7) Edward F. Markquart, *Quest for Better Preaching*, 145.
8) Thomas G. Long, *The Witness of Preaching*, 2nd edition (Louisville : Westminster John Knox Press, 2005), 199.

청중들로 하여금 새로운 세계를 경험할 수 있도록 해 준다.

> 스토리, 이미지, 또는 경험은 세계를 창조한다. 스토리, 이미지, 경험에 상상을 동원하여 참여하는 회중들은 그 렌즈(번역자 주 : 스토리의 렌즈)를 통하여 세계를 이해하게 된다. 스토리와 이미지, 경험은 개인과 공동체의 생각, 느낌, 행동을 움직이게 한다(touch).[9]

인간은 이성적이고 합리적인 설득이나 이해를 통하여서는 잘 변화되지 않는다고 한다. 사람이 변화되기 위해서는 그 사람을 지배하고 있는 스토리, 이미지, 은유가 새것으로 바뀌어야만 된다는 것이다. 청중이 설교자의 설교를 듣고 머리로는 그의 설교에 전적으로 동의할지라도 그들의 삶에 변화가 일어나지 않는 것은 청중의 머리를 지배하고 있는 예전의 스토리, 이미지와 메타포가 새로운 것으로 대치되지 않았기 때문이라고 프레드 크래독은 말한다.[10] 지적이고 합리적인 설교는 회중을 설득하려고 그들의 마음의 벽을 정면공격하는 것에 비교할 수 있다. 그러나 스토리나 예화는 문이 활짝 열린 뒷문으로 아무 저항도 받지 않고 살그머니 그 성을 점령해 버리는 것과 같다. 청중들은 설교의 스토리를 들을 때, 그 스토리와 유사한 자기 자신들의 삶의 경험의 스토리를 떠올린다(evoke). 그리고 설교의 스토리와 자신의 삶의 스토리를 연결하여, 설교의 스토리를 자기 자신의 스토리로 만들어 자기 스스로에게 이야기할 때, 청중들의 삶에 변화가 일어나게 된다고 한다. 데이비드 엔야르트(David Enyart)는 이렇게 설교의 스토리를 들은 청중들이 자기 자신에게 말하는 것을 '제2의 설교'라고 부르고 있다.[11] 데이비드 그린허(Greenhaw)에 의하면 "효과적인 설교의 최종적인 평가(ultimate measure)는 설교에서 말해진 것이 단지 청중들에게 들려졌느냐가 아니고, 설교에서 말해진 것이 청중들에 의해 말해질 수 있고, 또 말해졌느

---

9) Ronald J. Allen, *Interpreting the Gospel* (St. Louis : Chalice Press, 1998), 209.
10) Fred B. Craddock, *As One Without Authority*, Revised & with New Sermons (St. Louis : Chalice Press, 2001), 63.
11) David A. Enyart, *Creative Anticipation* (Bloomington : Xlibris, 2002), 45.

냐이다. 이러한 일이 일어난다면 말씀이 다시 한번 성육신 되어 우리 가운데 거할 것이다."[12]라고 말한다.

데이비드 버트릭은 예화나 스토리는 몇 구절로 이어지는 매우 짧은 것이어야만 한다고 주장한다. 그러나 전통적인 설교에서처럼 예화가 설교의 대지를 설명해 주는 역할만을 할 때는 스토리가 짧아도 되지만, 스토리의 기능, 즉 이야기 세계 속에 회중을 초청하여 참여시키고, 그 이야기를 체험케 하기 위해서는 이야기가 어느 정도 길어야 한다. 그러나 이야기가 너무 길면 회중의 관심을 오래 집중시키기가 어렵게 된다.[13] 이처럼 설교의 예화에 대한 새로운 이해로 인하여, 전통적으로 사용해 오던 단어인 '예화'란 말을 대신하여 또는 병행하여 스토리, 삶의 단편적 이야기(slice of life), 이미지, 유추, 삶의 경험들, 메타포 등 다양한 말로 표현하기도 한다.

'스토리텔링 설교'와 '이야기식 강해 설교'(narrative exposition) 또는 '강해식 이야기체 설교'에서 예화나 스토리, 이미지, 메타포는 설교에 있어도 좋고, 없어도 좋은 것이 아니라, 설교에 필수적으로 있어야 할 본질적(integral)인 구성 요소가 된다. 그러나 '내러티브 설교'를 주장하는 유진 라우리(Eugene L. Lowry)는 그가 제시하는 내러티브 구조의 4단계, 즉 '갈등'(Conflict), '상황이 더 복잡해짐'(Complication), '갑작스러운 전환'(Sudden Shift), '새로운 미래의 열림'(Unfolding)으로 설교가 구성되어 있으면, 설교에 스토리나 예화가 하나도 없어도 내러티브 설교가 될 수 있다고 말한다. 그러나 설교가 제아무리 내러티브 구조로 형성되었다 할지라도 내러티브 설교에 스토리나 예화가 하나도 없다면, 그 내러티브 설교는 매우 지루하고 무미건조한 설교가 될 것이라고 데이비드 엔야르트는 지적하고 있다.[14] 또한 스토리나 예화는 설교의 대지나 명제에 종속되어 있는 것이 아니고, 동등한 위치를 차지하고 있으며, 본문의 의미를 해석하는 데 있어 같은 위치에 서 있다고 프레드 크래독은 말한

---

12) David M. Greenhaw, "As One with Authority," in *Intersections : Post-Critical Studies in Preaching*, ed. Richard L. Eslinger (Grand Rapids : Eerdmans, 1994), 122.
13) George M. Bass, *The Song & the Story* (Lima : C. S. S., 1984), 122.
14) David A. Enyart, *Creative Anticipation*, 232-233.

다. 크래독에 의하면 예화나 스토리는 설교의 대지를 설명하거나 보조하는 기능만 행하는 것이 아니고, 스토리 자체가 대지이며, 스토리는 메시지를 쉽게 이해하도록 돕는 역할을 할 뿐만 아니라 그 안에 메시지 전체를 포함하고 있다는 것이다.

> 실제로 좋은 설교에서 예화라고 지시되는(referred) 것, 즉 스토리나 일화 등은 대지를 빛으로 비추는 것이 아니라 그것들이 바로 대지이다. 다른 말로 말한다면, 예화는 메시지를 조명하기보다는 그 가슴 안에 메시지 전체를 운반하고 있는 것이다.[15]

설교에서 스토리를 제거하는 것은 역사책에서 내용에는 아무 손상이 없이 그림을 가위로 잘라 내는 정도가 아니고, 그 페이지를 전부 다 잘라 내는 것과 같다고 한다. 구약의 나단 선지자가 다윗에게 부자가 가난한 사람의 양을 빼앗는 스토리를 이야기했을 때, 그것은 예화가 아닌 그의 설교 자체였던 것이다. 또한 예수님께서는 '하나님의 의로우심'과 '용서'에 관하여 말씀하실 때, 몇 개의 대지로 나누어 설교하시면서 그 대지를 설명하기 위한 예화로 탕자의 비유를 사용하신 것이 아니고, 탕자의 비유 자체가 예수님의 설교였던 것이다.[16] 전통적인 설교에서는 예화나 스토리가 설교의 대지나 명제를 청중들이 쉽게 이해할 수 있도록 설명하여 주는 보조적인 기능을 행했으나, 스토리텔링 설교와 이야기식 강해 설교(또는 강해식 이야기체 설교)에서는 스토리나 예화를 대지나 명제와 동등한 위치에 놓고 있으며, 설교의 본질적인 구성 요소로 생각하고 있다.

성서학자 존 도미니크 크로산(J. D. Crossan)도 설교의 대지나 명제를 청중들에게 쉽게 설명하고, 설교의 추상적이고 난해한 명제에 밝은 빛을 조명하는 기능을 행하는 예화는 설교에 반드시 있어야 되는 것이 아닌, 없어도 되는 것이지만, 청중을 설교에 참여시키는 메타포(metaphor of participation)로서의 예화는 설교에 없어서는 안 될 절대 필요한(indispensable) 요소이며, 스토리는 확대된 메타포(extended metaphor)

---

15) Fred B. Craddock, *Preaching*, 204.
16) Ibid., 204.

라고 말한다.[17]

　최근의 심리학에서 인간의 왼쪽 두뇌는 분석적이고 합리적이며 이성적인 사고의 논리를 추구하는 기능을 행하는데, 수학자나 물리학자들, 변호사나 엔지니어들은 대개 왼쪽 두뇌가 발달되어 있다고 한다. 또한 오른쪽 두뇌는 예술가, 문학가, 미술가, 시인, 배우들에게 발달되어 있는데, 오른쪽 두뇌는 상상력, 통찰력 및 묵상하는 기능을 행한다고 한다. 전인적인(holistic) 인간이 되기 위해서는 오른쪽 두뇌와 왼쪽 두뇌를 다 활용하여, 그 기능의 조화가 있어야 된다고 한다. 우리의 설교를 듣는 청중들은 왼쪽 두뇌가 발달한 사람도 있는가 하면, 오른쪽 두뇌가 발달한 사람들도 있다. 그러하기에 설교에는 추상적인 신학 개념, 교리, 명제가 있어야 함은 물론, 스토리, 이미지, 유비, 메타포가 그 안에서 균형을 이루고 있어야 한다. 합리적이고 추상적인 신학 개념이나 명제가 삶의 이야기로 성육화되어야 좋은 설교가 되며, 이러한 설교는 왼쪽 두뇌가 발달한 회중과 오른쪽 두뇌가 발달한 청중 모두를 말씀으로 잘 양육할 수 있게 해 줄 것이다.[18]

　토마스 롱 교수는 예화를 3가지 기능적 형태로 나누고 있다.[19]

## 1) 유 추

　유추(analogy) 형식의 예화는 설교에서 문장 속의 직유(simile)와 같은 역할을 행한다. 즉, 어떠한 문제나 주제, 아이디어, 행동 등을 다른 것에 비교하는 것으로 의미가 명료하고 오해의 여지가 없다. "그 남자는 개미처럼 부지런하다." 여기에서 '그 남자'와 '개미'는 전혀 다른 실체이다. 두 실체는 본질적으로 다른 것이지만 한 가지 점에서 공통점을 가지고 있는데, 그것은 바로 부지런하다는 점이다. 그 남자의 부지

---

17) John Dominic Crossan, *In Parables* (New York : Harper & Row, 1973), 13.
18) Jim Somerville & John Skes, "Preaching to the Right Brain & Preaching to the Left Brain," *Preaching* 10 (Jan-Feb 1995), 36-43. ; 좌뇌, 우뇌에 관한 좋은 책으로 Ralph L. Lewis & Gregg Lewis, *Learning to Preach like Jesus* (Westchester : Crossway Books, 1989)가 있다.
19) Thomas G. Long, *The Witness of Preaching*, 2nd edition, 198-224.

런한 행동을 이해하기 위하여 개미와 비교하는 것이 바로 유추이다. 설교에서 어떤 아이디어나 개념을 말할 때, 설교자가 청중의 이해를 위해 자연 세계나 인간의 경험으로부터 유사한 예를 들어 설명하는 것이 유추 형식의 예화로, 유추 형식의 예화를 사용하는 목적은 청중들에게 분명하고 명확한 이해를 가져다주기 위함이다. 유추 형식의 예화는 하나의 완전한 이야기보다는 대체로 경험의 간결한 묘사(vignettes), 단편(fragments), 또는 하나의 이미지로 제시된다.[20]

독일의 신학자인 헬무트 틸리케(Helmut Thielicke)는 "겨자씨의 비유"(마 13 : 31-33)라는 제목의 설교에서, 작은 겨자씨와 그가 목사 안수를 받고 부임한 교회에서 처음으로 가르치던 성경 공부반을 비교하고 있다. 그가 교회에서 첫 성경 공부반을 인도할 때, 세 사람만이 참석을 했는데, 두 사람은 나이 많은 할머니들이었고, 나머지 한 사람은 젊었을 때에는 교회에서 오르간을 연주하던 사람으로 지금은 나이가 많아 손가락이 마비된 할아버지였다고 한다. 그가 세 명의 노인들만이 참석한 성경 공부반을 인도하고 있을 때, 교회 밖에서 히틀러의 악한 나치 정권을 광신적으로 지지하는 수천 명의 청년들이 군화를 신고 발을 높이 들고 걸으며 행진하는 소리와 수많은 군중들이 열광적으로 환호하는 소리가 교회 안으로 들려왔다고 한다. 하늘을 찌르듯 사악한 히틀러 나치 정권의 권세에 비하여 그의 성경 공부반은 너무나도 무력하고 존재감이 없는 듯이 보였다고 한다. 성경 공부반을 인도하러 방에 들어가면서 마음이 약해진 틸리케는 "하늘과 땅의 모든 권세를 내게 주셨으니"라는 예수님의 말씀을 반복했다고 한다. 그리고 그때 그는 마음 깊은 곳에 주시는 주님의 음성을 듣고 위로와 용기를 가지게 되었다고 한다. 즉, 그가 인도하는 성경 공부반은 너무나도 초라하고 그 수가 적으며, 세상의 눈에는 보잘것없어 보이지만, 주님은 이 연약한 것을 통하여 그분의 놀라우신 구원의 역사를 이루어 가신다는 확신을 받았다는 것이다. 눈에 잘 보이지도 않는 겨자씨가 큰 나무로 성장하듯이, 하나님의 나라도 그의 작고 보잘것없는 성경 공부반을 통하여 확장되어 간다는 위로와 확신을 가지게 되었다고 틸리케는 그의 설교에서 말하고 있다. 유추 방식의 예화는 이와 같이 본문

---

20) Ibid., 204.

의 진리를 다른 경험이나 사건과 비교하면서 설명하고 이해시키는 방식이다.[21]

### 2) 실 례

설교자가 청중들에게 이 시대에 어떻게 사는 것이 예수님을 따르는 삶인가를 구체적으로 설명하기 위하여, 삶의 현장에서 예수님의 제자로서 살아가고 있는 어느 사람의 삶의 모습을 이야기해 주는 것이 실례(example)로 예화를 사용하는 방법이다. 어느 한 사람의 삶이 예수님을 따르는 삶의 모습에 관하여 모든 것을 다 말해 줄 수는 없지만, 실례로서의 예화는 제자도의 한 단면을 보여 줄 수 있다. 실례로서의 예화는 청중들로 하여금 하나님의 은혜, 사랑, 용서, 그리고 소망을 부분적으로 맛보고 경험할 수 있도록 해 준다. 실례의 스토리와 예화는 청중들의 삶에 본문이 어떻게 적용될 수 있는지를 보여 주며, 청중들에게 동기를 부여하고, 청중들로 하여금 복음을 경험케 하고 삶의 변화를 가져오게 한다. 다음과 같은 실례는 그리스도인으로서 섬기는 삶의 모습의 한 단면을 보여 주고 있다.

> 얼마 전 CBS 저녁 뉴스 방송은 마이크와 지오나 설리번 부부에 관한 이야기를 방영하였다. 남편인 마이크는 의사이고, 아내 지오나는 약사다. 그들은 부와 재정적 안정을 포기하고, 여가를 즐기기 위해서가 아니라 가난한 사람들을 돕기 위하여 이동식 주택(mobile home)을 샀다고 한다. 메릴랜드 주와 펜실베이니아 주의 농촌 지역에 사는 사람들 가운데 의료보험이 없는 사람들은 수치심 때문에 또는 돈이 없어 정상적인 통로를 통한 의료 혜택을 받지 못하고 있었다. 이 부부는 하루에 많게는 90명의 사람들을 진료하는데, 진찰에서부터 의료 검사와 처방약까지 모든 것을 무료로 제공했다. 환자 가운데 한 사람은 말했다. "모든 것이 사랑이지요. 사랑 때문일 것입니다." 설리번 부부는 독실한 가톨릭 신도로, 하나님께서 그들을 이 의료 사역으로 부르셨다고 믿고 있었다. 그들의 이동 의료 클리닉에는 큰 글씨로 '자비의 미션'이라고

---

21) Helmut Thielicke, *The Waiting Father* (New York : Harper & Brothers, 1959), 61-70.

적혀 있다. 지오나는 말한다. "우리는 이 사역을 위하여 경제적인 안정을 포기했습니다. 그러나 나는 이 사역을 다른 어떤 것과도 바꾸지 않을 것입니다." 우리 모두는 이 부부와 같은 방식으로 행하라는 부름을 받지 않았다. 그러나 예수님께서 우리의 삶을 인도하시도록 한다면, 이러한 말은 우리의 입에서 나오는 말이 될 것이다.[22]

친절과 받아 줌(acceptance)의 힘에 관하여 이야기를 한다면, 다음과 같은 실례의 단면을 이야기할 수 있을 것이다.

메리 앤 버드(Mary Ann Bird)는 "The Whisper Test"(귀엣말 시험)라는 그녀의 회고록에서, 그녀의 삶에서 나타난 남을 인정해 주는 말의 능력에 관하여 말하고 있다. 그녀는 여러 가지의 신체적인 결함을 가지고 태어났다. 한쪽 귀는 듣지 못했고, 입천장이 갈라졌으며, 볼꼴 사나운 얼굴(disfigured face)에, 코는 구부러졌고, 발은 한쪽으로 기울어져 있었다. 어린 시절 메리 앤은 신체적인 결함으로 인해서는 물론, 다른 어린이들에 의해 가해진 정서적인 손상도 입었었다. 그녀의 반 친구들이 "메리 앤, 네 입술이 왜 그렇게 되었니?"라고 질문할 때마다, 그녀는 "유리 조각에 베여서 그래."라고 거짓말로 대답을 하였었다. 메리 앤에게 있어 학교에서의 최악의 경험은 매년 실시하는 청력 시험(hearing test)이었다. 선생님이 학생들을 한 사람씩 자기 책상으로 불러오면, 학생은 한쪽 귀를 손으로 막고, 다음에는 다른 귀를 막았다. 선생님은 학생의 막지 않은 귀에다 "하늘이 푸르다." 또는 "너는 새 신발을 신었구나."라고 귓속말로 속삭인다. 이것이 청력 시험이었다. 학생이 선생님이 하는 말을 듣고 그대로 따라 말하면 시험을 통과하는 것이었다. 청력 시험에 실패하는 창피함을 회피하기 위하여, 메리 앤은 항상 시험을 속였다. 들리지 않는 귀를 시험할 때에도 잘 들리는 귀 뒤에 몰래 손을 찻잔 모양(cupping)으로 갖다 대어 선생님이 하는 말을 들었기 때문이다. 어느 해 메리 앤은 학교에서 가장 인기 있는 선생님 가운데 한 분인 레너드 선생님의 반이 되었다. 메리 앤을 포함한 모든 학생들은 그녀로부터 인정

---

22) Paul Scott Wilson, *The Practice of Preaching*, 2nd edition (Nashville : Abingdon, 2007), 124.

받고 귀여움을 받고 싶어했다. 그런데 메리 앤이 가장 두려워하는 청력을 시험하는 날이 또 왔다. 메리 앤의 차례가 되어, 메리 앤은 선생님 책상으로 불려 갔다. 메리 앤이 잘 들리는 귀 뒤에 몰래 손을 찻잔 모양으로 갖다 대고 있었을 때, 레너드 선생님은 가까이 다가와서 속삭였다. 메리 앤은 회고록에서 다음과 같이 말하고 있다. "나는 그러한 말들을 기다려 왔다. 나의 삶을 변화시킨 일곱 마디의 말을 하나님께서 레너드 선생님의 입에 담아 주신 것임에 틀림이 없다." 레너드 선생님은 "하늘이 푸르다." 또는 "너는 새 신발을 신었구나."라고 말하지 않았다. 선생님이 메리 앤의 귀에 속삭인 말은, "나는 네가 나의 귀여운 딸이었으면 좋겠다."(I wish you were my little girl.)였다. 이후에 메리 앤도 선생이 되었는데, 그녀는 내적인 아름다움을 지니고 많은 친절함을 베푸는 사람이었다.[23]

### 3) 은유

은유(metaphor)는 전혀 다른 의미의 두 단어를 연결함으로 새로운 의미를 창조하고, 실재를 새롭게 경험하도록 해 준다.[24] 성경의 저자들은 직유보다 은유를 더 많이 사용하고 있다. "여호와는 나의 반석이시요"(시 18 : 2)와 같은 것이다. 하나님과 반석은 본질상 서로 다른 것들이지만, 한 가지 공통점 때문에 대비한 것이다. 시편의 저자는 하나님은 우리를 위험에서 안전하게 지켜 주시는 분이라는 믿음을 가지고 있기에, 하나님을 반석으로 비교하고 있다. 예수님께서 헤롯 안디바를 가리켜 "저 여우"(눅 13 : 32)라고 말씀하신 것도 은유이다. 여우의 특성을 직접 언급하지 않고 함축적으로 가리켜 여우라고 말씀하고 계신다. 문법적으로, 은유는 '같은'(like) 혹은 '만큼'(as)이 없는 직유로 정의될 수 있다. 직유와 은유의 수사학적 차이점은 은유는 대비되는 단어의 뜻을 비교함에 있어 제한이 없다는 데 있다.[25] "너희는 뱀같이 지혜롭고 비둘기같이 순결하라"(마 10 : 16)는 직유다. 뱀과 비둘기가 함축하고 있는 특성

---

23) Thomas G. Long, *The Witness of Preaching*, 2nd edition, 212.
24) Ibid., 215.
25) Richard N. Soulen & R. Kendall Soulen, *Handbook of Biblical Criticism*, 4th edition (Louisville : Westminster John Knox Press, 2011), 125.

은 '지혜'와 '순결'로 명백히 나타남으로 더 이상 비교할 수 없다. 그러나 "보라 세상 죄를 지고 가는 하나님의 어린양이로다"(요 1 : 29)는 은유이다. 예수님과 희생양과의 비교는 제한이 되지 않기에 은유인 것이다. 예수님의 비유 가운데는 이야기 형식의 메타포가 많다. 메타포 형태의 비유를 말씀하실 때, 예수님께서는 이 이야기를 통해 하나님 나라의 몇 가지 특성에 관하여 설명하고자 한다고 말씀하시지 않았다. 메타포 형식의 비유를 통하여 예수께서는 우리로 하여금 이야기 세계 속에 살아 보게 하심으로 이야기의 주인공과 상황 속에서 우리 자신을 발견하고, 이야기가 우리 삶에 무엇을 요구하는지 느껴 보라고 말씀하신다. 메타포 형태의 예화는 청중의 상상력을 자극하며 청중으로 하여금 청중의 상상과 사고력을 통해 이야기의 의미를 스스로 발견하도록 하기에, 유추 방식과 실례의 방식에 비하여 설교의 예화로 많이 사용되지 않는다.[26] 토마스 롱에 의하면 다음의 예화는 악의 현존(presence)을 깨닫는 실례의 예화로도 사용될 수 있으나, 설교자는 다음의 예화를 메타포로 사용하여 설교하고 있다. 그는 이 세상은 악과 선이 공존하며, 무엇이 선이고 악인지 구별하기가 쉽지 않다는 것을 청중들에게 암시하고, 청중들로 하여금 통찰력을 발휘하여 의미를 깨닫도록 제시한다.

나는 여섯 살 때 가장 훌륭한 놀이터에서 놀았다. 지금 기억해 보면, 다른 아이들도 놀았을 터인데, 놀이터는 모두 내 것이었다. 나는 그 놀이터를 지금도 여섯 살 먹은 아이의 눈으로 바라볼 수가 있다. 그 놀이터는 독일의 프랑크푸르트에 있던 우리 2층 집 뒤로 끝없이 펼쳐져 있었다. 그러나 사실은 시(city)의 몇 블록 정도의 크기였을 것이라고 추정된다. 나는 그곳이 놀라운 물건들로 가득 차 있었던 곳으로 기억한다. 나는 부서진 벽돌담을 기어 넘어 올라갔고, 산 위에 서 있는 카우보이가 되었다. 나는 땅으로부터 기울게 세워진 커다란 콘크리트 조각 위에 올라가기도 했고, 나만이 알고 있는 12개가량의 비밀 장소를 발견하기도 했다. 나의 놀이터 위에는 나무딸기, 구스베리, 그리고 붉은 건포도가 자라고 있었다. 나는 덩굴로부터 그 열매들을 따

---

26) Thomas G. Long, *The Witness of Preaching*, 2nd edition, 215-216.

먹었고, 셔츠를 얼룩지게 하였다. 나는 땅에 흩어져 있는 불에 녹은 작은 유리 조각들을 구두 상자 속에 모았다. 나의 놀이터에서는 모든 종류의 물건들을 발견할 수 있었다. 어느 날 나는 놀이터에서 땅을 파다가 청색 고무 장난감 오토바이를 발견하였다. 흙을 벗겨 내자, 바퀴는 아직도 회전하였다. 저 작은 푸른 장난감 오토바이는 나의 것이 될 수도 있었다. 그러나 그것이 내 것이 아님을 나는 알았다. 그것은 어느 누군가의 것, 다른 어린아이의 것이었다. 그것은 나보다 나의 놀이터에서 먼저 놀았던 아이에게 속한 것이었다. 나는 그 어린아이에게 무슨 일이 일어났는지 궁금해졌다. 내가 의아해 할 때, 내가 알아 온 사실, 추측하며 깊이 생각하지 않던 사실이 나의 피상적인 앎으로부터 벗어나 깊은 깨달음으로 다가왔다. 내가 그날 파낸 것은 푸른색의 작은 장난감 오토바이뿐만이 아니라, 이 세상, 즉 나의 세계에 있는 악의 현존에 대한 깨달음이었다. 많은 분들이 짐작했겠지만, 여섯 살의 나에게 지상의 기쁨이었던 정원, 나의 놀이터는 제2차대전 후에 아직 복구되지 않은 프랑크푸르트의 비행기로 폭격 맞은 주거지였다. 내가 달리며 뛰어오르던 담벽과 석판은 여러 가정들이 살았던 집들의 잔해였다. 나무딸기와 흰건포도와, 구스베리는 오래전 누군가가 심었기 때문에 자란 것들이었다. 내가 모았던 녹은 유리 방울들은 불에 녹아 버린 유리 창문으로, 어머니들이 밖에서 놀던 자기 아이들을 바라보고 손을 흔들었던 유리 창문이었다. 내 손바닥 위에서 굴리던 작은 푸른색의 장난감 오토바이는 이제는 더 이상 존재하지 않는 어느 집에 살았던 어떤 소년의 손에서 구르던 것이었다. 그 어린 소년에게 무슨 일이 일어났는지, 그 가정들에게 무슨 일들이 일어났는지 나는 모르고, 알 수도 없다. 그러나 그 순간 내가 알게 된 것은 이 세상에 가공할 일들이 일어났으며, 악은 놀이터 위를 가로지르며 놀았다는 사실이다. 이 정원에는 잡초가 있었다.[27]

메타포의 기능을 행하는 스토리와 예화는 청중들이 가지고 있던 기존의 세계관을 전복시키며, 청중들로 하여금 새로운 하나님의 은혜의 세계를 바라보고 경험할 수 있도록 해 준다. 즉, 은유로서의 스토리와 예화는 하나님을 바라보는 창문이 되어

---

27) Ibid., 217-218.

청중들에게 새로운 세계관을 가지도록 하여, 삶의 변화를 가져오게 한다.[28]

그러면 스토리나 예화, 이미지, 유추, 메타포를 어디에서 발견할 수 있는가?

### 1) 설교자의 삶과 주변

설교자가 그의 삶에서 본문 말씀과의 만남과 그 말씀과 맞물렸던(engagement) 경험의 이야기를 스토리로 사용할 수 있다. 청중들은 왜 설교자가 그 본문을 선택했는지, 본문이 설교자의 삶에 어떠한 영향을 끼쳤는지, 설교자가 본문을 언제 처음 읽었고, 본문이 그동안 설교자의 삶에 어떠한 필요를 채워 주었는지, 왜 이 본문이 설교자에게 중요한지 알기를 원하고 있다.[29] 만약 설교자가 본문을 그의 삶 속에서 실제로 경험했던 일이 없다면, 상상을 통하여 경험해 볼 수 있다. 크래독은 백지 맨 위에 "What is it like to be……?"(내가 그 사람이라면 어떠할까?)라고 쓴 다음에 본문의 사건을 상상해 보며 생각나는 것들을 기록해 보라고 말한다. 예를 들자면, 누가복음 13:10~17에 보면 예수께서 18년간 등이 굽어 허리를 펼 수 없는 한 여인을 치유하시는 기사가 기록되어 있는데, 이 본문을 읽을 때 설교자는 "내가 그 여인이었다면 어떠했겠는가?"라고 상상해 보며 백지에 생각나는 것들을 기록해 보라고 권면한다. 또 내가 고속도로 밑에서 노숙하는 사람이나, 사춘기가 되어 혼란에 빠져 있는 청소년이라 한다면 "나는 무엇을 느끼고, 무엇을 생각할 것인가?"를 상상하며 백지에 기록하는 연습을 하라고 한다. 그러면 곧 백지에는 설교에 도움이 되는 그림 언어, 아이디어, 질문, 기억들이 가득 차게 될 것이라고 크래독은 말한다.[30] 영미권의 10명의 명설교자 가운데 유일한 여성인 바바라 브라운 테일러(Barbara Brown Taylor)는 그녀의 설교 작성 방법에 관하여 다음과 같이 말하고 있다.

---

28) Warren W. Wiersbie, *The Dynamics of Preaching* (Grand Rapids : Baker, 1999), 80.
29) Calvin Miller, *Preaching : The Art of Narrative Exposition* (Grand Rapids : Baker, 2006), 125-128.
30) Ronald J. Allen, *Interpreting the Gospel*, 218.

설교의 보조 자료를 수집하는 일을 시작하는 가장 좋은 방법은 본문을 소리 내어 읽으며 본문이 불러일으키는 연상(associations)에 관심을 기울이는 것이라고 나는 믿는다. 내가 본문의 말씀을 들을 때 어떻게 느끼는가? 내가 마지막으로 그렇게 느꼈을 때는 언제인가? 연결되는 것은 무엇인가? 본문이 마음에 떠오르게 하는 책, 영화, 사건, 또는 대화는 무엇인가?[31]

또한 설교자 자신의 일상생활에서 경험하는 이야기들이 역사나 전기, 그리고 다른 책들에서 발견된 예화보다 청중들을 더 설교에 몰입시킬 수가 있다는 것에 관하여 대부분의 설교자들은 동의하고 있다. 따라서 설교자는 설교의 예화로 자신의 경험을 잘 개발하는 것이 필요하다. 로빈 마이어스(Robin Meyers)는 다음과 같이 말한다.

나는 설교자들에게 신문과 잡지의 오려 낸 기사, 인용문들에 덜 의존하고, 자기 자신과 주변 사람들의 삶을 더 주의 깊고 예리하게 관찰하라고 충고한다. 요즈음에는 설교를 위한 자료들의 분량만 해도 너무나 과도하게 많다. 특히 신학교를 갓 졸업한 설교자들이 그들의 첫 교회 사무실에서 짐을 풀 때, 설교에 관한 산더미 같은 책들과 엄청나게 출판되는 설교 자료집들이 있을 것이다. 그러나 청중들은 책을 많이 읽어 박식한 설교자로부터가 아니라, 설교자라는 사람으로부터 메시지를 듣기를 원한다고 나는 믿고 있다. 청중들은 영리함보다 더 찾는 것이 있는데, 진정성, 즉 복음에 대하여 투명한 사람을 찾고 있다.[32]

하나님께서는 설교자의 일상생활에서 일어나는 여러 사건들을 통하여 그를 만나 주신다. 그러하기에 설교자는 자신과 주변에 있는 사람들의 삶을 주의 깊게 관찰하고 숙고할 수 있어야 한다. 탁월한 문학비평가나 소설가, 설교자들과 평범한 작가와

---

31) William H. Willimon, "Collecting Supportive Material," in *Best Advice for Preaching*, edited by John S. Mcclure (Minneapolis : Fortress Press, 1998), 55.
32) Ibid., 52.

설교자들과의 차이는 관찰하는 능력에서 비롯된다. 평범한 설교자들은 보지 못하는 것을 뛰어난 설교자들은 예리한 관찰력으로 바라보곤 한다. 그러하기에 설교자들은 여행이나 운동을 할 때에도, 쇼핑을 하거나 TV를 시청할 때에도 사물이나 사건, 또는 사람들을 주의 깊게 관찰할 수 있어야 한다. 게렛 복음주의 신학교의 설교학 교수이며 뛰어난 설교자였던 어니스트 캠벨(Ernest Campbell)은 항상 조그마한 메모지를 가지고 다니며 관찰한 사건들을 놓치지 않고 기록하여 그것을 설교 자료로 사용한다고 한다.

주의 깊은 설교자들은 심지어 TV 광고도 유심히 관찰한다고 한다. 사실 TV 광고를 내는 회사들은 많은 돈을 지불하고 짧은 시간의 TV 광고를 내고 있으며, 광고 회사는 시청자들의 태도와 가치관, 두려움, 욕구 등을 세밀하게 조사하고 연구한 후에 상품을 구매하도록 동기를 부여하고 있는 것이다. 그러하기에 설교자들은 TV 광고까지도 예리하게 관찰할 수 있어야 한다. 바라볼 수 있는 눈을 가지고 있으며, 들을 수 있는 귀를 가지고 있는 주의 깊은 설교자들에게는 설교의 스토리가 하늘로부터 내린 만나처럼 삶의 주변에 항상 풍성하게 있다. 그리고 그 스토리들은 관찰력을 가지고 있는 설교자에게 나를 사용해 달라고 말하고 있다.

> 설교자들이 보고, 느끼고, 그리고 듣는 것에 관심을 기울일 때, 설교자의 상상은 덜 변덕스럽고, 훨씬 믿을 만한 것이 된다. 세계의 생생함은 날마다 우리의 창의력에 양식을 공급해 줄 것이다. 그렇게 되면 우리는 일상의 경험의 풍성함에 민감하기 때문에 설교 자료를 발견하는 것에 관하여 덜 염려하게 될 것이다. 왜냐하면 설교자는 모호함과 모호함의 해소, 그리고 다시 시작되는 모호함으로 특징 되는 삶과 평범한 사람들의 이야기들로부터 상상을 사용하여 비유들(이야기들)을 이끌어 낼 수 있기 때문이다.[33]

설교자들은 사건들을 관찰만 해서는 안 되고, 관찰한 것을 복음에 비추어 묵상하

---

33) Thomas H. Troeger, *Imagining a Sermon* (Nashville : Abingdon Press, 1990), 89.

고 숙고할 수 있어야 한다. 바라본 사건들을 신학화할 수 있어야 회중들의 문제에 복음으로 해답을 줄 수 있게 된다. 설교의 자료인 스토리와 예화는 예화집보다 우리들의 삶의 주변 현장에 더 많이 산재해 있다. 설교자들은 삶의 자리에서 신앙이 성육화된 스토리나 예화를 발견할 수 있는 관찰력과 숙고하는 능력을 개발할 수 있어야 한다. 로빈 마이어스는 다음과 같이 말한다.

> 설교 작성의 전개를 의식하지 않을 때에도, 설교자는 반드시 삶에 관하여 숙고하는 능력을 개발해야 한다. 영화관에 가더라도 영화를 잠재적인 설교 자료로서가 아니라, 예술(art)로 즐겨라. 어린이들을 관찰하고, 즐거움을 위하여 독서하며, 때때로 사람들이 가지 않는 길을 택하라.[34]

## 2) 독서와 멀티미디어

스토리나 예화의 절반 정도는 설교자들의 독서를 통해서 오며, 설교자는 인터넷을 통하여서도 예화를 수집할 수 있다. 그러나 설교 예화집이나 인터넷을 통해 얻어지는 스토리는 대개가 진부하며 21세기를 살아가는 회중들의 삶과 연관성이 없는 경우가 많다. 알렉산더대왕, 나폴레옹, 을지문덕 또는 19세기 영국의 스펄전 목사와 같은 역사적인 인물에 관하여 이야기한다면 오늘날처럼 범죄 문제, 공해 문제, 실업과 경제 불황, 사회 도덕성의 위기에 직면한 청중들에게 '호소'하지 못한다고 빌 하이벨스(Bill Hybels) 목사는 말하고 있다. 하이벨스 목사는 "나는 하나님이 나로 하여금 스펄전을 인용하지 않고 설교할 수 있도록 해 주시면 좋겠다."라고 말한다.[35] 그에 의하면 대부분의 청중들은 스펄전을 알지 못하며, 그를 안다 한들 그들의 삶과 아무 관계가 없는 사람으로 생각한다는 것이다. 따라서 예화는 현실의 삶과 연관성

---

34) William H. Willimon, "Collecting Supportive Material," 53.
35) Bill Hybels, "Speaking to the Secularized Mind," in *Mastering Contemporary Preaching*, eds. Bill Hybels, Stuart Briscoe, Haddon Robinson (Portland : Multnomah, 1989), 36.

이 있어야 한다. 이러한 맥락에서 프레드 크래독은 설교자가 폴리캅의 순교, 사울의 회심, 성 프란시스의 청지기 생활, 리빙스턴의 섬김과 봉사를 예화로 든다면, 회중들은 도저히 그들처럼 살 수 없다고 포기한다고 한다. 청중들은 "폴리캅이나 사도 바울, 성 프란시스나 리빙스턴은 그렇게 살 수 있는지 몰라도, 나는 그러한 삶을 살 수 없다."고 생각한다는 것이다.[36]

오랫동안 목회를 하다가 지금은 개혁 신학원에서 설교학을 가르치고 있는 스티브 브라운(Stephen Brown) 목사는 설교자들에게 설교집도 사서 참고하라고 권장하고 있다. 그에 의하면 설교학 교수들만은 설교집을 사서 보지 말라고 하는데, 교수들은 한 달에 한 번 정도만 설교를 하고, 그것도 10개 이상의 교회에서 같은 내용의 설교를 계속 반복하기 때문에 그렇다는 것이다. 그러나 목회자들은 항상 수많은 설교를 준비해야 하기 때문에 설교 예화집도 참조하는 것이 좋다는 것이다. 물론 예화집에 수록된 것들은 대부분 이미 이 시대에 안 맞는 것들이 많으나, 그래도 한 책에서 3~4개의 예화만 쓸 수 있어도 책의 값어치가 있다는 것이다. 브라운 교수는 예화집은 은밀한 곳에 숨겨 놓아 설교자만 사용하고, 다른 사람이 볼 수 있는 서가에는 키텔의 신약신학사전(TDNT)이나 카일, 델리취의 주석을 꽂아 놓으라고 유머러스하게 말하고 있다.[37] 설교자들은 미국의 척 스윈돌, 맥스 루케이도, 한국의 이동원, 옥한흠, 최효섭 목사들의 설교집에서도 좋은 스토리나 예화를 발견할 수 있으며, 두란노 서원에서 출판되는 간행물을 통해서도 많은 설교 자료를 제공받을 수 있을 것이다.

신학자 라인홀드 니버(Reinhold Niebuhr)는 그의 설교 사역 중 영적으로 메말라 낙심되어 있었을 때, "나 혼자만 무에서 유를 창조할 수 있다. 너는 일어나 부지런히 책을 읽어라."라는 하나님의 음성을 들었다고 한다. 모든 설교자들은 니버가 들었던 하나님의 음성을 듣고 부지런히 책을 읽어야 할 것이다. 설교 준비를 위해서만이 아니라 목회자로서의 영적인 성장을 위해서도 다양한 독서를 하는 것이 필요하다.[38]

---

36) Fred B. Craddock, *As One Without Authority*, 75.
37) Stephen Brown, "Illustrating the Sermon," in *Handbook of Contemporary Preaching*, ed. Michael Dudit (Nashville : Broadman, 1992), 202.
38) Edward F. Markquart, *Quest for Better Preaching*, 168.

나는 좋은 작가로서 좋은 독서가가 아닌 사람을 알지 못하는데, 이것은 설교자에게
도 마찬가지이다. …… 나는 서너 개의 책을 동시에 읽는다. 나는 내용, 논증, 아이디
어가 있는 책을 읽을 뿐만 아니라, 단어(words)를 잘 사용하기 위하여서도 읽는다.
언어를 사랑하고 잘 사용하는 사람들의 책을 읽음으로 그들과 함께 시간을 보내는
것은 매우 활기를 돋우는 일이다. …… 나이가 조금 든 나는 시와 소설(통례적으로
논픽션보다 더 사실적이다.)을 더 읽고, 요즈음의 신학책은 덜 읽고 있다. …… 좋은
글은 나의 표현력(speech)을 잘 다듬어 주고(pruning), 나의 언어를 사용하는 기술
을 강하게 해 준다. 말(words)은 설교자가 가지고 있는 유일한 도구이다. 우리는 우
리의 도구들을 좋은 상태로 유지해야만 할 것이다.[39]

어느 설교자는 좀 더 영적인 삶, 소박한 스타일의 삶을 위하여 신문 구독을 중단하고 TV를 처분했다고 자랑스럽게 말하는데, 이것은 설교자가 감당할 수 없는 사치스러운 일이다.[40] 칼 바르트는 한 손에는 성경을, 다른 손에는 신문을 들고 읽으라고 말했다. 현대인들은 멀티미디어 시대를 살고 있다. 청중들이 말하고 생각하는 것들은 미디어에 의해 영향을 받고 있으며, 그들의 가치관도 미디어에 의해 형성되고 있다. 이러한 청중들을 향하여 메시지를 전하는 설교자들이 멀티미디어를 도외시하면 청중이 아니라 허공을 향하여 설교를 하는 결과를 가져오게 될 것이다. 그러하기에 설교자는 파워포인트, 필름 클립(film clip), 사진과 비디오 등 설교에 도움이 될 수 있는 시각적 미디어(visual media)도 적절하게 설교의 보조 자료로써 사용할 수 있어야 시각적 시대를 살고 있는 청중들을 설교에 더 끌어들이고 참여시킬 수 있을 것이다.

### 3) 듣 기

설교자들은 항상 설교를 하기 때문에 듣는 것보다는 말하는 것에 익숙해져 있다.

---

39) William H. Willimon, "My Advice for Preacher," in *Best Advice*, ed. William J. Carl Ⅲ (Louisville : Westminster John Knox Press, 2009), 180-181.
40) Paul Scott Wilson, *The Practice of Preaching*, 2$^{nd}$ edition, 123-124.

그런데 설교자들이 사람들의 말에 귀를 기울이고 듣는 것을 배울 때, 그들은 우리에게 많은 스토리를 말해 줄 것이며, 설교의 자료가 되는 중요한 말들을 들려줄 것이다. 좋은 설교자가 되기 위해서는 잘 듣는 자가 되어야 한다. 디트리히 본회퍼(Dietrich Bonhoeffer) 목사는 "형제의 말에 귀를 기울이지 않는 사람은 곧 하나님의 말씀을 듣지 않는 사람이 된다."[41]라고 말한 적이 있다. 설교자는 외로운 노인들의 소리, 청소년들의 소리, 특히 어린이들의 말에 귀를 기울여야 한다. 때로는 어린이들이 어른들보다 더 신선한 통찰력을 가지고 있기 때문이다. 세계적인 물리학자인 오펜하이머(J. R. Oppenheimer)는 길거리에서 놀고 있는 아이들 가운데는 그가 풀기 어려워하는 물리학의 가장 큰 난제를 해결할 수 있는 아이들이 있는데, 그 이유는 그가 어른이 되어 오래전 잃어버린 감각 중추의 인식(sensory perception) 형태를 아이들은 지금도 가지고 있기 때문이라고 말한 적이 있다.[42]

마지막으로 위와 같은 방법들로 얻게 된 스토리나 예화들을 설교자가 사용할 때 유의할 사항이 있다.

첫째, 설교자가 메시지에 사용하는 스토리와 예화가 중립적인지 살펴야 한다. 왜냐하면 설교자는 그의 신학, 해석학적인 안목, 세계관, 문화 가치관에 따라 예화를 선택하기 때문이다. 그러하기에 설교자는 그의 스토리와 예화가 공동체와 사회 구원의 문제만 말하고 있는 것은 아닌지, 아니면 개인의 구원만 말하고 있는 것은 아닌지를 점검할 수 있어야 한다. 물론, 신앙 공동체 안에는 다양한 종류의 사람들이 있기에, 모든 사람들을 다 포괄하며, 모든 사람들에게 연관된 스토리와 예화를 말하기는 불가능하다. 또한 특수한 상황의 스토리는 이미 보편성을 가지고 있다. 그러나 설교자가 어느 특정한 성별, 연령층, 직종, 혹은 미혼, 기혼에 속하는 사람들에게만 적절한 예화와 스토리를 수년에 걸쳐 계속 말하고 있지는 않은지를 설교자는 정기적으로 점검해 볼 수 있어야 한다.

둘째, 설교의 전체적인 분위기와 내용이 무겁고 엄숙한데, 유머러스한 예화를 사

---

41) Dietrich Bonhoeffer, *Life Together* (New York : Harper & Row, 1954), 97-99.
42) Fred B. Craddock, *As One Without Authority*, 66.

용하는 것은 적합하지 않을 것이며, 설교의 내용이 기쁨과 환희로 가득한 것이라면, 예화도 설교의 분위기(tone)에 알맞은 것이어야 한다.[43]

셋째, 교인들이 목회자를 믿고 비밀리(confidential)에 상담한 내용을 설교의 예화로 사용하지 않도록 주의해야 한다. 설교자는 교인들의 신뢰를 잃어버리면 안 될 것이다. 설교자가 가족들이나 주변에 있는 사람들의 이야기를 예화로 사용하고자 하면 반드시 그들의 허락을 받아야만 하고, 그들을 당황하게 하거나 난처하게 하는 일이 없어야 한다.[44]

---

43) John S. McClure, *Preaching Words*, 55-57.
44) Bryan Chapell, *Christ-Centered Preaching*, 2nd edition, 203.

제 3 부

# 설교의 실제

# 제 1 장
# 제목 설교와 주제 설교

전통적으로 설교를 '제목 설교'(Topical Sermon), '본문 설교'(Textual Sermon), 그리고 '강해 설교'(Expository Sermon)로 분류해 왔다. 최근 한국에서 출판되는 설교에 관한 책들에서는 '제목 설교'라는 단어가 사라지고, 대신 '주제 설교'(Thematic Sermon)라는 말이 사용되고 있다.[1] 그런데 '제목 설교' 대신에 '주제 설교'라는 용어를 사용하는 것은 간단한 문제가 아니다. 영어권에서는 'Topical Sermon'과 'Thematic Sermon'을 구분하여 사용하고 있는데, 한국에서만 제목 설교라는 명칭을 사용하지 않고, 그 대신 주제 설교라고 부르는 것에는 문제가 있다.

엘리자베스 악트마이어 교수는 그동안 미국의 주류교단에서 선포되어 온 설교는 주제 설교라고 말한다. 주제 설교는 본문에서 하나의 주제를 추출하여 메시지를 전개시키는 설교로, 성경본문에서 예배, 회개, 기도, 하나님의 사랑, 믿음, 용서 등과 같은 주제를 선정하여 메시지를 작성하는 설교이다. 그런데 설교의 주제가 오늘날의 현실의 문제에 관한 것, 즉 인종관계, 동성 결혼, 전쟁과 평화, 사형, 피임과 낙태 등과 같은 것이면 제목 설교가 되며, 설교가 신학적인 주제에 관한 것, 즉 죄, 하나님의 심판, 속죄, 성례전 등과 같은 것이면 교리 설교가 된다고 말하고 있다.[2]

---

1) *Concise Encyclopedia of Preaching*을 「설교학사전」으로 번역한 이승진 교수도 원서에 나오는 'topical Sermon'을 '주제 설교'라고 번역하고 있다.

로널드 알렌 교수는 일반적으로 강해 설교가 하나의 특정한 본문을 강해하는 것이라면, 주제 설교는 어떤 주제, 아이디어, 또는 이미지를 하나의 본문이 아니고, 성경의 여러 본문들의 관점에서 설교하는 것이라고 한다. 예를 들면, 신명기는 하나님께 순종하면 복을, 불순종하면 저주를 받는다고 말한다. 그러나 욥기는 신명기의 저자와 전혀 다른 관점을 가지고 있다. 그러하기에 고난에 관하여 설교를 할 때, 신명기의 텍스트를 본문으로 하여 하나님의 말씀에 불순종하였기 때문에 고난을 당하는 것이라고 설교해서는 안 되며, 이러한 경우에는 신명기 본문만을 설교하는 강해 설교보다는, 욥기를 비롯한 성경 전체의 관점에서 설교하는 주제 설교가 필요하다는 것이다. 주제 설교는 청중들에게 어떠한 주제나 아이디어를 성경 전체의 관점에서 포괄적으로 바라볼 수 있는 유익함을 가져다준다고 알렌은 말하고 있다.[3]

제목 설교는 어떠한 제목을 복음의 관점에서 설교하는 것으로, 설교의 제목이 성경의 본문이나 성서의 주제로부터 유래하지 않는 설교이다. 제목이란 청중들에게 중요한 문제, 필요성, 아니면 상황으로, 성경의 특정한 본문의 관점이 아니고 복음의 관점에서 해석이 필요한 것이다. 회중들의 건강한 영적인 양식을 위해서는 매 주일마다 성서 본문을 강해하는 강해 설교가 필요하지만, 때때로 비타민과 같은 영양 보충제로써 제목 설교도 필요하다고 알렌은 주장한다.[4] 즉, 강해 설교는 매 주일 설교의 토대와 기반이 되어야 하지만, 제목 설교는 강해 설교를 보충하는(supplement) 설교가 될 수 있다는 것이다.[5] 성경은 21세기를 살고 있는 오늘의 청중들이 직면하고 있는 문제들에 관하여 직접적으로 언급하고 있지 않는 경우가 많다. 종교 간의 대화 문제, 동성 간의 합법적인 결혼, 안락사, 낙태, 핵전쟁의 위험, 환경오염, 자살 등의 문제는 제목 설교로 다루는 것이 좋다.

그런데 제목 설교는 성경 본문의 지배를 받지 않고, 복음의 관점에서 자유롭게

---

2) Elizabeth Achtemeier, *Creative Preaching* (Nashville : Abingdon Press, 1980), 61-62.
3) Ronald J. Allen, *Interpreting the Gospel* (St. Louis : Chalice Press, 1998), 111-112.
4) Ronald J. Allen, *Preaching the Topical Sermon* (Louisville : Westminster John Knox Press, 1992), 4.
5) Ronald J. Allen, *Interpreting the Gospel*, 113.

설교를 전개시키기 때문에, 그동안 많은 설교자들이 복음의 관점보다는 자기가 좋아하는 정치나 시사 이야기, 아니면 문학이나 예술, 또는 연예인이나 스포츠 분야의 이야기로 설교를 채우는 경우도 있었으며, 청중들의 아픔과 문제에 영원한 하나님의 말씀으로 해답을 주기보다는, 최신의 심리학 이론이나 사회학으로 대답을 주기도 했다. 설교가 미국의「리더스 다이제스트」나 「가이드포스트」, 한국의 「샘터」나 「좋은 생각」과 같은 잡지에 나오는 교양 강좌나 도덕적인 교훈과 같은 것이 되어 버리기도 했다. 그 때문에 제목 설교가 비성서적인 설교의 대명사로 많은 공격을 받게 되었다. 스코틀랜드의 저명한 설교자이며 성서학자였던 제임스 스튜어트는 "하나님의 배고픈 양들은 살아 있는 말씀의 푸른 초장을 갈망하고 있는데, 그들에게 최신 시사뉴스의 주제나 논설이 제목 설교를 통해 먹여지는 것을 바라볼 때 매우 안타깝다."[6]라고 말하고 있다.

그러나 모든 제목 설교가 비성서적 설교는 아님을 우리는 기억해야 한다. 제목 설교도 설교자가 하나님의 계시의 말씀으로서의 성경의 권위를 인정하는 복음주의적인 신학을 가지고 설교를 전개한다면 좋은 성서적인 설교가 될 수 있다. 제목 설교가 성서적인 설교가 되기 위해서는 설교의 대지들이 특정한 본문에서 나오지는 않는다 할지라도, 설교의 주요 흐름이 성경의 여러 책들에 있는 본문에 근거해야 한다. 제목 설교도 설교자 개인의 사상이나, 경험, 학문을 말하는 것이 되어서는 안 되고, 성경을 강해하는 설교가 되어야 성서적인 설교가 될 것이다. 흔히 제목 설교는 설교자가 많은 시간을 들이지 않아도 쉽게 작성할 수 있는 설교로 생각하는데, 이것은 잘못된 생각이다. 제목 설교도 강해 설교 못지않게, 어떠한 의미에서는 더 많은 준비가 필요하다. 크리스천의 관점에서 바라보는 동성연애와 동성결혼에 관한 설교를 한다고 생각해 보자. 설교자가 동성연애와 동성결혼에 관한 서적을 풍부하게 읽고, 연구하고, 또 성서적인 관점에서 신학적인 해석을 하지 않으면 이러한 제목으로 설교한다는 것은 불가능할 것이다.

---

6) James S. Stewart, *Preaching : The Teach Yourself Series* (London : English Universities Press, 1963), 11.

그렇다면 어떠한 경우에 제목 설교가 필요한가?

1. 계절의 필요 : 교회 창립기념 주일, 광복주일, 어린이주일, 어버이주일, 미국의 어머니주일이나, 아버지주일 등과 같은 경우에 제목 설교가 타당하다.
2. 교회, 사회, 국가적으로 위기 상황이 발생했을 경우 : 자연재해(쓰나미, 지진, 토네이도, 태풍 등), 테러, 전쟁의 위기, 정권의 쿠데타 등의 특수한 상황이 생겨 온 회중들의 관심이 그 문제에 집중되어 있을 때에는 설교자가 제목 설교를 통해 복음적인 관점에서 그 문제를 바라볼 수 있도록 해 주는 것이 좋다.
3. 윤리적인 문제 : 인간복제, 낙태, 혼전 동거생활, 이혼과 재혼, 환경문제, 사형제도, 테러와 전쟁, 핵 문제, 동성연애와 결혼, 과소비와 사치, 알코올과 마약중독, 질병과 건강, 재정적 채무, 건강한 경제생활, 크리스천과 성 등의 문제는 성경 어느 한 구절을 가지고 설교를 할 수가 없다. 복음의 관점에서 성경으로부터 여러 개의 필요한 본문을 사용하여 제목 설교를 하는 것이 좋다.

제목 설교나 주제 설교도 설교자가 성경적인 관점에서 신실한 설교를 한다면 청중들의 마음에 큰 감동과 삶의 변화를 가져오는 성서적인 설교가 될 수 있다. 설교자가 매 주일 강해 설교로 청중들을 양육하는 것이 설교 사역에서 가장 중요한 일이지만, 때때로 제목 설교나 주제 설교를 강해 설교와 더불어 병행하여 사용하면 청중들에게 더욱더 큰 유익을 가져다줄 것이라고 알렌 교수는 말한다.[7]

---

7) Ronald J. Allen, "Preaching on a Theme from the Bible," *Pulpit Digest* (March/April 1994), 78.

# 제 2 장
# 강해 설교

## 1. 강해 설교의 정의

 영어의 '강해'(exposition)라는 말은 라틴어의 'expositio'라는 말에서 유래했는데, '설명하다', '접근할 수 있게 하다'라는 의미를 가지고 있다. 즉, '강해 설교'(expository sermon)란 성서로부터 신실하게 메시지를 운반함으로 오늘의 회중들이 그 메시지에 쉽게 접근할 수 있도록 하는 설교인 것이다. 강해 설교에 관하여서는 여러 가지 잘못된 이해가 있는데, 어느 설교자들은 단지 성경 본문을 나열식으로 주석해 가는 설교(running commentary)를 강해 설교로 생각하기도 한다. 주어진 본문의 중심 주제나 빅 아이디어와 연결되지 못하고 각 구절들을 독립적으로 풀이하며 주해하는 것은 강해 설교가 아니다. 어떤 이들은 강해 설교를 본문의 중요한 단어를 원어로 연구하여 회중들에게 원어의 의미를 해설하는 것을, 아니면 설교자가 읽은 본문에 관한 주석과 성경 사전 등의 내용을 상세히 설명하는 것을, 즉 현실의 삶에는 아무 연관성이나 적용점이 없는 성경의 이야기만을 하는 것을 강해 설교로 생각하기도 한다. 그러나 이러한 것들은 강해 설교가 아니다.[1]

 파리스 휏셀(Faris Whitesell)은 강해 설교의 일곱 가지 기본적인 요소를 아래와

---

1) Elizabeth Achtemeier, *Creative Preaching* (Nashville : Abingdon, 1980), 72.

같이 말하고 있다.[2]

- 강해 설교는 성경 본문 말씀에 근거해야 한다.
- 강해 설교는 본문의 근본적이고 기초적인 의미를 찾는다.
- 강해 설교는 본문의 근본적인 의미를 문맥에 연관시킨다.
- 강해 설교는 본문의 근본적인 의미에서 변하지 않는 보편적인 진리를 발견한다.
- 강해 설교는 이 보편적인 진리를 하나의 주제를 중심으로 전개한다.
- 강해 설교는 본문의 진리를 회중들에게 전달하기 위하여 수사학적 요소인 설명, 논증, 예화, 적용을 사용한다.
- 강해 설교는 회중들로 하여금 본문의 진리에 순종하도록 설득한다.

강해 설교는 특정한 성서의 본문의 진리를 설명하고 적용하는 설교이기에, 말씀의 선포 사역에서 가장 중요하고 핵심적인 설교 형태이다. 성서의 진리를 선포하는 다른 형태의 설교들도 유용하고 중요성을 가지고 있지만, 청중들의 계속적인 영적 양식을 위하여 강해 설교보다 더 중요한 설교 형태는 없다고 브라이언 채펠은 말한다.[3] 강해 설교는 설교자들로 하여금 문맥 안의 본문을 오랫동안 묵상하고 석의하며 주의 깊게 연구하여, 본문의 의도된 의미(intended meaning)를 찾아 현대를 사는 회중들에게 적용하게 하는 설교이기에 가장 성서적인 설교가 될 수 있다. 그러하기에 넓은 의미에서 모든 성서적인 설교는 다 강해 설교이며, 모든 설교는 다 강해적인 설교가 되어야 한다고 말할 수 있다. 특히 후기 기독교적인 상황인 포스트모던 사회에서 모든 설교는 어느 형태의 설교이든지 간에, 강해적이어야 한다고 미국 남침례교회 교회성장 전문가인 에드 스테처(Ed Stetzer)는 주장하고 있다. 스테처는 강해 설교를 네 가지 종류로 분류하고 있다. 첫째, 각 절마다 강해하는 설교(verse-by-verse

---

2) Faris D. Whitselll, *Power in Expository Preaching* (Old Tappan, N. J. : Revell, 1963), xv.
3) Bryan Chapelll, *Christ-Centered Preaching*, 2$^{nd}$ edition (Grand Rapids : Baker Academic, 2005), 30.

Preaching), 둘째, 주제 또는 교리 강해 설교(Thematic Expositor or Doctrinal), 셋째, 이야기식 강해 설교(Narrative Expository Preaching), 넷째, 제목 강해 설교(Topical Expository Preaching)다.[4] 즉, 모든 설교는 성서적인 강해 설교가 되어야 한다는 것이다.

성경은 오늘의 우리 시대의 사람들에게 자신을 계시하시는 하나님의 중요한 커뮤니케이션 도구다. 하나님은 성서를 통하여 말씀하신다. 그러하기에 하나님의 말씀인 성경을 강해하는 강해 설교는 하나님의 신적인 권위의 능력을 가장 온전하게 전달하는 설교라고 말할 수 있다.[5] 해돈 로빈슨(Haddon W. Robinson)은 오래전에 그의 아들과 가졌던 대화를 소개하고 있다. 그의 아들 토리가 신학교를 졸업했을 때, 로빈슨은 아들에게 다음과 같은 농담을 하였다고 한다. "토리야, 너는 이제 20대 중반밖에 되지 않는 젊은 사람인데, 나처럼 나이 많은 사람에게 하는 설교에서 네가 무슨 말을 할 수 있겠느냐?" 그러자 로빈슨의 아들은 심각해지면서 말했다고 한다. "아버지, 그렇기 때문에 저는 성경을 설교하는 사람이 되어야 합니다. 솔직히 말씀드리면, 저는 아직 아버지처럼 오래 살지 못하여 하나님, 인생, 그리고 사물들에 대하여 깊고 진지하게 생각해 보지 못했습니다. 그러나 성경의 저자들은 그러한 경험들을 가지고 있습니다. 제가 성경의 진리를 이해하고 말씀을 선포한다면, 저는 제 나이를 넘어서는 지혜를 가질 것입니다." 계속하여 토리는 아버지에게 눈짓을 하면서, "성경의 지혜는 아버지의 지혜를 넘어섭니다."라고 말했다고 한다.[6] 오늘날처럼

---

4) Ed Stetzer, *Planting Missional Churches* (B & H Academic, 2006), 271-275. ; 강해 설교는 본문의 빅 아이디어를 설명, 증명, 전개, 예증, 그리고 적용하는 설교를 의미한다. 그런데 스테저는 강해설교의 주류가 아니라 하나의 지류인 각 절마다 순서대로(verse-by-verse) 강해하는 설교, running commentary와 같은 설교를 강해설교의 모델로 제시하고 있다. Verse-by-verse 타입의 설교에 관심 있는 독자는 Ronald J. Allen과 Gilbert Bartholomew가 공저한 *Preaching Verse by Verse* (Westminster John Knox 출판사 간행)를 참조할 것.
5) Haddon W. Robinson, *Biblical Preaching*, 2nd edition (Grand Rapids : Baker, 2001), 20.
6) Haddon W. Robinson, "Better Big Idea," in *The Art & Craft of Biblical Preaching*, eds. Haddon W. Robinson & Craig Brian Larson (Grand Rapids : Zondervan, 2005), 355.

모든 권위가 거부당하고 해체되는 포스트모던 시대에 설교자들의 권위는 그의 지식, 경험, 화술, 커뮤니케이션 능력에 있지 않고, 오직 하나님의 말씀을 신실하게 강해하는 데 있는 것이다.

해돈 로빈슨 교수는 강해 설교를 다음과 같이 정의한다.

> 강해 설교는 성서의 한 구절을 문맥(context) 안에서 역사적, 문법적, 문학적인 연구로부터(from), 그리고 연구를 통하여(through) 끌어내고(derive), 전해지는(transmit) 하나의 성서적 개념(concept)을 전달하는(communication) 것이다. 성령님은 그 성서적 개념을 먼저 설교자의 인격(personality)과 경험에 적용시키고, 그 다음에 설교자를 통하여 청중들에게 적용시키신다.[7]

첫째, 강해 설교는 무엇보다도 성경의 본문이 설교를 지배(govern)한다.[8] 강해 설교는 성서 기록자들의 사상이 설교의 내용을 결정하는 설교이다. 로빈슨은 근본적으로 강해 설교는 하나의 설교방법론이라기보다는 오히려 하나의 철학이라고 주장한다. 강해 설교자는 자기의 주장과 의견을 지원하기 위하여 성경을 이용하려고 하지 않고, 자기의 생각을 성경에 굴복(bend)시키려고 힘쓴다.

둘째, 강해 설교는 하나의 중심 주제(big idea)를 전한다.[9] 강해 설교자는 본문을 문맥(context) 안에서 오랫동안 읽고, 듣고, 묵상(brooding)한 후, 본문의 석의와 해석 과정을 통하여 본문의 중심 아이디어 또는 개념(concept)을 추출한다. 본문의 중심 아이디어(Central Idea of the Text〈Al Fasol〉)는 때로는 중심 사상(Big Idea〈Haddon Robinson〉, Main Thought, Dominant Thought〈John Stott〉), 중심 주제(Main Theme, Main Thesis, Main Point), 중심 진술(Focus Statement〈Thomas Long〉), 중심 진리(Central Truth), 집으로 가져가는 진리(Take-Home Truth〈Donald Sunukjian〉), 명제(Proposition〈Charles Simeon〉)와 같은 여러 단어로 표현된다. 대

---

7) Haddon W. Robinson, *Biblical Preaching*, 2nd edition, 21.
8) Ibid., 21-22.
9) Ibid., 23.

부분의 설교학자들은 강해 설교의 본문은 성경 구절이 적어도 2~3절 이상이 되어야 한다는 데 동의하고 있다.[10] 월터 카이저(Walter C. Kaiser) 교수는 본문이 적어도 성경의 한 문단(paragraph) 이상이 되어야 한다고 주장한다. 왜냐하면 성경 구절이 그 정도는 되어야 본문에서 중심 아이디어 또는 빅 아이디어를 추출할 수 있기 때문이다.[11]

본문 안에서 설교자는 여러 개의 아이디어와 주제를 발견할 수 있다. 그러나 한 편의 설교에서 여러 개의 아이디어나 주제를 일일이 다 말할 수는 없다. 그렇기 때문에 설교자는 금주의 주일 설교를 위하여 본문으로부터 가장 핵심적인 아이디어나 주제를 선택해야만 한다. 왜냐하면 설교는 하나의 통합적인 주제를 중심으로 전개되기 때문이다. 도날드 밀러(Donald G. Miller) 교수는 어떠한 설교이든 한 가지 중심 아이디어를 가져야만 하며, 설교의 대지나 소지들은 하나의 큰 사상(grand thought)을 구성하는 부분들로 되어야 한다고 주장한다.

> ……어느 한 편의 설교이든지 간에, 설교는 단 하나의 주요 아이디어를 가져야 한다. 대지와 소지들은 하나의 거대한 사상의 부분(parts)들이 되어야 한다. 맛있게 먹고 소화될 수 있도록 여러 조각들로 잘린 어떤 특정한 음식을 한 입씩 먹어 음식 전체의 모든 부분을 먹는 것처럼, 설교의 대지들은 한 주제의 작은 부분들이다. 하나의 주제는 작은 조각(fragments, 대지와 소지)들로 나누어지는데, 그것은 청중들의 마음이 주제를 이해하고, 그들의 삶이 주제를 소화, 흡수시킬(assimilate) 수 있게 하기 위함이다.[12]

저명한 설교학자 그래디 데이비스(Grady Davis)도 "잘 준비된 설교는 중요한 사상의 구체적 표현(embodiment), 전개(development), 온전한 진술(full statement)이다."라고 말하고 있다.[13] 예일 대학의 유명한 설교학 강연인 "비쳐"(Beecher) 강연에

---

10) Andrew Blackwood, *Expository Preaching Today* (New York : Abingdon, 1953), 13.
11) Walter C. Kaiser, Jr. "The Crisis in Expository Preaching Today," *Preaching* 11 (September-October 1955), 4.
12) Donald G. Miller, *The Way of Biblical Preaching* (New York : Abingdon, 1957), 53.
13) H. Grady Davis, *Design for Preaching* (Philadelphia : Fortress, 1958), 20.

서 설교의 중심 아이디어의 중요성에 관하여 존 조웨트(John Jowett)는 다음과 같이 말한다.

> 설교의 주제를 짧고도 수정처럼 맑게 함축된(pregnant) 문장으로 표현할 수 있기 전에는, 어떠한 설교라도 원고를 작성하거나 강단에서 설교할 준비가 되지 않았다고 나는 확신한다. 나는 본문의 주제를 짧은 문장으로 표현하는 과제가 설교 연구에서 가장 어렵고, 까다롭고, 가장 열매가 있는 사역임을 발견한다. 그러한 문장을 형성하기 위하여 스스로를 강요(compel)하여, 모호하고, 세련되지 않으며, 불명료한 모든 단어들을 버리고, 빈틈없는 정확성으로 주제를 정의할 수 있는 단어들의 형태를 설교자 스스로 생각해 내는 것은 설교를 작성하는 일에서 가장 중요하고 긴요한 요소가 된다. 구름 한 점 없이 맑고 빛나는 달처럼 주제 문장이 나타나기 전에는 설교의 원고를 쓰지 말아야 할 것은 물론, 설교로 선포되어서도 안 된다고 나는 생각한다.[14]

본문의 중심 아이디어는 설교의 중심 주제가 되며, 설교는 일반적으로 3~4개의 대지(points or divisions)로 나누어 주제를 설명, 증명, 전개(develop), 지원(support), 그리고 예증하고, 적용한다. 최근 내러티브 설교를 주장하는 학자들 중에는 설교의 중심 아이디어를 본문에서 추출(distill)하는 것에 반대하는 분들이 있다. 우리가 감동 있는 연극이나 영화를 관람할 때, 파토스(pathos, 감정)가 있는 체험이 중요하지, 감상한 연극이나 영화의 중심 아이디어를 추출하려고 하지는 않는다는 것이다. 성서는 아이디어나 주제의 저장소가 아니라 우리를 변화시키는 말씀이기에, 그 말씀을 체험하는 것이 중요하다고 신설교학(내러티브, 귀납법, 움직임의 설교 등) 계통에 속한 학자들은 말하고 있다.[15] 그러나 중심적인 주제가 없는 설교는 방향과 목적이 없는 설교가 되어, 회중들은 설교자가 무슨 이야기를 하려고 하는지를 알 수 없게 된다. 그러하기에 어떠한 형태의 설교든지 간에 빅 아이디어가 있어야 한다.[16] 중심 아이

---

14) John Henry Jowett, *The Preacher : His Life and Work* (London : Hodder & Stoughton, 1912), 133.
15) Richard L. Eslinger, *A New Hearing* (Nashville : Abingdon Press, 1987), 124-125.

디어와 관련하여 최근 윌리엄 윌리몬(William H. Willimon)도 다음과 같이 말하고 있다.

> 설교자들이 전통적으로 실행하여 온 오래된 관습, 즉 설교의 주제를 한 문장으로 진술하는 것은 나에게 큰 도움이 되고 있다. 이 문장은 내 설교의 핵심이다. 이 문장은 내 설교 작성을 통제하고, 주제와 관계가 없는 요소들은 최소한으로 만든다. 설교의 주제를 짧은 문장으로 진술하는 위험은 나로 하여금 본문을 추상적이고 일반화된 아이디어로 다루게 하는 것이다. 예를 들자면, "탕자 비유의 이야기의 참된 의미는 이것이다."라고 말하는 것이다. 그리고는 본문의 메시지인 스토리를 설교하기보다는 메시지에 관한 아이디어를 설교하는 것이다. 나의 청중들은 본문의 스토리를 경험하는 것이 아니고, 본문의 스토리의 아이디어에 관하여 설교를 듣게 된다. 이러한 위험이 있음에도 불구하고, 나는 본문의 중심 주제를 분명하게 말할 수 있기 전에는, 나의 설교가 어디를 향하여 가고 있는지를 알지 못한다.[17]

설교의 빅 아이디어의 목적은 그것을 중심으로 설교를 구성하고 조직화하는 것이다. 고대 그리스의 플라톤, 아리스토텔레스, 그리고 고대 로마의 키케로를 포함하여 2,500년간의 역사를 통해 변론술(public speaking)을 실천했고 연구한 사람들이 동의하는 것은, 가장 효과적인 연설(speech)의 구조는 단 하나의 개념을 중심으로 구성되어야 한다는 것이다.[18] 그러하기에 설교도 하나의 빅 아이디어를 중심으로 구성하고 조직화되어야 한다고 로빈슨은 주장한다. 또한 설교의 빅 아이디어는 청중들의 마음 가운데 지속적으로 메시지의 핵심으로 남게 된다고 로빈슨은 말한다. 설교를

---

16) Ronald E. Sleeth, *God's Word and Our Words : Basic Homiletic* (Atlanta : John Knox Press, 1986), 44.
17) William H. Willimon, *Preaching and Leading Worship* (Philadelphia : Westminster, 1984), 68
18) Haddon W. Robinson, "My Theory of Homiletics," *The Art & Craft of Biblical Preaching*, eds. Haddon Robinson & Craig Brian Larson (Grand Rapids : Zondervan, 2005), 58.

들은 청중들은 설교의 개요를 다 기억하지 못하지만, 메시지의 빅 아이디어는 오랫동안 그들의 마음속에 새겨 넣어져, 삶 속에 살아 있게 된다는 것이다.[19] 켄트 에드워즈(J. Kent Edwards)는 빅 아이디어를 수레바퀴에서 중요한 바퀴의 중심 축(hub)이라는 메타포로 설명한다. 에드워즈는 성경 본문을 수레바퀴의 태(rim)라고 하면, 중심 아이디어는 수레바퀴의 중심축이고, 대지, 소지, 예증, 적용 등은 수레바퀴의 살(spokes)이라는 메타포로 설명을 하고 있다.[20]

설교자는 본문에 두 가지 질문을 던짐으로 본문의 빅 아이디어를 찾을 수 있다. 즉, 설교자는 "저자가 정확히 무엇에 관하여(어떠한 주제에 관하여) 말하고 있는가?"(What precisely is the author talking about?), 그리고 "저자는 그가 말하고 있는 것(주제)에 관하여 무엇이라고 말하고 있는가?"(What is the author saying about what he is talking about?)라는 두 개의 가장 기본적인 질문을 통해서 본문의 빅 아이디어를 찾아낼 수 있다.[21]

본문의 중심 아이디어는 두 가지 기본 요소로 구성된다. 즉, 주어(subject, 또는 주제)와 보어(complement)로 구성되며, 아이디어를 구성하는 데 주어와 보어는 모두 없어서는 안 될 요소이다. 문법에서의 주어는 하나의 단어가 될 수 있지만, 설교의 주어는 한 단어가 될 수 없다. 제자도, 전도, 예배, 슬픔 등과 같은 한 단어는 설교의 주어(또는 주제)가 되지 못한다. 왜냐하면 설교의 주어는 "내가 무엇에 관하여 말하려고 하는가?"에 대한 충분하고 정확한 대답을 요구하고 있기 때문이다. 설교의 주어는 주로 질문 형식으로 진술된다. 설교의 주어는 자체로 불완전하다. 따라서 보어를 필요로 한다. 보어는 주어의 질문에 대한 대답이다. 주어와 보어는 합하여 하나의 아이디어를 형성한다.

셋째, 강해 설교는 설교자 자신과 청중에게 본문을 적용한다.[22] 성경의 메시지는 그 당시의 사람들을 향하여 처음으로 주어졌기에, 본문의 강해가 필요하다. 또한 성

---

19) Haddon W. Robinson, "Better Big Ideas," 354.
20) J. Kent Edwards, *Deep Preaching* (Nashville : B & H Academic, 2009), 72-73.
21) Haddon W. Robinson, *Biblical Preaching*, 2nd edition, 41-43.
22) Ibid., 25-30.

서의 메시지가 지금 이 시대의 사람들을 향하여서도 선포되어야 할 필요가 있기에 적용이 필요하다고 시드니 그레이다누스(Sidney Greidanus)는 말한다.[23] 설교자는 성령님께서 그에게 주시는 메시지를 먼저 자신의 삶에 적용할 수 있어야 한다. 스스로 복음을 체험하고 살아 본 후에, 설교자는 그가 체험한 메시지를 오늘의 청중들의 삶에 적용하여야 한다. 설교자가 복음을 실제로 체험하고 살아 본 경험이 없으면, 설교자는 상상을 통하여 본문을 체험할 수 있어야 한다. 오늘의 청중들은 설교자가 전하는 메시지를 설교자 스스로 실제로 살아 본 경험이 있는지를 알기 원하고 있기 때문이다.

강해 설교는 이처럼 설교자가 본문을 문맥에 비추어 오랫동안 묵상하고 석의하며 주의 깊게 연구하여, 본문의 의도된 의미를 찾아 오늘 이 시대를 살고 있는 청중들의 삶에 적용하는 설교이기에 많은 준비가 요구된다. 미국의 명설교자였던 조지 버트릭(George Buttrick) 목사는 설교를 준비하는 데 평균적으로 한 설교당 20~30시간을 들였다고 하며, 뉴욕 유니온 신학교의 설교학 교수였던 폴 쉐러(Paul Scherer)는 한 편의 설교를 작성하는 데 40여 시간이 소요되기도 했다고 한다. 강해 설교가인 존 맥아더(John MacArthur, Jr.) 목사는 목회 초기에는 설교를 준비하는 데 평균적으로 15시간이 걸렸는데, 수십 년간 목회 사역을 해 오면서 많은 자료들을 모았고, 오랫동안 성경을 연구해 왔기에, 지금은 설교 한 편을 작성하는 데 8~10시간이 걸린다고 한다.[24]

## 2. 강해 설교의 기능

전통적으로 강해 설교는 본문이 말하고자 하는 것을 설교에서 말함으로 가장 성

---

23) Sidney Greidanus, *The Modern Preacher and the Ancient Text* (Grand Rapids : Eerdmans, 1988), 183.
24) John MacArthur, Jr. "Frequently Asked Questions about Expository Preaching," in *Rediscovering Expository Preaching*, ed. John MacArthur, Jr. (Dallas : WPublishingGroup, 1992), 334.

서적인 설교로 간주되었다. 그러하기에 복음주의적인 교회에서는 강해 설교를 가장 높게 평가하고 있는 것이다. 강해 설교에서 본문의 중심 사상을 추출하는 일은 본문에서 말하고자 하는 것을 설교에서도 말하기 위함이었다. 그런데 본문은 무엇을 말할(saying) 뿐만 아니라, 무엇을 행하고도(doing) 있기에, 본문이 행하고 있는 것을 설교에서 행하게 하는 데에도 관심을 기울여야 한다. 예를 들면, 본문의 중심 주제가 "모든 크리스천은 은사를 받은 사람들입니다"라고 한다면, 본문이 행하고 있는 것은 '스스로 2등급 신도라고 생각하는 신자들을 격려하는 것'이다.[25] 설교 본문이 로마서 8 : 28~39이라고 한다면 설교의 중심 아이디어는 "그리스도 안에서 하나님이 우리 편이 되어 주시기에, 우리는 어떠한 환란 속에서도 우리를 향한 하나님의 사랑과 돌보심을 확신할 수 있다"가 될 수 있으며, 설교의 기능은 '어려움과 고통 속에 있는 회중들에게 소망과 위로를 주는 것'이 될 것이다. 설교 본문이 에베소서 2 : 1~10이면, 설교의 중심 진술(focus statement)은 "크리스천은 하나님의 걸작품이다"가 될 수 있으며, 설교의 기능(functional statement)은 '청중들로 하여금 하나님이 그들의 삶을 빚어낼 수 있도록 허용하게 하는 것'이 될 수 있다.

본문은 위로하고, 책망하고, 심판하며, 교훈과 격려를 주기도 하고, 찬양을 하기도 한다. 설교자는 본문이 행하는 것을 설교에서도 행하게 하고, 본문이 의도하는 것을 설교에서 성취될 수 있도록 해야 한다. 설교의 기능은 본문이 행하는 것과 본문이 의도하는 것이 설교에서 이루어질 수 있도록 하는 일이다. 데이비드 버트릭(David Buttrick)은 '복음의 선포는 의도적인 행위'라고 주장한다.[26]

> 참된 성서적 설교는 본문의 메시지에는 물론, 본문의 의도(intention)에도 신실하기를 원한다. "이 성서 구절이 무엇을 행하려고 하는가?"라는 질문에 귀를 기울이는 것은 설교를 작성하는 과업에서 순종하는 행동의 표현이 된다.[27]

---

25) Fred B. Craddock, *Preaching* (Nashville : Abingdon, 1985), 123.
26) David Buttrick, *Homiletic : Moves and Structures* (Philadelphia : Fortress, 1987), 301.
27) David Buttrick, "Interpretation and Preaching," *Interpretation* 25 (Jan 1981), 58.

## 3. 강해 설교와 문학적 양식

강해 설교는 본문에서 중심 아이디어를 추출하여 그 중심 아이디어를 몇 개의 대지로 진술, 증명, 예화로 설명, 그리고 적용하며 설교를 전개한다. 그런데 그동안 강해 설교자들은 본문의 문학적 양식(literary form)은 고려하지 않고 획일적으로 아웃라인을 만들어 설교를 작성해 왔다. 그 결과 본문이 시편, 지혜문학, 역사서, 비유, 내러티브, 또는 서신이라 할지라도 설교의 형태는 모두가 동일한 것이 되었다.

최근 성서학에서는 텍스트를 문학적인 작품으로 연구하는 문학비평이 성서 연구의 주종을 이루고 있다. 이러한 성서학 분야의 영향을 받아 설교학계에서도 본문의 문학적 양식에 따라 설교의 형식도 무언가 달라져야 한다고 생각하게 되었다. 즉, 시편과 바울의 서신, 또는 예수님의 비유를 설교할 때에는 본문의 양식을 존중하는 설교가 되어야지, 한결같은 형태로만이 아닌, 성서의 다양한 양식에 민감한(form sensitive) 설교가 되어야 한다고 설교학자들은 주장하게 되었다. 성서의 양식에 민감한 설교란 성서의 형태(forms)를 그대로 복사하는 것을 의미하지 않는다. 주기도문에 관한 설교라면 설교가 기도 형식이 되어야 하며, 바울의 서신 가운데 있는 찬양에 관한 설교라면 찬양의 형태를 가진 설교가 되어야 한다는 말이 아니다. 설교는 본문의 중요한 특성을 나타내야 한다는 말이다. 본문이 내러티브라면 설교도 내러티브의 특성을 나타낼 수 있어야 하며, 본문이 시편이라면, 설교가 시가 될 수는 없더라도 회중들로 하여금 하나님께 찬양을 드리고 싶은 마음을 주는 설교가 본문의 양식에 민감한 설교이다.[28]

본문의 양식에 민감한 설교가 되기 위하여, 설교자는 본문의 느낌(mood)과 움직임(movement)을 관찰할 수 있어야 한다.[29] 본문은 엄숙하고, 슬퍼하며, 기뻐하고, 두려워하며, 대결적이고, 지지하며, 소망적이고, 절망적인 느낌 등 각양의 분위기를 나타내고 있다. 설교자는 본문의 분위기를 설교에 반영할 수 있어야 한다. 로널드

---

28) David Bartlett, "Text Shaping Sermons," *Listening to the Word*, eds. Gail R. O'Day & Thomas G. Long (Nashville : Abingdon Press, 1993), 147-163.
29) Mike Graves, *The Sermon as Symphony* (Valley Forge : Judson, 1997), 12-14.

알렌(Ronald J. Allen)은 다음과 같이 말한다.

> 텍스트가 용서에 관한 것이면, 나는 나의 청중들이 설교를 통하여 용서를 체험하기를 원한다. 본문이 심판에 관한 것이면, 나는 청중들과 내가 심판을 체험할 수 있기를 소망한다. 본문이 종말론적인 소망에 관한 것이라면, 나는 나의 청중들이 설교를 통하여 영광의 순간을 체험할 수 있기를 원한다.[30]

설교자는 항상 '첫째는, 둘째는, 셋째는' 하며 동일한 형태로만 설교를 전개하지 말고 다양한 방법으로 설교를 작성하는 것이 바람직하다. 즉, 본문의 문학적 양식에 민감하여 본문의 양식을 존중하는 형태의 강해 설교가 될 때, 강해 설교는 더욱 성서적인 설교가 될 것이다.

## 4. 강해 설교와 신설교학

미국의 60년대로부터 70년대까지는 설교의 위기 시대이기도 했다. 복음주의에 속한 교회들의 설교는 논증과 명제, 그리고 성경에 관한 지식 전달 중심으로 지루한 설교였고, 진보적인 주류 교단(감독교회〈한국에서는 '성공회'로 불림.〉, 장로교, 감리교, 루터란, UCC, 그리스도의 제자 교단 등)의 설교는 복음보다는 사회, 정치적인 문제와 이슈에 대한 설교자의 개인적인 견해를 말하거나, 아니면 최신 심리학의 이론으로 회중들의 문제를 치유하려는 제목 위주의 설교였다. 강단과 청중 간의 거리는 더욱 더 멀어졌고, 괴리는 더욱더 깊어져 갔다. 설교 무용론이 제기되기도 했고, 심지어 신학대학원들 가운데는 교역학 석사(M. Div.) 과정에서 설교학이 필수과목이 아니고 선택과목으로 된 곳이 생겨, 설교학 강의를 듣지 않고도 신대원을 졸업할 수 있게 되었다. 이러한 설교의 위기 시대에 대한 반응으로 70년대 초반부터 귀납법적 설교,

---

30) Ronald J. Allen, "Shaping Sermons," in *Preaching Biblically*, ed. Don M. Wardlaw (Philadelphia : Westminster, 1983), 35.

이야기체 설교, 현상학적 움직임과 구조의 설교 등 신설교학(New Homiletic) 운동이 일어나게 되었다. 설교의 위기를 극복할 대안으로 제시된 신설교학 운동은 진보적인 주류 교단을 중심으로 설교학계의 중심으로 자리 잡게 되었다. 강단의 위기를 극복할 대안으로 제시된 신설교학의 영향을 받은 주류 교단의 설교자들은 새로운 형태의 설교인 이야기체 설교, 현상학적 움직임과 구조의 설교, 네 페이지 설교, 귀납법적 설교들을 지나간 70년대 중반기부터 시도해 왔다.

그 결과는 어떠했는가? 강단의 위기를 극복할 새로운 설교방법론으로 소개된 신설교학 계통의 설교 형식으로 메시지가 선포되었던 주류 교단의 교회는 성장하기는커녕, 오히려 지나간 40년간 매년 급속도로 교세의 감소를 보여 왔다. 그 이유는 이야기체를 비롯한 신설교학 계통의 설교만으로는 생명력이 있는 신앙 공동체를 세우기가 어렵기 때문이었다. 신설교학 계통의 설교학자들은 3개의 대지와 한 편의 시나 찬송가 가사로 결론을 맺는 전통적인 설교를 포스트모던 청중들과 연결이 되지 않는 지나간 시대의 유물로 생각을 했었다. 그러나 오늘날 미국의 성장하는 초대형 교회들의 설교는 이야기체 설교를 비롯한 신설교학 계통의 설교가 아니고, 오히려 전통적인 강해 설교에 가까운 설교들이다. 3개의 대지는 지나간 시대의 산물이 아니었다. 미국의 초대형 교회(mega church) 설교자들의 설교에서는 대지가 사라지지 않고, 오히려 3개에서 6~7개로 늘어났다.

그러나 21세기의 강해 설교는 지나간 시대처럼 명제와 논증, 성경에 관한 지식 중심의 강해 설교가 아니라, 이야기체 설교, 귀납법적 설교, 그리고 현상학적 움직임과 구조의 설교들과의 대화를 통해서 융합되고 보강된 강해 설교가 되어야 할 것이다. 전통적인 강해 설교는 가르침(teaching)에는 강했지만, 청중들의 감성을 이야기로 터치하고, 상상을 자극하여, 청중들로 하여금 복음을 즐거워(delight)하고, 기뻐하며 말씀을 들을 수 있도록 하지는 못했었다. 전통적인 강해 설교는 성경에 관한 지식 전달 위주의 설교, 현실이나 삶에 적용점이 없는 설교로, 청중들로 하여금 설교 시간을 견디어 내야만 하는 시간, 지루한 시간으로 생각하게 했다. 최근 브라이언 채펠(Bryan Chapell) 교수에게 어느 신학생이 와서 다음과 같이 말했다고 한다. "채펠 박사님! 저는 왜 교수님이 메시지에 예화를 배열하라고 말씀하시는지 이해가 되지 않습니다. 저는 성경의 의미가 무엇인지를 사람들에게 어떻게 설명하는지를 배우기 위하여 신학교에 왔습니다. 저는 일화(anecdotes)를 어떻게 말할 것인지를 배우려고 여기에 온 것이 아닙니다. 우리가 어리석고 사소한 작은 이야기들을 청중들에게 말해야만 한다면, 하나님의 진리의 심각성을 어떻게 전달할 수 있는 것입니까?" 이 신학생의 경우처럼, 아직도 강해 설교자들 가운데는 이야기나 예화를 청중들의 설교에 대한 흥미를 지속시키기 위하여 사용하는 것, 설교 시간에 졸고 있으며, 집중력이 부족하고 생각하기를 싫어하는 청중들의 작은 마음을 위하여 사용하는 사소한 이야기(little tales) 정도로 생각하는 이들이 있다.[31]

그런데 예화나 스토리는 설교의 아이디어를 이해하는 데 도움을 줄 뿐만 아니라, 청중들로 하여금 복음의 이야기를 체험하게 하고 감성을 터치하여, 설교의 아이디어와 연결시켜 삶의 변화를 가져올 수 있도록 한다. 설교의 명제나 아이디어는 그 자체만으로는 청중들의 삶을 잘 변화시키지 못한다. 그러나 좋은 이야기와 예화는 청중들의 감성과 동기(motivation)를 설교의 아이디어와 연결시켜, 삶의 변화를 일으킬 수 있는 것이다.

> 예화는 효과적인 강해 설교에 있어 본질적인 것이다. 왜냐하면 예화는 쉽게 흥미를 자극할 뿐만 아니라, 본문의 이해를 확대하고 깊게 하기 때문이다. 예화는 단순히 지적 지식만을 허용하지 않는다. 성경의 진리를 청중들이 인식할 수 있는 상황에 기초를 두게 함으로, 예화는 성서의 진리를 경험과 연합시키고, 그렇게 함으로 말씀에 더 접근할 수 있게 하고, 말씀을 이해할 수 있게 하며, 말씀을 실질적으로 만든다. 이것은 명제적 진술만으로는 할 수 없는 일이다.[32]

이처럼 예화와 이야기는 청중들에게 메시지를 전달하는 독특한 힘을 가지고 있다. 그렇기 때문에 예수님께서는 항상 이야기를 사용하셨고, 기독교 역사에서 위대한 설교자들도 예화를 효율적으로 사용하였다. 최근 강해 설교자들도 이야기체 설교의 도

---

31) Bryan Chapell, *Christ-Centered Preaching*, 2nd edition, 177.
32) Ibid., 178.

전을 받아, 설교에서 스토리를 효율적으로 사용함으로 설교의 명제와 중심 아이디어가 청중들의 감성을 터치하고, 삶의 결단에 이르게 하여, 삶의 변화를 일으킬 수 있도록 하고 있다. 강해 설교자는 청중들에게 본문의 명제를 설명해 줌으로 가르치고(What does this text say?), 현실의 삶을 어떻게 본문에 의거하여 살 것인지를 예화를 통해 보여 주고(Show me what the text says.), 적용을 통하여 청중들에게 본문이 자신의 삶에 어떤 의미인지를(What does the text mean to me?) 말해 줄 수 있어야 한다.[33]

전통적인 강해 설교는 본문에서 빅 아이디어를 추출하여 서론에서 설교의 중심 내용을 미리 청중들에게 말해 줌으로, 설교의 긴박감이 사라지고 설교에 대한 청중들의 참여가 극소화되었다. 그러나 귀납법적 설교가 소개되고 강해 설교자들도 설교에 귀납법적 요소를 사용함으로, 청중들을 설교에 적극적으로 참여시키고, 설교의 목적지까지 설교자와 청중들이 함께 설교학적 여행을 하려고 하고 있다. 대부분의 내러티브는 귀납법적으로 전개되므로, 강해 설교자가 본문의 구조를 따라, 아니면 본문 사고의 흐름(flow of thought)을 따라 메시지를 작성하면 귀납법적인 설교가 된다. 도널드 스누키안(Donald R. Sunukjian) 교수는 서론에서 텍스트의 빅 아이디어가 무엇에 관한 것인지만 말하고, 빅 아이디어의 구체적인 내용은 본론에서 청중들과 같이 찾아보는 스타일의 설교도 귀납법적 설교라고 말한다.[34] 전통적인 강해 설교자들과는 달리 최근의 강해 설교자들은 내러티브 본문에서도 이야기의 구조나 흐름을 따라서 설교를 작성함으로 귀납법적으로 설교를 전개하고 있으며, 서신서의 강해에서도 귀납법적인 요소를 도입하여 청중들을 적극적으로 설교에 참여시키려고 하고 있다.

전통적으로 강해 설교는 본문의 빅 아이디어를 3~4개의 대지로 나누어 설명 또는 증명, 전개, 예증(illustration), 그리고 적용하였다. 또한 대지 안에 소지(subpoints)

---

33) Bryan Chapell, "Components of Expository Preaching," *Preaching* 10, no. 6 (May–June 1995), 8.
34) Donald R. Sunukjian, *Invitation to Biblical Preaching* (Grand Rapids : Kregel, 2007), 161–191.

들이 있어 대지를 보충, 설명하거나 지원하고 있다. 그런데 데이비드 버트릭은 전통적으로 설교의 개요에서 대지를 만드는 방법에 도전하고 있다. 버트릭은 아래와 같이 말한다.

> 오랫동안 설교자들은 설교에서 대지를 만드는 것에 관하여 말하여 왔다. 대지(points)란 매우 독특한 말이다. 대지란 사물을 합리적으로 거리를 두고 객관화하여 가리키는(pointing out) 것을 암시한다. 물론 설교자들은 오랫동안 말해야 하며, 동시에 손으로 가리켜야(pointed) 하는 고정된 진리가 '저기에' 있다고 생각해 왔다.[35]

버트릭은 '대지'라는 말 대신에 '움직임'(moves)이란 단어를 사용하고 있다. 설교란 일련의(a series of) 언어의 기본단위(modules)들을 어떠한 논리에 의하여 배열하여 연속적으로 말하는(sequential talking) 것이라고 버트릭은 말한다. 그러하기에 설교는 일련의 움직임을 배열함으로 설교가 고정되어 있거나 정체되지 않고 움직이도록 하여, 청중들의 의식 속에 자연스럽게 메시지가 심어지도록 해야 한다고 주장한다. 오늘의 강해 설교자들 가운데서도 설교의 대지라는 단어와 병행하여 설교의 움직임, 설교의 흐름, 설교의 지도, 장면(scenes), 플롯(plot) 등 다양한 단어로 표현되고 있으며, 그들 역시 강해 설교의 대지들이 정체되지 않고, 움직임을 나타낼 수 있도록 설교를 작성하려고 시도하고 있다.

최근 미국 남침례교회에 속한 설교학자들 가운데는 '강해 설교'라는 말 대신에 '텍스트가 이끄는 설교'(Text-Driven Preaching)라는 명칭을 사용하는 사람들이 생겨나고 있다. 오늘날 강해 설교라는 커다란 우산 밑에서 많은 비성서적인 설교들이 행하여지고 있기 때문이다. 즉, 설교의 본문을 강해하기보다는 긍정적인 사고를 주장하기 위하여 본문을 이용하는 설교가 있는가 하면, 설교자의 주장을 뒷받침하기 위하여 본문의 컨텍스트를 무시하고 성경의 여러 곳으로부터 성경 구절을 발췌하여 사용하기도 하며, 원어에 가장 근접한 번역이 아니라 의역을 한 성경에서 설교자의

---

35) David Buttrick, *Homiletic : Moves and Structures*, 23.

주장에 더 가까워 보이는 성경 구절을 뽑아 사용하는 설교들도 많이 있다는 것이다.

텍스트가 이끄는 설교는 살아 있는 말씀인 예수 그리스도 안에서, 그리고 쓰여진 말씀인 성경 안에서, 하나님께서 말씀하셨다는 성경적, 신학적인 토대 위에 근거하고 있다. '텍스트가 이끄는 설교'를 주장하는 설교학자들은 설교는 실제적으로 텍스트의 의미를 강해하는 것이 되어야 한다고 말한다. 또한 텍스트의 구조가 설교의 구조를 인도해야 한다고 주장한다. 왜냐하면 의미는 저자가 텍스트를 통하여 표현했기 때문이라는 것이다. 포스트모던 시대에 복음주의라는 명칭 아래 사이비 복음주의가 자리를 잡고 있으며, 강해 설교라는 명목 아래 비성서적인 설교들이 많이 행하여지고 있기 때문에, '텍스트가 이끄는 설교'는 말 그대로 텍스트를 강해하고, 예증하며, 적용하는 설교, 설교의 구조도 본문의 구조를 따르는 설교, 즉 강해 설교의 본질을 회복하려는 운동인 것이다.[36]

이처럼 귀납법적 설교, 이야기체 설교, 움직임과 구조의 설교 등과의 만남을 통하여 보강된 강해 설교는 21세기의 강단을 주도해 가는 설교가 될 것이다. 토마스 롱(Thomas G. Long)은 다가오는 미래의 강단에 가장 많은 영향을 줄 설교는 신설교학 학파에 속한 설교들이 아닌, 오히려 강해 설교가 될 것이라고 예측하고 있다. 왜냐하면 포스트모던 시대에 교회가 신앙의 기본적인 전통을 잃어 가며, 회중들이 상대적인 세속 문화의 가치관에 따라 살아가고, 크리스천들이 점점 더 신앙의 전통과 기본적인 신앙의 내용을 지나치게 간과하고 있기 때문이라는 것이다.[37]

---

36) Daniel L. Akin, David L. Allen, & Ned L. Mathews, *Text-Driven Preaching* (Nashville : B & H, 2010).
37) Thomas G. Long, "Form," in *Concise Encyclopedia of Preaching*, eds. William H. Willimon & Richard Lischer (Louisville : Westminster John Knox, 1995), 151.

# 제 3 장
# 원 포인트 설교

　대부분의 설교는 하나의 중심 사상 또는 하나의 빅 아이디어를 3~4개의 대지로 나누어 설교의 중심 아이디어를 설명, 증명 또는 전개, 예증, 그리고 적용한다(Haddon W. Robinson). 그런데 설교의 중심이 될 하나의 빅 아이디어를 설교자가 짧은 문장으로 잘 표현할 수 없다면, 설교의 대지들은 3~4개의 각기 다른 설교가 될 가능성이 많다. 대지 설교 안에 하나의 빅 아이디어가 무엇인지 불확실하며 분명하지 않다면, 청중들에게는 한 설교 안에 3~4개의 다른 설교들이 포함되어 있는 것으로 들리게 된다. 또한 대지가 3~4개 또는 그 이상으로 되어 있으면, 청중들은 그 대지들이 무엇인지 기억하지 못하게 된다.

　그렇기 때문에 최근에 설교를 3~4개의 대지로 나누어 설교하지 말고, 원 포인트 설교(one point sermon〈Andy Stanley〉)를 해야 한다고 주장하는 사람들이 생겨나고 있다. 미국 남침례교단에 속한 설교학 교수이며 문학가인 칼빈 밀러도 원 포인트 설교를 주장하고 있다. 미국의 차세대를 이끌어 가고 있는 노스 포인트 교회(North Point Community Church)의 앤디 스탠리(Andy Stanley) 목사는 하나의 포인트를 설교하는 사람으로 널리 알려져 있는데, 최근 그의 저서 「설교코칭」(*Communicating for a Change*)에서 하나의 포인트 설교의 이론을 제시하고 있다. 앤디 스탠리가 세워 현재 사역하고 있는 조지아 주의 아틀란타 시 인근에 있는 노스 포인트 교회는 비디오로 예배를 드리는 2개의 위성 교회를 포함하여, 주일예배에 15,000여 명이 참석하고 있다.

앤디 스탠리는 대학생 시절 남침례교단의 저명한 목회자인 아버지 찰스 스탠리(Charles Stanley)의 교회에서 그의 동년배들과 대학생 성경 공부반을 성공적으로 키운 경험을 가지고 있다. 그는 대학생 시절부터 전통적인 방법으로 성경 공부를 진행하지 않고, 원 포인트 성경 공부를 실시했었다. 성경 공부에 참석한 학생들에게 성경 공부를 할 본문 가운데 가장 핵심적인 한 구절이 인쇄되어 있는 카드를 나누어 준 후에, 그 한 구절을 공부한 것이다. 예를 들자면 요한복음 17 : 4의 말씀, "아버지께서 내게 하라고 주신 일을 내가 이루어 아버지를 이 세상에서 영화롭게 하였사오니"를 공부할 때, 영화롭게 한다는 것은 무엇을 의미하는지 서로 토론한 다음, 스탠리는 예수님께서 이 세상에 오신 목적은 하나님을 영화롭게 하기 위함이며, 하나님을 영화롭게 하는 것이 우리들의 목적이 되어야 함을 설명했다고 한다. 그 다음, 성경 구절이 쓰여 있는 카드를 덮고 30초간 한 가지 질문, 즉 "이 세상에서 하나님을 영화롭게 하기 위하여 나는 한 주 동안 무엇을 할 것인가?"를 묵상하도록 인도했다고 한다. 묵상이 끝나면 성경 공부 전체를 기도로 끝냈는데, 성경 공부는 총 15분이 소요되었다고 스탠리는 말한다. 한 포인트, 하나의 질문, 하나의 적용이 전부였다. 조는 사람 없이 모두가 깨어 있었고, 모두가 성경 공부에 적극적으로 참여했으며, 모두가 오늘의 교훈이 무엇인지 기억할 수 있었다는 것이다. 이렇게 성경 공부를 이끌어 가자, 다른 성경 공부반들처럼 성경 공부가 끝난 후에 피자 파티를 안 가져도 대학생들이 많이 몰려들었다고 앤디 스탠리는 그의 체험을 말하고 있다. 이러한 대학생 시절의 경험에 의거하여 앤디 스탠리 목사는 원 포인트 설교를 통해 성공적으로 교회를 이끌어 가고 있는 것이다.

앤디 스탠리에 의하면 그는 3~4가지 대지를 포함한 설교를 하는 다른 목사님들의 설교를 들을 때, "왜 저분은 주제를 3~4개로 나누는가? 차라리 시리즈 설교를 해서 한 주에 한 포인트씩 설교를 하면 한 달은 할 텐데."라고 생각한다고 한다. 청중들은 3~4개의 대지를 한 설교에서 다 기억할 수가 없을뿐더러, 교회 주차장을 떠나면서 오늘의 설교가 무엇이었는지를 다 잊어버린다는 것이다. 그러나 원 포인트를 계속하여 강조하며 설교하면, 청중들의 의식 속에 원 포인트의 메시지가 살아 있게 된다는 것이다. 이런 이유로 앤디 스탠리는 원 포인트 설교를 주장하고 있다.

스탠리는 전통적인 용어인 설교의 개요(outline)라는 단어를 사용하지 않고, 그 대신 설교의 지도(map)라고 말한다.[1] 설교는 여행과 같은 것이기에, 설교자는 청중들을 다 태우고 떠나야 하며, 중간 중간의 지점에서도 승객들을 잃어버리지 않아야 한다고 그는 주장한다. 그가 제시하는 설교의 '지도'는 다음과 같다.[2]

| 나(Me) | 우리(We) | 하나님(God) | 당신들(You) | 우리들(We) |
|---|---|---|---|---|
| 정향성(Orientation) | 동일시(Identification) | 조명(Illumination) | 적용(Application) | 비전(Inspiration) |

나(Me)   나는 때때로 결혼 생활에서 어떻게 반응해야 할 것인지를 의아해 할 때가 있다.

우리(We)   나는 여러분들도 결혼 생활에서 어떻게 행동하는 것이 좋을지 잘 모를 때가 있으리라고 짐작한다.

하나님(God)   성경은 우리가 피차 복종하라고 가르친다. 나 자신의 필요와 욕구보다 먼저 배우자의 욕구와 필요를 우선시하라고 가르친다.

당신들(You)   여러분들이 배우자와의 관계에서 무엇을 말하고 무엇을 행할 것인지 확실치 않을 때, 다음과 같은 질문을 자신에게 던지기를 바란다. "지금 이 순간 배우자의 욕구를 나의 것보다 중요하게 생각하고 우선권을 줄 수 있을까?"

일반적으로 결혼 생활에서 복종하는 것이 최선의 결정이다(결론〈conclusion〉).

우리들(We)   우리 모두가 피차 복종하는 본을 친구들과 이웃들 앞에서 보여 준다면, 우리 지역 사회에 어떠한 변화가 일어날 것인지를 상상해 보기 바란다.

---

1) Andy Stanley & Lane Jones, *Communicating for a Change* (Sisters, Oregon : Multnomah Publishers, 2006), 120.
2) Ibid., 120-130.

그런데 원 포인트의 설교를 장기간에 걸쳐 계속적으로 듣게 되는 청중들은 성경 말씀을 충분하게 들을 수 없게 되는 단점이 있다고 지적되고 있다.[3]

---

3) Jerry Sutton, *A Primer on Biblical Preaching* (Bloomington, IN : Cross Books, 2011), 119.

# 제 4 장
# 신설교학 설교

## 1. 설교의 전개 방법 : 연역법적 & 귀납법적 설교 전개 방법

설교자는 렉시오 디비나(lectio divina)와 석의 과정을 통하여 본문의 중심 내용을 파악하게 된다. 본문의 빅 아이디어가 설정되면, 설교자는 본문의 중심 내용을 어떠한 방법으로 움직이게 할 것인가를 디자인해야 한다. 즉, 메시지를 연역법적으로 또는 귀납법적으로 움직이게 할 것인가, 아니면 연역법과 귀납법을 병용하여 설교를 움직이게 할 것인가를 결정해야 한다. 그러면 연역법(deductive)과 귀납법(inductive)은 무엇인가? 연역법은 무엇으로부터(from)의 움직임이고, 귀납법은 무엇을 향한(toward) 움직임이라고 말할 수 있다.[1] 귀납법적인 것과 연역법적인 방법의 차이는 TV 드라마의 살인 사건이 해결되는 것으로 비교될 수 있다. 연역법적인 방법은 "형사 콜롬보"(Colombo)에서처럼 살인자가 누구인지를 드라마의 초기에 시청자들에게 알려 주며, 드라마의 나머지 시간을 시청자들이 알고 있는 살인자가 범인이라는 사실이 탐정 콜롬보의 치밀한 수사에 의해 어떻게 드러나게 되는가를 보여 주는 것이다. 반면에 귀납법적인 접근은 아가사 크리스티(Agatha Christie)의 탐정소설과 같다. 드라마에 등장하는 사람마다 모두 다 살인의 용의자처럼 보인다. 시청자들은 누가 살인자인지를 찾는 과정에

---

1) Dennis M. Cahill, *The Shape of Preaching* (Grand Rapids : Baker, 2007), 116.

탐정과 같이 긴장감을 가지고 참여하게 된다. 드라마의 최종 장면에서 살인자가 누구인가를 알게 될 때 우리는 드라마의 묘미를 맛보게 된다.

연역법은 일반 원리로부터 특수 상황으로의 적용 방법으로, 전통적인 설교의 대부분은 연역법에 의거하였다. 즉, 연역법적인 설교는 설교의 서론에서 메시지의 중심 내용(big idea)을 제시하고, 본론에서 3~4개의 대지로 설교의 중심 내용을 설명, 증명, 예증 및 적용을 하는 방법이다. 연역법의 가장 큰 장점은 명료함(clarity)에 있다. 그러하기에 정부 기관이나, 학교, 기업, 군대 등에서 브리핑을 할 때 연역법적인 방법을 사용한다. 연역법적인 설교에서 청중은 설교의 요점이 무엇인지를 명확하게 알 수 있다. 연역법적인 설교는 매우 조직적이고, 메시지가 논리적으로 질서 있게 전개되므로 청중들은 설교가 어디로 가고 있는지 혼동하지 않는다. 연역법적인 설교는 대부분의 강해 설교, 교리 설교와 교육적인 설교에 매우 효과적이다.

또한 연역법적인 설교는 청중들이 설교의 중심 내용에 대하여 질문을 가지게 될 때 사용되면 더욱 효과적이다. 즉, 청중들이 중심 내용에 대하여 더 자세한 설명을 듣고 싶어 하게 될 때, 메시지의 빅 아이디어에 관하여 청중들이 쉽게 동의하지 않아, 메시지의 빅 아이디어를 설교자가 더 증명(prove)하고, 왜 그것이 사실(true)인가를 보여 주기 원할 때, 청중들이 메시지의 중심 내용을 어떻게 삶에서 적용할 것인가를 알지 못하여, 설교자가 메시지에서 구체적으로 예를 들어 그들에게 보여 주기를 원하게 될 때와 같은 경우들에 연역법적인 설교는 더 효과적이라고 스누키안 교수는 주장한다.[2] 한편 연역법적인 설교의 단점은 현대사회에서의 다양성 및 복잡성(complexity)과 모호성 등을 고려함이 없이, 본문의 말씀을 설교자의 단순한 명제나 원리로 축소하여 제시하는 점이다. 또한 설교에 청중의 참여가 극소화되는 점도 단점이라고 말할 수 있다.

귀납법은 특수한 상황(particular situations)들로부터 일반 원리(general principle)를 향하여 가는 방법이다. 귀납법적인 설교가 설교학계에서 본격적으로 논의되기 시작한 것은 1971년에 프레드 크래독(Fred B. Craddock)의 「권위 없는 자처럼」(*As One*

---

2) Donald R. Sunukjian, *Invitation to Biblical Preaching*, 156-157.

*Without Authority*)이라는 책의 출판 후부터다.[3] 크래독이 「권위 없는 자처럼」을 저술하고 있었던 미국에서 60년대는 히피 운동과 반월남전 데모 등으로 모든 권위가 도전을 받고 있던 시대였다. 따라서 연역법에 의거한 전통적인 설교도 많은 도전을 받게 되었는데, 크래독은 연역법에 의거한 권위적인 설교보다는, 보다 청중의 참여를 가능하게 하는 귀납법적인 설교를 주장하게 된 것이다.

귀납법적인 설교에서 설교자는 특수한 구체적인 상황에서의 관찰, 질문, 예시, 경험들로부터 출발하여 어떤 일반적인 원리를 인도해 낸다. 크래독에 의하면 사람들은 무언가를 생각하고 발견하며 학습을 할 때, 귀납법적으로 행한다고 한다. 설교자들도 귀납법적으로 메시지를 준비한다는 것이다. 처음부터 설교의 중심 내용이나 명제를 발견하는 것이 아니고, 본문을 묵상한 다음, 본문의 역사와 문화적, 문학적, 신학적인 주석을 하고, 단어와 문법도 연구하며, 설교를 위한 여러 가지 데이터를 수집하는 등, 여러 단계를 통하여 텍스트를 연구한 후에야 본문의 빅 아이디어나 명제를 발견하게 된다는 것이다. 그런데 설교자들이 설교의 준비 과정은 이처럼 귀납법적으로 행하고, 정작 설교 원고를 작성할 때에는 연역적으로 설교의 중심 내용을 먼저 제시하는 방법을 택하고 있다는 것이다. 그러하기에 설교자는 메시지의 준비 과정처럼 설교의 움직임도 귀납법적으로 전개함으로, 청중들의 적극적인 관심을 끌어낼 수 있어야 한다고 크래독은 주장한다. 왜냐하면 청중들은 일상생활에서 무엇을 발견하거나 학습하며 생각하고 삶을 경험할 때, 그리고 문제를 해결할 때에도 귀납법적으로 행하기에, 설교를 들을 때에도 귀납법적으로 듣기를 원한다는 것이다.

귀납법적인 설교의 중심 이미지는 여행이다. 몹시도 기다려지는 목적지를 향하여 설교자와 청중이 함께 탐색하고 모험을 하며 여행을 가는 것이다. 반면에 연역법적인 설교는 설교자가 그의 권위를 가지고 목적지를 일방적으로 결정하고, 설교자 홀로 여행을 떠나는 것에 비유할 수 있다고 크래독은 말한다. 즉, 연역법적인 설교에서는 설교자 홀로 메시지의 빅 아이디어를 정하고, 그것을 설교자 홀로 설명, 증명,

---

3) Fred B. Craddock, *As One Without Authority*, 3rd edition (Nashville : Abingdon Press, 1979).

전개, 예증, 적용함으로 청중들의 참여가 제외된다는 것이다.

귀납법적인 설교를 준비하는 과정은 다음과 같다.

첫째, 본문으로부터 설교를 시작하지 않고, 회중의 경험으로부터 출발하여 본문을 향하여 나아간다. 즉, 상황이나 삶의 문제로부터 본문을 향하여 가는 것이다. 회중의 삶의 경험을 말하며 그들에게 관련된 진리를 말하기에, 청중들은 본문이 그들의 삶에 대해 어떻게 말하고 있는지를 주의 깊게 들으려고 한다. "소년 다윗이 물맷돌을 가지고 장사 골리앗을 쓰러뜨린 이야기를 여러분들에게 말씀드리려고 합니다."라고 말하면 오래 믿은 신도들은 "그 이야기를 또 하는구나."라고 생각하며 마음의 문을 닫아 버리고 메시지를 들으려고 하지 않는다. 그러나 회중들에게 그들이 당면한 엄청난 문제, 해결할 수 없는 난제들을 구체적으로 제시하면서, 2,500년 전 다윗이 당면했던 위기, 해결할 수 없었던 문제를 어떻게 해결했는지를 보여 주며, 텍스트를 통해 오늘 우리의 문제 해결 방안을 찾는 해답을 구하려고 한다면 청중들은 관심을 가지고 메시지를 듣게 된다.

둘째, 설교의 중심 내용은 메시지의 마지막 부분에서 언급한다. 귀납법적인 방법은 신비로운 것이 최종적인 장면에서 해결되는 것과 같다.

셋째, 귀납법적인 설교에서 메시지의 결론은 열린 결론이다. 설교자 홀로 결정을 내리는 것이 아니고, 청중들로 하여금 각자 스스로 결론을 내릴 수 있는 권한을 부여하는 것이다. 크래독은 귀납법적인 설교에서 열린 결론은 청중들로 하여금 만인의 제사장임을 경험케 한다고 주장한다.[4]

그러면 귀납법적인 설교는 언제 사용되는 것이 좋은가? 설교의 중심 내용이나 명제를 메시지의 서두에서 청중들에게 미리 알려 줌으로, 설교의 나머지 부분이 안티 클라이맥스(anticlimax)가 될 때, 아니면 어떠한 논란의 소지가 있는 설교의 중심 내용을 서두에서 말함으로, 그 중심 내용에 동의하지 않는 청중들은 마음의 문을 닫아 버리고 메시지를 들으려고 하지 않을 가능성이 있을 때에 사용하면 효과적이다. 또한 귀납법적인 설교는 메시지의 주요 움직임이나 주요 대지(main points)

---

4) Ibid., 67.

들이 설교의 중심 내용이 무엇인지를 설명해 주는 목록(list)이 될 때 사용하면 가장 효과적이다.[5]

귀납법적 설교는 세심한 준비가 필요하다. 자칫 잘못하면 여러 가지 이야기, 관찰, 질문, 인상(impressions) 등을 일관성 없이 나열함으로, 청중들이 설교의 요점이 무엇인지를 깨닫지 못할 수 있다. 또한 오랫동안 말씀과 신앙 훈련을 받지 못한 청중들이 스스로 결론을 내리는 것도 쉬운 일이 아니다. 그러나 본문에 신실한 귀납법적인 설교는 포스트모던의 시대의 청중들에게 더 잘 받아들여지는 설교의 형태가 되고 있다. 칼빈 밀러(Calvin Miller)는 귀납법적인 설교 전개는 단순히 복음을 전파하는 하나의 방법이 아니라 '유일한 방법'이라고까지 말하고 있는데[6] 이것은 극단적인 표현으로, 설교자는 본문의 장르와 청중들의 상황에 비추어 연역법, 귀납법, 또는 연역법과 귀납법을 병용하여 사용하는 것이 바람직하다.

- 설교에서 연역법과 귀납법을 병용하여 사용하는 방법

로날드 앨렌 교수는 20~30분의 설교에서 처음 10~15분간은 귀납법적으로 문제를 제기하여, 그것을 신학적으로 분석하여 내린 결론으로 일반 원리, 명제, 중심 내용을 찾은 다음, 설교의 나머지 10~15분간은 귀납법적으로 발견한 중심 내용이나 명제를 회중들의 삶에 연역법적으로 적용하는 방법을 제시하고 있다.[7]

## 2. 스토리텔링 설교와 내러티브 설교

미국의 설교학자 그래디 데이비스는 1958년도 출판된 그의 명저 *Design for Preaching*(설교를 위한 디자인)에서 다음과 같이 말하고 있다.

---

5) Donald R. Sunukjian, *Invitation to Biblical Preaching*, 159.
6) Calvin Miller, *Marketplace Preaching* (Grand Rapids : Baker, 1995), 65.
7) Ronald J. Allen, *Preaching the Topical Sermon* (Louisville : Westminster John Knox, 1992), 16-17.

우리 설교자들은 복음서의 대부분이 사람과 장소, 사건, 그리고 대화의 내러티브라는 사실을 잊어버리고 있다. 복음서는 일반적인 아이디어들의 강해(verbal exposition)가 아니다. 우리들의 설교의 9/10가 강해와 논증(argument)인 데 비해, 복음서의 강해와 논증은 1/10도 되지 않는다. 복음서의 아이디어들은 주로 이야기의 형태로 전해지고 있다.[8]

당시 데이비스의 이러한 말은 1970년대 중반기 이후에 미국의 주류 교단에 가장 영향력 있는 새로운 설교 형태로 등장할 이야기체 설교를 예견하는 주의 깊은 관찰이기도 하다. 권위적이며 주로 이성과 지성에 호소하는 전통적인 설교에 대한 대안으로 이야기체 설교가 제시된 데에는 **신학적, 성서적,** 그리고 **상황적인 3가지 이유**가 있다.[9]

설교에서 스토리를 말하는 **신학적**인 배경으로는 1970년대부터 미국의 신학자들, 성서학자들이 성서가 인간을 구원하시는 하나님의 이야기임을 다시 발견하게 되면서부터이다. 성서는 하나님의 이야기(God's Story)라는 것, 즉 예수 그리스도를 통하여 인간을 구원하시는 하나님의 이야기가 바로 성경이라는 사실을 다시 깨닫게 된 것이다.[10] 에이모스 윌더(Amos Wilder)에 의하면 성경이 하나의 이야기라는 사실은 유대교와 기독교 전통의 특성이라고 한다. 그는 다음과 같이 말한다.

> 우리가 다른 종교의 경전이나 철학의 고전을 조사해 보면 이야기는 비교적 중요하지 않다. 오히려 그들의 경전은 철학적인 교훈이나 신비스러운 논지, 아니면 교훈적인 암호 혹은 신탁의 환상(oracular vision)의 형태를 취하고 있다.[11]

---

8) H. Grady Davis, *Design for Preaching*, 157.
9) John C. Holbert & Alyce M. McKenzie, *What Not to Say* (Louisville : Westminster John Knox Press, 2011), 88.
10) James A. Sanders, *God Has a Story Too* (Philadelphia : Fortress Press, 1979), 1-26.
11) Amos Wilder, *Early Christian Rhetoric : The Language of the Gospel* (Cambridge : Harvard Univ. Press, 1964), 56.

설교에서 이야기를 말하는 **성서적**인 이유는 하나님의 구원의 이야기는 주로 내러티브 형식으로 쓰였기 때문이다. 데이비드 라슨(David L. Larsen)은 구약의 75%가 내러티브라고 말하고 있다.[12] 성서의 대부분이 내러티브 형태로 쓰여 있기에 설교도 성서 본문을 존중하여 내러티브 스타일로 작성되어야 한다고 많은 설교학자들이 생각하게 되었다. 즉, 설교가 성서를 섬기는 종이라고 한다면, 스토리나 내러티브 스타일로 말씀을 증거함으로 섬겨야 한다고 깨닫게 된 것이다. 따라서 이야기체 설교는 성서의 문학적 형태를 매우 존중하는 형태의 설교라고 말할 수 있다. 성경 안에는 물론 내러티브가 아닌 다른 문학의 장르도 있지만, 그러한 텍스트들도 인간을 구원하시는 하나님의 구원의 스토리라는 커다란 범주 안에 포함될 수 있다고 성서학자들은 주장한다. 즉, 성경 안에 있는 모든 장르들, 시, 율법, 잠언, 예언서, 역사서, 묵시문학, 복음서, 서신서들은 하나님의 구원의 이야기에 뿌리를 두고 있다는 것이다.[13] 그리스도 안에서 성육화하여 인간을 구원하시는 하나님의 스토리에는 플롯과 인물들(characters), 장면(scenes)과 주제(theme)가 담겨 있는 이야기이다. 복음서에 보면 예수께서도 "비유가 아니면 말씀하지 아니하시고"(막 4 : 34)라고 했다. 로버트 와즈나크(Robert Waznak)는 기독교는 이야기를 말하는 사람들의 공동체로 시작되었다고 지적한다. 초대교회의 예배 순서를 보면 "그들은 함께 모여 떡을 떼었고, 그리고 이야기를 말했다"[14]라고 한다. 그러하기에 설교에서 스토리나 내러티브 스타일을 되찾는 것은 어떠한 의미에서 성서적인 전통으로 돌아가는 것이라고 말할 수 있다.

　설교자가 설교에서 스토리를 이야기하는 것은 **청중들의 상황** 때문이다. 토마스 롱 교수는 미국의 기독교 역사에 있어 이야기와 이야기체 설교가 활발하게 대두된 적이 세 번 있었는데, 그것은 대각성 운동 시대와 남북전쟁 이후, 그리고 70년대 중반기 이후이며, 이러한 형식의 설교가 대두되었을 때는 사람들이 감정적으로 메말라

---

12) David L. Larsen, *The Anatomy of Preaching* (Grand Rapids : Baker, 1989), 148.
13) John C. Holbert & Alyce M. McKenzie, *What Not to Say*, 88.
14) Robert Waznak, *Sunday after Sunday : Preaching the Homily as Story* (New York, Paulist, 1983), 27.

있었던 시기라고 말하고 있다. 즉, 영국의 식민지 시대로 청교도들의 율법주의적이고 지식 위주의 칼뱅주의 사상으로 인해 사람들이 감정적으로 메말라 있었을 때, 남북전쟁 이후의 상처와 허탈감, 합리주의와 이성주의, 그리고 도시화와 산업화로 인하여 사람들이 소외감을 맛보며 정서적으로 고갈되어 있었을 때, 그리고 70년대 이후 과학의 첨단 문명은 발달되었지만, 사람들은 더욱 외로움을 느끼며 감성적으로 목말라 하고 있었을 때, 그때마다 사람들의 감성을 충족시켜 줄 수 있는 이야기체 설교가 다시 부상했다는 것이다.[15] 지나간 35년 동안 설교학계에서 주도적인 역할을 해 온 '신설교학'(New Homiletic, 즉 귀납법적 설교, 이야기체 설교, 움직임과 구조의 설교, 네 페이지 설교 등)은 모든 사람들이 삶에서 파편적이고, 연결되지 않으며, 뒤범벅이 된 그들의 삶의 경험들로부터 하나의 일관성(coherent)이 있는 이야기를 만들려고 하고 있다는 이론에 근거하고 있다. '신설교학'에서 설교는 청중들에게 그들의 삶의 이야기를 영원한 소망이 있는 구원의 이야기에 연결시키라고 초청하는 것을 의미한다. 구원의 이야기와 접속이 끊어진 포스트모던 시대의 사람들도 그들의 삶에 의미를 가져다주는 구원의 이야기를 마음속 깊은 곳에서 갈망한다는 것이다.[16]

현대 사회는 이야기에 젖어 있다고 말해도 과언이 아니다. TV의 연속극, 영화, 연극, 시사 뉴스 등의 이야기로 가득하다. 현대인들은 TV 드라마와 영화, 비디오, DVD, 그리고 컴퓨터의 스크린을 보면서 살고 있기에, 설교도 논증적이나 교리적, 명제적인 설교보다는 이야기체 설교를 더 선호하게 되었다. 미국에는 어른들과 어린이들이 예배 전반부까지 함께 앉아 예배드리는 교회들이 많이 있는데, 어린이들이 주일학교로 돌아가기 직전에 담임 목사가 어린이들에게 아동 설교를 한다. 아동 설교를 할 때에는 부모 옆에 앉아 예배드리던 아이들이 모두 강단 주변으로 모이게 되는데, 흥미로운 것은 담임 목사의 아동 설교를 어른들이 더 관심을 가지고 재미있게 듣는다고 한다. 심지어 어른들이 그들을 향한 설교보다도 아동 설교를 더 좋아한다고 한다. 왜냐하면 아동 설교는 이야기 설교이기 때문이라는 것이다.

---

15) 토마스 롱 교수가 텍사스 포트워스 시에 소재한 사우스웨스트 신학대학교에서 강연한 테이프. "Preaching Today" Tape #163.
16) John C. Holbert & Alyce M. McKenzie, *What Not to Say*, 88.

이야기체 설교는 현대인들의 관심과 흥미를 끌며, 그들의 심성을 터치하는 힘을 가지고 있다. 우리가 이야기에 관심을 가지는 것은 우리의 삶이 하나의 드라마이며, 내러티브이기 때문이다. 우리의 삶에는 시작과 마지막, 갈등과 문제, 그리고 해결이 있기에 우리는 이야기에 관심을 가지게 된다. 그래서 윌리엄 바우쉬(William J. Bausch)는 "인간이 된다는 것은 이야기를 가지는 것이다."라고 말한 바 있다.[17] 유진 라우리는 그의 저서 *Doing Time in the Pulpit*(설교단에서 설교하는 시간)에서 바바라 하디(Barbara Hardy)의 다음과 같은 말을 인용한다.

> 우리는 내러티브 안에서 꿈(dream)을 꾸고, 내러티브 안에서 백일몽(daydream)을 꾸고, 내러티브에 의해 기억하고, 기대하며, 희망하며, 실망하며, 믿고, 의심하며, 계획을 세우고, 수정하며, 비판하고, 건설하며, 험담(gossip)하고, 배우며, 미워하고, 사랑한다. 진실로 살기 위하여, 우리는 우리 자신들과 다른 사람들에 관한 이야기들을 지어낸다(make up). 또한 우리는 사회적인 과거와 미래는 물론 개인적인 과거와 미래의 이야기들도 지어낸다.[18]

그동안 많은 설교자들이 사용해 왔던 명제적이며 논증적인 설교(cognitive prepositional preaching)가 주로 회중의 지성에 어필하는 데 반하여, 이야기 설교는 복음의 체험을 설교의 목적으로 설정하고 강조함으로 청중의 감성에 호소하는 설교이다. 스토리나 내러티브는 듣는 회중들로 하여금 이야기 세계 속에 들어가 이야기의 주인공과 자신을 동일시하는 체험을 가능케 하는데, 이것을 스티븐 크라이츠(Stephen Crites)는 '경험을 불러일으키는 이야기의 특성'이라고 말한다.[19] 이야기체 설교는 회중들로 하여금 말씀을 체험하게 하는 데 설교의 초점을 두고 있다.

이 시점에서 우리는 스토리텔링 설교와 내러티브 설교의 차이점, 그리고 한국어로

---

17) William J. Bausch, *Storytelling : Imagination and Faith* (Mystic : Twenty-Third Publications, 1984), 171.
18) Eugene L. Lowry, *Doing Time in the Pulpit* (Nashville : Abingdon Press, 1985), 39.
19) Stephen Crites, "The Narrative Quality of Experience," *Journal of the American Academy of Religion*, XXXIX, 3 (September 1971), 291-311.

의 번역상의 문제점을 살펴보기로 한다. '이야기'를 영어로는 '스토리' 또는 '내러티브'라고 말하고 있는데, 설교학자들은 스토리와 내러티브를 애써 구분하고 있다. 유진 라우리를 포함한 일부 설교학자들은 스토리보다는 내러티브라는 단어를 선호하여 사용하고 있다. 설교 안에 스토리가 하나도 포함되지 않는다 해도, 유진 라우리가 제시하는 방법에 따라 설교가 내러티브 구조, 즉 이야기처럼 되어 있다면 내러티브 설교가 될 수 있다고 말한다. 따라서 내러티브 본문이 아닌 바울의 서신서인 로마서나 구약의 시편, 지혜문학인 잠언을 설교하더라도, 설교가 내러티브 구조(라우리가 제시하는 방법)로 되어 있다면 그 설교는 내러티브 설교가 될 수 있다는 것이다. 스토리텔링 설교는 항상 내러티브 설교이지만, 모든 내러티브 설교가 스토리텔링 설교는 아니라는 것이다.[20] 이처럼 소수의 설교학자들은 스토리와 내러티브를 구분하여 사용하려고 하지만, 한편 목회 현장에서 매주 설교하고 있는 미국의 설교자들은 스토리와 내러티브를 같은 말로 호환할 수 있는 동의어로 사용하고 있다. 이렇게 대부분의 설교자들에 의해 동의어로 사용되고 있는 내러티브와 스토리를 구태여 구별하여 정의를 내리려고 한다면, 신약성서학자 앨런 컬페퍼(R. Alan Culpepper)가 내린 정의가 가장 적절하다. 앨런 컬페퍼는 '내러티브'는 스토리를 전달(convey)하는 텍스트이며, '스토리'는 내러티브, 즉 텍스트에 나오는 이야기의 내용을 의미한다고 말하고 있다.[21] 목회 현장에 있는 설교자들은 설교학자들처럼 애써서 스토리와 내러티브를 구분하려 하지 말고, 호환 가능한 동의어로 사용하면 될 것이다.

   스토리와 내러티브의 번역에도 문제점이 있다. 한국의 설교학 교수들 가운데는 스토리를 '이야기', 내러티브를 '설화체'로 번역하고, 스토리텔링 설교와 내러티브 설교를 포괄하여 '서사 설교'라고 부르자고 제안하는 이들이 있다. 그러나 내러티브라는 단어를 '설화체'라는 어려운 단어로 사용하기보다는 내러티브를 영어 단어 그대로 '내러티브'로 사용하는 것이 더 바람직하다.[22] 그러하기에 'storytelling sermon'은

---

20) Wayne Bradley Robinson, "Introduction," in *Journey toward Narrative Preaching*, ed. Wayne Bradley Robinson (New York : Pilgrim Press, 1990), 4.
21) R. Alan Culpepper, *Anatomy of the Fourth Gospel* (Minneapolis : Augsburg, 1983), 53.

'이야기 설교', 'narrative sermon'은 '내러티브 설교'로 번역하는 것이 좋을 것이다. 영어에는 스토리텔링 설교와 내러티브 설교를 포괄하는 어떤 특정한 용어가 없다. 스토리와 내러티브를 포괄하는 번역 용어가 꼭 필요하다면 한국의 일부 설교학 교수들이 제안하는 '서사 설교'보다는 누구나 쉽게 이해할 수 있는 단어인 '이야기체 설교'라고 번역하는 것이 바람직할 것이다.

### 1) 스토리텔링 설교와 내러티브 설교의 작성 방법

이야기체 설교작성에는 세 가지 방법이 있다.

(1) 스토리텔링 설교 방법 : 하나님의 스토리, 설교자의 스토리, 그리고 청중들의 스토리를 엮어 설교를 작성한다.

뉴욕의 유니온 신학교에서 설교학을 가르쳤던 에드먼드 스타이믈은 그래디 데이비스가 그의 저서에서 말하고 있는 5개의 설교 형태 중에서 '말해진 이야기'(A story told)를 보강(update)하기 위하여 그의 제자들과 같이 *Preaching the Story*(스토리를 설교함.)이라는 책을 저술했다. 스타이믈은 이 책에서 스토리텔링 설교는 하나님의 이야기와, 오늘을 살아가는 설교자와 청중들의 신앙의 이야기를 엮어서(weave) 작성하라고 권면한다. 자주색, 청색, 붉은색의 실을 엮어 천을 짜듯이, 스토리텔링 설교는 본문의 플롯을 따라 성서의 이야기와 설교자와 청중의 신앙과 삶의 이야기를 엮어 메시지를 작성하라고 말한다. 영미권의 10대 설교자 가운데 유일하게 여성으로 지명된 바바라 브라운 테일러도 설교에는 설교자의 이야기(preacher's Story)와 회중들의 이야기(their Story), 그리고 하나님의 이야기(God's Story)가 있어야 한다고 말하면서, 이 세 이야기 중 어느 하나가 빠지게 되면 설교는 흔들리거나 넘어지게

---

22) 악트마이어(Paul J. Achtemeier)와 그린(Joel B. Green), 그리고 톰슨(Marianne Meye Thompson)이 공동으로 저술한 *Introducing the New Testament : Its Literature and Theology*의 한국어 번역서인 「새로운 신약성서개론」에서처럼 'narrative'를 번역하지 않고 '내러티브'로 사용하고자 한다.

된다고 말하고 있다.[23]

스타이믈이 제시하는 스토리텔링 설교는 본문 이야기의 구성을 따라 설교가 전개되고, 설교자와 청중들의 실제적이며 살아 있는 신앙의 이야기를 엮어 작성하기에 매우 성서적인 설교가 될 수 있다. 스토리텔링 설교에는 청중들의 마음을 움직이며 그들의 삶에 영감과 비전을 가져다줄 수 있는 감동 있는 스토리나 삶의 일화(slice of life)가 많이 사용된다. 세 가지 이야기를 엮어 작성하는 스타이믈의 설교 방법은 다음과 같이 요약될 수 있다.[24]

- 하나님의 이야기(God's Story) : 성서에 기록된 대로 하나님께서 어떻게 구원의 역사를 행하셨고, 계속하여 지금도 구원의 사역을 어떻게 행하시는가를 이야기한다. 이는 성서의 진리의 이야기이다.
- 설교자의 이야기(Preacher's story) : 하나님의 이야기가 설교자의 삶에 어떻게 연관되는가? 설교자는 성서의 진리가 그의 삶 속에서 어떻게 일하고 있는가를 말한다.
- 회중들의 이야기(Their story) : 하나님의 진리의 말씀이 회중들의 삶 속에서 어떠한 영향을 주는가? 하나님의 말씀이 어떻게 회중을 변화시키며 위로하고 도전을 주는가를 말한다.

한 실례로 누가복음 15 : 11~32에 나오는 탕자의 비유를 본문으로 하여 세 개의 이야기를 엮어 스토리텔링의 설교를 작성한다면 이렇다.[25]

- 하나님의 이야기 : 둘째 아들은 아버지의 재산을 상속받아 집을 떠나, 먼 나라에 가서 방탕한 생활을 하다가 재산을 다 탕진하고 돼지치기가 되었다. 그는 굶주렸고 삶이 힘들었기에 다시 집으로 돌아가기로 결심하였다. 그리고 그는 집으로 돌아와

---

23) Barbara Brown Taylor, *The Preaching Life* (Cambridge : Cowley Publications, 1993), 79.
24) Hugh Lichfield, "Outlining the Sermon," in *Handbook of Contemporary Preaching*, ed. Michael Dundit (Nashville : Broadman, 1992), 170.
25) Ibid., 179.

아버지의 사랑을 발견하였다.
- 설교자의 이야기 : 나는 탕자가 느꼈던 것을 안다. 나도 아버지께 반항을 하였고, 그가 가르쳐 준 가치관을 배격한 때가 있었으며, 교회에 나가지 않고 세속적 삶을 산 적도 있었다. 그러던 어느 날 내가 깨닫고 돌아왔을 때 나의 아버지는 나를 용서하고 사랑해 주었다.
- 회중들의 이야기 : 하나님께 반항한 적이 있는가? 마음이 아팠는가? 하나님은 지금 용서와 사랑의 팔로 여러분이 집으로 돌아오기를 기다리신다.

(2) 본문의 이야기를 장면으로 나누어 오늘의 청중에게 리텔링하는 설교 방법 : 본문을 장면으로 나누어 스토리텔링 설교를 작성한다.

내러티브에서 가장 중요한 것은 '장면'(Scene)이라고 포켈만(J. P. Fokkelman)은 말하고 있다.[26] 내러티브에서 각 장면은 어떤 특정한 장소와 시간에서 일어나는 사건들을 제시해 줌으로 독자들의 관심을 각 장면에서 일어나고 있는 행동과 대화에 집중하도록 만든다. 리텔링 설교(Retelling the Biblical Story)는 성경의 이야기를 몇 개의 중요한 장면들로 나누어, 오늘의 청중들을 위하여 스토리텔링 설교를 작성하는 방법이다. 주로 복음주의적인 계통의 설교자들이 이 방법을 많이 사용하고 있다. 장면으로 나누어 리텔링 설교를 하는 대표적인 설교자로 미국 남침례교회의 스티븐 슈메이커(H. Stephen Shoemaker) 목사와 설교학자 데이비드 라슨이 있다. 최근 존 스윗맨(John Sweetman)은 장면에 따라 설교를 작성하는 방법은 기존의 모든 설교 형태(강해 설교, 신설교학 계통의 설교)를 다 포괄할 수 있는 가장 탄력적인 설교 작성 방법이라고 주장하고 있다.[27]

누가복음 15 : 11~32에 나오는 탕자의 비유는 5개의 장면으로 나누어 볼 수 있다.

1. 재산상속 문제를 가지고 일어나는 작은아들과 아버지의 갈등 및 사건의 장면

---

26) Sidney Greidanus, *The Modern Preacher and the Ancient Text*, 199.
27) John Sweetman, "Toward a Foundational, Flexible, Sermon Structure," *The Journal of Evangelical Homiletics Society* 8 (September 2008), 32-49.

2. 탕자가 먼 나라에서 재산을 다 탕진하고 돼지를 치는 신세로 전락해 있는 장면
3. 탕자가 아버지를 생각하며 집으로 돌아가는 장면
4. 탕자를 무조건적으로 환영하는 아버지의 모습의 장면
5. 돌아온 탕자에게 사랑을 베푸는 아버지를 못마땅해 하는 큰아들의 모습의 장면

구약의 룻에 관해 설교한다면 룻기를 6개의 장면으로 나누어 볼 수 있다.

1. 흉년으로 이민 갔다가, 남편과 두 아들을 잃어버리는 나오미의 비극(tragedy) 장면
2. 고향으로 돌아오는(homecoming) 장면
3. 룻이 밭에서 이삭을 줍는 장면
4. 타작마당에서의 만남의 장면
5. 성문(city gate)에서의 해결의 장면
6. 아들이 태어나는 장면

장면을 중심으로 전개하는 이야기 설교는 본문의 플롯 또는 줄거리(story-line)에 따라 주요 장면을 나누어 에피소드를 엮어 가며 설교를 전개하면 된다.

(3) 유진 라우리가 제시하는 내러티브 설교 방법
유진 라우리는 내러티브 설교의 목적은 회중들에게 말씀을 체험하는 사건이 일어나게 하는 것이라고 주장하며 내러티브 설교의 특성을 다음과 같이 말한다.

> 내가 의미하는 내러티브 설교는 특정한 시간 안에 일어나는 사건(an event-in-time)으로, 이 사건은 불안정(disequilibrium)이나 갈등(conflict)으로부터 시작되어, 이 갈등이나 문제가 더 심화(escalation)되거나 악화(complication)되다가, 놀라운 반전(reversal)이 일어난 후에, 대단원으로 끝내는 과정으로 이동(move)하는 설교이다.[28]

---

28) Wayne Bradley Robinson, "Introduction," 4.

라우리가 제시하는 내러티브 설교는 플롯을 따라 어떠한 환경(setting)에서 갈등이나 문제가 일어나고, 그 문제와 모순점, 갈등을 해결해 주는 형식을 가지고 있다.[29] 토마스 롱은 유진 라우리의 내러티브 설교 방식을 가려운 데를 시원하게 긁어 주는 일종의 문제 해결(problem-solving) 방식의 설교라고 평가하고 있다.[30] 라우리는 내러티브 설교 작성의 5단계를 제시하는데, 이 단계는 내러티브 텍스트는 물론, 다른 어떠한 형태의 본문에도 사용될 수 있다고 말한다.

① 모순, 갈등, 그리고 어떠한 문제를 제기함으로 평형이 깨어짐(Upsetting the equilibrium) : "oops!"('아이쿠', '저런', '아뿔싸' 등)

설교자가 해야 할 첫 번째 과제는 의문이나 갈등을 일으키는 문제나 아이디어를 제시하는 것이다. 즉, 회중들이 직면하고 있는 어떤 문제, 곤경, 난제 등을 제기함으로 회중들의 설교에 대한 관심을 불러일으킨다. 설교자가 "오늘 나는 여러분에게 사랑에 관하여 말하고자 합니다."라고 하면, 이 말은 매우 지루하고 회중들의 마음의 평정을 흔들어 놓지 못한다. 그러나 설교자가 "우리들의 문제는 우리가 사랑의 손길을 펼칠지라도, 그 손길이 상처를 입고 깨어지는 데 있습니다. 사랑한다는 것은 상대방으로부터 거부를 당할 수도 있는 위험이 있다는 것입니다."라고 말하면 회중들의 마음의 안정이 흔들리게 된다. 회중들은 이러한 사랑을 거부당한 실존적 경험이 있기에 설교에 관심을 가지고 참여하게 되는 것이다.

② 모순점을 분석함(Analyzing the discrepancy) : "ugh!"('우', '와', 혐오, 경멸, 공포 등)

일반적으로 설교의 가장 큰 약점은 진단의 빈약이라고 라우리는 믿고 있다. 두 번째 단계에서는 첫 번째 단계에서 제기된 문제, 의문, 갈등, 모순, 긴장 등을 분석하고 탐색한다. 예를 들자면 마태복음 20 : 1~16에 나오는 '포도원 품꾼의 비유'를

---

29) Eugene L. Lowry, *The Homiletical Plot* (Atlanta : John Knox Press, 1980).
30) Thomas G. Long, *The Witness of Preaching*, 2nd edition (Louisville : Westminster John Knox, 2005), 127.

설교할 경우, 설교자는 "일한 만큼 그 수고에 대한 대가가 지불되어야 하는 것이 정의인데, 포도원의 주인은 왜 수고한 대로 임금을 지불하지 않는가?"라는 모순점을 제시한 후, 나머지 단계에서 그러한 모순점을 풀어 가는 문제 해결의 방식을 취한다. 라우리에 의하면 모순점을 분석하는 단계는 설교에서 가장 많은 시간이 필요한 단계로, 때로는 다른 모든 단계들을 합친 시간보다 더 소요될 수가 있다고 한다. '왜'라는 질문을 계속 던지며 근본적이고 본질적인 모순과 문제가 무엇인지를 파헤침으로 인간 실존의 상태, 하나님과의 분리, 죄의 문제까지 심층 분석할 수 있어야 한다고 라우리는 말한다. 피상적인 해답으로 만족해서는 안 된다. 문제와 모순, 갈등이 잘 분석되고 진단되어야 복음을 들을 수 있는 준비가 된다.

③ 해결의 실마리를 보여 줌(Disclosing the clue to resolution) : "aha!"('아하') 이 단계에서 설교자가 문제 해결의 실마리를 복음으로 보여 줌으로 회중은 "아하!"라고 말하면서, 문제 해결의 실마리는 세상의 지혜에서 오는 것이 아니라, 복음에서 온다는 것을 깨닫고 놀라게 된다. 회중의 기대에 반전이 있게 된다.

④ 복음을 체험함(Experiencing the Gospel) : "whee!"('와아', '야아'〈기쁨, 흥분〉, '야, 신난다' 등)
앞에서 문제 해결의 실마리가 제시되면 회중은 "아하!" 하고 깨닫게 되며, 복음을 체험할 준비가 된다. 설교자에 의해 복음이 선포되면 회중은 복음을 체험하는 사건을 만나게 된다. 따라서 모순과 갈등, 문제, 긴장이 해소되기 시작한다. 설교의 클라이맥스를 체험하는 단계가 바로 이 4단계이다.

⑤ 결과를 기대함(Anticipating the consequences) : "yeah!"('그렇고 말고', '그렇지', '그래, 맞아' 등)
마지막 단계에서는 새롭게 체험된 복음이 미래로 투사된다. 그리스도 안에서 주어진 자유에 비추어, 이제는 어떠한 삶을 살아야 할 것인가를 기대하는 단계이다. 누가복음 15 : 11~23의 탕자의 비유를 가지고 유진 라우리가 제시한 5단계에 따

라 설교를 만들어(shape) 본다면 아래와 같다.[31]

1. 탕자가 자유를 얻었다. "아이쿠, 저런, 아뿔싸."
2. 탕자가 모든 유산을 다 탕진하고 문제에 봉착한다. "와." (혐오, 경멸, 공포)
3. 탕자가 정신이 들어 집으로 가기로 결정한다. "아하."
4. 탕자가 용서하는 아버지를 발견한다. "와아." (기쁨)
5. 탕자가 아들로 회복된다. "그렇고 말고."

유진 라우리는 그의 최근의 저서 「신비의 가장자리에서 춤추는 설교」(*The Sermon : Dancing the Edge of Mystery*)에서, 그가 전에 제시했던 이야기체 설교 작성의 5단계를 4단계로 축소하고 있다.[32] 즉, 3, 4단계를 구분하지 않고 통합하여 4단계로 만들고 있다. 그가 새롭게 제시하는 내러티브 설교 방법은 다음과 같다.

1. 갈등(Conflict)
2. 상황의 더 얽힘(Complication).
3. 갑작스러운 전환(Sudden Shift)
4. 열림, 전개, 펼쳐짐(Unfolding).

유진 라우리는 「설교자여 준비된 스토리텔러가 돼라」(*How to Preach a Parable*)란 그의 저서에서 내러티브 설교의 형태를 4가지로 분류하고 있다.

① 본문의 이야기를 따름(Running the Story)
이 방법은 본문의 줄거리를 따라 성경의 스토리를 이야기하다가, 성경의 스토리와 연관된 오늘의 스토리를 말하고, 연관된 해설(comments)을 하며 설교를 전개하

---

31) Hugh Lichfield, "Outlining the Sermon," 171.
32) Eugene L. Lowry, *The Sermon : Dancing the Edge of Mystery* (Nashville : Abingdon, 1997).

는 방법이다. 라우리가 말하는 이야기체 설교의 4가지 전개 방법 중에서 가장 바람직한 방법이다.

② 본문의 이야기를 지연시킴(Delaying the Story)
이 방법은 본문이 짧을 때 사용한다. 청중들이 직면한 문제나 관심사를 다루는 오늘의 이야기(contemporary story)를 이야기하다가, 본문의 이야기로 청중들의 문제에 해답을 주는 형태의 설교이다.

③ 본문의 이야기를 중단함(Suspending the Story)
본문의 내러티브로 이야기를 시작하다가 어떠한 난제에 직면하면 본문의 이야기를 중단한 후에, 본문 밖으로 나가 본문의 스토리와 연관된 다른 성경의 이야기에서 해결의 실마리를 찾은 다음, 다시 본문으로 돌아와 설교를 끝내는 형태의 설교이다.

④ 이야기를 교차함(Alternating the Story)
본문의 내러티브와 연관된 오늘의 스토리를 본문과 교차시키며 설교를 전개하는 방법이다.

## 3. 움직임과 구조의 설교[33]

80년대 이후 북미의 '신설교학 운동'(The New Homiletic)을 주도한 학자들은 프레드 크래독(귀납법적 설교)과 유진 라우리(이야기체 설교), 데이비드 버트릭(움직임과

---

33) 한국에서는 버트릭의 설교방법론을 '전개식 설교', 또는 '움직임과 전개의 설교'로 소개가 되고 있다. 그러나 버트릭이 그의 저서 *Homiletic*의 부제를 'Moves and Structures'라고 달고 있기에 버트릭의 설교방법론을 '움직임과 구조의 설교'라고 부르는 것이 더 좋을 것이다. 왜냐하면 버트릭의 설교는 일정한 구조의 틀 속에서 움직이기 때문이다. 그러하기에 리차드 에스린저(Richard Eslinger)도 버트릭의 설교방법론을 '움직임과 구조'의 설교방식이라고 말하고 있다.

구조의 설교)이다. 크래독, 라우리 교수들의 대표적인 저서들은 이미 한국어로 번역이 되었기에 한국의 목회자들에게 그들의 설교방법론이 많이 알려져 있지만, 1987년도에 출판된 버트릭 교수의 주요 저서 *Homiletic : Moves and Structures*(설교학)[34]는 아직 한국어로 번역되지 않았기에 그의 설교방법론은 한국의 목회자들에게는 잘 소개되어 있지 않은 실정이다.[35] 버트릭 교수의 *Homiletic*은 앞으로도 번역되기 어려울 것으로 예상되는데, 그 이유는 그의 책이 무려 500여 페이지에 달하는 방대한 저서에다가 몹시 난해한 책으로 평가받고 있기 때문이다.

유진 라우리 교수는 버트릭의 설교방법론을 '현상학적 움직임의 설교'라고 부르고 있다. 현상학(phenomenology)은 에드먼드 후설(Edmund Husserl)에 의해 형성된 학파로, 후기 하이데거(Martin Heidgger)와 한스 게오르그 가다머(Hans-Georg Gadamer), 폴 리쾨르(Paul Ricoeur), 그리고 자크 데리다(Jacques Derrida)에게 많은 영향을 주었다. 현상학은 의식의 경험을 주의 깊게 기술(description)하는 데 초점을 맞추고 있다.[36] 외부 세계에 존재하는 사물은 존재하는 사물 자체로 우리에게 이해되기도 하지만, 그것을 인식하는 마음의 기능에 의해서도 이해된다고 현상학은 지적한다. 한 예로, 나무 조각들이 어떠한 방식으로 조립되어 형태를 가지면, 우리는 그것을 테이블로 인지하는데, 그것이 단순히 나무 조각들의 조립이 아니고 판자의 표면이 평면이라 그 위에 책을 놓고 읽을 수 있고, 또 음식을 차려 놓고 먹을 수도 있겠다는 마음의 인식이 테이블로 인지하고 바라본다는 것이다. 즉, 인식하는 사람(perceiver)이 그것을 여러 나무 조각의 조립으로 바라보지 않고, 그것을 책상이나 아니면 식탁으로 바라보는 관점과 의도(intention)가 그것을 책상이나 테이블로 만드는 것이다. 즉, 외부의 사물들을 여러 관점과 의도에서 바라본 것을 마음(mind)이 체계화하고

---

34) David Buttrick, *Homiletic : Moves and Structures* (Philadlephia : Fortress Press, 1987).
35) 버트릭 교수의 저서 *A Captive Voice*가 한국어로 번역되어 「시대를 앞서 가는 설교」(김운용 역, 요단출판사)로 출판되었음.
36) Kelly James Clark, Richard Lints, and James K. A. Smith, *101 Key Terms in Philosophy and Their Importance for Theology* (Louisville : Westminster John Knox Press, 2004), 67-69.

통합할 때 우리의 의식이 형성된다고 한다.[37]

우리는 세계 안에 있는 대상(object)을 단순히 수동적으로 인식하거나, 아니면 대상의 양상(aspects)들로 단순히 인식하는 것이 아니다. 오히려 의도적인 행위를 통하여, 하나의 일원화된 경험이나 산 체험으로 통합되고 인식되어, 하나의 의식(consciousness)이 형성된다.[38]

그렇기 때문에 의식은 단순히 하나의 아이디어나 사고(thought)가 아니라 산 체험을 가리키며, 형성될 수 있는 여러 세계들로부터 하나의 세계를 형성하는 것을 의미한다. 따라서 실재(reality)는 외부 세계에 객관적으로 존재하는 것이 아니고, 존재하는 것들이 의식의 활동 안에서 인간의 의도에 의해 인식될 때 형성된다. 이러한 의식 안에 실재를 형성하는 가능성 때문에 버트릭에게는 설교가 매우 중요하다.[39] 버트릭의 설교방법론이 현상학적 접근 방법이라고 불리는 이유는 설교가 어떻게 작성(craft)되면 메시지를 듣는 청중들이 잘 이해하고 그들의 의식 속에 믿음이 형성될 것인가를 고려하여 만들어졌기 때문이다.[40] 버트릭의 방법론에 의한 설교는 플롯에 의하여 구상된 4~6개의 '움직임'으로 구성되어 있으며, 또한 언어의 움직임을 어떻게 구성(structure)하면 청중들의 의식 속에 일정한 이해의 모형(pattern)이 형성될 수 있겠는가를 위해 설교를 작성함으로 버트릭의 설교를 '움직임과 구조'(moves and structures)의 설교라고 부른다.[41]

버트릭은 인간의 마음은 마치 자동 초점 카메라와 같이 작동한다고 유추하고 있

---

37) O. C. Edwards, Jr. *A History of Preaching* (Nashville : Abingdon, 2004), 807.
38) David M. Greenhaw, "The Formation of Consciousness," *Preaching as a Theological Task*, ed. Thomas G. Long & Edward Farley (Louisville : Westminster John Knox, 1996), 5.
39) O. C. Edwards, Jr., *A History of Preaching*, 808.
40) David Buttrick, *Homiletic : Moves and Structure*, 24-27.
41) Richard L. Eslinger, *The Web of Preaching* (Nashville : Abingdon Press, 2002), 151-200.

다. 세상에 있는 모든 사물들은 우리의 마음의 렌즈를 통하여 의식 속으로 흘러들어 오지만(streaming), 우리는 의식의 필름에 모든 사물을 다 담지는(capture) 않는다는 것이다. 우리의 마음은 먼저 초점을 맞출 피사체, 즉 대상을 선택한 다음에, 광각렌즈(wide-angle lens)를 사용하여 넓은 의미의 영역(range of meaning)을 담거나 또는 렌즈의 시계(view)를 좁혀 작은 영역을 담기도 한다. 또한 마음의 카메라는 어떤 의미의 구조를 두드러지게 하기 위하여 필터를 장착하기도 하고, 구도(composition)를 결정하며, 보는 각도(angle of vision)를 선택하기도 한다. 사진을 찍을 모든 것이 준비되어 셔터가 열리고 이미지가 의식에 담기면 클릭을 하여 셔터는 닫히고, 마음의 필름은 다음 화면을 찍을 수 있도록 이동한다. 따라서 설교는 회중들의 의식의 카메라에 말씀이 잘 담길 수 있도록 작성되어야 한다고 버트릭은 주장한다.[42]

회중들의 의식 속에 믿음이 잘 형성될 수 있도록 하는 설교가 되기 위하여 설교자는 메시지에서 한 아이디어를 말하고, 이어서 다른 아이디어를 말하고, 또 계속하여 다른 아이디어를 연속적으로 말할 수 있도록 설교를 작성해야 한다. 즉, 메시지의 아이디어들이 하나씩 움직이면서 연속적으로 회중들에게 제시될 때, 청중들은 의식의 카메라에 아이디어들을 하나씩 찍어 담을 수 있게 된다는 것이다. 설교자가 "여기에 첫 번째 아이디어가 있습니다."라고 말하면 청중들은 '찰각'(click) 하며 사진을 찍고, "여기에 두 번째 아이디어가 있습니다."라고 말하면 청중들은 다시 마음의 카메라로 '찰각' 소리를 내며 아이디어를 의식에 담고, 다시 "여기에 세 번째 아이디어가 있습니다."라고 설교자가 말하면 청중들은 또다시 '찰각' 소리를 내며 사진을 찍어 의식에 담는다는 것이다. 설교가 빈약하게 구성되었다면 청중들은 그들의 의식 속에 무작위로 찍은 스냅사진들로 혼란스럽고 어지러운 상자(box)만 가지고 있을 것이다. 그러나 설교가 잘 구성되었다면 청중의 의식 속에는 그것이 하나의 영사 슬라이드(filmstrip)처럼, 즉 여기로부터 다음으로 생동감 있게 움직이는 감각을 가진 일련의 그림들(pictures)처럼 남아 그들의 의식에 일관성 있는 이해를 가져다준다고 버트릭은 주장한다. 버트릭에게 설교는 한 아이디어로부터 다른 아이디어로 이어지는

---

42) Thomas G. Long, *The Witness of Preaching*, 2nd edition, 132.

언어의 움직임이다. 그러하기에 버트릭은 각개의 아이디어 또는 단위(units)를 '움직임'(move)이라고 부른다. 인간의 의식에 아이디어들을 잘 담기 위하여, 각개의 움직임들은 일정한 설계도(blueprint)에 의하여 이루어져야만 하고, 모든 움직임은 3개의 필수적인 요소로 구성이 된다.[43]

- 여는 말(Opening Statement)
설교자는 2~4개의 짧은 구절로, 그리고 대화체 스타일로 움직임의 중심 아이디어를 청중들에게 말해 준다. 예를 들자면, "우리는 모두 죄인입니다."와 같은 아이디어를 청중들에게 소개해야 한다. 그때 청중들은 사진을 찍을 준비를 하게 된다. 또한 여는 말에서는 이전의 아이디어와 어떻게 연결되는지를 보여 주고, 움직임의 관점(point of view)을 알려 주며, 움직임의 감성적 분위기를 설정해야 한다.

- 발전(Development)
설교자는 움직임의 주 아이디어를 더 상세하게 설명하고, 발전시킨다. 또한 설교자는 각 움직임의 아이디어를 이미지로 만들어 청중들에게 보여 주고, 그림을 의식 속에 담을 수 있도록 도와주어야 한다. 또한 움직임에 대해 청중들이 가질 만한 반론에 대해서도 말한다.

- 닫는 말(Closure)
닫는 말에서도 청중들에게 움직임의 아이디어가 무엇이었는지를 2~4개의 짧은 구절로 다시 말해 줌으로 움직임이 종결되었음을 알린다. 따라서 청중들의 마음의 카메라는 '클릭'하며 닫힌다. 닫는 말에서 설교자가 움직임의 아이디어가 무엇이었는지를 다시 말해 줄 때는 같은 단어를 사용하지 말고 가급적 같은 내용을 다른 표현으로 말하는 것이 더 바람직하다. 이는 청중들이 다음번 움직임을 기대하게 한다.

토마스 롱 교수는 버트릭의 설교방법론을 활동사진(Motion Pictures)과 같이 설교

---

43) Ibid., 132.

를 작성하는 방법이라고 말하고 있다. 설교는 움직임이 없는 정물사진이 아니고, 흐름과 움직임이 있는 활동사진(motion picture)처럼 에피소드들로 연결되어 전개되어야 한다고 버트릭이 주장하고 있기 때문이다.

토마스 롱은 버트릭의 저서 *Homiletic : Moves and Structures*(설교학 : 움직임과 구조)의 서평에서 다음과 같이 말하고 있다.

> 설교의 새로운 움직임이 전개될 때마다, 설교자는 청중들로 하여금 이것을 사진 찍으라고 초청한다. 움직임의 여는 말의 인도함을 받아 마음의 셔터가 열리면 렌즈는 초점을 맞추게 된다. 빛과 그림자의 상호작용을 통하여 이미지가 필름에 형성된다. 노출이 충분하면 셔터는 닫히고, 다음 장면을 찍을 준비가 된다. 설교는 일련의 스냅샷(snapshot)이나 필름스트립(filmstrip)과 같다. 흥미가 유지되기 위하여 각개의 그림(picture)마다 주제와 분위기(mood), 그리고 관점(perspective)들이 다르나, 일관성을 유지하기 위하여 각 그림들은 서로 논리적으로 연결되어 있다.[44]

버트릭은 매우 급진적이고 자유주의적인 설교학자이다. 특히 그의 비성서적이고 비복음주의적인 신학은 미국의 복음주의와 보수 계통의 교회에서는 받아들여지지 않고 있다. 그러나 그의 설교방법론 가운데 '설교의 움직임'에 대해서는 최근 복음주의자들도 많은 관심을 기울이고 있으며, 강해 설교에 움직임의 방법을 사용하려고 시도하고 있다.[45] 강해 설교가 일반적으로 3~4개의 대지들로 구성되어 있다면, 버트릭의 '움직임과 구조의 설교'는 4~6개의 '움직임'에 의해 구성되어 있다. 강해 설교의 대지들은 평행 논리에 의거하기 때문에 대지들의 순서를 바꾸어도 설교 전체 내용에 별 영향을 주지 않는다. 예를 들면 "응답받는 기도가 되기 위하여"라는 제목을 다음과 같이 3가지 대지로 나누어 강해 설교를 할 수 있다.

---

44) Thomas G. Long, "Review of Homiletic," *Theology Today* 45 (April 1988), 110.
45) Brian Larson, "Moves and Points—Distinctions," *Evangelical Homiletics Society* 1 (2001), 1-7. ; 강해 설교와 버트릭 설교의 비교는 브라이언 라슨의 논문을 참조했음.

- 기도가 응답받기 위하여 우리는 하나님의 뜻에 맞는 기도를 드려야 한다.
- 기도가 응답받기 위하여 우리는 믿음을 가지고 기도를 드려야 한다.
- 기도가 응답받기 위하여 우리는 끈기를 가지고 기도를 드려야 한다.

강해 설교에서는 대지들의 순서를 바꾸어도 회중들이 설교를 이해하는 데 별로 영향을 주지 않는다. 그러나 '움직임과 구조의 설교'는 움직임들이 연속적인 논리(sequential logic)에 의거하기 때문에, 움직임의 순서를 바꾸면 메시지가 청중들의 의식 속에 형성되기 어렵다. 4개의 움직임으로 움직임과 구조의 설교를 한다면 다음과 같다.

- 하나님은 우리의 기도에 응답하기를 원하신다.
- 그렇다고 하나님께서 우리가 요구하는 모든 것을 다 주신다는 의미가 아니다.
- 그 대신 하나님은 그가 보시기에 우리에게 있어야 할 가장 좋은 것을 주신다.
- 하나님의 지혜를 받아들이는 것이 우리에게는 큰 도전(challenge)이다.

위의 설교에서 움직임들의 순서가 바뀌면 설교의 의미가 청중들에게 잘 전달되지 않게 된다. '움직임과 구조의 설교'에서 첫 번째 움직임은 두 번째 움직임이 있어야 할 필요성을 만들고, 두 번째 움직임은 세 번째 움직임이 있어야 할 필요성을 만든다. 강해 설교의 대지들은 설교의 빅 아이디어에 의해 통제를 받으며, 각 대지들은 설교의 빅 아이디어를 진술, 증명, 지원, 설명, 예증, 그리고 적용하는 것이다. 그러나 '움직임과 구조의 설교'에는 각 움직임들을 통합하는 어떠한 중심 사상이나 중심 주제가 없다. 그렇다고 해서 움직임들이 아무런 통일성이나 연속성 없이 나열되는 것은 아니며, 본문의 의도를 성취시키기 위한 목적으로 배열되고 있다. 버트릭은 설교자들이 성서 본문의 의도를 파악하여, 본문의 의도가 설교에 반영되도록 하여야 한다고 말한다. 리차드 에스린저(Richard Eslinger)는 버트릭의 설교 방법을 다음과 같이 설명한다. "성서의 언어는 의도적이다. 본문은 청중의 의식 안에서 활동하기를 원하고 있다. 그러하기에 해석자가 본문의 메시지를 발견하는 것으로 본문 해석이 끝난 것이 아니다. 버트릭에게 중심 되는 질문은, '이 본문이 무엇을 행하기를 원하느냐?'이다."[46] 그렇기 때문에 설교자는 청중들의 의식의 변화를 위하여 말씀이 어떻게 행할 수 있는가를 파악할 수 있어야 한다. 왜냐하면 성서의 텍스트는 궁극적으로 지금 그리스도인들 가운데 살아 현존하시며 행동하시는 하나님의 행위를 의미하기 때문이다.[47]

버트릭에 의하면 설교에서 각 움직임은 3~4분 정도가 적합하며, 20분 설교에는 서론과 결론, 그리고 4~6개의 움직임이 필요할 것이라고 한다. 그는 설교를 작성하는 데 필요한 기본적인 설교의 플롯 3개를 제안하고 있다.[48]

첫째, 즉시적인 양식(mode of immediacy)의 플롯으로 설교를 작성하는 방법이다. 즉시적인 양식의 플롯을 따른 설교에서 설교자는 청중의 의식을 즉시적으로 성서의 세계로 전환시켜 참여케 할 수 있다. 따라서 설교의 움직임은 성서 본문(특히 내러티브 본문)의 움직임을 따른다. 그렇다고 설교자가 성경의 이야기를 단순히 다시 말하는(retell) 것은 아니다. 설교자는 회중들이 성서의 세계와 오늘의 세계를 잘 연관(relate)시킬 수 있도록 도와야 한다.

둘째, 숙고하는 양식(reflective mode)의 플롯으로 설교를 구성하는 방법이다. 설교의 움직임은 본문을 따르기보다는 설교자가 본문을 묵상하고 숙고한 것에 의해 결정된다. 구약의 잠언이나, 신약의 서신서, 특히 바울의 서신서들은 숙고적 양식으로 설교하기에 적당한 본문들이다.

셋째, 실천 양식(praxis mode)의 방식에 따른 설교는 제목 설교(topical sermon)와 유사한 것으로, 성경 본문에서 설교의 플롯과 움직임이 나오지 않고, 설교자의 플롯으로 설교를 작성하는 방법이다. 즉, 이 시대의 삶의 정황에서 일어나는 여러 문제들, 주제, 제목(topic)들을 설교자가 성서적, 신학적인 성찰과 분석을 한 다음, 기독교적인 이해를 뒷받침할 수 있는 성경 구절을 찾아 설교하는 방법이다. 비성서적인 설교가 될 수 있는 위험이 있는 방식이다.

---

46) Richard Eslinger, *The Web of Preaching* (Nashville : Abingdon Press, 2002), 139.
47) Guerric DeBona, OSB, *Preaching Effectively, Revitalizing Your Church* (New York : Paulist Press, 2009), 86.
48) David Buttrick, *Homiletic : Moves and Structures*, 333-445.

# 제 5 장
# 신학적인 설교

## 1. 설교의 4페이지(네 페이지 설교)

스코틀랜드 에든버러 대학의 신약학자이자 명설교자였던 제임스 스튜어트(James S. Stewart) 교수는 주일 낮 예배의 설교는 수요일 저녁까지 작성되는 것이 바람직하다고 말한 적이 있다. 그러나 현실적으로 주일 낮 예배 설교를 수요일 저녁까지 작성하는 설교자는 극히 소수에 불과할 것이다. 오히려 토요일 저녁 늦게까지, 아니면 주일 새벽까지도 설교 원고를 끝내지 못하고 있는 설교자들도 있는 실정이다. 그런데 청중들에게 감동을 주며, 그들의 삶을 변화시키는 설교는 주초부터 오랜 시간에 걸쳐 본문의 연구와 묵상, 그리고 기도를 하면서 만들어진다. 토론토 대학교의 이매뉴얼(Emmanuel) 대학 설교학 교수인 폴 스콧 윌슨(Paul Scott Wilson)은 설교자들이 주초부터 일찍이 설교를 준비함으로 좋은 메시지를 작성할 수 있는 구체적인 방법을 단계적으로 보여 주고 있다.

윌슨 교수는 그의 방법으로 '설교의 4페이지'를 제시한다. 여기서 윌슨 교수가 말하는 설교의 페이지란 낱말을 기록한 인쇄물의 페이지를 의미하지 않고, 인터넷 웹 사이트의 페이지처럼 낱말과 정보뿐만 아니라, 그림과 동영상까지 포함하고 있는 페이지를 의미한다. 윌슨은 설교자들은 설교를 작성하는 패러다임을 바꾸어야 한다고 주장한다. 오랫동안 설교자들은 마치 에세이나 논문을 쓰듯이 설교를 작성했는데, 영상 매체 시대에 살고 있는 현대인들을 향해서는 영화를 만들듯이(movie-making), 그림과 움직임이 있는 영화의 대본(scrip)을 작성하듯이 설교를 만들어야 한다고 그는 말한다.[1]

월슨의 네 페이지 설교는 설교 작성 과정에서 효율적인 수사학이나 커뮤니케이션이 아니라, 신학적인 고려(consideration)에 우선권을 부여하고 있는 설교 작성 방법이다. 따라서 네 페이지 설교의 디자인은 하나님과 복음을 설교의 목적으로 강조하고 있다.[2] 오늘날 많은 설교가 신본주의적이 아니고 인본주의적 관점에서 행하여지고 있다고 월슨은 말한다. 게리 클링스펀(Gary W. Klingsporn)이 편집한 *The Library of the Distinctive Sermons*(탁월한 설교 총서, 총 8권)의 제1권에는 미국의 저명한 설교자들 20명의 설교가 수록되어 있는데, 20개의 설교 가운데 오직 1편의 설교만이 인간을 위하여 행동하시는 하나님에 관하여 충분히 설명하고 있고, 6개의 설교는 인간중심적인 설교로, 사람들을 위하여 행동하시는 하나님에 관하여 전혀 언급하지 않으며, 청중들이 자신의 힘과 능력으로 변화될 것을 강조하고 있다고 한다. 그리고 나머지 설교들은 하나님의 행동에 관하여 한 문단가량 간략하게 지나가는 말로 언급하고 있다고 한다.[3] 월슨은 인본주의적인 관점으로부터 신본주의적인 관점으로 설교를 작성하는 방법을 그의 네 페이지 설교에서 제시하고 있다. 네 페이지 설교는 4개의 기본적인 움직임으로 나누어져 있으며, 각 움직임은 설교 시간의 1/4씩을 차지하고 있다.

월슨 교수가 주장하는 설교의 준비 단계는 다음과 같다.[4]

---

1) Paul Scott Wilson, *The Four Pages of the Sermon* (Nashville : Abingdon Press, 1999), 10-12.
2) John M. Rottman, "The Four Pages of the Sermon," in *The New Interpreter's Handbook of Preaching*, ed. Paul Scott Wilson (Nashville : Abingdon Press, 2008), 384.
3) Paul Scott Wilson, *The Four Pages of the Sermon*, 159-160.
4) Ibid., 33-57. ; 네 페이지 설교를 작성할 때 설교자가 설정해야 할 설교의 '하나의 주제 문장', '하나의 교리', '하나의 필요', '하나의 이미지', '하나의 사역'에 관한 실례는 월슨의 설교집 *Broken Words*에서 발췌했음.

### 1) 월요일 : 설교를 준비하는 단계

월요일은 목회자들이 휴식을 취하는 날이지만, 월요일에는 적어도 다음과 같은 작업을 해야만 한다. 다가오는 주일에 설교할 본문을 여러 번역본으로 읽고 묵상하며, 첫째, 성경으로부터 하나의 본문(one Text)을 선택한다. 윌슨은 공동 성서일과(Common Lectionary)를 따라 설교를 작성할 것을 권면한다.

둘째, 본문으로부터 하나의 주제(one Theme)를 짧은 문장으로 작성한다. 주제 문장(Major Concern of the Text)은 3페이지에서 다루게 될 본문 안에서 또는 본문 뒤에서(in or behind text) 발견할 수 있는 "하나님은 무엇을 행하고 계시는가?"의 질문에 대한 답에서 찾도록 해야 하며, 주제 문장의 주어는 하나님이 되어야 한다.

| 본 문 | 주제(MCT : Major Concern of the Text) |
|---|---|
| 열왕기상 17 : 8-24 | 하나님은 끝없이 주신다. |
| 창세기 3 : 1-21 | 하나님의 사랑은 아담과 하와의 앞에 가신다. |
| 마가복음 10 : 17-31 | 예수님은 한 젊은이를 사랑하신다. |

셋째, 설교에서 다루게 될 하나의 교리(one Doctrine)를 선택한다.

| 본 문 | 교 리 |
|---|---|
| 열왕기상 17 : 8-24 | 인간의 필요(need)에 대한 하나님의 너그러우신 공급(provision) |
| 창세기 3 : 1-21 | 하나님의 신실하신 사랑 |
| 마가복음 10 : 17-31 | 천국에 들어가는 것 |

넷째, 하나의 주제 문장(one theme Statement)으로부터 청중들에게 있어야 할 하나의 필요(one Need)가 무엇인지 선정한다.

| 본 문 | 청중의 필요 |
|---|---|
| 열왕기상 17 : 8-24 | 나/우리는 어떻게 생존할 수 있는가? |
| 창세기 3 : 1-21 | 하나님은 나/우리를 버리셨는가? |
| 마가복음 10 : 17-31 | 만일 나/우리가 충분히 선하지 않다면? |

다섯째, 설교의 주제 문장과 연관된 하나의 이미지(one Image)를 결정한다.

| 본 문 | 이미지 |
|---|---|
| 열왕기상 17 : 8-24 | 벼랑 끝(edge) |
| 창세기 3 : 1-21 | 시간을 과거로 돌리기(Turning back time) |
| 마가복음 10 : 17-31 | BMW 자동차와 하트브레이크 호텔 |

여섯째, 설교를 듣게 될 청중들이 세상에 나아가 행할 하나의 사역(one Mission)을 결정한다.

| 본 문 | 사 역 |
|---|---|
| 열왕기상 17 : 8-24 | 감사한다(Give thanks). |
| 창세기 3 : 1-21 | 잘못(mistakes)을 다른 사람을 돕기 위해 사용한다. |
| 마가복음 10 : 17-31 | 다른 사람들에게 예수님에 관하여 말한다. |

### 2) 화요일 : 1페이지(Page One)[5]

화요일은 설교의 1페이지를 완성하는 날이다. 설교의 매 페이지마다 전체 설교의 1/4가량, 즉 설교의 25%가량을 작성한다. 우리가 예수님의 수난과 십자가를 말하지 않고는 부활의 중요성을 정확히 말할 수 없는 것처럼, 우리는 인간의 부서짐(brokenness)과 죄를 밝혀내기 전에는 하나님의 은혜를 말할 수 없다. 그렇기 때문에 설교의 1페이지에서는 본문 안에 있는 갈등, 문제를 다룬다. 갈릴리 호수를 건너가던 제자들이 풍랑을 만난 일이나, 고린도 교회 내의 문제들을 예로 들 수 있을 것이다. 본문 안에 갈등과 문제의 요소가 없어 보일 때에는 성경 전체의 관점에서 본문을 읽거나, 본문의 배경을 탐색하라고 윌슨은 말한다. 빌립보서 4 : 4, "주 안에서 항상 기뻐하라 내가 다시 말하노니 기뻐하라"처럼 문제가 없어 보이는 본문의 경우에서도, 빌립보 교회의 배경을 살펴보면 교회 안에 갈등과 문제가 있었음을 알게 된다. 1페이지에서 갈등과 문제에 초점을 맞추는 것은 하나님의 은혜가 우리에게 절실히 필요함을 드러내기 위함이다. 또한 설교가 세상의 문제점으로부터 출발하지 않는 것은, 인간의 죄와 악의 문제는 하나님의 계시의 말씀인 성경에 의해

---

5) Ibid., 73-104.

서만 알 수 있기 때문이다. 따라서 설교는 성경 본문으로부터 출발하는 것이 마땅하다.

### 3) 수요일 : 2페이지(Page Two)[6]

수요일은 설교의 2페이지를 완성하는 날이다. 성경 본문의 세계와 오늘 우리들의 세계 사이에는 수천 년의 간격이 있지만 변화되지 않는 것이 있는데, 그것은 하나님과 인간의 본성(nature)이다. 2페이지에서는 성경 본문에서 다루고 있는 문제, 갈등, 고통, 상처, 실패, 죄, 깨어짐(brokenness) 등과 유사한 오늘 우리들의 삶과 공동체, 그리고 사회에 있는 죄악, 갈등, 문제점 등을 확인(identify)한다. 즉, 세상 안의 갈등, 문제, 부서짐(수평적 focus), 인간의 불순종과 실패에 대한 하나님의 심판(수직적 focus)을 밝힌다. 설교자는 1페이지 본문 안에서 일어난 사건과 유사한 일들이 오늘 어떻게 일어나고 있는가를 알기 위하여 신문, TV, 저널과 잡지, 그리고 인터넷 등 각종 자료들을 활용해야 한다. 또한 2페이지에서 이 세상 안의 모순과 문제점을 보여 줌으로 3페이지에서 다루게 될 하나님의 은혜의 행동이 청중들의 문제를 해결할 수 있을 것이라는 기대감을 갖도록 만든다.

### 4) 목요일 : 3페이지(Page Three)[7]

목요일은 설교의 3페이지를 완성하는 날로, 여기서는 본문에 나오는 죄악, 갈등, 그리고 문제에 대하여 본문 안에서 하나님께서는 은혜와 사랑 가운데 어떻게 그 난제들을 해결하시는지를 말한다. 따라서 3페이지는 하나님의 구원의 행위에 관한 기쁜 소식이다. 불순종과 심판, 죄악과 곤경에 처해 있는 그의 백성들에게 하나님께서 은혜 가운데 어떻게 자유와 구원의 선물을 주시는지를 말하기 때문이다. 여기에서의 신학적인 전제는 우리는 스스로를 구원할 수 없다는 것이다. 구원의 행위는 하나님

---

6) Ibid., 107-129.
7) Ibid., 155-196.

의 행위이기에 하나님(성부, 성자, 성령)이 주제 문장의 주어(subject)가 되어야 한다. 주제 문장은 명령법이 아니라 직설법(indicative)으로 작성하는 것이 바람직하다. 주제 문장이 명령형으로 되면 청중들에게 무거운 짐을 짊어지도록 만들기 때문이다. 예를 들자면 이렇다.

- "우리는 하나님을 향하여 돌아서야(turn to) 합니다."의 명령형을 "하나님께서 여러분을 돌이키셨습니다."의 직설법으로 작성한다.
- "부활하신 예수님께서 여러분에게 오시도록 하십시오."의 명령형을 "부활하신 주님께서 여러분들에게 오셨습니다."와 같은 직설법으로 바꾼다.
- "여러분들의 삶 속에 그리스도의 영을 요구하십시오."의 명령형을 "그리스도의 영이 여러분들의 삶에 충만하게 스며들었습니다."와 같이 직설법으로 말한다.

위의 실례와 같이 주제 문장을 직설법으로 작성함으로 하나님의 구원의 행위를 강조해야 한다. 주제 문장을 직설법으로 작성하면, 우리를 위해 그리스도 안에서 이미 결정적으로 구원의 사역을 행하신 하나님께 청중들은 무거운 짐을 내려놓을 수 있게 된다.

### 5) 금요일 : 4페이지(Page Four)

금요일은 설교의 마지막 쪽인 4페이지를 완성하는 날이다. 성서 해석자에게 가장 중요한 과제(task)는 "본문 안에서 하나님께서는 무엇을 행하시는가?"를 질문하는 것이며, 성서 해석자가 대답하기 가장 어려운 질문은, "하나님께서 오늘 우리들의 세계에서 어떤 유사한 일을 행하고 계시는가?"라고 스티븐 패리스(Stephen Farris)는 말한다.[8] 패리스의 지적처럼 4페이지는 오늘 우리들의 세계 속에서의 하나님의 행위에 관하여 이야기하기에, 작성하기가 매우 어려운 설교 페이지처럼 보일 수 있

---

8) Stephen Farris, *Preaching that Matters* (Louisville : Westminster John Knox Press, 1998), 122.

다. 그러나 우리가 본문 안에서 하나님의 행위를 확인했던 3페이지로부터 성경 본문의 암시(prompting)를 따르면 된다. 그때 우리는 이 4페이지에서 우리 주변 세계에서 하나님께서 하신 것 같은 행위의 징조를 찾을 수 있게 된다. 왜냐하면 성서에 계시된 하나님은 그때나 지금이나, 언제나 동일한 하나님이시기 때문이다.[9] 설교 작성의 마지막 페이지인 4페이지에서 설교자는 성서의 세계에서 은혜 가운데 구원의 행위를 행하신 하나님께서 오늘날 우리들의 삶과 세상에서 어떻게 구원의 사역을 행하고 계신지, 우리들의 난제를 어떻게 해결하고 계신지를 청중들에게 말해 주어야 한다. 또 그 은혜로운 사랑에 비추어 우리가 이 세상에서 사명을 가지고 어떻게 살아야 하는지를 청중들에게 보여 주며, 하나의 사명으로 초청한다. 여기에서 사명은 해야만 하는 책임이나 의무가 아니라 하나님과 동역하는 것이고, 예언과 꿈꾸는 것과 연결되어 있으며, 순종에의 불이 타오르는 것이다(excitement to obedience). 4페이지에서의 사명을 향한 초청은 의무가 아니라, 특권이요, 명예이며, 기회임을 청중들에게 보여 주어야 한다.[10]

미국의 명설교자였던 해리 에머슨 포스딕(Harry Emerson Fosdick)은 일 분간의 설교를 위하여 한 시간을, 즉 20분의 설교를 위하여 20시간을 투자했다고 한다. 설교자가 금요일 저녁부터 토요일 저녁 늦게까지 20여 시간에 걸쳐 설교를 준비하는 것보다, 날마다 준비하는 것, 즉 페이지 1, 2, 3, 4에 각각 3~4시간을 투자하여 설교를 작성하는 것이 더 좋은 설교를 만드는 길이라고 윌슨은 말한다.

윌슨 교수의 '네 페이지 설교' 방법은 성서적이며, 하나님 중심의 설교이고, 신학적이며, 구체적인 적용이 있고, 문자 이후 시대에 살고 있는 현대인들에게 이미지를 심어 주는 설교 작성 방법이다. 그러나 본문의 장르에 관계없이 1, 2, 3, 4페이지의 틀에 맞추어 수학 공식처럼 설교를 작성하면 놀라움의 측면이 없는 판에 박힌 설교가 될 수도 있다.[11] 또한 토마스 롱(Thomas Long)이 지적하는 것처럼 성서에서 율법

---

9) Paul Scott Wilson, *The Four Pages of the Sermon*, 200.
10) Ibid., 206.
11) John M. Rottman, "The Four Pages of the Sermon," 385.

(law, 윌슨의 trouble)과 복음(gospel, 윌슨의 grace)은 항상 상치되는 것만은 아니다. 율법은 인간의 죄를 심판하면서도, 동시에 인간의 삶을 향한 하나님의 은혜로우신 뜻을 나타내기도 한다. 십계명은 우리들의 죄만을 열거하지 않는다. 십계명은 자유의 선언문이기도 하다(나는 너희를 이집트의 땅으로부터, 노예의 집으로부터 인도하여 낸, 너희 주 하나님이로다. 너희는 다른 우상신들의 종 되었던 것으로부터 자유함을 받았고, 속박으로부터 자유함을 받아, 그 땅으로 들어가, 모든 것을 소유한 사람들이 되었다. 그러니 너희는 탐내거나 살인하거나 도적질하거나 거짓 증거하지 말지니라).[12] 즉, 한쪽의 시각으로 보면 하나님의 율법은 우리의 깨어진 상태를 보여 주지만, 다른 각도로 보면 율법은 공의롭고 희망이 있는 세계의 비전을 열어 주기도 한다. 신약에서 예수님의 십자가도 율법(trouble)과 은혜가 모두 같이 섞여(mingle) 있음을 우리는 알고 있다. 그러하기에 윌슨처럼 율법과 복음이 서로 상치되는 개념으로만 볼 수 없는 것이다.[13] 네 페이지 설교가 우리에게 주는 유익함은 설교자가 본문을 해석할 때, "하나님께서 본문 안에서, 그리고 본문 뒤에서 무엇을 행하고 계시는가?"라는 질문을 던짐으로, 우리들의 설교가 인본주의적이 아니라, 신본주의적인 설교가 되도록 도전하고 있는 데 있다.[14]

## 2. 그리스도 중심의 설교

성경 안의 모든 구절들은 목적을 가지고 있다. 디모데후서 3:16~17에 보면 "모든 성경은 하나님의 감동으로 된 것으로 교훈과 책망과 바르게 함과 의로 교육하기에 유익하니 이는 하나님의 사람으로 온전하게 하며 모든 선한 일을 행할 능력을 갖추게 하려 함이라"고 말한다. 하나님은 그분의 말씀이 우리를 온전하게 하여, 우리로 하여금 그분의 선한 목적을 위하여 섬길 수 있게 되기를 원하신다.

---

12) Thomas G. Long, *The Witness of Preaching*, 2nd edition, 130.
13) Thomas G. Long, *The Witness of Preaching*, 2nd edition, 130.
14) Paul Scott Wilson, *The Practice of Preaching* (Nashville : Abingdon Press, 1995), 138.

하나님께서 우리를 온전하게 하기 위하여 성경을 주셨다면, 그것은 어떠한 의미에서 우리는 불완전하다는 사실을 의미하고 있다. 우리가 불완전한 것은 타락(fallenness)의 결과로 인함이다. 타락한 상태 안에 살고 있는 우리들은 하나님의 도움을 필요로 하고 있다. 이러한 필요에 대한 하나님의 응답이 진리의 말씀인 성경이며, 하나님의 말씀은 타락한 상태에 놓여 있는 우리로 하여금 그의 은혜에 초점을 맞추게 함으로 희망을 주고 있다. 그러하기에 성경의 목적에 신실한 설교는 본문 구절이 말씀으로 기록될 필요가 있게 만든 '타락한 상태에 초점을 맞추며', 성령님께서 그 '당시와 지금'(then and now)의 타락한 상태에 대하여 어떻게 말씀하시는지를 본문을 통하여 강해하는 설교이다. 채펠(Bryan Chapell)은 '타락한 상태로의 초점'(The Fallen Condition Focus〈FCF〉)이란, 성경 텍스트에 나오는 사람들과 오늘 우리 시대의 사람들이 공유하는 인간의 공통적인 상태(mutual human condition), 즉 시대를 초월하여 하나님의 은혜가 요청되는 인간의 상황을 의미한다고 말한다.[15]

설교자는 본문을 연구할 때, 분문의 중요한 단어와 문법, 구조, 배경, 상황 등을 석의한다. 설교자는 더 나아가서 "왜 이 본문이 그 상황 속에서 쓰였는가? 왜 성령께서 이 본문을 쓰도록 감동시키셨는가? 하나님께서 이 본문이 기록되도록 하신 이유는 무엇인가?"에 관하여 질문을 던져서, 본문 안에 기록된 타락한 상황을 알 수 있어야 한다.[16] 설교자가 본문의 FCF를 파악하지 못하면, 본문에 관한 많은 사실들을 알고 있다 할지라도, 본문이 무엇에 관한 것인지를 결코 알 수 없게 된다. 우리는 본문의 의미를 정확하게 강해하기 전에, 본문을 기록하도록 요구된 FCF가 무엇인지를 알아야 한다. FCF는 우리로 하여금 본문을 올바르게 해석하고, 본문의 내용을 올바르게 전달하게 하며, 성령님께서 청중들에게 본문을 주신 이유를 알 수 있도록 한다.

그런데 죄(sin)만 항상 본문의 FCF가 되는 것은 아니다. 물론, 특정한 죄들, 용서하지 못함, 거짓말 하는 것, 인종차별 등과 같은 것은 자주 본문의 FCF가 되지만, 슬픔, 질병, 복음을 이웃에게 어떻게 나눌 것인가와 같은 문제나, 더 좋은 부모가

---

15) Bryan Chapell, *Christ-Centered Preaching*, 2nd edition, 50.
16) Bryan Chapell, "What is Expository Preaching?" in *Preaching with Power*, ed. Michael Duduit (Grand Rapids : Baker, 2006), 15.

되기를 갈망하는 것, 기도하기 어려움의 문제 등은 죄가 아니더라도 타락한 상황에서 주어지는 인간의 필요이며 성서가 이러한 문제를 언급하고 있기에 설교의 FCF가 된다. 따라서 탐심, 불순종, 정욕, 무책임, 청지기의 사명을 잘 수행하지 못함, 교만 등이 설교의 FCF가 되듯이, 경건한 아이들을 양육하는 것, 하나님의 뜻을 깨닫는 것, 그리고 하나님이 주신 은사를 이해하는 것도 FCF가 된다. FCF라고 해서 반드시 우리의 죄와 관련된 것이어야 할 필요는 없다. 교훈이나 경고, 아니면 성경의 위로나 격려를 필요로 하는 인간의 어떤 상황의 양상이나 문제들이라면 모두 FCF가 된다.[17)]

설교자가 본문에 대하여 아래의 3가지 질문을 해 본다면, FCF가 본문에 확실하게 드러나 있는지, 그리고 합당한 설교의 목적은 무엇인지 확인할 수 있다.[18)]

- 본문은 무엇을 말하고 있는가?
- 그 상황 속에서 어떤 영적인 관심사들을 본문은 언급하고 있는가?
- 본문의 사람들, 즉 '그들'을 향하여 (또는 그들에 관하여) 본문이 쓰였던 시대의 사람들과 오늘의 청중들이 공통적으로 공유하고 있는 영적인 관심사들은 무엇인가?

이와 같이 성서의 저자들과 최초의 청중들, 그리고 오늘의 청중들이 공유하는 공통적인 상황을 확인함으로, 우리는 본문이 성서의 시대뿐만 아니라 오늘 우리들의 시대를 위해서도 왜 쓰였는지를 알 수 있게 된다. 성경은 인간의 타락한 상태에 관하여 하나님의 구원을 말해 주기 위해 영감을 받은 하나님의 구속의 계시 말씀이다. 모든 성경의 본문들은 우리들의 타락한 상태를 보여 주고 있는데, 그것은 그리스도 안에서 우리를 구원하시는 하나님의 구속의 사역을 말하고자 함이다.[19)] 그렇기 때문에 본문의 FCF를 명확하게 표현하는 설교는 그리스도 중심의 설교가 될 수밖에 없다. 궁극적으로 설교란 우리의 삶에서 경험되는 FCF에 대하여 하나님께서 그리스도

---

17) Bryan Chapell, *Christ-Centered Preaching*, 51-52.
18) Ibid., 52.
19) Ibid., 273.

를 통하여 제공해 주시는 구원의 은혜로운 수단(means)을 청중들에게 밝히 보여 주는 것이다.[20]

성경에는, 특히 구약성서에는 그리스도를 통한 하나님의 구속 사역을 직접적으로 언급하지 않는 구절들이 거의 대부분이다. 그렇다면 그리스도에 관하여 언급하고 있지 않는 본문들을 설교할 때, 설교자는 어떻게 그리스도 중심의 강해 설교자가 될 수 있는가? 강해 설교자가 그리스도에 관하여 침묵을 지키고 있는 본문을 설교할 때, 그리스도의 이름을 설교에 집어넣는다거나, 본문에 붉은 색깔이 나오면 그리스도의 십자가의 보혈을 말한다거나, 설교에 베들레헴이나 감람산, 또는 골고다를 언급한다고 해서 그리스도 중심의 설교가 되는 것은 아니다. 전체적으로 성경은 예수 그리스도 안에서 하나님의 구속의 사역을 계시하고 있기 때문에, 설교자는 설교 안에서 그리스도 중심의 초점을 보여 주기 위하여 특정한 본문이 어디에서(where), 그리고 어떻게(how) 구속(redemptive)의 전체적인 계획 안에서 기능(function)하고 있는지를 보여 주면 된다. 즉, 강해 설교자가 그리스도에 관하여 언급이 없는 특정한 본문을 설교할 때도, 예수 그리스도 안에서 궁극적으로 완성된(고후 1 : 20 ; 계 22 : 13) 하나님의 전체적인 구원 계획의 계시 안에서 그 본문의 위치와 역할을 강해하면 그리스도 중심의 설교가 된다.[21]

### 1) 그리스도 중심의 강해를 위한 절차[22]

첫째, 본문 안에 있는 구속의 원리(principles)를 밝혀 확인한다.

- 구속을 제공하는 하나님의 본성의 모습(aspects)을 드러낸다(reveal).
- 구속을 필요로 하는 인간의 본성의 모습을 드러낸다.

---

20) Ibid., 50-51.
21) Ibid., 300-301.
22) Ibid., 308.

둘째, 이러한 구속의 원리가 최초의 청중들과 독자들의 삶 속에 어떻게 적용되었는지를 찾는다.

셋째, 오늘의 회중들이 최초의 청중들, 독자들과 공유하는 인간의 특성과 상태에 비추어, 본문 안에 있는 구속의 원리를 오늘의 청중들의 삶에 적용한다.

### 2) 구속적 강해의 모형들[23]

(1) 구속적 토대(foundation) 모형

- 하나님은 우리에게 의로움을 제공해 주신다.
- 하나님이 제공해 주시는 의로움을 내 것으로 주장하라(claim).
- 하나님이 제공해 주시는 의로움을 나타내라.

이 모형은 우리들의 의로움을 위해 하나님이 의로움을 공급해 주심을 토대로 한다. 우리를 의롭게 해 주시는 하나님의 공급을 토대로 하여, 의로움을 나타내라는 하나님의 요구에 순종할 수 있게 된다.

(2) 구속적 발전(redemptive development) 모형

- 하나님은 당신에게 결핍된 의로움을 요구하신다는 것을 자백하라.
- 당신에게 결핍된 의로움을 하나님께서 제공해 주심을 인정하라.
- 당신에게 결핍된 의로움을 제공해 주시기를 하나님께 간구하라.

이 모형에서는 하나님이 영웅(hero)이시다. 하나님은 그의 백성들로부터 의로움을 요구하시지만, 하나님은 그가 요구하시는 것을 그의 백성들이 이룰 수 있도록 해 주시고, 또 능력을 제공하여 주신다.

---

23) Ibid., 309-310.

(3) 구속적 꼬임(Twist) 모형

- 모든 불의함(unrighteousness)으로부터 당신 자신을 깨끗이 하라.
- 다른 사람들을 모든 불의함으로부터 이끌어 내라.
- 모든 의로움을 완성하기 위하여 하나님을 의지하라.

이 모형은 우리들의 의무와 순종의 축복을 분명히 말하고 있다. 그러나 하나님이 그리스도를 통해 베푸시는 구원과 성화, 그리고 능력 부여하심을 떠나서는, 우리가 하나님의 요구하시는 것에 순종할 수 없고 또한 그것을 행할 수 없음을 분명히 말하고 있다.

(4) 비구속적(Nonredemptive) 모형

- 의롭지 않음으로부터 당신 자신을 깨끗이 하라.
- 새롭게 된 의로움으로 하나님을 좇으라.
- 다른 사람들을 올바른 의로움으로 인도하라.

이 모형은 인간의 행위를 구속의 조건으로 강조하는 전형적인 비구속적 설교의 모형이다.

# 제 6 장
# Orientation, Disorientation and Reorientation으로 움직이는 설교와 첫 번째 순진성, 비판적 반성, 그리고 두 번째 순진성으로 움직이는 설교

## 1. Orientation(정향), Disorientation(굴절) and Reorientation (재정향)으로 움직이는 설교[1]

이 설교 작성 방식은 바바라 브라운 테일러(Barbara Brown Taylor)가 사용하는 방법이다. 테일러 목사는 1996년도 베일러 대학이 발표한 영어권에서 가장 뛰어난 설교자 12명 가운데 유일하게 여성으로 선정되었으며, 1997년도에는 베일러 위대한 설교자 상을 받은 미국 감독교회의 여자 목사이다. 테일러 목사는 자신의 설교의 움직임을 'Orientation'(정향), 'Disorientation'(굴절), 'Reorientation'(재정향)의 구조로 전개시킨다.[2] 설교 작성 준비를 할 때 테일러 목사는 종이 위에 큰 글씨로 O라고 쓰고, 다른 종이 위에 D, 또 다른 종이 위에 R이라고 쓴 다음, O라고 쓴 종이 위에는 설교의 orientation 부분을, D라고 쓴 종이 위에는 설교의 disorientation 부분을, 마지막 R이라고 쓴 종이 위에는 설교의 reorientation 부분을 쓴다고 한다.

'Orientation'은 본문에 관하여 우리가 알고 있는 것, 아니면 알고 있다고 생각하는 것에 관하여 언급하는 부분이다. 주어진 본문에 관하여 설교자와 청중들이 공유

---

[1] Orientation, Disorientation, Reorientation이라는 단어들의 한국어 번역은 아직 통일되지 않은 상태이기 때문에 영어를 먼저 쓰고 괄호 안에 한국어 단어를 기입하였음.
[2] Barbara Brown Taylor, "On the Creative Process," in *Birthing the Sermon*, ed. by Jana Childers (St. Louis : Chalice Press, 2001), 156-157.

하고 있는 어떤 관점으로부터 시작한다. 청중들과 공유하는 관점으로부터 설교를 시작하면 청중들의 신뢰를 얻을 수 있으며, 청중들은 설교자와 더불어 설교에 정착하게 된다고 한다. 청중들이 설교자와 더불어 공유하는 관점에 안착을 하게 되면, 설교자가 설교에 약간의 Disorientation을 소개해도, 청중들은 설교자의 메시지에 머무르는 가능성이 높다는 것이다.

'Disorientation'은 본문에 관한 설교자의 관점에 어떠한 전환(shift)이 일어나는 부분이다. 흔히 설교자가 본문을 연구하면서 가장 흥미를 가지게 되는 구절과 일치한다. 예를 들어 마태복음 10 : 5 이하에 보면, 예수께서는 열두 제자를 전도사역에 파송하시면서, 그들에게 하나님 나라가 가까이 왔다는 메시지를 길 잃은 양 떼인 이스라엘 백성에게 선포하라고 말씀하신다. 또한 예수께서는 전도사역에 나아가는 제자들에게 병든 자를 고치며 죽은 자를 살리며 나병환자를 깨끗하게 하며 귀신을 쫓아내는 권세를 부여해 주신다. 이 구절에서 테일러 목사가 주목하는 것은 "예수께서 제자들에게 병든 자를 고치고, 귀신을 쫓아내는 권세를 주시며, 심지어 죽은 자도 살리는 권세까지도 주시는데, 왜 제자들로 하여금 금화, 은화, 동전 한 푼도 가지고 나가지 말며, 맨발로 걸어가고, 지팡이도 가지고 가지 말라고 말씀하시는가?"이다. 불치의 병인 나병환자도 낫게 하는 권세, 하나님의 아들이신 예수님만이 행하실 수 있는 죽은 자를 살리는 권세까지도 제자들에게 주시면서, 왜 전도여행에서 먹고, 마시고, 자는 것을 전적으로 다른 사람들의 친절과 배려에만 의존하도록 하시느냐는 점에서, 테일러 목사는 Disorientation을 경험한다.[3] Disorientation은 Orientation 단계에서 설교자와 청중이 공유했던 평형(balance)이 전복되는 단계이다.

'Reorientation' 단계에서 설교자는 Disorientation 단계에서 처음 발견하거나 깨닫게 된 것, 아니면 다시 한번 새롭게 깨닫게 되는 요소들을 사용한다. 본문에 관한 관점의 평형이 일단 기울어졌거나 깨어졌으면, 설교자는 청중들을 어리둥절한 상태에 방치하지 말고, 그들을 다시 Reorientation 단계로 인도할 수 있도록 해야 한

---

3) Barbara Brown Taylor, *Bread of Angels* (Boston : Cowley Publications, 1997), 151-155.

다. Disorientation 단계에서 설교자에게 본문해석의 관점에 어느 정도 전환(shift)이 있어, 그것이 비록 5도의 경사라 할지라도, 설교자는 Reorientation 단계에서 본문을 새롭게 들을 수(new hearing) 있게 되기를 희망할 수 있다. 설교자의 본문에 관한 관점에 어떠한 전환(shift)이 있어, 청중들이 Reorientation 단계에서 본문을 새롭게 듣게 되는 것은 인위적으로 만들어져서는 안 된다고 테일러 목사는 강조한다. 설교자가 본문해석의 관점에 어떤 전환을 경험하지 못했다면, 청중들도 그것을 경험하지 못할 것이고, 설교자에게 어떤 발견의 감각이 없다면, 청중들에게도 그것이 없을 것이라고 한다. 그러하기에 설교자는 본문을 탐색하고 연구하는 과정에서 어떠한 계시와 영감, 그리고 새로운 관점을 받으려고 갈망하는 것이 중요하며, 설교자가 그것을 받았으면 청중들에게 가장 효율적으로 증언하는 것이 필요하다고 한다. 설교자는 여러 종류의 설교구조를 실험해 보아야 한다고 테일러 목사는 표면상으로 믿고 있지만, 설교를 3단계, 즉 Orientation, Disorientation, 그리고 Reorientation의 구조로 전개시키는 것이 그녀가 가장 오랜 기간 동안 사용해 오고 있는 믿을 만한 설교구조라고 말한다.

## 2. 첫 번째 순진성, 비판적 반성, 그리고 두 번째 순진성으로 움직이는 설교

테일러 목사의 설교 구조 방법론인 Orientation, Disorientation, Reorientation과 유사한 설교전개 방법으로, 푸에르토리코 출신의 설교학자 파블로 히메네즈가 사용하고 있는 설교 움직임의 3단계가 있다.[4]

---

4) Pablo A. Jimenez, "Paul's Subversive Partnership," in *Patterns of Preaching*, ed. by Ronald J. Allen (St. Louis : Chalice Press, 1998), 100-103. 폴 리쾨르의 해석 3단계에 의거한 히메네즈 목사의 설교는 *Patterns of Preaching*(「34가지 방법으로 설교에 도전하라」)에 수록되어 있음. 최근 Lance B. Pape는 폴 리쾨르가 그의 후기의 저서 *Time and Narrative* (vol. 1)에서 말하고 있는 내러티브 해석학의 Mimesis(모방) 1, Mimesis 2, Mimesis 3 이론에 의거한 포스트리버럴 설교를 제안하고 있다. Lance B. Pape의 *The Scandal of Having Something to Say* (Baylor : Baylor University Press, 2013)를 참

히메네즈는 폴 리쾨르(Paul Ricoeur)의 성경해석의 3단계 움직임을 그의 설교의 3단계 움직임으로 사용하고 있다. 폴 리쾨르는 본문 해석 과정을 3단계로 나누고 있는데, 첫 번째 단계는 'First Naïveté'(첫 번째 순진성), 두 번째 단계는 'Critical Explanation' 또는 'Critical Reflection'(비판적 설명 또는 반성)이고, 세 번째 단계는 'Second Naïveté'(두 번째 순진성)의 단계이다.[5] 이러한 폴 리쾨르의 본문 해석 3단계를 파블로 히메네즈 교수는 설교의 3단계로 사용하고 있다. 그는 설교를 1) 순진성의 움직임, 2) 비판적 반성의 움직임, 그리고 3) 제2의 순진성의 움직임으로 구성한다.

'First Naïveté'(첫 번째 순진성)의 단계에서 해석자는 본문이 말하고 있는 의미를 그대로 받아들인다. 해석자는 본문의 세계관, 본문의 이미지와 언어에 의문을 제기하지 않는다. 예를 들어 창세기 3장에 보면, 사탄이 뱀으로 하와에게 다가와 동산 한가운데 있는 나무의 열매를 먹도록 유혹한다. 하와와 아담은 그 나무 열매를 먹지 말라고 하신 하나님의 말씀을 불순종하게 됨으로 에덴동산으로부터 내쫓김을 당한다. 첫 번째 순진성의 단계에서 해석자는 이 기사를 에덴동산에서 일어난 실제적인 사건으로 받아들인다.[6]

설교자는 첫 번째 순진성의 단계에서 신앙공동체를 대표하여 본문의 세계, 교리, 관습, 상징과 언어를 성서비평학이 대두되기 이전의 방법, 즉 비판이전(pre-critical)의 방식으로 읽는다. 설교자는 본문의 세계가 참된 것으로 추정한다. 설교자는 본문에 묘사된 하나님, 사람들, 그들의 종교생활, 가치관, 아이디어, 느낌, 개인과 사회의 모습에 의문을 제기하지 않는다. 설교자는 자신의 생각대로가 아니라, 본문 자체가 말하는 바를 들으려고 한다.[7]

---

조할 것.
5) Paul Ricoeur, *The Symbolism of Evil*, trans. Emerson Buchanan (Boston : Beacon Press, 1969), 349-355. 또한 폴 리쾨르의 다른 저서 *Freud and Philosophy*의 525페이지도 참조할 것.
6) Ronald J. Allen, *Contemporary Biblical Interpretation for Preaching* (Valley Forge : Judson Press, 1984), 132.
7) Pablo A. Jimenez, "Moving from First Naïveté through Critical Reflection to Second

'Critical Explanation' 또는 'Critical Reflection' 단계에서 해석자는 본문과 오늘 사이의 역사적, 문화적 간격을 인식한다. 이 시대의 사람들은 3천년 전 시대의 사람들과 같은 방식으로 사물을 바라보지 않는다는 것을 깨닫고, 본문으로부터 소외감을 가지게 된다. 비판적 반성 단계는 텍스트와 해석자 사이에 일정한 거리를 두는 행위이다. 이 단계에서 해석자는 본문과 본문에 기록된 교리, 관례 또는 상황을 비판적으로 숙고한다. 해석자는 리쾨르가 말하는 '의심의 해석학'의 관점에서 본문의 언어, 이미지, 그리고 상징에 관한 의문점을 제기하며, 본문을 비판적으로 바라본다. 예를 들자면 창세기 3장에서 해석자는 아담과 하와가 실제로 역사적인 인물이었는지에 관한 의문을 제기하며, 텍스트에서 뱀이 실제로 사탄이었다는 말은 하고 있지 않다는 사실을 주목하고, 하나님이 동산을 거니시는 소리를 아담과 하와가 어떻게 들을 수 있었는지, 하나님을 의인화하는 점에도 주의를 기울인다. 해석자가 비판적 반성으로 텍스트에 접근하는 것은 본문과의 편안한 익숙함을 파괴하기 위함이다. 본문을 첫 번째 순진성으로 바라볼 때, 우리는 본문이 무엇을 의미하는지 잘 알고 있다고 생각하기에, 본문을 새롭게 듣는 가능성을 방해받는다. 그러하기에 비판적 반성으로 본문을 관찰하면서, 첫 번째 순진성을 전복시키는 것이다.[8]

설교자는 비판적 반성의 단계에서 본문의 세계관, 가치관을 오늘의 세계관, 가치관과 비교하고 대조해 보며, 본문이 요구하는 것들이 오늘의 상황에서도 우리에게 타당한 것인지를 검토해 본다. 본문이 묘사하는 하나님, 교회, 그리고 크리스천의 삶이, 오늘 우리가 이해하고 있는 하나님, 교회, 그리고 크리스천의 삶에 어떠한 공감을 일으키고 있는가를 검토한다. 설교자는 비판적 반성과정을 통해 본문을 비평하며, 또 어떤 때는 본문이 오늘의 교회들이 이해하고 있는 하나님, 세계, 그리고 크리스천의 삶을 재고하도록 촉구하는 것을 듣기도 한다. 비판적 반성의 유익함은 상징과 사실을 더 이상 혼동하지 않도록 해석자를 도와주는 것이다.[9]

---

Naïveté," in *Patterns of Preaching*, ed. by Ronald J. Allen (St. Louis : Chalice Press, 1988), 98.
8) Ronald J. Allen, *Contemporary Biblical Interpretation for Preaching*, 132-133.
9) Ronald J. Allen, *Patterns of Preaching*, 98.

'Second Naïveté' 단계는 텍스트와 해석자 사이의 거리감과 낯섦을 극복하고 친숙하게 만드는 과정이다. 제2의 순진성 또는 비판 후(Post-Critical) 단계에서 해석자는 본문의 언어와 상징을 전유(appropriate)한다. 비판적 반성의 과정을 통해 상징과 사실을 동일시하지 않게 된 해석자가 제2의 순진성으로 본문을 읽을 때, 상징은 본문이 제시하는 실제의 측면을 열어 준다. 예를 들자면 해석자는 창세기 3장은 TV 리포터가 현장에서 뉴스를 보도하는 것처럼 어떠한 역사적인 사실을 우리에게 보여 주는 것이 아니라, 왜 이 세상이 부서졌고 깨어졌는지에 관한 이야기를 상징적으로 말하고 있음을 알게 된다. 해석자가 제2의 순진성으로 본문을 읽을 때, 본문은 어떠한 특정한 역사적 사건을 보도하기 위함이 아니라, 죄로 인한 인간의 타락에 관한 신학적인 설명을 우리에게 주기 위함임을 인식한다.[10] 해석자가 제2의 순진성으로 본문을 읽을 때, 본문은 본문 앞의 세계(the world in front of the text)를 열어 주는데, 해석자는 본문 앞에 열려지는 세계를 전유할 수 있게 된다.[11]

설교자는 제2의 순진성 단계에서 더 이상 비판적 반성에 의해 야기된 질문들로 흩뜨림을 받지 않고, 의심의 해석학으로부터 믿음의 해석학을 가지고 본문으로 돌아온다. 본문으로 하여금 설교자와 공동체를 해석하도록 한다. 제2의 순진성은 건설적인 단계로 설교자는 청중들로 하여금 텍스트가 본문 앞에 있는 세계를 열어 주는 것을 전유하고 적용할 수 있도록 돕는다. 예를 들자면 성경의 기적의 사건이 본문에 기록된 것과 같이 일어난 사건은 아니라 할지라도, 이 기적의 이야기는 청중들을 이야기의 세계 속에 초청하여 하나님이 오늘도 그들 가운데 임재하고 계시며, 그들을 치유해 주시는 하나님이심을 체험할 수 있도록 한다. 그러하기에 설교자는 제2의 순진성의 단계에서 본문이 텍스트 앞에 열어 주는 세계, 우리를 구원하시고 치유하시는 하나님의 세계를 청중들로 하여금 전유할 수 있도록 촉구함이 필요하다.[12]

이처럼 설교의 구조를 첫 번째 순진성, 비판적 반성, 그리고 두 번째 순진성의 움

---

10) Ronald J. Allen, *Contemporary Biblical Interpretation for Preaching*, 133.
11) Paul Ricoeur, "Hermeneutical Function of Distanciation," in his *Hermeneutics and the Human Sciences* (Cambridge : Cambridge University Press, 1981), 140-144.
12) Ronald J. Allen, *Patterns of Preaching*, 99.

직임으로 하는 형태의 설교는 설교자는 물론 청중들에게도 잘 알려진 본문이지만, 설교자가 본문을 바라보는 새로운 시각과 관점을 발견했을 때, 즉 본문에서 칼 바르트가 경험했던 이상하고 새로운(strange new) 세계를 설교자가 경험했을 때 청중들에게 더 잘 들려지는 설교가 될 수 있다.

# 제 7 장
# 신설교학을 넘어서

## 1. 신설교학을 넘어서

어거스틴(Augustine)은 기독교 역사상 설교에 관한 최초의 책인 그의 저서 *De doctrina Christiana*(기독교 교리)의 4장에서 로마의 수사학자 키케로(Cicero)의 영향을 받아, 설교의 목적을 가르치고(to teach), 즐겁게 하고(to delight), 설득하는(to persuade) 것이라고 말하고 있다. 설교는 복음의 내용을 가르치는 것인데, 추상적인 학문을 가르치듯이 지루하게 가르치는 것이 아니라 청중들이 복음을 즐거워하고 기뻐하며 들을 수 있도록 그들의 상상을 자극하며, 그들의 가슴에 불을 붙여서 청중들의 마음을 움직이고 설득하며, 그들로 하여금 세상에서 복음적인 삶을 살 수 있도록 해야 한다는 것이다.[1]

그런데 시대에 따라 설교의 가르치고, 즐겁게 하고, 설득하는 3가지 요소 중 어느 한 면을 강조하는 경향이 있었다고 한다. 퓨리턴들의 설교 이후, 1950년대와 1960년대에 이르기까지 미국 개신교회의 설교에서는 가르치는 요소가 강조되어 왔다. 설교 본문에서 어떠한 아이디어나 명제 또는 원리를 추출하여, 그것을 논리적으로 증명하

---

1) Thomas G. Long, *Preaching from Memory to hope* (Louisville : Westminster John Knox Press, 2009), 5-6.

거나 설명하는 가르침이 강조되는 설교 형태였다. 그러나 그것은 청중들의 현실의 삶에 연관성과 적용이 있는 가르침의 설교가 아니라, 삶에 연관성과 적용이 없는 설교, 즉 성경에 관하여 많은 정보를 주는 지식 위주의 가르침의 설교였다. 아니면 어떠한 제목이나 주제를 중심으로 설교자 개인의 지식과 견해를 피력하는 설교들이었다. 현실의 삶과 어떠한 연관성도 없는 지식 위주의 설교로 인하여, 청중들은 설교를 견디어 내야만 하는 시간, 지루한 시간으로 생각하게 되었다. 이러한 들리지 않는 설교로 인하여 청중과 강단의 거리는 더욱 멀어지게 되었고, 설교의 위기가 초래되었다. 이러한 시기에 강단과 청중들 간의 괴리를 극복하기 위하여 새로운 설교방법론들이 대두되기 시작함으로, 소위 신설교학(귀납법적 설교, 이야기체 설교, 움직임과 구조의 설교 등) 운동이 막을 열게 되었다. 프레드 크래독(Fred B. Craddock)은 1971년도에 출판된 그의 저서 「권위 없는 자처럼」(As One Without Authority)에서 귀납법적인 설교를, 유진 라우리(Eugene L. Lowry)는 1980년에 출판한 그의 저서 「이야기체 설교 구성」(Homiletical Plot)에서 내러티브 설교를, 그리고 같은 해에 에드먼드 스타이믈(Edmund Steimle)은 그와 그의 제자들이 공저한 Preaching the Story(스토리를 설교하기)에서 스토리 설교를 포스트모던 시대의 새로운 설교의 패러다임으로 제시하게 되었다.

지식 위주의 전통적인 설교에 대한 대안으로 제시된 이야기체 설교는 어거스틴이 말하고 있는 설교의 3대 요소 중에서 즐거움을 강조하고 있는 형태의 설교라고 말할 수 있다. 이야기체 설교는 청중들로 하여금 이야기의 세계 속에 참여하게 하며, 복음을 경험케 하는 사건이 일어나게 할 수 있다. 오늘 이 시대의 사람들이 이야기에 많은 관심을 가지는 것은 우리 모두의 삶이 하나의 드라마이며 이야기이기 때문이다. 또한 오늘의 청중들은 TV 드라마, 연속극, 영화, 연극, 시사 뉴스 등 이야기에 젖어 살기 때문에, 설교도 논증적이고 교훈적인 메시지보다 이야기체 설교를 선호하고 있다. 그러나 1970년대 이후부터 2000년대까지 설교학계의 주종을 이루어 왔던 이야기체 설교가 최근 많은 도전을 받고 있다. 그 이유는 다음과 같다.

첫째, 이야기체 설교는 청중들의 감성을 터치하고 이야기의 즐거움을 주는 데에는 성공했지만, 말씀을 가르치는 일에는 실패했다고 지적되고 있다.[2] 신설교학 계통의 설교학자들은 본문에서 명제 혹은 중심 진리를 추출하여, 메시지를 명제 혹은 빅 아이디어를 중심으로 전개하는 것을 반대하고, 청중들로 하여금 본문의 스토리만을 경험케 하려고 했기 때문에 결과적으로 설교에서 가르침이 부족하게 된 것이다.[3]

신설교학은 청중들의 경험에서 의미가 형성된다고 암시하는 현대의 문학과 커뮤니케이션 이론을 반영하고 있다. 따라서 설교자의 의무는 설교에서 성경의 진리를 전달하기 위하여 본문의 명제적 진술에 의존하는 것이 아니고, 주로 이야기를 통해 경험을 일으키는(create) 데 있다.[4]

최근 신학적 성찰(reflection)을 하는 글들을 주로 다루는 *First Things*라는 잡지에 한 소년과 나무에 관한 이야기인 "아낌없이 주는 나무"(The Giving Tree)가 아무 논평 없이 실린 적이 있었다. 잡지사에서 독자들에게 이 이야기의 의미가 무엇이냐고 물었을 때, '같은 사람 안에 있는 다른 성품', '나쁘게 된 아이', '하나님과 그분의 아들, 예수 그리스도에 관한 아름다운 견해', '하나님의 은혜와 부모의 사랑', '사람들 사이에 표현되어야 하는 사랑의 방법에 관한 적당하지 못한 묘사(picture)', '이상화된 크리스천 사랑의 희생에 관한 시적인 진술' 등으로 독자들마다 이 이야기의 의미를 다르게 말했다고 한다. 이처럼 명제적인 해석이 없는 내러티브는 독자들의 마음속에 혼동이 되고 상치되는 의미를 가져오고 있음을 알 수 있다.[5] 본문의 명제와 빅 아이디어에 대한 설명 없이 이야기만 있는 설교는 청중들로 하여금 어떻게 크리스천의 삶을 살아갈 것인지에 대한 비전을 보여 주지 못하게 된다. 예수께서도 선한

---

2) Ibid., 12-16.
3) Bryan Chapell, "The Future of Expository Preaching," *Preaching* 20, no. 2 (Sep-October 2004), 9.
4) Bryan Chapell, *Christ-Centered Preaching*, 2nd edition (Grand Rapids : Baker, 2005), 180.
5) Bryan Chapell, *Using Illustrations to Preach with Power*, Revised edition (Wheaton : Crossway, 2001), 190. ; "아낌없이 주는 나무"(The Giving Tree)에 관한 이야기의 내용은 인터넷을 통해 찾을 수 있음.

사마리아인의 비유를 이야기하신 다음, 청중들에게 "가서 너도 이와 같이 하라"(눅 10 : 37)라고 말씀하셨다. 청중들은 이야기만 들어서는 메시지의 교훈이 무엇인지 잘 알지 못하는 경우가 많다. 그러하기에 청중들이 이야기를 경험하게만 해서는 안 되고, 이야기에 가르침이 있어야 한다. 또한 이야기체 설교는 결론이 열려 있어, 말씀을 듣는 청중들로 하여금 스스로 결론을 내리도록 하고 있다. 그러나 많은 경우에 청중들은 스스로 결론을 내릴 수 있을 정도로 신앙 수준이 높지 않다. 설교자는 청중을 말씀으로 가르치며 결단을 내리도록 촉구하는 책임을 잊어서는 안 된다.

포스트모던 시대는 기독교가 로마의 국교로 인정되기 이전의 초기 기독교의 상황과 유사할 정도로 많은 사람들이 성서의 이야기에 무지한 시대이다. 오늘 이 시대의 사람들은 크리스천 스토리와 복음의 요구(demands)에 관하여 무지한 상태에 놓여 있다. 그렇기 때문에 후기 기독교 시대를 사는 청중들로 하여금 세속화된 사회에서 어떻게 크리스천의 가치관과 세계관을 가지고 그리스도의 제자로서의 삶을 살아갈 수 있는지를 가르치고, 실제적으로 보여 주는 설교가 필요한 시대가 되었다.[6] 최근 미국의 초대형 교회에서 담임 목사와 같이 설교를 동역하고 있는 목회자들을 '가르치는 목사'(teaching pastor)라고 부르고 있는 것은 설교에서 가르치는 요소의 중요성을 재인식하고 있기 때문이다. 1970년대부터 2000년대에 이르는 40여 년간 이야기체 설교가 가장 활발하게 선포되었던 미국 주류 교단들은 이 기간 동안 교세가 가장 급속하게 쇠퇴했다고 찰스 캠벨(Charles L. Campbell)은 지적하면서, 이야기체 설교만으로는 생명력이 있는 신앙 공동체를 세우기가 어렵다고 말한다.[7] 따라서 포스트모던 시대의 설교에는 이야기만 있어서는 안 되며, 이야기와 더불어 가르침이 있어야 한다고 제임스 톰슨(James W. Thompson) 역시 말하고 있다.[8]

둘째, 이야기체 설교는 청중들이 처음부터 끝까지 집중력을 유지하기 어렵게 한다. 유진 라우리는 내러티브 설교를 5단계의 플롯으로 작성하라고 말한다. 갈등

---

6) Lyle Schaller, *21 Bridges to the 21st Century* (Nashville : Abingdon Press, 1994), 85.
7) Charles L. Campbell, *Preaching Jesus* (Grand Rapids : Eerdmans, 1997), 121.
8) James W. Thompson, *Preaching like Paul* (Louisville : Westminster John Knox Press, 2001), 1-19.

(Conflict), 갈등·문제의 복잡해짐(complication), 갑작스러운 전환(sudden shift), 기쁜 소식(Good News), 미래가 열림(unfolding)이 그것이다. 그런데 라우리가 제시하는 5단계의 내러티브 설교[9]를 청중들이 처음부터 끝까지 한순간도 놓치지 않고 집중하여 듣는다는 것은 매우 어려운 일이다. 즉, 문제의 발단으로부터 문제의 해결에 이르기까지 20~25분에 이르는 내러티브 설교 또는 귀납법적 설교를 들으면서 청중들이 그 이야기를 자신의 삶과 연관시키고 적용하며, 스스로 결론을 내린다는 것은 그들이 감당하기 어려운 작업이다. 특히 오늘날의 청중들은 어느 문제에 관하여 주의를 집중할 수 있는 시간이 매우 짧고 유동적이다. 사람들은 TV를 시청할 때, 어느 아파트에서 화재가 발생하여 어린이 6명이 숨졌다고 뉴스 앵커가 보도하는 것을 화면을 통하여 보고 듣고는, 이어서 아메리칸 아이돌(American Idol)에 관한 보도를 접하는가 하면, 중동 지역에서의 전쟁 이야기에 관한 보도를 듣다가, 곧 새로운 최신형 모델의 휴대폰을 구매하라는 TV 광고를 보게 된다. 이 시대의 사람들은 이처럼 이야기들을 단편적으로 경험하는 데 익숙해져 있다. 그러하기에 내러티브 설교의 문제와 갈등의 발단으로부터 해결에 이르기까지 20~25분에 걸친 긴 이야기를 고도의 집중력을 모아 듣는다는 것은, 오늘의 청중들에게 너무 많은 것을 요구하는 힘들

---

[9] Richard L. Eslinger, "Tracking the Homiletical Plot," in *What's the Shape of Narrative Preaching*, eds. Mike Graves & David J. Schlater (St. Louis : Chalice Press, 2008), 70. ; 유진 라우리는 내러티브 설교를 그의 첫 번째 저서 *Homiletical Plot*에서 5단계로 작성할 것을 제시하였다가, 그의 다른 저서 *Sermon*에서 4단계로 축소하였고, 다시 *Homiletical Plot*의 expanded edition에서 5단계로 제시하고 있다.

| Homiletical Plot (1980) | The Sermon (1997) | Homiletical Plot, expanded ed. (2001) |
|---|---|---|
| 1. Upsetting the Equilibrium 평형이 깨어짐. | 1. Conflict 갈등 | 1. Conflict 갈등 |
| 2. Analyzing the Discrepancy 모순점을 분석함. | 2. Complication 갈등·문제의 복잡해짐. | 2. Complication 갈등·문제의 복잡해짐. |
| 3. Disclosing the Clue to Resolution 해결의 실마리를 보여 줌. | 3. Sudden Shift 갑작스러운 전환 | 3. Sudden Shift 갑작스러운 전환 |
| 4. Experiencing the Gospel 복음을 체험함. | 4. Unfolding 미래가 열림. | 4. Good News 기쁜 소식 |
| 5. Anticipating the Consequences 결과를 기대함. | | 5. Unfolding 미래가 열림. |

고 어려운 작업이다.[10]

오늘날 미국의 초대형 교회의 설교자들의 설교는 내러티브 설교보다 오히려 전통적인 강해 설교와 유사하다고 말할 수 있다. 전통적인 설교에서는 일반적으로 3개의 대지를 가진 본론과 한 편의 시나 한 절의 찬송가 가사로 결론을 내리는데, 최근 미국 초대형 교회의 설교자들의 설교에서는 대지가 3개에서 6~7개로 오히려 늘어났다. 전통적인 설교 방식과 다른 점은 파워포인트, 대형 스크린, 비디오 클립(video clip), 이미지와 같은 첨단 테크놀로지를 설교에 사용하고 있으며, 주보에 설교 노트를 첨부하고 있다는 점에 있다. 초대형 교회의 6~7개의 개요(outlines)를 가진 설교들은 어떠한 한 주제나 제목을 강해하면서, 성서의 말씀을 삶에 실제적으로 적용하는 방법들을 제시하고 있다. 이야기체 설교는 내러티브 설교처럼 플롯에 의하여 설교가 연속적으로 흘러가지 않고 각 대지들이 단편적으로 제시되기 때문에, 메시지를 단편적으로 받아들이는 데 익숙해진 오늘의 청중들에게 더 호소력(appeal)을 가지고 있다.[11]

그렇다면 이야기체 설교는 하나의 유행처럼 나타났다 사라지는 형태의 설교가 될 것인가? 그렇지 않다고 토마스 롱(Thomas G. Long)이나 칼빈 밀러(Calvin Miller) 같은 설교학자들은 말하고 있다.[12] 왜냐하면 성경은 예수 그리스도를 통하여 인간을 구원하시는 하나님의 이야기이기 때문에, 설교자가 성경의 어느 장르의 책을 본문으로 하여 설교하더라도(예 : 바울의 서신), 그 본문의 배후에는 하나님의 구원의 이야기가 근본을 이루고 있기 때문이라는 것이다. 그러하기에 오늘 이 시대의 설교에는 어거스틴이 말하고 있는 설교의 3대 요소인 가르침, 즐거움, 설득함이 균형 잡혀 있는 설교가 되어야 한다고 지적되고 있다. 그동안의 강해 설교에서는 가르침만이, 이야기체 설교에서는 즐거움만이 강조되어 왔기에, 성서적인 설교에는 가르침, 즐거움, 설득함이 다 있어야 한다는 것이다. 따라서 이 시대의 강해 설교자들은 설교에 즐거움과

---

10) Thomas G. Long, "Out of the Loop," in *What's the Shape of Narrative Preaching*, eds. Mike Graves & David J. Schlafer (St. Louis : Chalice Press), 120-126.
11) Ibid., 127-130.
12) Calvin Miller, *Preaching : The Art of Narrative Exposition* (Grand Rapids : Baker, 2006).

설득함이 있고, 이야기체 설교자들은 메시지에 즐거움뿐만이 아니라, 가르침과 설득함이 있는 설교를 하는 것이 바람직하다고 말할 수 있다. 따라서 강해적 이야기 설교, 또는 이야기식 강해 설교가 21세기 초반부를 주도해 나가는 설교 형태가 될 것이라고 토마스 롱은 말하고 있다.[13]

## 2. 이야기식 강해 설교(강해적 이야기체 설교)

이야기식 강해 설교(비내러티브 본문) 또는 강해적 이야기체 설교(내러티브 본문)는 전통적인 강해 설교와 이야기체 설교(storytelling sermon & narrative sermon)의 단점을 지양하고 장점을 융합한 설교로서, 21세기를 향한 가장 성경적인 설교가 될 수 있다.

### 1) 전통적인 강해 설교의 단점

- 설교가 논증과 명제 중심이다.
- 대체로 연역적 방법으로만 제시된다.
- 본문의 장르와 형식을 존중하지 않는다.
- 설교를 듣는 청중의 상황을 석의하지 않는다.
- 설교의 내용만 중요하게 생각하고, 설교의 커뮤니케이션을 중요하게 생각하지 않는다.
- 설교가 청중의 지성에만 호소하는 경향이 있다.
- 아리스토텔레스의 수사학(Rhetoric)에 근거한 설교이다.[14]

### 2) 이야기체 설교의 단점

- 설교에 있어 가르침과 교훈이 약하다.

---

13) Thomas G. Long, *Preaching from Memory to Hope*, 12-26.
14) James F. Kay, *Preaching and Theology* (St. Louis : Chalice Press, 2007), 49-60.

- 결론이 열려 있어, 청중들의 삶을 인도(guidance)하는 것과 삶으로의 적용이 약하다.
- 설교가 청중의 감성에만 호소하는 경향이 있다.
- 설교가 문제 해결 중심이다.
- 성경의 이야기보다는 인간의 경험 이야기에 치중할 수 있다.
- 아리스토텔레스의 시학(Poetics)과 후기 하이데거(Heidegger)의 시학에 근거한 설교이다.[15]
- 내러티브 설교 중심으로 교회를 성장시킨 사례가 매우 드물다(예외로, 스토리텔링 설교로 맥스 루케이도〈Max Lucado〉 목사는 교회를 초대형은 아니지만 어느 정도 큰 교회로 부흥시켰음).

### 3) 이야기식 강해 설교 또는 강해적 이야기체 설교의 특징

- 대표적인 설교가로 칼빈 밀러(Calvin Miller), 해돈 로빈슨(Haddon Robinson), 토마스 롱(Thomas G. Long),[16] 존 오트버그(John Ortberg), 팀 켈러(Tim Keller), 브라이언 윌커슨(Bryan Wilkerson), 아담 해밀턴(Adam Hamilton)이 있다.
- 이야기식 강해 설교 또는 강해적 이야기체 설교는 예수님의 설교 방식이기도 하다.
- 이야기식 강해 설교에서는 가르침(precept)과 이야기가 조화를 잘 이룬다.
- 명제와 대지, 예화와 스토리는 동등한 위치를 차지하며, 스토리는 주로 삶의 변화와 새로운 세계를 제시하기 위하여 사용된다.
- 이야기식 강해 설교는 본문의 장르와 형식을 존중한다.
- 주로 귀납법적으로 본문을 전개함으로, 결론을 서론에서 말하지 않는다.
- 설교의 내용과 구조는 본문의 내용과 구조를 따른다. 즉, 본문이 설교의 구조를 제공하도록 허용하는 것이다.[17] 본문의 흐름(flow)과 본문의 전개(unfolding)가 설

---

15) Ibid., 62-75.
16) Joel C. Gregory, "Expository," in Paul Scott Wilson ed., *The New Interpreter's Handbook of Preaching* (Nashville : Abingdon Press, 2008), 382. ; 조엘 그레고리는 토마스 롱 교수를 강해적 설교가로 해돈 로빈슨과 같이 분류하고 있음.
17) John Stott, *Between Two Worlds* (Grand Rapids : Eerdmans, 1982), 121.

교의 흐름과 전개를 결정하도록 한다.
- 내러티브 본문에는 가르침과 교훈을 강조하고, 비내러티브(non-narrative) 본문에는 스토리, 예화, 이미지, 메타포를 많이 사용하여 청중들로 하여금 설교에 참여케 하고, 그들의 삶에 적용할 수 있는 방법을 보여 준다.
- 본문의 가르침을 청중들이 흥미를 가지고 들을 수 있다.
- 이야기식 강해 설교 또는 강해적 이야기체 설교로 교회가 부흥할 수 있다.
- 아리스토텔레스의 수사학이나 시학이 설교를 지배하지 않고, 신학이 설교를 지배하며 단, 아리스토텔레스의 수사학이나 시학은 설교를 섬길 수 있다.

제 4 부

# 상상, 이미지, 은유와 멀티미디어 시대의 설교

# 제 1 장
# 상상, 이미지, 은유와 멀티미디어 시대의 설교

오늘날 우리는 커뮤니케이션 분야에 커다란 변화와 혁명이 일어나고 있는 시대에 살고 있다. 500여 년 전 구텐베르크가 인쇄기를 발명한 이후 인쇄물이 커뮤니케이션의 주종을 이루어 왔다. 중요한 커뮤니케이션은 문자로 이루어졌던 것이다. 그런데 이러한 문자 문화(literary culture)에서 멀티미디어 문화, 영상 매체 문화로 변화되어 가는 시대에 우리는 살고 있는 것이다. 현대인들은 지식과 정보를 이웃과의 대화나 인쇄물을 읽음으로써 얻는 것이 아니라 스크린에 전송되어 오는 영상 매체에 의하여 정보를 얻고 있다.

## 1. 멀티미디어 시대의 회중

리차드 젠슨(Richard A. Jensen) 교수는 우리는 문자 이후 시대(post-literate)에 살고 있으며, 영상 매체가 '읽는 문화'(reading culture)를 대치시키고 있기 때문에 설교자는 변화된 회중의 상태를 인식해야만 한다고 말한다. 2000년대의 회중은 변화되었는데, 설교자들은 회중들이 아직도 '읽는 문화'에 살고 있는 것처럼 생각하고 메시지를 작성한다는 것이다. 젠슨 교수는 다음과 같이 말한다.

교회 안의 위기는 신속하게 다가오는 전자 통신(electronic communications)의 세계를 인식하고 그에 적응하지 못하는 데 있다. 사람들은 미디어에 의하여 변화되었다. 변화된 사람들에게 말씀을 전달하기 위하여, 교회는 변화된 방법으로 말씀을 전달하여야 할 것이다. 그러나 교회에는 이러한 변화가 너무나 늦게 오고 있다. ……사람들이 미디어에 의하여 변화되었으므로, 메시지를 효과적으로 전달하기 위하여 설교는 중대한 변화를 거쳐야 할 것이다.[1]

그러면 오늘날의 회중들은 어떠한 사람들인가? 마이클 로그니스(Michael Rogness)는 영상 매체 시대의 회중들의 특성을 몇 가지로 말하고 있다.[2]

첫째, 멀티미디어 시대의 회중은 시각적인 세대(visual generation)다. 시각 세대의 회중은 어떠한 아이디어나 개념이 이미지나 이야기를 통해 전달될 때 가장 쉽게 이해한다. 오늘날의 회중들은 '칭의'의 교리를 추상적인 개념이나 대학의 강의식과 같은 설교로는 이해하지 못하고, 실제로 어떤 사람의 삶에 그 교리가 어떻게 경험되어지고, 그로 인하여 그 사람의 삶이 어떻게 변화되었는지를 구체적으로 보여 줄 때, '칭의'의 교리를 체험하며 알게 된다.

둘째, 멀티미디어 시대의 청중은 정보를 연속적으로 받지 않고 바이트(byte), 충격, 인상(impressions)에 의하여 받는다. 반면 인쇄 문화에서 아이디어나 생각은 논리적인 순서로 전개되기 때문에 인쇄 문화 시대의 사람들은 정보를 한 단계, 한 단계씩 질서 정연하고 통일성 있게 전달받는다. 반면 멀티미디어 시대의 회중은 일목요연하게 주제가 전개되고 설명되는 설교보다는 어떠한 충격과 깊은 인상을 남기는 이미지가 있는 설교를 더 선호하고, 이러한 설교가 청중들의 마음에 더 호소력을 주고 있다. 그러하기에 설교자는 청중들의 마음에 이미지(mental images)를 심어 줄 수 있는 설교를 해야만 한다. 즉 설교자는 설교를 준비하면서, "어떻게 청중들이 이 말을 듣고 볼 수 있도록 이미지화할 수 있겠는가?"를 항상 생각하여야 한다.

---

1) Richard A. Jensen, *Thinking in Story* (Lima : C. S. S., 1993), 45-46.
2) Michael Rogness, *Preaching to a TV Generation* (Lima : C. S. S., 1994), 23-32.

## 2. 성서 안의 다채로운 상상, 이미지, 은유, 그림의 언어

구텐베르크의 인쇄 문화 시대의 설교자는 메시지를 합리적이고 논리적인 방법으로 잘 전개하여 작성된 원고를 낭독하면 되었다. 그러나 읽는 문화에서 보는 문화(visual culture)로 변화된 시대의 설교는 달라져야 한다. 그러기 위해서는 보이는 형상(visual imagery)을 눈에 그려 볼 수 있는 다채롭고 풍요로운 언어, 상상을 불러일으키는 언어, 이미지, 그리고 은유를 효율적으로 사용할 수 있어야 한다.

최근 설교학계의 경향은 이야기체 설교로부터 설교에서의 상상(imagination)과 이미지의 역할에 더 많은 관심이 모아지고 있다.[3] 그러면 상상이란 무엇인가? 헨리 워드 비처(Henry Ward Beecher)는 '상상이란 감각기관에는 보이지 않는 것들을 명확하게 마음에 품는(conceive) 능력'이라고 정의를 내리고 있다.[4] 즉, 상상이란 우리의 마음속에 이미지를 만드는 능력이다. 우리의 마음은 화랑(gallery)과 같아, 많은 그림이 걸려 있다. 이 마음의 화랑 안에서 우리는 항상 그림도 그리고, 조각도 하고, 디자인도 하며, 때로는 어떤 이미지를 지워 버리기도 한다. 인간은 늘 상상하며 살아가고 있으며, 상상은 우리의 온 삶을 지배하고 있다.[5]

그러하기에 햅포드 루코크(halford Luccock)는 "설교의 목적은 듣는 사람으로 하여금 설교의 합리성을 알 수 있게 하는 것이 아니라, 설교를 통해 비전을 보게 하는 데 있다."고 말한다.[6] 또한 헨리 워드 비처는 예일 대학에서 했던 강연에서 "여러분의 설교가 힘 있고 성공적인 설교가 되기 위한 첫 번째 요소는, 여러분 가운데는 아마 이것을 알게 되면 놀랄 사람도 있겠지만, 바로 상상이다. 상상은 설교자를 만드는 데 있어 가장 중요한 요소가 된다."라고 말한 바 있다.[7] 폴 스콧 윌슨(Paul Scott

---

3) Paul Scott Wilson, "Beyond Narrative : Imagination in the Sermon," in *Listening to the Word*, eds. Gail R. O'Day & Thomas G. Long (Nashville : Abingdon, 1993), 132-146.
4) Ibid., 146.
5) Warren W. Wiersbe, *Preaching & Teaching with Imagination* (Wheaton : Victor Books, 1994), 24-25.
6) Ibid., 25.

Wilson)과 토마스 트뢰거(Thomas Troegger) 역시 상상력을 설교 사역의 가장 중심적인 위치에 두고 있다. 그들은 상상은 인간의 영과 성령이 만나는 곳이라고 생각한다. 즉, 상상은 하나님의 창조력이 인간의 창조력을 통하여 하나님 나라의 비전을 빚어내는 통로라고 믿고 있는 것이다.[8]

개럿 그린(Garrett Green) 교수도 매우 중요한 그의 저서 「하나님 상상하기」(*Imagining God*)에서 상상은 하나님의 계시가 인간에게 접촉하는 지점(point of contact)이라고 주장한다. 그는 말한다.

> 복음의 선포는 성경의 이미지들을 통하여 듣는 자의 상상력에 호소하는 것으로 묘사되고 있다. 설교자의 과제는 자기의 상상을 활용해서 성서와 회중의 만남을 연결시키는 일을 중재하고 촉진시키는 것이다. 설교자는 성서 본문의 형상(imagery)에 특별한 관심을 기울여, 성경의 형상이 회중들에게 보여지고 들려질 수 있도록 그것을 명료하게, 그리고 힘 있게 제시해야 한다. 죄인들을 구원하기 위하여, 하나님은 상상으로 그들을 붙잡으신다. 설교자는 순종하는 가운데 자신의 상상력을 명쾌하게 활용함으로 하나님의 구원 사역에 봉사할 수 있게 된다.[9]

그린에게 있어 설교를 듣는 청중은 상상을 할 수 있는 존재이다. 그러하기에 설교자는 회중들에게 상상을 불러일으킴으로 그들이 복음을 받아들일 수 있도록 해야 한다는 것이다. 특히 영상 매체 시대의 설교자는 전달하고자 하는 아이디어나 진리에 어떠한 이미지를 사용해야 회중들의 마음에 효과적으로 복음이 전달될 수 있는지 늘 생각해야 할 것이다.

월터 브루그만(Walter Brueggemann)은 오늘날 많은 사람들에게 복음은 너무나 익숙하게 들리기에, 그들의 귀에 단조롭게만 들리는 공허한 내용이 되었다며, 설교

---

7) Ibid., 29.
8) Don M. Wardlaw, "Homiletics and Preaching in North America," *Concise Encyclopedia of Preaching*, eds. William H. Willimon & Richard Lischer (Louisville : Westminster John Knox Press, 1995), 243-252.
9) Garrett Green, *Imagining God* (San Francisco : Harper & Row, 1989), 149.

가 갱신되기 위해서는 설교자는 산문의 세계(prose world)에서 벗어나 시인이 되어야 한다고 말한다. 브루그만 교수는 설교 갱신의 가능성을 다른 형태의 스피치를 개발하는 것, 즉 극적이며 상상력과 은유가 풍요로운 다채로운 언어와, 회중을 초청하여 참여케 하는 스토리 세계의 언어를 개발하는 것에 두고 있다.[10] 인쇄매체 시대에 우리는 아이디어로 생각하는 것을 배워 왔기에, 우리들의 설교도 아이디어로 가득한 설교를 행하여 왔다. 이제 우리는 스토리, 이미지, 은유로 생각하는 사고의 틀을 배워야만 한다고 리차드 젠슨은 주장한다. 즉, 아이디어로 생각하는 것으로부터 스토리·이미지로 생각하는 패러다임 시프트가 있어야 한다는 것이다.[11]

설교자가 영상 매체 시대에 더 효과적으로 복음을 전달하는 커뮤니케이터가 되기 위해서는 성서 본문의 장르와 문학적인 형태에 깊은 관심을 가지고, 성서의 저자들로부터 은유와 그림 같은 언어를 사용하고 이미지를 사용하는 방법을 배워야 할 것이다. 성서의 저자들은 지성에만 호소하는 언어가 아니라 우리의 의지와 감성을 포함한 전인을 향하여 말하는 산뜻하고 다채로운 언어를 사용하고 있다.

구약의 나단 선지자는 밧세바와 간음의 죄를 지은 다윗 왕에게 "왜 당신은 우리아를 전쟁에 내어보내 죽게 하고, 그의 아내를 취하였소?"라고 말하지 않고, "한 성읍에 두 사람이 있는데 한 사람은 부하고 한 사람은 가난하니"(삼하 12 : 1)라고 시작되는 이야기를 말함으로써 다윗 스스로 자기의 죄를 깨닫게 하였다. 다윗은 이미지와 은유, 이야기의 상상의 세계 속에 들어가 그 의미를 깨닫게 되었던 것이다. 윌리엄 바우쉬(William J. Bausch)는 모든 설교자는 나단 선지자의 전통에 서서 그의 메시지 전달 방법을 배워야 한다고 말하며, 성서의 저자들은 스토리로 생각을 하고 성서의 말씀을 기록하였다고 주장한다.[12]

시편 139편을 산문적으로 기록하면 다음과 같이 기술할 수 있다.

---

10) Walter Brueggemann, *Finally Comes the Poet* (Philadelphia : Fortress, 1989), 1-3.
11) Richard A. Jensen, *Thinking in Story*, 10.
12) William J. Bausch, *Storytelling : Imagination and Faith* (Mystic : Twenty-Third Publications, 1984), 11.

내가 하나님을 피하여 어디로 도피할 수 있겠는가? 어디를 가든지 하나님은 거기 계신다. 내가 제아무리 먼 곳에 간다고 해도 하나님은 나를 항상 인도하시고 나를 보살펴 주신다. 하나님은 모든 것을 다 바라보시기에, 어두움도 나를 그로부터 숨겨 줄 수 없다.

시편 139편을 산문적으로 표현하면 위와 같은 내용이 되지만, 이 시인은 본문을 이렇게 평범한 산문체의 형태, 아무 이미지가 없는 문장으로 표현하지 않는다.[13] 시편 139편의 시인은 다음과 같이 말한다.

> 내가 주의 영을 떠나 어디로 가며, 주의 앞에서 어디로 피하리이까? 내가 하늘에 올라갈지라도 거기 계시며, 스올에 내 자리를 펼지라도 거기 계시니이다. 내가 새벽 날개를 치며 바다 끝에 가서 거주할지라도, 거기서도 주의 손이 나를 인도하시며, 주의 오른손이 나를 붙드시리이다. 내가 혹시 말하기를 흑암이 반드시 나를 덮고, 나를 두른 빛은 밤이 되리라 할지라도 주에게서는 흑암이 숨기지 못하며, 밤과 낮이 같이 비추이나니 주에게는 흑암과 빛이 같음이니이다(시 139 : 7-12).

시편 23편에 목자와 양, 골짜기와 지팡이, 상과 넘치는 잔 등의 이미지가 없다고 상상해 보라. 얼마나 진부하고 맛이 없겠는가? 다윗 왕의 아들 압살롬이 반역을 일으켰을 때 다윗 왕은 예루살렘을 떠나 피신을 하게 되었다. 예루살렘을 접수한 압살롬은 광야로 달아난 아버지 다윗을 어떻게 처리할 것인가 하는 큰 문제에 직면하게 되었다. 그때 모사 아히도벨은 압살롬에게 조언했다.

'나에게 병력 12,000명만 주십시오. 내가 오늘 밤 다윗을 추적하러 떠나겠습니다. 그가 지쳐서 피곤할 때 내가 그를 기습하면 그와 그 군대는 공포에 질려서 모두 도망할 것입니다. 그때 나는 다윗만 죽이고 그와 함께 있는 나머지 백성들은 모두 왕에게 돌아오도록 하겠습니다. 왕이 찾는 그 사람만 죽으면 다른 사람들은 자연히 돌아오

---

13) Michael Rogness, *Preaching to a TV Generation*, 36-38.

게 되고 모든 백성은 평안할 것입니다.'(삼하 17 : 1-2, 현대인의 성경)

이 말을 들은 압살롬과 이스라엘의 모든 장로들은 다 아히도벨의 조언을 좋게 생각했었다. 그러나 압살롬이 아히도벨의 말대로 따랐더라면, 다윗과 그를 따르는 군대는 다 파멸을 당했을 것이다. 압살롬은 아히도벨의 의견뿐만 아니라 후새의 견해도 듣기를 원하였다. 후새는 다윗 왕의 충성된 신하로, 압살롬의 반역이 실패로 돌아가기를 바라고 있었다. 그는 다윗 왕에게 회복할 수 있는 시간을 주기 원했다. 그래서 후새는 압살롬에게 다음과 같이 조언을 하게 된다.

'이번에는 아히도벨이 잘못 생각한 것 같습니다. 왕도 잘 아시겠지만 왕의 부친과 그를 따르는 자들은 다 용감한 병사들입니다. 그들은 아마 새끼를 빼앗긴 곰처럼 대단히 화가 나 있을 것입니다. 그리고 왕의 부친은 전쟁 경험이 많은 사람이기 때문에 밤에는 병사들 가운데서 자지 않을 것입니다. 아마 그는 지금쯤 굴이나 다른 어떤 곳에 숨어 있을 것입니다. 그가 나와서 왕의 군대를 공격하여 그중 몇을 쓰러뜨리면 왕의 병사들이 당황하여 왕의 군대가 패했다고 외칠 것입니다. 그렇게 되면 사자같이 용감한 병사도 무서워서 꼼짝없이 얼어붙고 말 것입니다. 왕의 부친이 전쟁 영웅이며 그의 병사들도 아주 용감하다는 것은 온 이스라엘 사람이 다 아는 일이기 때문입니다. 내 의견은 이렇습니다. 왕은 단에서 브엘세바까지 모든 이스라엘 사람을 모아 막강한 군대를 조직하십시오. 그리고 왕이 직접 그 군대를 지휘하는 것이 좋을 것 같습니다. 그러면 우리가 다윗이 있는 곳을 찾아 기습 공격을 하여 그와 그 군대를 한 사람도 남기지 않고 모조리 죽일 수 있을 것입니다. 그리고 만일 그가 어느 성으로 도망가면 모든 이스라엘 사람이 밧줄을 가져다가 그 성을 가까운 골짜기로 끌어내려 돌 하나 남기지 않고 그것을 무너뜨릴 수 있을 것입니다.'(삼하 17 : 7-13, 현대인의 성경)

워렌 위어스비(Warren W. Wiersbe)는 상상력에 관한 그의 저서의 "두 설교자의 이야기"란 장에서 아히도벨과 후새의 이야기를 하고 있다. 아히도벨의 말은 합리적이고 사실적인 말이지만 압살롬의 마음을 움직이지 못했으며, 반면에 후새는 그림을 그리듯 언어를 사용하여 압살롬의 마음을 움직였다는 것이다. 후새가 '새끼를 빼앗긴 곰처럼', '사자같이 용감한 병사', '얼어붙고', '바닷가의 많은 모래같이'(개역개정), '이슬이 땅에 내림같이'(개역개정)와 같은 직유 및 은유를 사용함으로, 압살롬은 상상의 눈을 통해 후새의 말을 마치 그림을 보듯 하였기에 그의 마음이 후새의 견해로 기울었다고 워렌 위어스비는 말한다.[14] 위어스비는 계속하여 말했다.

> 후새는 사람들을 알았다. 그는 압살롬의 마음이 하나의 미술 화랑이지 토론장이 아니라는 것을 알았다. 그래서 그는 압살롬에게 '새끼를 빼앗긴 곰', '바닷가의 모래', '땅에 내린 이슬', '무너진 도성'에 관하여 말하였던 것이다. 후새는 모든 사람은 상상에 대한 욕구를 가지고 있으며, 그 배고픔이 채워져야만 한다는 것을 알고 있었다.[15]

신약에 보면 예수님의 말씀에도 형상이 풍부하게 사용된 것을 우리는 알 수 있다. 예수님께서는 바리새인들로부터 죄인들과 세리들을 환영하고 그들과 식탁의 교제를 나눈다는 비난을 받으셨다. 그때 예수님께서는 "하나님은 모든 사람을 다 소중히 여기시며, 그에게 오는 어떠한 죄인이라도 긍휼과 용서로써 받아 주신다."라고 설명할 수 있으셨다. 그러나 이러한 예수님의 말씀은 비록 정확한 대답이었겠지만 매우 평범하고, 논리적이며 추상적이었을 것이다. 예수께서는 바리새인들의 비난에 비유로써 대답을 하셨다. "어떤 사람이 두 아들이 있는데 그 둘째가 아비에게 말하되 아버지여 재산 중에서 내게 돌아올 분깃을 내게 주소서 하는지라"(눅 15 : 11-12). 그때 예수님께서 서기관들과 바리새인들의 비난에 추상적으로 대답을 하셨더라면, 많은 사람들이 그 말씀을 오래 기억하지 못했을 것이다. 그러나 예수님께서는 탕자의 비유를 말씀해 주심으로 그 비유 말씀이 오늘날도 사람들의 마음속에 살아 움직이는 이야기가 된 것이다.

예수님께서는 헤롯 왕에 관하여 말씀하실 때에도 '헤롯은 교활한 사람이며 믿지

---

14) Warren W. Wiersbe, *Preaching & Teaching with Imagination*, 15-20.
15) Ibid., 30-31.

못할 사람'이라고 말씀하실 수 있었지만 그렇게 평범하게 말씀하시지 않고, '여우' (눅 13 : 32)라고 은유적으로 말씀하심으로 우리의 상상력을 불러일으키신다. 또한 예루살렘에 대한 그의 사랑을 말씀하실 때에도 "암탉이 그 새끼를 날개 아래에 모음같이 내가 네 자녀를 모으려 한 일이 몇 번이더냐"(마 23 : 37)라고 말씀하셨고, 거짓 선지자들에 관하여 말씀하실 때에도 "거짓 선지자들을 삼가라 양의 옷을 입고 너희에게 나아오나 속에는 노략질하는 이리라"(마 7 : 15)라고 하셨다. 이처럼 예수님께서 그의 말씀에 많은 은유와 이미지를 사용하신 것을 우리는 복음서에서 찾아볼 수 있다.

## 3. 문자 이후 시대의 설교

멀티미디어 시대의 설교자들은 형상이 풍부한 언어를 사용함으로 회중들로 하여금 마음속에 그림을 그릴 수 있도록 유도하여야 한다. 강단의 언어는 강의실에서 사용되는 추상적인 언어가 되어서는 안 되고, 이미지가 풍부한 언어가 되어야 회중의 마음에 감동을 주고 삶이 변화하게 된다.

워렌 위어스비가 시카고의 무디 기념 교회에서 목회하고 있었을 때, 어느 고등학교로부터 '성서적 관점에서 본 성윤리'라는 제목으로 강연을 해 달라고 초청을 받은 적이 있다고 한다. 위어스비는 매우 논리적이고 합리적인 강의로 주로 학생들의 좌뇌에 호소하는 강연을 했는데, 학생들이 그의 강연에 도무지 관심이나 흥미를 기울이지 않았다고 한다. 집으로 돌아와서 곰곰이 생각해 보니, 위어스비는 자기의 접근 방법이 잘못된 것임을 알게 되었고, 젊은 청소년들에게는 이미지가 담긴 강연을 했더라면 더 효과적이었을 것이라는 사실을 깨닫게 되었다고 한다. 위어스비는 잠언에서 성(sex)에 관한 여러 이미지들을 발견했다고 한다.

첫째, 잠언 5 : 15~18을 표준새번역으로 보면 이렇다. "너는 네 우물의 물을 마시고, 네 샘에서 솟아나는 물을 마셔라. 어찌하여 네 샘물을 바깥으로 흘러 보내며, 그 물줄기를 거리로 흘러 보내려느냐? 그 물은 너 혼자만의 것으로 삼고, 다른 사람들과 나누지 말아라. 네 샘이 복된 줄 알고, 네가 젊어서 맞은 아내와 더불어 즐거워하여라." 여기에서 지혜자는 부부간의 성은 우리를 새롭게 해 주는 샘물과도 같으나, 결혼을 벗어난 성은 하수도를 흐르는 시궁창 물과 같다고 말하고 있다. 여기에 신선한 시냇물(refreshing stream)의 이미지와 길 옆에 흐르는 시궁창 물(sewer)의 이미지가 있다.

둘째, 잠언 6 : 27~29을 현대인의 성경으로 보면 이렇다. "사람이 옷을 태우지 않고 어떻게 불을 품에 품고 다니겠으며 발을 데지 않고 어떻게 숯불을 밟겠느냐? 이와 마찬가지로 남의 아내와 잠을 자는 것도 위험한 일이다. 그러므로 누구든지 남의 아내를 만지는 자는 벌을 면치 못할 것이다." 여기에서는 성을 불의 이미지로 보여 주고 있다. 성은 잘 조절하면 아름답고 강한 힘을 가지고 있으나, 범위를 넘어서면 파괴적인 것이 된다는 것을 그림을 그리듯이 말하고 있다. 즉, 우리를 따뜻하게 해 주는 불과 모든 것을 파괴하는 불의 이미지로 대조하고 있는 것이다.

셋째, 잠언 7 : 21~23을 표준새번역으로 보면 "이렇게 여러 가지 달콤한 말로 유혹하고 호리는 말로 꾀니, 그는 선뜻 이 여자의 뒤를 따라 나섰다. 마치 도살장으로 끌려가는 소와도 같고, 올가미에 채이러 가는 어리석은 사람과도 같다. 마치 자기 목숨을 잃는 줄도 모르고 그물 속으로 쏜살같이 날아드는 새와 같으니, 마침내 화살이 그의 간을 꿰뚫을 것이다."라고 기록하며, 한 젊은 청년이 짐승과 같이 창녀의 올가미에 걸림으로 도살장으로 끌려가는 듯한 이미지를 보여 주고 있다. 즉, 사람이 짐승이 되는 그림을 보여 주고 있다.

넷째, 사무엘하 12 : 1~6에 보면 나단 선지자는 다윗 왕에게 어느 한 부자가 가난한 사람의 한 마리밖에 없는 어린 암양을 빼앗는 이야기를 해 주면서, 결혼 관계를 벗어난 성적인 행동은 사람들을 도적으로 만들며 자기 자신과 다른 사람이 강도질하는 결과를 가져오게 된다는 이미지를 보여 주고 있다.

성경에 의하면, 성에 관하여 우리는 선택을 하여야 한다. 신선한 시냇물을 택하느냐 아니면 시궁창 물을 택하느냐, 따뜻한 능력(Warm and Power)을 택하느냐 아니면 파괴하는 불을 택하느냐, 인간이 됨을 선택하느냐 아니면 짐승이 되기를 선택하느냐, 투자(investment)를 선택하느냐 아니면 강도질을 선택하느냐, 우리는 둘 중에 하나를 선택해야만 한다는 것이다. 위어스비 목사는 그가 고등학생들에게 이러한 이미지와 그림을 보여 주면서, 학생들을 도전했더라면 훨씬 효과적으로 메시지가 전달되었을 것이라고 말하고 있다.[16]

앞서 언급했듯이 강단에서 설교자는 변호사나 교수가 아니라 시인이 되어야 한다고 부르그만은 말한다. 설교자가 시인이 되어야 한다고 말한 것은 설교자는 에너지와 힘과 활력과 동시에 은유와, 직유, 스토리와 이미지가 풍부하여 상상을 불러일으키는 신선한 언어를 사용할 수 있어야 된다는 것을 의미한다.[17] 예를 들면 설교자는 "우리는 기도를 통해 하나님으로부터 무엇을 얻으려고만 해서는 안 되고, 하나님께 더욱 가까이 나아가기 위하여 기도해야 한다."라고 평범하게 말하지 말고, 헬무트 틸리케(Helmut Thielicke)처럼 "우리는 하나님 손에 있는 동전을 얻기 위해서가 아니라, 하나님의 손을 붙잡기 위하여 기도해야 한다."라고 설교하는 것이 필요하다.[18] 산문적인 설교자는 "나는 흑인이나, 백인이나, 황인종이나 인종차별이 없는 평등한 사회가 하루속히 이루어지기를 바란다."라고 말하지만, 마틴 루터 킹(Martin Luther King) 목사는 "나는 꿈을 가지고 있습니다"(I Have a Dream)라는 설교에서 "나는 언젠가는 옛날 노예들의 아이들과 노예 소유주들의 아들들이 조지아 주의 붉은 언덕 위에 펼쳐진 형제 우애의 테이블에서 함께 앉아 교제하는 꿈을 가지고 있습니다. 나는 나의 네 자녀들이 그들의 피부 색깔에 의하여 판단되지 않고, 그들의 성품에 따라 판단되는 나라에서 언젠가는 살게 되리라는 꿈을 가지고 있습니다."라고 시적으로 말을 한다. 산문적인 설교자는 "나는 미시시피 주의 흑인에 대한 억압과 탄압이 하루속히 사라지기를 바란다."라고 말하지만 마틴 루터 킹 목사는 "용광로처럼 불의의 열기로 가득 차 있는 미시시피 주, 억압의 고열로 몸살을 앓고 있는 이 미시시피 주가 언젠가는 변화되어 자유와 공의의 오아시스가 되리라는 한 꿈을 가지고 있습니다."라고 설교함으로 그의 설교는 전 세계 사람의 심성에 오늘도 변함없이 살아 있는 메시지가 된 것이다.[19]

---

16) Ibid., 45-48.
17) Walter Brueggemann, *Finally Comes the Poet*, 11.
18) Helmut Thielicke, "The Meaning of Prayer," *20 Centuries of Great Preaching*, Vol. 12, ed. Clyde Fant (Waco : Word, 1971), 233.

설교자가 "꽃이 아름답다."라고만 말하면 이 말은 틀림없는 사실이지만 진부하다. 그러나 "붉은 장미는 아름답다."라고 말하면 좀 더 구체적이기에 우리 마음에 이미지가 떠오른다. "인간은 다 죽는다."라는 말은 진리이지만 사람들을 졸리게끔 한다. 그러나 "브라운 씨의 아들이 지금 죽어 가고 있습니다."라고 말하면 회중의 마음 안에 사랑의 공동체가 형성된다고 프레드 크래독(Fred B. Craddock)은 말하고 있다.

멀티미디어 시대에 살고 있는 회중에게는 진리의 설명만 해서는 안 되고 그의 지성과 의지, 그리고 감성을 포함한 전인을 향한 메시지가 선포되어야 한다. 회중을 예수 그리스도의 형상을 닮은 사람으로 변화시키는 것이 설교의 목적일진대, 합리적인 설득이나 설명으로는 그들의 삶이 변화되지 않으며 그 사람들의 마음을 지배하고 있는 이미지와 은유가 바뀌어야만 삶이 변화된다. 워렌 위어스비는 다음과 같이 말한다.

> 주일마다 의무적으로 교회에 출석하여 성경적 설교를 듣는 크리스천이라고 고백하는 사람들이 세상에서는 왜 이방인들처럼 살고 있는가? 목회자들은 이러한 딜레마를 슬퍼하며, 성경을 연구하고 기도하고 설교하는 것이 값어치가 있는 일인가 하고 의아해 한다. 이러한 복잡한 문제에 간단한 대답은 없을 것이다. 그러나 나는 회중들이 상상에 굶주려 있는 것이 한 가지 이유가 아닌가라고 생각한다. 청중들은 성경을 공부하고 설교를 들어 왔지만, 성서의 진리가 그들의 상상에까지 스며들지는 않았다. 그들은 성경에 관한 사실들을 머릿속에 많이 쌓아 놓고 있으며, 필요할 때에는 수시로 끄집어 낼 수 있다. 그러나 하나님에 관한 진리, 그리고 크리스천의 삶은 한번도 그들의 상상력에 영향을 주지 못했다. 불순종에 대한 책임은 전적으로 청중들의 것이지만, 하나님의 진리의 선포가 매우 재미있게, 각 사람의 마음을 감동시켜 진리를 자신의 것으로 소유하게 하는 것은 설교자들의 책임인 것이다. 말씀을 듣는 사람들, 그들의 '듣는' 것이 '보는' 것으로 전환되지 못한다면, 그들은 말씀을 '행하는' 사람들이 될 수가 없는 것이다.[20]

---

19) Martin Luther King, Jr., "I Have a Dream," in *The Greatest Sermon Ever Preached*, edited by Tracey D. Lawrence (Nashville : W Publishing Group, 2005), 184-188.

설교자는 말씀을 듣는 청중들이 말씀을 상상으로 볼 수 있도록 도와주어야 할 것이다. 사람의 마음을 지배하고 있는 옛 이미지와 은유를 새것으로 바꾸어 줄 때 회중들의 삶은 변화될 것이다. 멀티미디어 시대의 설교자들은 성서의 저자들처럼 상상을 불러일으키는 이미지, 은유, 이야기들을 사용해야 할 것이다. 청중들의 삶 속에 성서적인 삶의 대안을 보여 주는 시인이 될 때, 그의 설교 사역이 더욱 효과적이 될 것이다.

---

20) Warren W. Wiersbe, *Preaching & Teaching with Imagination*, 60-61.

# 제 2 장
# 예수님의 비유

우리가 어떻게 비유를 정의하느냐에 따라 숫자가 달라지지만, 예수께서는 50~70개에 이르는 비유를 말씀하셨다. 마태복음에 기록된 예수님의 말씀 중 43%가 비유이고, 마가복음에 나오는 예수님의 말씀 중 16%, 누가복음에 기록된 예수님의 말씀 중 52%가 비유이다.[1]

저명한 신약학자였던 요아킴 예레미아스(Joachim Jeremias)는 그의 저서 *The Parables of Jesus*(예수님의 비유)에서 초대교회가 예수님의 재림이 늦어지자 그들의 새로운 상황에 맞추어 예수님의 비유를 변형시켰다고 주장하고 있다. 그리하여 그는 초대교회가 보태었거나 변형시켰을 것이라고 추정되는 것보다는 예수님께서 말씀하셨을 것이라고 추정되는 내용만(ipsissima vox〈the very voice of Jesus〉)을 참된 비유로 인정하려고 했다. 그러나 우리는 성경에 나오는 내용 그대로, 즉 공관복음에 기록된 예수님의 비유를 모두 다 예수께서 직접 말씀하셨을 것으로 믿고 연구하는 자세가 필요하다.

토마스 롱에 의하면 비유를 설교하는 것이 설교 초보생들에게는 달콤한 꿈처럼 쉬워 보이나, 경험이 많은 설교자들에게는 악몽처럼 어렵다고 말하고 있다. 노련한 설교자들은 비유가 겉으로 보기에는 단순해 보여도 보물이 숨겨져 있는 밭처럼 그

---

1) Jeffrey D. Arthurs, *Preaching with Variety* (Grand Rapids : Kregel, 2007), 102.

안에 대단히 풍요로운 의미가 담겨져 있음을 알기 때문이라는 것이다. 따라서 강단에서 비유를 선포하는 설교자들은, "이 비유가 오늘 우리들에게 무엇을 의미하느냐?"고 말할 때에는 조심스럽게, 겸손하게, 그리고 떨리는 목소리로 말해야 할 것이라고 그는 말하고 있다.[2]

그러면 우리는 어떻게 비유를 읽어야 할 것인가? 최근 예수님의 비유에 관한 연구가 신약성서의 어느 분야보다도 가장 활발하게 진행되었기에 쓰나미(tsunami)와 같은 연구결과들이 발표되어 왔다.[3] 그런데 예수님의 비유를 다룬 수많은 저서와 논문에도 불구하고, 비유가 무엇인지를 논한다는 것은 쉬운 일이 아니다. 쉽게 설명되기를 거부하는 것이 비유의 특성이다.[4]

예수님의 비유로 불리는 성경 구절들은 다양한 종류의 문학적 형태(forms)를 가진 구절들을 포괄하고 있다. 예수님의 비유들 중 어떤 비유들(실례 : 탕자의 비유〈눅 15 : 11-32〉) 가운데는 복잡한 플롯과 여러 종류의 인물들이 등장하는 내러티브들이 있다. 또한 어떤 비유들(실례 : 누룩 비유〈마 13 : 33과 상응하는 다른 복음서 구절〉와 무화과나무 비유〈눅 13 : 6-9과 상응하는 다른 복음서 구절〉)은 간략하고, 등장인물이 한 사람이거나, 아예 없는 경우도 있으며, 플롯이 있는 경우에는 겨우 플롯이 성립될 정도이다. 심지어 신약성서에는 내러티브가 전혀 아닌, 격언과 같은 예수님의 말씀이 분명하게 비유라고 불리는 경우들도 있다(실례 : 막 7 : 14-17).[5]

예수께서 사용하신 비유들에 반영된 셈족(Semitic)의 배경, 곧 구약성서의 배경을 살펴보면, 우리는 비유의 다양한 본질을 더 이해할 수 있게 된다. 신약성서의 'parabole'에 해당되는 구약의 용어 '마샬'(mashal)은 여러 종류의 문학적 형식들, 즉 격언, 윤리적인 교훈, 알레고리, 민속 내러티브, 도덕적 예화, 심지어 본보기가

---

2) Thomas G. Long, *Preaching and the Literary Forms of the Bible* (Philadelphia : Fortress, 1989), 87. ; 필자는 이 글에서 토마스 롱의 책을 많이 요약하고 있음을 밝혀둔다.
3) Jeffrey D. Arthurs, *Preaching with Variety*, 103.
4) Dan Via, "Parables of Jesus," in *Concise Encyclopedia of Preaching*, eds. William H. Willimon & Richard Lischer (Louisville : Westminster John Knox, 1995), 358.
5) Thomas G. Long, *Preaching and the Literary Forms of the Bible*, 89.

되는 사람들을 말할 때에도 사용되고 있다.[6] 이렇게 서로 다양한 문학적 표현들이 '비유'라는 이름으로 불리는 이유는 두 종류의 해석을 가능케 하기 때문이다. 즉, 문자적인(literal) 해석과 상징적인(symbolic) 해석을 가능케 하기 때문이다.[7] 구약의 '마샬'과 신약의 '파라볼레'는 문자 그대로의 의미로도, 아니면 무엇인가 좀 더 깊은 것, 어떠한 실재를 표현하는 상징적인 의미로도 읽을 수 있다. 예를 들자면, 한 인간으로서 문학적으로 서술되고 있는 욥이라는 인물은 욥 자신만을 의미한다. 그러나 욥이 스스로를 '마샬'이라고 말할 때에는 욥 자신만을 의미할 뿐만 아니라, 인간의 삶에서 역겨운 것을 발견하는 모든 사람들의 대표가 되고 상징이 된다. 마찬가지로, 예수께서 4종류의 땅에 씨를 뿌리는 농부에 관한 이야기를 말씀하셨을 때, 이 내러티브를 비유라고 말하는 것은 이 이야기를 문자적으로 농사에 관한 이야기로 읽을 수도 있지만, 이야기의 문자적인 의미를 넘어 상징적으로도 읽을 수 있기 때문이다. 모든 종류의 비유들은 문자적이며 상징적인 지시(references)를 가지고 있기에, 비유는 독자들에게 문자적인 해석뿐만 아니라 상징적인 의미를 발견할 수 있도록 허용한다. 도드(C. H. Dodd)는 예수님의 비유에 관한 고전적인 정의를 다음과 같이 내리고 있다.

> 가장 간략하게 말한다면 비유는 자연과 일상생활로부터 끌어낸 은유(metaphor)나 직유(simile)로, 그것이 지닌 생생함(vividness)과 생소함(strangeness)은 듣는 사람들을 사로잡으며, 그것의 정확한 의미와 적용에 관하여 듣는 사람들의 마음을 충분한 의혹 속에 남겨 둠으로, 마음을 끈질기게 자극하여 활동적인 생각을 하게 한다(to tease it into active thought).[8]

도드가 비유를 은유나 직유로 정의를 내리고 있는 이유는, 비유는 독자들로 하여

---

6) Ibid., 89-81.
7) Ibid., 91.
8) Ibid., 92. ; 롱 교수는 도드가 비유를 은유와 직유로 정의를 내릴 때, 알레고리를 포함했더라면 더 완벽한 정의가 되었을 것이라고 말한다.

금 동시에 두 개의 수준(level)으로, 즉 문자적, 그리고 상징적으로 본문을 읽도록 요구하고 있기 때문이다.[9] 워렌 위어스비는 비유는 그림(picture)이었다가, 거울 (mirror)이 되고, 다시 창문(window)이 된다고 말하고 있다. 그는 다음과 같은 도표를 제시하고 있다.[10]

| 그림(The picture) | 거울(The mirror) | 창문(The window) |
|---|---|---|
| 우리는 삶을 본다(We see life) | 우리는 자신을 본다 (We see ownselves) | 우리는 하나님을 본다(We see God) |
| 시각(Sight) | 통찰력(Insight) | 비전(Vision) |
| 정보(Information) | 위협(Intimidation) | 초청(Invitation) |
| 누군가 다른 사람(Somebody else) | 나(Me) | 하나님과 나(God and I) |
| 나는 흥미를 가지고 있다 | 나는 깨어졌다(I'm shattered) | 나는 치유받았다(I'm healed) |

위어스비가 비유를 그림, 거울, 창문으로 말하는 것도 우리가 비유를 이해하고 해석하는 데 도움을 주고 있다. 토마스 롱은 기독교의 역사를 통해 예수님의 비유는 알레고리, 직유, 그리고 은유로 해석되어 왔다고 지적하면서, 이 3가지 형태의 비유 해석을 이미지로 표현한다면, 각각 암호(code)와 그릇(vessel), 그리고 예술의 대상 (object of art)이 된다고 말한다.[11]

## 1. 알레고리(Allegory) : 암호의 이미지

비유를 암호(code)로 이해하는 것은 초대교회 때부터 사용해 온 최초의 방법이고 가장 오랫동안 사용되어 온 비유의 이해 방식이다. 비유를 암호로 바라보는 것은 비유는 하나님의 나라를 알레고리적으로(allegorical) 상징한다는 것을 말한다. 비유를 암호로 보면, 비유 안에 있는 중요한 요소(feature)들은 각각 비유에서 설명하고 있지 않은 어떠한 실재를 위한 암호가 된다. 그리고 그 암호를 해독할 수 있는 지식을

---

9) Ibid., 94.
10) Warren W. Wiersbie, *Preaching and Teaching with Imagination* (Wheaton : Victor Books, 1994), 164-165.
11) Thomas G. Long, *Preaching and the Literary Forms of the Bible*, 96-98.

가진 사람들만이 비유를 이해할 수 있게 된다. 코드로서의 비유는 하나님 나라의 비밀이 주어진 사람들만이 이해할 수 있게 된다.

예수께서 적어도 2번(막 4 : 13-20〈마 13 : 18-23 ; 눅 8 : 11-15〉, 막 12 : 1-11〈마 21 : 33-46 ; 눅 20 : 9-19〉)은 비유를 알레고리적으로 해석하신 것을 보아도, 공관복음에 있는 비유들은 우리로 하여금 알레고리로 읽도록 안내한다. 그러나 알레고리적으로 해석을 해서는 안 될 경우에도 알레고리로 해석을 하는 경우가 기독교 역사에서 흔히 있었다. 예를 들면, 어거스틴은 선한 사마리아인 비유를 알레고리로 해석했다.[12]

| 예루살렘에서 여리고로 내려가던 '어떤 사람' | 아 담 |
|---|---|
| 강 도 | 사탄과 그를 추종하는 귀신들 |
| 그를 벗김 | 아담의 죽지 않음(immortality)을 빼앗아 감. |
| 그를 때림. | 죄를 짓도록 유혹함. |
| 제사장과 레위 사람 | 구약의 사역(ministry), 아담을 위하여 아무것도 행하지 못함. |
| 선한 사마리아인 | 그리스도 |
| 상처에 올리브기름과 포도주를 부음. | 죄를 소망으로 견제하고 뜨거운 영으로 일할 것을 권면 |
| 여 관 | 교 회 |
| 여관주인 | 바 울 |

예수께서 알레고리적인 해석을 극히 제한하신 것처럼, 비유를 그와 같이 해석할 경우는 극히 드물다. 그러나 예수님의 비유들 가운데는 알레고리적으로 읽어야 할 비유들이 분명히 있고, 이러한 비유들은 그러한 방식으로 읽도록 우리를 인도하고 있다. 비유의 암호들은 독자들에게 새로운 정보를 주는 것이 아니고, 독자들이 이미 알고 있으며, 믿고 있는 것들을 확인시켜 주고, 명확하게 이해할 수 있도록 해 준다. 하나님과 이스라엘의 관계에 대하여 알고 있는 독자는 지주와 소작인의 비유 이야기에서 하나님과 이스라엘의 관계를 명확하게 알 수 있게 된다. 또한 암호는 독자의 신분이 내부자(insiders)라는 사실을 증명해 준다. 외부의 사람들은 암호화된 비유의 문자적 의미만을 받게 되지만, 내부자는 온전한 상징적 의미를 알게 된다. 암호

---

12) Gordon D. Fee & Douglas Stuart, *How To Read the Bible for All Its Worth : A Guide to Understanding the Bible* (Grand Rapids : Zondervan, 1982), 124.

화된 비유를 읽고, 그 의미를 아는 사람은 믿는 사람 중의 한 사람이라는 사실이 확증된다.[13]

## 2. 직유(Simile) : 그릇의 이미지

비유를 알레고리로 보는 견해는 19세기에 독일의 아돌프 율리커(Adolf Juelicher)에 의해 비유는 단 하나의 신학적인 아이디어나 진리를 담고 있는 직유라는 견해로 교체되었다.[14] 비유가 원 포인트(one point) 메시지를 담고 있는 직유라는 이 견해는 20세기에 들어서서 신약학자 요아킴 예레미아스에 의해 계승되었다.[15] 비유를 더 이상 알레고리로 보지 않고, 직유로 보기 시작한 것이다. 즉, 비유는 직유이며, 하나의 신학적인 아이디어나 일반적인 진리, 아니면 신학적인 교훈을 담고 있는 그릇이라는 이미지로 교체된 것이다. 직유는 하나님의 나라를 일상적인 삶의 이야기로 실례를 드는(illustrative) 방법이다. 하나님의 나라는 겨자씨(마 13 : 31-32 ; 막 4 : 30-32 ; 눅 13 : 18-19)와 누룩(마 13 : 33 ; 눅 13 : 20-21)과 같다는 비유는 직유이다.

직유로서의 비유는 그릇으로 이미지화되고 있는데, 그 이유는 비유를 하나의 진리와 교훈을 담고 있는 그릇으로 이해하기 때문이다. 그릇으로 이미지화된 비유의 수사학적인 효과는 교육적으로 진리를 가르치고 설명해 주는 것이다. 암호로 된 알레고리 비유를 읽는 독자가 "아, 그래, 나는 알아."(Ah, yes, I know.)라고 말한다면, 그릇으로 이미지화된 직유의 비유를 읽는 독자는 "아하, 이제 나는 알게 되었다!"(Aha, I see!)라고 말하게 된다.[16]

---

13) Thomas G. Long, *Preaching and the Literary Forms of the Bible*, 96-97.
14) Jeffrey D. Arthurs, *Preaching with Variety*, 114.
15) Joachim Jeremias, *The Parables of Jesus*, 2$^{nd}$ edition (Englewood : Prentice-Hall, 1972).
16) Thomas G. Long, *Preaching and the Literary Forms of the Bible*, 97.

## 3. 은유(Metaphor) : 예술의 대상의 이미지

최근의 비유 연구를 하는 학자들, 특히 댄 비아(Dan O. Via), 로버트 펑크(Robert Funk), 존 크로산(John Dominic Crossan), 폴 리쾨르(Paul Ricoeur) 등은 직유로서의 그릇의 이미지를 예술의 대상, 즉 메타포로 보는 관점으로 교체하여 놓았다. 다른 예술적인 형태들과 마찬가지로, 비유는 교육적인 도구가 아니고, 독자들을 중대한 만남으로 끌어들이고, 인간의 상황을 새롭게 바라보고, 이해할 수 있도록 초청하는 미학적 작품이라고 보고 있다.[17] 비유는 청중들을 이야기의 세계로 초청함으로 그들이 가지고 있는 실제적 비전을 다시 형성하여 청중들의 삶을 변화시킨다는 것이다.[18] 위어스비는 비유의 이러한 기능을 '창문'이라고 말하고 있다.

이처럼 비유는 알레고리나 직유라기보다는, 하나님 나라 그 자체에 관한 경험을 불러일으키는 문학적 능력을 가진 은유라고 최근 많은 학자들이 생각하고 있다. 직유가 'A는 B와 같다'고 말한다면, 은유는 'A는 상징적으로 B이다'라고 말한다. 독자들은 예술의 대상으로서의 비유를 대할 때, 그들이 이미 알고 있는 하나님 나라에 관한 것을 확인하거나, 아니면 하나님 나라에 관하여 무엇인가를 배우기를 기대하며 접근하지 않는다. 독자들은 비유에 이끌리어 하나님 나라가 요구하고 주장(claim)하는 것을 경험하기를 기대하게 된다. 성서학자 페린(Norman Perrin)은 "은유는 상상력에 충격을 줌으로…… 새로운 세계의 비전을 야기시킨다."고 말한다. 예술의 대상으로서의 비유를 읽는 독자는, "아, 그래, 나는 알아."라고 말하거나, "아하, 이제 알게 되었네!"라고 말하지 않는다. 오히려 그는 "아, 맙소사, 나는 상상도 못했네!"(Oh, my God, I never imagined!)라고 말하게 된다.[19]

그러나 모든 비유가 다 순수한 암호, 그릇, 또는 예술의 대상으로만 해석되는 것은 아니다. 어떤 비유는 우리로 하여금 한 가지 방법 이상으로 읽도록 초청한다. 예

---

17) Ibid., 97.
18) Stephen I. Wright, "Parables," in *Dictionary for Theological Interpretation of the Bible*, ed. Kevin J. Vanhoozer (Grand Rapids : Baker, 2005), 560.
19) Thomas G. Long, *Preaching and the Literary Forms of the Bible*, 97.

를 들자면 씨 뿌리는 사람의 비유(막 4 : 1-9과 다른 복음서)는 복음서들(막 4 : 13-20) 안에서 알레고리로 해석되고 있다. 따라서 이 비유는 암호로 읽혀진다 할지라도, 동시에 이 비유는 직유로도, 그리고 은유적으로도 해석될 수 있다. 즉, 여러 장애물과 저항에도 불구하고 하나님의 종말론적 수확은 확실하고 풍성할 것이라는 진리를 담고 있는 직유로도 읽을 수 있다. 더 나아가서 하나님 나라를 위한 씨를 뿌리는 사람의 행위를 우리의 역할로 배역한다면, 이 비유는 실패를 계속적으로 경험하다가, 기대하지 않았던 은혜로운 승리를 경험할 수 있다는 은유적인 해석도 가능하게 한다.[20] 따라서 복음서에 있는 예수님의 비유들을 해석할 때, 우리는 이 비유를 암호로, 혹은 그릇으로, 아니면 예술의 대상으로 읽어야 할 것인가, 아니면 이 세 가지가 혼합된 것으로 읽어야 할 것인가를 스스로에게 질문해야만 하며, 비유 자체가 해석 과정을 지배하고 인도할 수 있도록 해야 할 것이다.[21]

> 비유가 계속하여 우리에게 질문할 수 있도록 허용하는 것이 매우 중요하다. 우리는 고정되고, 우리에게 호의적이며, 안전한 의미에 만족해서는 안 된다. …… 복음서의 저자들은 비유가 교회에 도전을 주기를 원하였다. …… 우리 자신들을 비유가 예리하게 말하고 있는(address) 대상으로 보는 것이, 비유의 의도를 참되게 묘사하는 것이 될 것이다. 비유는 정적인 계시가 아니고, 변형을 위한 동력적인 초청이다.[22]

---

20) Ibid., 98.
21) Ibid., 95-96.
22) Stephen I. Wright, "Parables," 561.

# 제 3 장
# 설교와 유머

　미국의 초대형 교회들의 예배에 참석을 해 보면, 설교를 듣는 청중들이 설교자의 유머에 의해 많이 웃게 되는 것을 발견하게 된다. 교회 성장과 설교자의 유머 사이에는 어떠한 관계가 있는 것인가에 관한 구체적인 연구 결과가 나와 있는 것은 아니지만, 미국의 대형 교회 목회자들의 공통적 특징 가운데 하나는 설교 도중에 유머를 자유롭게 사용하고 있다는 점이다.[1]

　설교에서 유머를 사용하는 전례는 성서에서 찾아볼 수가 있다. 민수기에 보면 발람의 나귀가 그를 때리는 주인에게 "내가 무엇을 잘못했다고 이렇게 세 번씩이나 나를 때리십니까?"(민 22 : 23, 현대인의 성경)라고 항의하는 유머러스한 풍자(satire)가 있다. 갈멜 산상에서 엘리야 선지자는 우상 바알 신을 섬기는 거짓 예언자들을 조롱하면서 "더 큰 소리로 불러라. 그가 신이 아니냐! 그가 딴생각을 하고 있거나 용변을 보러 갔거나 여행을 떠났거나 아니면 잠이 들어 깨워야 할지도 모르겠다!"(왕상 18 : 27, 현대인의 성경)라며 그와 같은 유머러스한 말로 바알 선지자들을 질책하고 있다. 또한 이사야 선지자는 우상을 만드는 사람들이 나무들의 일부를 땔감으로 사용하여 불을 피워 자기 몸을 따뜻하게 하거나 떡을 구워 먹기도 하고, 그 나머지 나무로 우

---

1) Scott Thumma & Dave Travis, *Beyond Megachurch Myths* (San Francisco : Jossey-Bass, 2007), 95.

상을 만들어 그 앞에 절하며 그것을 숭배하면서 "당신은 내 신입니다. 나를 구하소서."(사 44：17, 현대인의 성경)라고 빌고 있다며, 우상을 만드는 사람들의 모순됨을 풍자하고 있다.

또한 복음서에 보면 가장 위대한 교사(Master Teacher)가 되시는 예수께서 그의 가르침에 많은 유머를 사용하셨음을 우리는 발견하게 된다. 1960년대에 엘톤 트루블러드(Elton Trueblood)는 「그리스도의 유머」(*The Humor of Christ*)라는 책을 저술하였는데, 그는 그 책의 중심 아이디어를 4살 먹은 그의 아이로부터 얻었다고 한다. 가정 예배를 드리면서 그는 마태복음 7：3~4의 말씀, "왜 너는 형제의 눈 속에 있는 티는 보면서 네 눈 속에 있는 들보는 보지 못하느냐? 네 눈 속에 들보가 있는데 어떻게 형제에게 '네 눈 속에 있는 티를 빼내 주겠다' 하고 말할 수 있느냐?"(현대인의 성경) 하는 구절을 읽고 있었는데, 이 말씀을 듣고 있던 아이가 크게 웃었다고 한다. 산상보훈의 말씀을 듣던 중 웃음을 터트린 아이로 인하여, 그는 복음서에서 30개의 유머러스한 예수님의 말씀을 찾아내어 예수님의 유머에 관한 책을 저술하였던 것이다.[2]

그러면 설교에서 사용되는 유머는 어떠한 기능을 행하고 있는가?

첫째, 유머는 회중들로 하여금 복음을 잘 받아들일 수 있도록 한다. 설교자가 청중들에게 회개할 것을 촉구하며 그리스도의 제자다운 삶을 살아갈 것을 요청하는 메시지를 전달하면, 청중들은 본능적으로 방어적인 자세를 가지게 된다. 그러나 회중들이 설교자의 유머러스한 말에 같이 참여하여 웃게 되면 그들의 마음이 저절로 열려, 설교자가 전달하는 복음의 진리의 말씀을 쉽게 수용할 수 있게 된다. 이처럼 유머는 청중들의 마음을 무장해제시켜 복음을 잘 받아들일 수 있는 심성을 가지게 한다고 제임스 콕스(James W. Cox) 교수는 말하고 있다.[3]

둘째, 유머는 인간의 교만, 허세, 독선, 어리석음, 실수에 대하여 웃을 수 있도록 만들며, 영원하고 온전하신 하나님을 바라볼 수 있도록 한다고 존 스토트(John Stott)는 말한다. 겨울철, 점잔을 빼며 걷던 어느 신사나, 화려한 의상에 값비싼 보석을

---

2) Elton Trueblood, *The Humor of Christ,* New edition (San Francisco : Harper & Row, 1975).
3) James W. Cox, *Preaching* (New York : Harper & Row, 1985), 186-189.

걸친 귀부인이 얼음이 깔린 길 위에서 넘어지면 모두가 깔깔대고 웃게 된다. 아무리 자기의 학식이나 지위와 재력을 자랑하며 허세를 부릴지라도, 인간은 넘어지고 실수하기 쉬운 연약한 존재인 것이다. 자기 자신의 허영심, 이기심, 어리석음, 실수에 대하여 웃을 수 있을 때, 우리는 겸손한 마음을 가지게 되며, 우리를 온전케 할 수 있는 분은 영원하신 하나님뿐이심을 알게 된다.[4] 자기 자신의 어리석음, 독선에 대하여 웃을 줄 모르는 사람은 종교적 열광주의(fanaticism)에 빠지기 쉽다.[5] 서양 중세기의 공포의 대상이었던 가톨릭교회의 종교재판, 그리고 최근 이슬람 종교의 원리주의는 웃음을 잃어버린 극렬주의의 좋은 예들이다. 1980년대 이란의 종교, 정치 지도자였던 아야톨라 호메이니(Ayatollah Ruhollah Khomeini)는 인도계 영국 시민권자인 살먼 루시디(Salman Rushdie)가 쓴 소설 「악마의 시」(*The Satanic Verses*)가 이슬람 종교를 모독했다고 하여 그의 목에 일백만 달러를 현상금으로 걸었던 일이 있었다. 어떻게 최고의 종교 지도자가 사람의 목을 베어 오면 현상금으로 일백만 달러를 주겠다고 말할 수 있는가? 이것은 종교가 웃음을 잃어버렸기 때문이다. 인간은 자기 자신의 어리석음에 대하여 스스로 웃을 수 있을 때 겸손해질 수 있으며, 그를 온전케 하시는 영원하신 하나님을 바라볼 수 있게 된다.

셋째, 유머는 공동체를 형성케 한다고 조지 스위지(George E. Sweazey) 교수는 지적하고 있다. 메시지를 듣는 청중들은 각각 다른 개체들이지만, 웃음은 각기 다른 사람들을 한 신앙의 공동체로 만든다. 유머는 설교자와 회중들을 더 가깝게 만들고, 웃음에 같이 참여하는 회중들에게 하나님의 한 가족이라는 의식을 가져다준다.[6] 웃음은 홀로 누리는 것이 아니라 이웃과 함께 나누는 것이며, 웃음을 이웃과 같이 나눌 때 기쁨이 극대화되게 된다. TV에서 유머러스한 코미디가 나오게 되면 우리는 홀로 보기를 원치 않고, 다른 가족들을 찾아 함께 보기를 원하게 되는데, 이것은 웃음이란 본질적으로 홀로 누리는 것이 아님을 말해 주는 것이다. 함께 메시지를 들으면서

---

4) John Stott, *I Believe in Preaching* (London : Hodder & Stoughton, 1982), 286-292.
5) George E. Sweazey, *Preaching the Good News* (Englewood Cliffs : Prentice-Hall, 203.
6) Ibid., 207.

많이 웃는 교회는 건강한 교회가 되어 서로 다투거나 분쟁하는 일을 하지 않는다. 설교에서의 유머는 설교자와 온 청중을 사랑의 공동체로 만드는 일을 도모한다.

넷째, 설교의 유머는 복음으로 회중을 치유하는 사역을 촉진시킨다. 잠언 17 : 22에는 "마음의 즐거움은 좋은 약이 되어도 마음의 근심은 뼈를 마르게 한다."(현대인의 성경)라고 말하고 있다. 최근 많이 웃는 사람이 건강하고, 웃는 사람이 웃지 않는 사람보다 더 오래 산다는 사실이 임상학적으로 증명되고 있다. 웃음은 사람들이 슬픔과 모순에 부딪칠 때 스트레스를 풀어 주고, 심지어 면역 체계를 강화시켜 주기에, 어느 연구가는 웃음의 효과는 꾸준한 조깅을 했을 때에 얻을 수 있는 효과와 맞먹는다고 주장하고 있다.

최근 심리학에서 인간의 왼쪽 두뇌는 분석적이고, 합리적이며, 이성적인 사고의 논리를 추구하고, 오른쪽 두뇌는 상상력, 통찰력 및 묵상하는 기능을 행한다고 하며, 이 오른쪽 두뇌와 왼쪽 두뇌를 다 활용하여 발전시켜 그 기능이 조화되어야 전인적인 인간이 될 수 있다고 한다. 그런데 웃음은 두뇌의 오른쪽과 왼쪽 모두를 사용하도록 하기 때문에, 유머는 가장 중요한 인간의 두뇌 활동이라고 주장되고 있다. 예수께서는 제자들에게 "내가 이 말을 너희에게 한 것은 내 기쁨이 너희 안에 있게 하고 너희 기쁨이 넘치게 하기 위해서이다."(요 15 : 11, 현대인의 성경)라고 말씀하셨는데, 예수님은 그의 공생애의 사역을 통하여 다른 사람들이 웃도록 도와주셨다고 신학자 레너드 스위트는 말한다. 오늘날 현대인들의 삶에는 웃을 일들이 많지 않다. 설교자는 그런 회중들을 위해 메시지에 담긴 유머를 사용함으로 상처받은 영혼들을 치유할 수가 있는 것이다.[7]

다섯째, 설교 시의 예화나 유머는 청중들에게 휴식을 준다. 설교를 열심히 듣는다는 것은 매우 힘든 일이다. 특히 교리 설교와 같은 매우 이론적인 설교를 듣는 것은 상당한 집중력을 요구하는 일이다. 그러하기에 설교자가 설교 도중에 예화나 유머를 통하여 회중들의 긴장을 풀어 주는 시간을 주는 것이 필요하다고 존 킬린저(John

---

7) Leonard Sweet, *The Jesus Prescription for a Healthy Life* (Nashville : Abingdon, 1996), 29-30.

Killinger) 교수는 말하고 있다. 윌리엄 셰익스피어(William Shakespeare)도 그의 비극적인 연극이 클라이맥스를 향하여 점점 올라갈 때, 곳곳에 코믹적인 장면을 사용함으로 관중들의 긴장을 풀어 주었다고 한다. 실제로 설교 도중 예화나 유머가 사용될 때에는 청중들이 긴장을 풀고, 심호흡을 하며, 그들의 자세를 편안하게 한다고 한다. 그러하기에 설교의 여정 곳곳에 이러한 휴게소(rest stops)들이 없다면, 그 설교는 몹시도 지루하고 긴 설교처럼 느껴진다는 것이다.[8]

여섯째, 유머는 전도에 효과적이다. 독일의 신학자 헬무트 틸리케는 교회가 웃음을 성소로부터 쫓아내어, 그 웃음이 카바레와 나이트클럽과 술잔을 돌려 가며 축배를 드는 사람들의 것이 되었다고 말한 적이 있다. 불신자들은 교회에는 웃음이 없을 것이라 생각한다고 한다. 불신자들이나 구도자들이 친구에게 이끌려 교회에 나와 예배를 드리면서 절대 기대하지 않는 것은 예배 도중에 그들이 웃게 되리라는 것이라고 한다. 그렇게 교회에서 예배를 드리면 지루하거나, 졸리거나, 심지어 화가 나리라고 생각하던 그들이 설교자의 유머에 의해 뜻하지 않게 웃게 될 때, 그들은 예수 믿는 사람들도 나와 다른 세계에 사는 사람들이 아니고 나와 같은 인간성(humanity)을 가지고 있구나 하고 놀라며, 복음에 대하여 관심을 가지게 된다고 한다. 즉, 예수를 믿게 되면 모든 기쁨과 웃음, 그리고 즐거움을 빼앗기는 것이 아니고, 예수를 믿으면서도 정상적인 삶을 살 수 있는 것으로 생각하여, 기독교 신앙에 대하여 마음의 문을 열고 긍정적인 자세를 가지게 된다고 한다.[9]

그러나 설교자가 유머를 사용할 때, 주의해야 할 점들이 있다.

첫째, 성서의 본문과 설교자와 회중들의 삶이 교차되는 지점에서 자연스럽게 우러나오는 유머를 사용해야 한다. 설교자는 교인들을 단순히 웃기기 위한 목적으로 유머를 사용하지 말아야 한다. 설교의 목적은 예수 그리스도의 구원의 복음을 증거하여, 회중들의 삶 속에 그리스도가 형성되게 하는 데 있다. 유머를 통해 교인들을 많이 웃기는 것이 유머 사용의 목적이 되어서는 안 될 것이다.[10]

---

8) John Killinger, *Fundamentals of Preaching*, 2nd edition, 121.
9) Lee Strobel, *Inside the Mind of Unchurched Harry & Mary* (Grand Rapids : Zondervan, 1993), 185-186.

둘째, 특정 인종이나 어느 지역 출신의 사람에 대한 상투적인 유머, 여성들을 비하하는 유머, 몸이 비대한 사람들이나 신체장애자, 노인들을 조롱하는 유머, 저속한 유머, 성에 관한 유머는 강단에서 사용하지 말아야 한다. 커버넌트 신학원의 총장 브라이언 채펠(Bryan Chapell)은 어느 주일 설교에서 나이가 많아 시력이 약해진 경찰관이 사격장에서 과녁을 잘 맞히지 못하는 장면을 아주 재미있게 이야기함으로 온 청중들로 하여금 웃음을 터트리게 했다고 한다. 그런데 설교가 끝난 후에 어느 나이 많은 분이 그에게 오더니, "나는 목사님이 우리 노인들을 이처럼 웃음거리로 만드실 줄은 몰랐습니다."라고 말하며 항의를 했다고 한다. 여기에서 충격받은 채펠 교수는 유머를 사용할 때 신중해야 함을 다시 한번 깨달았다고 말하고 있다.[11]

설교학자 데이비드 버트릭(David Buttrick) 교수는 설교자가 유머에 관하여 어떠한 은사가 없는 것 같으면, "시도하지 말라"(Do not try)고 권면하고 있다.[12] 그러나 대부분의 설교학자들은 유머의 재능이 부족한 설교자라 할지라도 자신에게 알맞은 유머의 은사를 개발하는 것이 필요하다고 주장한다. 인터넷이나 유머에 관한 책을 통하기보다, 자신의 삶의 주변을 주의 깊게 관찰하고 성찰하는 습관을 가지라는 것이다. 즉, 우리를 향하신 하나님의 선하시고 기뻐하시고 온전하신 뜻보다는 자신의 의지대로만 살려고 하는 우리 자신들의 어리석고 교만하며 연약한 삶을 주의 깊게 관찰함으로, 설교자는 자신의 개성에 맞는 유머 감각을 개발할 수 있게 된다. 우리가 오늘을 사는 것 자체가 하나님의 은혜요 사랑인데, 이 사실을 잊어버리고 마치 내 힘으로 영원히 살 것처럼, 마냥 잘난 체하며 교만하게 허세를 부리고, 자기 자신만을 위하여 살아가고 있는 우리들의 어리석은 삶을 주의 깊게 관찰함으로 설교자는 유머 감각을 개발할 수 있게 된다.[13]

---

10) John Ortberg, "Laughing on Purpose (Part 2)," [internet] Available from 〈www.preachingtoday.com/16851〉
11) Bryan Chapell, *Using Illustrations to Preach with Power* (Grand Rapids : Zondervan, 1992), 165.
12) David Buttrick, *Homiletic* (Philadelphia : Fortress Press, 1987), 146-147.
13) John Beukema, "Why Serious Preachers Use Humor," in *The Art & Craft of Biblical Preaching*, eds. Haddon Robinson & Craig Brian Larson (Grand Rapids :

레너드 스위트는 다음과 같이 말한다. "예수님은 다른 사람들이 웃을 수 있도록 도와주셨다. 우리가 다른 사람들로 하여금 웃을 수 있도록 도와주는 것이 우리에게 주어진 의무이다. '당신은 정말 재미있는 사람입니다'라는 말은 우리가 다른 사람들에게 줄 수 있는 최대의 찬사이며, 또한 우리가 받을 수 있는 최상의 찬사가 아니고 무엇이겠는가? 우리의 삶에 웃음을 가져오는 사람은 하나님으로부터의 선물이다. 웃음 안에서 예수 그리스도는 가장 가깝게 발견된다."[14] 모두가 매 주일의 설교를 통해 천국의 웃음을 청중들에게 선물로 줄 수 있는 설교자들이 되기를 소망해 본다.

---

Zondervan, 2005), 138.
14) Leonard Sweet, *The Jesus Prescription for a Healthy Life*, 29-30.

# 제 4 장
# 설교와 커뮤니케이션

## 1. 거룩한 공연으로서의 설교

지금으로부터 100여 년 전, 영국의 저명한 성서학자이자 설교자였던 제임스 스토커(James Stalker, 1848-1927)는 설교의 커뮤니케이션에 대하여 다음과 같이 말하고 있다.

> 내가 신학교에 다닐 때, 많은 신학생들이 설교의 전달에 관해서는 경시하는 태도를 가지고 있었다. 우리는 설교 내용의 중요성과 설교 아이디어의 힘을 과신했고, 설교의 내용을 어떻게 전달하느냐의 문제는 전혀 생각하지 않았다. 설교의 내용만 좋으면 설교는 저절로 잘 전달되는 것이라고 생각하였기 때문에 우리는 많은 실패를 경험하게 되었다. 우리는 매 주일마다 영국에서 얼마나 많은 설교가 강단으로부터 외쳐지는지는 알지만, 그 설교들이 얼마나 많은 사람들에게 들려지는지에 관해서는 알지 못하고 있다.[1]

---

1) Wayne McDill, "Low-Tech Preaching in a High-Tech Age," *Preaching* 17, no. 6 (May-June 2002), 14.

제임스 스토커 교수가 오래전에 한 이 이야기가 오늘 우리들에게도 매우 와닿고 있다. 왜냐하면 포스트모던 시대를 향하여 말씀을 증거하는 많은 설교자들의 설교의 커뮤니케이션에 관한 태도가 그 당시에 비해 거의 변화되지 않았기 때문이다.

최근 커뮤니케이션 이론에 의하면, 전달되는 메시지의 내용보다 어떠한 방법으로 전달되느냐가 더 중요하다고 한다. 청중들은 연설을 들을 때, 스피치의 내용보다는 전달되는 방식에 따라 효과적인 연설이냐, 아니면 지루한 연설이냐를 평가한다고 한다. 연설자(speaker)가 메시지를 전할 때, 청중들은 말하는 사람이 전하는 말 외에도 다른 방법을 통하여 메시지를 받는다고 한다. 즉, 메시지의 55%는 말하는 사람의 몸을 통하여, 38%는 음성의 음색을 통하여, 그리고 단지 7%만을 연설자의 말을 통하여 전달받는다고 스탠포드 대학의 알버트 메라비안(Albert Mehrabian) 교수는 그의 연구에서 말하고 있다.[2] 청중들은 연설자가 말하는 채널뿐만 아니라, 다른 채널들, 즉 설교자의 음성의 음색, 얼굴 표정, 제스처, 심지어 강단에 서 있는 자세와 복장 등의 채널을 통해 메시지를 전달받는다는 것이다. 한 실험에서 연설자의 말과 그의 비언어적 표현이 정반대가 되는 상황을 연출해 보았다고 한다. 즉, 청중을 향한 연설자의 얼굴 표정은 부정적이고 적대적이었는데, 그의 음성의 음색과 그의 말은 명랑하며, 안심시켜 주는 톤이었다고 한다. 어느 채널이 말하는 사람의 진심을 나타내는 것이냐고 청중들에게 물었을 때, 7%는 그의 말, 35%는 그의 음성, 55%는 그의 얼굴 표정과 몸짓 언어(body language)가 진심이라고 대답했다고 한다. 마크 냅(Mark Knapp)은 "흔히 '어떻게 말하느냐'가 '무엇을 말하느냐'이다."라고 말하고 있다.[3] 이러한 커뮤니케이션 연구 결과는 설교자들로 하여금 설교 전달의 중요성을 다시 한번 일깨워 주고 있다.

우리가 알고 있듯이 설교자가 원고를 작성하는 습관은 설교자에게 큰 유익이 되며, 설교를 더 충실하게 준비할 수 있도록 해 준다. 이때 설교의 원고는 에세이나

---

2) Jana Childers, "Preaching as Incarnational Act," in *The Pastor's Guide to Effective Preaching*, eds. Billy Graham, Eugene H. Peterson, William Willimon (Kansas City : Beacon Hill Press, 2003), 133.
3) Wayne McDill, "Low-Tech Preaching in a High-Tech Age," 14.

논문처럼 문장체로 기록되어서는 안 되며, 당연히 이야기체나 구어체로 기록되어야 한다. 즉, 그래디 데이비스(H. Grady Davis)가 말한 것처럼 설교 원고는 눈을 위하여 기록되어서는 안 되고 귀를 위하여 기록되어야 할 것이다.[4] 설교의 준비는 설교 원고를 다 작성함으로 끝나는 것이 아니다. 많은 시간을 들여 완성된 원고는 설교의 준비물이지 설교 자체는 아니다. 폴 틸리히(Paul Tillich)는 "전달되지 않은 메시지는 메시지가 아니다."[5]라는 말을 하고 있다. 왜냐하면 설교의 원고가 설교자를 통해 회중들에게 전달되어질 때 비로소 설교가 되기 때문이다. 설교는 오럴 프레젠테이션(oral presentation)이다.

설교의 원고가 완성되면, 설교자는 밖에 나가 산책을 하면서 그가 기록한 설교의 내용을 구두로 표현하는 것을 실습해 보라고 웨인 맥딜(Wayne McDill)은 권장하고 있다.[6] 설교자가 그의 메시지를 소리 내어 표현하는 연습을 하는 과정을 통해 새로운 단어, 문구들이 마음속에 떠오르게 되며, 새로운 예화, 그리고 더 효과적인 방법으로 표현할 수 있는 길을 알게 된다는 것이다. 이러한 과정에서 설교자는 완성된 원고를 읽는 연습만 하는 것이 아니라, 계속하여 더 좋은 설교를 만들어 가는 것이다. 설교자는 강단에 올라가 말씀을 증거하기 전에 그의 메시지를 소리 내어 읽는 연습을 하는 것을 설교의 준비 과정에 반드시 포함해야 할 것이다. 설교학자 리처드 워드(Richard Ward)는 포스트모던 시대의 설교자는 강단에서 말씀을 증거할 때, 거룩한 연기자(holy performer)가 되어야 한다고 말하고 있다.[7]

## 2. 원고로부터 자유로운 설교

최근 설교자가 어디에서 설교를 하는지에 큰 변화가 일어나고 있다. 침례 교단에

---

[4] H. Grady Davis, *Design for Preaching* (Philadelphia : Fortress, 1958), 265-294.
[5] Paul Tillich, "Communicating the Gospel," *Union Seminary Quarterly* 7 (June 1952), 3.
[6] Wayne McDill, "Low-Tech Preaching in a High-Tech Age," 20.
[7] Richard F. Ward, *Speaking of the Holy : The Art of Communication in Preaching* (St. Louis : Chalice Press, 2001).

속한 교회들은 강단의 중심에 설교단 하나만 우뚝 세워져 있는데, 이것은 예배에서 설교가 차지하는 중요성을 상징적으로 보여 주고 있다. 개혁 교회 전통에서는 강단에 두 개의 단이 있는데, 하나는 예배 인도자가 사용하는 렉턴(lectern)이고, 다른 하나는 말씀의 선포를 위해서만 사용되는 설교단(pulpit)이다. 렉턴에 비해 설교단이 훨씬 큰 것은 칼뱅의 후예들에게 설교가 차지하는 비중이 얼마나 막중한가를 말해 주고 있다. 그런데 최근 들어 개신교회의 강단에 변화가 일어나고 있다. 설교단을 강단에서 아예 없애 버리는 교회도 있지만 이러한 교회는 소수에 불과하며, 대부분의 교회들은 강단에서 렉턴은 치워 버리되 설교단은 제거하지 않고, 다만 예전에 비해 훨씬 작은 규모의 설교단 하나만을 강단 중앙에 세워 놓고 있다. 강단이 지나치게 크면 설교자의 몸을 가리게 되어, 설교자의 비언어적(non-verbal) 커뮤니케이션이 차단됨을 교회들이 인식하게 되었기 때문이다. 또한 이렇듯 설교단을 강단에서 제거하지 않고 작은 규모의 설교단으로 대치하는 것은 전통적으로 설교단은 하나님 말씀의 권위를 상징해 왔기 때문에, 대부분의 교회들은 이러한 역사적인 상징물인 설교단을 강단의 중앙에 계속하여 세워 놓기를 원하고 있기 때문이다.[8]

그런데 점점 많은 설교자들이 설교단 뒤에 똑바로 서서만 설교하지 않고 설교단 좌우측으로 자유롭게 움직이며 설교하는가 하면, 설교단 앞쪽으로도 나와 설교를 하고 있다. 즉, 설교단 뒤에서 고정된 자세, 똑바로 서 있는 자세로만 설교를 하지 않고, 설교단을 중심으로 몸을 자연스럽게 움직이며, 회중들의 눈을 바라보며 설교를 하고 있는 것이다. MTV(미국 음악 전문 방송)를 보면 스크린의 장면들이 정체되어 있지 않고, 항상 움직이고 있다. MTV 시대를 살아가는 오늘날의 청중들은 설교자가 설교단 뒤에 똑바로 서서만 설교하기보다는 강단 주변을 자연스럽게 걸어 다니며 그들을 바라보면서 설교하기를 원하고 있는 것이다. 웨인 맥딜 교수는 설교자가 설교단 주변을 걸어 다니며 설교할 때, 설교단을 본거지(home base)로 삼고, 설교 내용에 따라 움직이라고 권면하고 있다.[9] 즉, 개인적인 체험이나 흥미로운 예화를 말

---

8) Wayne McDill, *The Moment of Truth* (Nashville : Broadman & Holman, 1999), 95-97.
9) Ibid., 96.

할 때나 말씀을 청중들의 삶에 적용할 때, 설교단을 떠나 청중들에게 더 가까이 다가갈 수 있다는 것이다. 설교자가 설교단 뒤에만 서 있지 않고 설교단 주변을 움직이며 설교한다는 것은 교인들에게 더 가까이 다가가서, 그들과 개인적인 관계를 맺으며 말씀을 증거하겠다는 것을 의미한다. 오늘날의 회중들은 권위를 내세우는 설교자보다는 그들과 개인적인 관계성을 가지고 말씀을 전하는 설교자를 선호하고 있다.[10] 초대형 교회 설교자들이 설교단 주변을 자유롭게 움직이며 설교하고 있기에, 점점 많은 설교자들이 이와 같은 방법으로 설교를 하려고 시도하고 있다. 이처럼 설교자가 강단 주변을 자유롭게 걸어 다니며 설교한다는 것은 설교 원고에 의존하지 않고, 원고로부터 완전히 자유로운 스타일로 설교를 한다는 것을 의미하고 있다.

뉴욕의 매디슨 애비뉴 장로교회의 명설교자였던 데이비드 리드(David Read) 목사는 설교 원고 작성을 금요일 오전까지 끝낸다고 한다. 그는 완성된 원고를 금요일 오후에 계속하여 여러 번 읽고, 토요일 아침에도 다시 되풀이하여 읽는다고 한다. 토요일 저녁에는 설교 원고를 다시 깊이 읽으면서 설교 전체를 한눈으로 바라보고, 그의 마음속에 설교를 다시 작성해 보기도 하며, 설교의 전반적인 형태를 그려 본다고 한다. 그리고는 주일 아침에 일찍 일어나 다시 설교를 소리 내어 읽으며, 목사관에서 교회까지 걸어가면서 설교를 다시 음미한다고 한다. 이렇게 리드 목사는 설교 내용에 깊이 젖어 들어가 설교를 완전히 그의 것으로 만들어, 설교할 때에는 원고에 의존하지 않고 성경 안에서 자유를 맛보며 회중을 바라보고, 그들과 일대일로 대화하듯이 설교를 했다고 한다. 그는 다음과 같이 말한다.

> 설교자는 배우처럼 청중에게 민감해야 한다. 설교자는 청중들이 그의 설교를 따라 오는지, 언제 그들의 관심과 흥미를 잃어버렸는지, 그들이 설교에 집중을 하는지, 아니면 회중들이 피곤한지를 본능적으로 알아야 한다. 설교자는 청중들의 상태에 따라서 설교의 속도를 조정하고, 반복하기도 하며, 설교를 잠시 멈출 수도

---

10) Kenton C. Anderson, "The Place of the Pulpit," *Preaching* 15, no. 1 (July-August 1999), 24-25.

있어야 한다.[11]

영상 매체 시대에 살고 있는 오늘의 청중들은 설교자가 그들의 눈을 바라보며 설교하기를 원하고 있다. 최근에는 대부분의 교회들이 강단에 대형 스크린을 설치함으로 멀리서도 설교자를 가깝게 바라보고 설교를 들을 수 있게 되었다. 멀티미디어 시대에 설교자가 원고에 매여 청중들을 바라보지 못한다면 설교의 감동과 힘이 극소화 된다. 찰스 스펄전(Charles H. Spurgeon)은 원고를 자주 들여다보는 설교자들을 닭이 물을 먹을 때 고개를 들었다 내렸다 하는 모습으로 비유한 적이 있다. 랄프 루이스(Ralp Lewis) 교수는 다음과 같은 말로 설교자들에게 도전을 주고 있다.

> 우리는 예수께서 산상보훈의 말씀, 선한 사마리아인의 비유와 탕자의 비유를 원고를 보시며 설교했다고 상상하기 어렵다. 또한 바울이 아테네의 아레오바고 광장에서 희랍 철학자들에게 원고를 읽으면서 메시지를 전했으며, 베드로가 오순절날 무리들에게 원고를 읽으며 회개하고 예수를 믿으라고 설교했다고 생각하지 않는다.[12]

라디오 시대에 미국의 방송 설교자로 명성을 떨쳤던 풀톤 쉰(Fulton Sheen) 추기경은 원고를 완전히 숙지하여 원고로부터 자유로운 설교를 하였는데, 이렇게 된 데에는 다음과 같은 일이 있었다고 한다. 그가 아일랜드에서 설교할 때 어느 노파가 그에게 말하였다. "신부님, 신부님이 자신의 설교를 다 기억하지 못하고 설교를 하는데, 우리가 어떻게 신부님의 설교 내용을 기억할 수 있다고 생각하십니까?" 쉰은 이러한 노파의 말에 도전을 받아 원고 없이 자유롭게 설교를 하게 되었다고 한다.[13]

우리는 영상 매체 시대에 살고 있다. 이러한 시대의 청중들을 향하여 설교할 때에, 설교자가 원고로부터 자유로워지는 일은 필수적이라고 말할 수 있다.

---

11) David H. C. Read, *Sent from God* (Nashville : Abingdon, 1974), 110.
12) Ralp Lewis, "Preaching With and Without Notes," *Handbook of Contemporary Preaching*, ed. Michael Dudit (Nashville : Broadman, 1992), 410.
13) David L. Larsen, *The Anatomy of Preaching* (Grand Rapids : Baker, 1989), 188.

## 3. 흥미롭고, 극적인 효과가 있는 설교

　미국 루터란 교단의 월트 캘러스태드(Walt Kallestad) 목사가 애리조나 주에 있는 피닉스의 어떤 루터란 교회에 부임했다. 그 교회는 1년 중에 교인들이 가장 많이 예배에 참석하는 부활주일 예배에도 150명 정도의 교인들이 참석하는 작은 교회였고, 그가 부임하기 이전에 항상 내분과 분쟁, 그리고 싸움이 그치지 않는 교회였다고 한다. 새 교회에서 목회를 시작한 지 얼마 후에, 캘러스태드 목사는 교회 가까운 곳에 위치한 어느 극장 앞을 운전하여 지나가다가, 그날 극장에서 상영되는 "배트맨"(Batman)이란 영화를 보기 위하여 수많은 사람들이 몇 블록에 걸친 긴 줄을 서서 기다리고 있는 모습을 보았다. 또한 며칠 후에 고속도로를 운전하며 지나가는데, 스타디움에서 열리게 될 록 콘서트(rock concert)에 참석하기 위하여 수만 명의 사람들이 경기장에 모여 있는 것도 보게 되었다. 이러한 모습들을 지켜본 캘러스태드 목사는 깊은 생각에 빠지게 되었다고 한다. 기독교의 복음은 이 세상에서 가장 신나며(exciting), 가장 혁명적이며, 가장 기쁜 소식인데, 왜 사람들은 복음을 듣기 위하여 교회로 모여들지 않는 것인가? 교회를 나오지 않는 사람들에게 "왜 교회에 나오지 않는가?"라고 그가 질문하면, "교회의 예배가 지루하다."라고 많은 사람들이 대답을 하는데, 그렇다면 교회의 예배는 결코 지루해서는 안 된다고 캘러스태드 목사는 생각하게 되었다. 시편 34 : 8에서 "너희는 여호와의 선하심을 맛보아 알지어다"라고 말하는 것처럼, 예배는 하나님의 선하심과 인자하심을 맛보는 것이기에, 이 세상에서 가장 기쁘고, 즐겁고, 신나는 것이 되어야만 한다고 그는 깨닫게 되었다. 캘러스태드 목사는 이와 같은 계기들로 예배는 신나고 즐거운(entertainment) 요소가 있어야 된다고 생각하여, 전통적이며 예전적인 루터란 예배 의식을 버리고 '동시대의 예배'(contemporary worship service〈한국 교회는 열린 예배라고 부르고 있음.〉)를 드리기 시작하였다. 또한 미국의 주류 교단 목회자들의 관례처럼 성서일과(Lectionary)에 따라 주일 설교를 하던 것을 중지하고, 교인들이 지금 가장 듣고 싶어하는 메시지들이 무엇인가, 그들이 가지고 있는 아픔, 염려, 불안, 딜레마가 무엇인가를 조사한 후, 이러한 문제들과 주제들에 대하여 성서적인 해답을 제시하는 설교를 하게 되었다고 한다. 교회 이름도 루터란이라는 교단명을 생략하고 '기쁨의 공동체'(Community of Joy)라고 새로 지어, 캘러스태드 목사가 시무하는 교회는 지금 미국 루터란 교회에서 가장 큰 교회가 되었다.[14]

그동안 교인들은 설교로 전해지는 하나님의 말씀을 듣기 위해 교회에 나왔기 때문에, 그 주일의 설교가 아무리 지루해도 메시지를 열심히 듣는 것이 그들의 의무라고 믿고 있었다. 그러나 오늘날 포스트모던 시대의 청중들은 더 이상 재미없는 설교를 열심히 듣는 것이 그들에게 주어진 의무라고 생각하지 않는다. 오히려 오늘의 회중들은 설교자가 메시지를 재미있게 전달해야 하며, 설교를 통하여 그들을 즐겁게 해 주어야 한다고 생각하고 있는 것이다. 설교의 내용이 아무리 성서적이고 좋은 메시지라 할지라도, 설교자가 지루하고 무미건조하게 메시지를 전달하면, 청중들은 그들의 마음의 문을 닫아 버리고, 마음의 채널을 다른 곳으로 옮긴다.

미국 TV 방송국에서는 일기예보를 전하는 일기예보 담당 아나운서(weatherperson)를 채용할 때, 기상학에 관하여 해박한 지식을 가진 사람이 아니라 일기예보를 가장 흥미 있게 잘 전달할 수 있는 능력을 가진 사람을 원한다고 한다. TV 방송국에서 찾고 있는 일기예보 담당 아나운서는 첫째, 의사소통 능력을 가진 사람, 둘째, 재미있는 사람(entertaining personality), 셋째, 시청자들의 관심을 끌고, 유지할 수 있는 능력의 소유자, 넷째, 기상학에 관한 적당한 수준의 실력을 가진 사람이라고 한다. 또한 미국의 대학에서는 학생들이 교수들을 평가할 때, 전공 분야에 관한 실력보다 학생들을 즐겁게 하는 능력(entertainment skills)을 가진 교수에게 높은 점수를 주고 있다고 한다. 학생들로부터 최우수 교수로 평가받은 교수들은 공통적으로 다음과 같은 평을 받고 있다는 것이다. '유머러스하다', '재미있고 공정하다'(fun and fair), '농담을 많이 한다', '즐거움을 준다', '기가 막힌 유머 감각을 가지고 있다', '은근히 웃긴다'(dry humor) 등이 그것이다. 반면에 학생들로부터 가장 낮은 평가를 받은 교수들은 공통적으로 다음과 같은 평을 받고 있다고 한다. 그 표현은 '그 교수는 두서없는 말을 지껄이고 도무지 나의 관심을 끌지 못한다', '지루하게 강의하는 사람', '나를 졸게 하며, 강의 도중 깨어

---

14) Walt Kallestad, *Entertainment Evangelism* (Nashville : Abingdon Press, 1996).

있지 못하게 만드는 사람' 등이다. 이 두 가지의 실례에서 의사소통 능력이 얼마나 중요한가를 우리는 알 수 있게 된다.[15]

복음은 생명과 구원을 가져다주는 기쁜 소식이기에, 이 세상에서 가장 흥미진진한 뉴스가 되어야 한다. 복음은 기쁜 소식이지, 지루하거나 듣기 싫은 나쁜 소식이 아니다. 복음은 청중들에게 재미있게 전달되어야만 한다. 칼 바르트(Karl Barth)는 많은 사람들에게 '설교'와 '지루함'이 동의어가 되어 버린 사실에 마음 아파했다. 왜냐하면 성서는 가장 신나는 소식이라고 바르트는 확신했기 때문이다. 복음에 신실한 설교는 재미있을 수밖에 없다고 바르트는 믿었다.[16] 나아가 지루함과 거룩함은 동의어가 아니며, 설교를 지루하게 만드는 설교자는 죄를 짓는 것이라고 바우만(J. Daniel Baumann)은 말하고 있다.[17] 포스트모던 시대를 살아가고 있는 청중들은 지루함과 재미없음을 견디지 못한다. 그렇기에 설교자는 이 시대 청중들의 마음을 사로잡을 수 있는 의사소통 능력을 개발하여, 이 세상에서 가장 기쁜 소식을 효과적으로 전파해야만 할 것이다.

릭 워렌(Rick Warren) 목사에 의하면 예수께서 말씀을 가르치실 때, 다음과 같은 일이 일어났다고 한다.[18]

- "무리들이 그의 가르치심에 놀라니"(마 7 : 28)
- "군중들은 예수님의 가르치심에 감탄하였다"(마 22 : 33, 현대인의 성경)(profoundly impressed, Living Bible)
- "무리가 다 그의 교훈을 놀랍게 여기므로"(막 11 : 18)(enthusiastic, Living Bible)
- "많은 사람들이 즐겁게 듣더라"(막 12 : 37)(enjoyed, NASB)

---

15) Lyle Schaller, *Discontinuity and Hope* (Nashville : Abingdon Press, 1999), 131-132.
16) Andre Resner, Jr., *Preacher and Cross : Person and Message in Theology and Rhetoric* (Grand Rapids : Eerdmans, 1999), 60.
17) J. Daniel Baumann, *An Introduction to Contemporary Preaching* (Grand Rapids : Baker, 1972), 138.
18) Rick Warren, *The Purpose Driven Church*, 223.

또한 군중들은 예수님의 말씀을 들었을 때 "넋을 잃고 들었다"(막 11 : 18, spell-bound, NASB)라고 마가는 기록하고 있다.

오늘날의 청중들도 메시지가 흥미롭게 전달되어야 말씀을 듣는다. 1689년 영국의 로버트 사우트 박사가 영국 국왕과 귀족들 앞에서 설교를 하고 있었다. 그의 설교가 너무도 메마른지라 왕을 비롯한 모든 청중들이 다 잠에 들었는데, 원고에서 시선을 떼지 않고 읽고만 있던 사우트 목사는 청중들이 하도 조용하여 고개를 들고 보니 모두가 낮잠을 자고 있는 것을 발견했다고 한다. 그런데 귀족 중 로더데일 경이 코를 심하게 골며 자고 있어서 사우트 박사가 말하기를, "로더데일 경이여, 깨어나시오. 그대가 하도 심하게 코를 고니, 전하께서 잠에서 깨어나실까 두렵소이다."라고 했다고 한다. 우리 설교자들은 사우트 박사처럼 모든 회중들을 잠들게 해서는 안 되겠다. 아무리 좋은 내용의 설교라 할지라도 모두가 잠을 잔다면 아무 소용이 없는 것이다. 조지 플래갠즈(George Plageng)에 의하면, 좋은 설교는 귀와 눈과 감정을 자극해야 하며, 열정과 유머와 느낌이 담겨 있어 회중에게 극적인 체험을 줄 수 있는 설교라고 한다.[19] 즉, 좋은 설교란 이야기를 통해 삶의 아픔과 고뇌, 실망 등을 말하며, 복음의 이야기를 통해 희망과 위로와 기쁨을 말하는 것이다.

## 4. 설교와 멀티미디어

커뮤니케이션의 패러다임이 변화된 이미지 시대, 즉 시각적 커뮤니케이션(visual communication) 시대에 많은 설교자들이 더 효과적인 복음 증거를 위해 파워포인트, 필름 클립, 사진, 그리고 비디오를 그들의 설교에 사용하고 있다. 그런데 설교자들은 그들의 설교에서 파워포인트나 영화, TV 드라마의 비디오 클립, 또는 이미지들을 사용할 때 신중해야 한다. 시각적 자료들이 설교자의 메시지를 잘 지원하고 돕게 될 때에는 사용해야 하지만, 시각적 자료들이 너무 강렬하여 설교자의 구어(spoken word)를 대치할 정도로 압도적일 때에는 사용하지 말아야 한다고 설교학자들은 말

---

19) Lyle Schaller, *21 Bridges to the 21st Century* (Nashville : Abingdon, 1994), 87.

한다. 즉, 파워포인트나 비주얼은 설교의 보조적인 역할을 행해야지, 시각 자료들이 설교를 대신할 수는 없다는 것이다. 우리가 아무리 이미지 시대에 살고 있다고 해도, '구어'야말로 가장 근본적이며, 가장 힘 있고 강렬한 인간의 의사소통의 형태라고 토마스 롱은 지적한다.[20] 또한 설교자가 강단에 서서 메시지를 선포하는 행위 자체가 멀티미디어 사건이 된다고 론 보이드 맥밀란(Ron Boyd-MacMillan)은 주장하고 있다.[21] 강단에서 말씀을 선포하는 설교자는 그의 구어(spoken language)를 통해서만 메시지를 전달하는 것이 아니고 그의 몸을 통하여서도, 즉 얼굴 표정, 자세, 음성, 눈, 제스처를 통하여서도, 그리고 복음에 대한 열정을 가진 뜨거운 가슴으로도 말씀을 증거하기에 설교 행위는 멀티미디어 사건이 된다는 것이다. 듀크 대학의 설교학 교수인 리처드 리셔(Richard Lischer)는 마틴 루터 킹 목사가 "나는 한 꿈을 가지고 있습니다"(I Have a Dream)라는 명설교를 할 때, 파워포인트를 사용하면서 설교했겠느냐며 멀티미디어의 힘을 과신하고 있는 설교자들에게 도전하고 있다.[22] 설교자가 성령 안에서 감동을 받아 복음에 대한 뜨거운 열정을 가지고 온몸으로 설교할 때, 말씀의 선포 행위가 멀티미디어 사건이 된다는 사실을 우리는 기억하며, 시각적 미디어를 과신하지는 말고 멀티미디어를 설교의 종으로 적절하게 사용해야 할 것이다.

---

20) Thomas G. Long, *The Witness of Preaching*, 2nd edition (Louisville : Westminster John Knox Press, 2005), 234.
21) Ron Boyd-MacMillan, *Explosive Preaching* (Carlisle : Paternoster Press, 2006), 246.
22) Richard Lischer, *The End of Words : The Language of Reconciliation in a Culture of Violence* (Grand Rapids : Eerdmans, 2005), 26.

# 제 5 장
# 설교자의 영성

설교는 막중한 책임을 수반한다. 회중들은 그들의 다양한 필요와 요구가 설교를 통해 충족되기를 원한다. 매 주일마다 설교를 통해 청중들의 아픔을 치유해 주며, 영적인 배고픔을 충족시키고, 하나님 나라의 비전을 심어 주는 설교를 준비하는 일은 결코 쉬운 일이 아니다. 설교자가 회중들에게 매주 감동 있는 메시지를 전하기 위해서는 그의 영성 생활이 충만해야 한다. 좋은 설교는 설교자의 내적인 충만에서 흘러나오기 때문이다.[1] 그런데 설교학에 관한 저서들 가운데는 설교의 기교, 테크닉, 그리고 여러 가지 방법론에 관하여서는 자세히 설명을 하면서도 설교자의 영성에 관하여서는 생략하는 경우가 많은데, 이것은 매우 유감스러운 현상이라고 볼 수 있다. 왜냐하면 설교는 기교나 예술, 수사학 이상의 것이기 때문이다. 설교란 근본적으로 설교자와 살아 계신 하나님과의 체험적 관계에서 생성된다.[2]

미국 가톨릭교회의 유명한 설교자였던 풀톤 쉰 추기경의 설교를 듣고 감동을 받은 어느 사람이 그에게 "이 설교를 준비하는 데 몇 시간이 걸렸습니까?"라고 질문을 했고, 그러자 쉰 추기경은 "수십 년이 걸렸다."라고 대답을 했다고 한다. 좋은 설교

---

1) John Killinger, *Fundamentals of Preaching*, 2nd edition (Minneapolis : Fortress Press, 1996), 199-200.
2) Charles B. Bugg, *Preaching from the Inside Out* (Nashville : Broadman Press, 1992), 12.

는 설교자의 온 삶에서 나온다는 것을 말하고 있다. 좋은 그림은 미술가가 붓을 들고 캔버스 앞에 앉아 그림을 그리는 시간만이 아니고, 그림을 그리지 않는 시간, 그림에 대하여 생각하지 않는 시간에 무엇을 하느냐에 따라 그려진다는 말이 있다. 이 말은 설교자에게도 해당된다고 로버트 브라우니(R. E. C. Browne)는 말하고 있다.[3] 설교는 설교자가 책상에 앉아 원고지나 컴퓨터로 메시지를 기록하는 시간에만 작성되는 것이 아니다. 설교자의 영적인 삶의 모든 것, 그의 도덕적 확신과 비전, 그의 개인적인 경험, 자기 자신과 가정, 그리고 이웃과의 관계, 그의 건강, 그의 독서 및 취미 생활 등 설교자의 온 삶이 설교를 만드는 토대가 된다고 말할 수 있다.

따라서 설교자 개인의 기도와 경건, 그의 독서와 연구 시간이 부족하고 궁핍하다면 설교에 이러한 점이 반영된다. 깊이가 없는 설교자에게서 감동 있는 설교는 나오지 않는다. 그러나 설교자가 광범위한 독서를 하고, 기도와 묵상에 충분한 시간을 할당하며, 가정이나 이웃들과 건전한 관계를 맺고 있을 때, 어떠한 본문이나 제목을 가지고 설교를 하든 그의 설교에는 깊이가 있고, 삶을 변화시키는 능력과 영감이 있게 될 것이다. 한 편의 설교는 설교자의 온 삶으로부터 나오는 것이다. 그런데 많은 목회자들이 행정, 상담, 심방, 회의, 노회 활동 등의 일로 상당한 시간을 보내느라 정작 설교 준비에 가장 필요한 묵상과 기도, 독서와 연구에는 충분한 시간을 할애하지 못하고 있다. 제임스 맥큐디온은 그의 유명한 저서인 「목회학」의 첫 장을 목회자의 '경건생활'로 시작하고 있다. 그는 그의 오랜 목회 생활의 경험을 통해서 목회자가 행하는 모든 사역의 중심에 성서 연구와 기도를 두고 있다. 왜냐하면 설교자의 훈련된 영성 생활은 설교, 상담, 교육, 심방, 목회 계획, 교회 행정에 이르기까지 그의 모든 사역에 큰 영향을 미치기 때문이다.[4]

오늘날 많은 목회자들이 피곤과 탈진 상태에 빠져 있다. 물론 육체적인 과로로 인한 것도 있겠지만, 무엇보다도 영적으로 메말라 있기 때문이다. 목회자들의 영성이 메마르면 목회 현장에서 조금이라도 어려운 일에 봉착하게 되면 쉽게 좌절하고

---

3) R. E. C. Browne, *The Ministry of the Word* (Philadelphia : Fortress, 1958), 18.
4) James McCutheon, *the Pastoral Ministry* (Nashville : Abingdon Press, 1978), 17.

낙심하게 된다. 영원하신 하나님의 임재하심을 인식하지 못하면, 목회자는 교인이 감소하거나 기대하는 것만큼 교회가 성장하지 못할 때, 교인들이 설교에 긍정적인 반응을 보이지 않을 때, 쉽게 의기소침해 하며 우울증에 빠지게 된다. 목회자의 영성 생활이 메마르고 고갈되면, 피곤하기 쉽고, 초조해지며, 생각하고 말하고 행동하는 모든 것에 안정감을 잃어버리게 된다. 또한 영적인 삶이 고갈된 목회자는 계속되는 설교의 사역에 어려움을 가지게 된다. 지난주 설교나 금주의 설교가 내용상 별로 차이가 없게 되고 항상 비슷한 주제와 내용, 그리고 판에 박힌 설교를 되풀이하게 된다. 그러나 성서를 사랑하며 날마다 말씀을 읽고, 묵상하며, 성서의 음성에 귀를 기울이는 설교자는 설교를 준비하는 일에 있어 새로운 아이디어가 고갈되지 않는다. 또한 어거스틴, 토마스 아 켐피스, 루터, 칼뱅, C. S. 루이스, 헨리 나우웬, 토마스 머튼, 필립 얀시, 바바라 브라운 테일러, 달라스 윌라드, 리차드 포스터 등과 함께 살며 그들의 저서에 젖어 있는 설교자들은 청중들에게 항상 새로운 영감과 통찰력, 영안을 넓혀 주는 메시지를 전할 수 있게 된다. 그의 강단에서는 영원한 생수가 그치지 않게 될 것이다.[5]

## 1. 설교자의 연구 생활

회중들은 설교자 개인의 철학이나 도덕 이론, 최신 심리학에 관한 동향, 또는 시사평론을 듣기 위해 예배에 나오지 않는다. 그들은 칼 바르트가 말한 것처럼 세상의 삶에 관하여 알기를 원치 않고, 삶의 저 먼 끝에 있는 하나님에 관하여 더 알기를 원하고 있다.[6] 설교자는 하나님의 말씀을 대언하는 봉사자이다. 그러하기에 그의 설교는 하나님의 말씀에 뿌리를 박고 말씀에 근거해야만 한다. 프레드 크래독은 '성서에 의한 가르침(informed)과 영감(inspired)을 받지 않은 설교는 근거를 잃어버린(dislodged) 떠돌이, 아버지와 어머니가 없는 세상의 고아와 같은 것'이라고 말한다.[7]

---

5) John Killinger, *Fundamentals of Preaching*, 2$^{nd}$ edition, 202-203.
6) Karl Barth, *The Word of God and the Word of Man* (New York : Harper, 1957), 189.
7) Fred B. Craddock, *Preaching* (Nashville : Abingdon Press, 1985), 27.

그러하기에 설교란 성경 말씀을 신실하게 강해하는 것이다.

사랑에 빠진 젊은이들은 애인으로부터 온 편지를 읽고 또 읽고, 글자 사이의 공백 부분에서조차 의미를 발견하려고 한다. 마찬가지로 설교자는 성서를 꿀송이나 순금보다 더 사랑하며 말씀을 읽고 또 읽고, 음미하며 묵상하는 사람, 성서에 관하여 최고의 권위를 가진 사람이 되어야 한다. 이슬람 종교학을 연구하는 데는 이집트 카이로에 있는 알아즈하르(al-Azhar) 대학이 최고의 명성을 지니고 있다고 한다. 그 대학에는 3만 명의 학생이 재학하고 있는데, 그 대학에 들어가 공부하기 위한 필수 조건으로 이슬람의 경전인 코란경을 암송하는 것이 있다고 한다. 코란경은 114장으로 7만 5천 개의 단어로 구성되어 있는데, 이슬람 종교를 공부하는 학생들은 학교에 들어가기 전에 이미 자기들의 경전을 다 암송한다는 것이다. 이처럼 이슬람 종교는 자기들의 성직자들이 그들의 경전에 사로잡힌 사람이 되기를 원하고 있는 것이다.[8] 영원하신 하나님의 말씀을 대언하고, 말씀을 봉사하는 설교자들은 하나님의 말씀을 한없이 사랑하며 그것을 온종일 묵상하는 사람(시 119 : 97), 말씀을 기뻐하는 사람(시 119 : 70)이 되어야 할 것이다.

우리는 흔히 경건의 생활과 학문의 삶은 서로 상치되는 것으로 생각을 하는데, 이것은 잘못된 생각이다. 역사적으로 탁월한 설교자들은 대부분 최고 수준의 지성과 영성을 겸한 사람들이다. 루터, 칼뱅, 스펄전, 조나단 에드워즈, 최근에 이르러 마틴 로이드 존스나, 존 스토트 등은 빛나는 지성과 불붙는 영성을 가진 분들이다. 킬린저 교수는 현대 교회의 취약점 가운데 하나는 학자와 설교자를 겸한 목회자들이 많지 않은 것이라고 말하고 있다.[9] 40년대, 50년대만 해도 뉴욕 시에는 포스딕, 버트릭, 쉐러와 같은 학자-설교자 모형의 목회자들이 있었다는 것이다. 포스딕(Harry Emerson Fosdick) 목사는 그의 목회 초기 때부터 50년간 어떠한 중요한 주제에 관하여 핵심이 되는 책들을 다 읽은 후, 다른 주제로 넘어가 또 그 분야에 관한 대표적인 저서들을 다 읽었다고 한다. 버트릭(George A. Buttrick) 목사는 한 주 동안 두 권의

---

8) David L. Larsen, *The Anatomy of Preaching*, 52.
9) John Killinger, *Fundamentals of Preaching*, 2nd edition, 204-205.

중요한 책들을 읽었는데, 1년에 적어도 100권 이상의 책들을 읽었다고 한다.[10] 폴 쉐러(Paul Scherer) 목사는 매일 아침에는 어려운 책들을, 저녁에는 가벼운 책들을 읽었고, 신문 읽는 시간을 절약하기 위하여 뉴욕 타임즈는 서서 읽었다고 전해지고 있다. 현대 미국의 대표적인 강해 설교자이며 달라스 신학대학원의 전 총장 척 스윈돌 목사는 그의 독서 생활에 관하여 다음과 같이 말하고 있다.

> 나는 스타인벡(Steinbeck)으로부터 밤벡(Bombeck-이러한 작가는 실제로 없지만 '스타인벡'과 같은 음으로 끝나는 단어를 사용해 표현을 재미있게 하기 위한 것임.)에 이르기까지 시간이 있으면 모두 다 읽는다. 나는 다른 주석들을 읽는다. 나는 다른 목사들의 책을 읽는다. 나는 과거의 목사들의 책을 읽는다. 나는 논문도 읽고, 될 수 있는 한 잡지도 많이 읽는다. 여행 중에도 나는 독서를 한다. 여행할 때 나는 아직 읽기 시작하지는 않았지만 읽고자 하는 책 7권을 가지고 간다. 독서, 독서, 왜냐하면 그것은 나의 세계이기 때문이다. 독서하지 않으면 사는 생기를 잃어버리고 시대에 뒤지게 된다. 나는 우리 교인들이 읽고 있는 책이 무엇인지 관심을 갖는다. 나는 그런 식으로 내 가까이에서 세상 돌아가는 이야기를 해 주는 상이한 사람들로부터 자극을 받는다.[11]

목회자의 연구하는 삶이 단순히 설교를 준비하는 일에 그치고 만다면 그의 설교는 깊이가 없는 설교가 될 것이다. 설교자는 다음 주의 메시지에 인용하기 위하여 책을 뒤적거리는 것 이상의 진지한 연구를 할 수 있어야 할 것이다. 프레드 크래독 교수는 설교자가 자기의 서재에서 공부하는 시간은 목회 현장에서부터 탈출하는 일이 아니고, 목회 사역에 뛰어드는 시간이라고 말한다. 목회자가 서재에서 연구한다는 것은 "네 마음을 다하여 주 너의 하나님을 사랑하라"라는 말씀에 순종하는 행위가 된다고 한다. 유대인 랍비들이 말하는 것처럼 거룩하신 하나님이 보시기에는 '연구하는 한 시간은 기도의 한 시간이며 바로 예배의 시간'이 된다는 것이다.[12] 설교자가

---

10) James Cox, *Preaching* (San Francisco : Harper & Row, 1985), 266.
11) 장두만, 「강해설교 작성법」(서울 : 요단출판사, 1986), 52-53.

연구를 통하여 얻은 확신을 힘 있게 전달할 때, 메시지를 듣는 청중들은 그 한 시간의 예배가 매우 감동 있는 예배였다고 말하게 될 것이다.

## 2. 설교자의 기도 생활

에모리 대학의 캔들러 신대원 도서관의 희귀본을 모아 놓은 방에는 요한 웨슬리(John Wesley)가 사용하던 오래된 책상이 전시되어 있다. 그런데 그 책상에는 '1740년경 요한 웨슬리를 위하여 만들어진 기도와 연구를 위한 책상 또는 강단으로, 웨일스 지역의 탄광촌에서 웨슬리가 설교할 때 사용했음.'이라는 글이 부착되어 있다. 요한 웨슬리는 그 책상에서 설교를 준비하면서 기도를 하였고, 또한 그가 기도할 때 사용하던 책상을 말씀을 선포하는 강단으로도 사용했던 것이다. 웨슬리처럼 오늘날 우리의 설교도 기도 가운데 영감을 얻어 준비되어, 기도 가운데 성령의 도우심을 받아 메시지가 작성되며, 기도 가운데 성령의 능력으로 회중들에게 전달되어야 할 것이다. 사도 바울은 고린도 교우들에게 "내가 가르치거나 전도할 때 지혜의 설득력 있는 말로 하지 않고 성령님의 능력으로 한 것은 여러분의 믿음이 사람의 지혜에 의존하지 않고 하나님의 능력에 의존하도록 하기 위해서였습니다."(고전 2 : 4-5, 현대인의 성경)라고 말한다. 사람을 변화시키는 성령님의 능력이 나타나는 설교가 되기 위해서 설교자는 하나님 앞에서 침묵 가운데 기도로 그와 교제하는 시간을 가져야 할 것이다.

명설교가였던 존 헨리 조웨트는 그의 집 다락방에 기도실을 가지고 있었는데, 그 기도실에는 의자 두 개와 책상이 하나 있고, 그 책상 위에는 성경책만 놓여 있었다고 한다. 조웨트 목사는 그 책상에 앉아 말씀을 읽고 묵상하며 기도했는데, 다른 의자 하나는 아무도 앉지 않는 의자로, 예수님만을 위한 의자였다고 한다. 조웨트 목사는 예수님만을 위한 의자 앞에 있는 자기 의자에 앉아, 몇 시간씩이나 예수님과 깊은 기도의 교제와 대화를 가졌었다고 한다.[13] 이러한 기도 생활을 통하여 조웨트 목사

---

12) Fred B. Craddock, *Preaching*, 69-71.

에게서 성령의 인 치심을 받은 감동과 능력이 넘치는 설교가 나왔던 것이다. 그러하기에 기도의 용사였던 바운즈(E. M. Bounds)는 "우리 기도의 특성(character)이 우리 설교의 특성을 결정한다."라고 말하고 있다.[14] 설교는 어떠한 의미에서 영적인 전쟁이다. 그러므로 설교자는 설교 가운데 성령님의 능력이 나타나도록 하기 위하여, 하나님과 뜨겁게 교제하는 시간을 더욱 가져야만 할 것이다. 탁월한 강해 설교자였던 영국의 마틴 로이드 존스(D. Martyn Lloyd-Jones) 목사는 설교자들에게 그의 고전적인 저서인「설교와 설교자」의 마지막 장, 마지막 구절에서 다음과 같이 말한다.

> 그분(성령)을 찾으십시오(seek)! 그분을 찾으십시오! 그분 없이 우리가 무엇을 할 수 있겠습니까? 그분을 찾으십시오! 항상 그분을 찾으십시오! 그러나 그분을 찾는 것을 넘어서, 그분을 기대하십시오. 여러분들이 설교단에서 설교하기 위하여 일어날 때, 여러분들은 무언가가 일어날 것이라고 기대합니까? 아니면 여러분들은 그저 자신에게 말합니까? "나는 이 메시지(address)를 준비하였고, 청중들에게 이 메시지를 전할 것이다. 그들 중에 몇 사람들은 감사히 여길 것이고 또 다른 사람들은 그렇지 않을 것이다." 여러분들은 메시지가 어떤 사람의 삶에 전환점이 될 것이라고 기대하십니까? 여러분들은 누군가가 절정의 경험을 가질 것이라고 기대합니까? 이것이 설교가 의도하는(meant to be) 것입니다. 이것을 여러분들은 성경에서, 그리고 차후의 기독교 역사에서 찾아볼 수 있습니다. 이 권능을 찾으십시오. 이 권능을 기대하십시오. 이 권능을 갈망하십시오. …… 오직 이 성령의 권능이 우리들의 설교에 돌아오는(return) 것만이 우리에게 어떠한 것도 효력이 있게 해 줄 것입니다. 이것이(번역자 주 : 성령님이 우리들의 설교에 돌아오는 것) 참된 설교를 만들며, 다른 어떤 때보다 오늘날 모든 것 중에 최고로 필요한 것입니다. …… 성령의 '기름 바름'(unction), 성령의 '기름 부음'(anointing)은 최상의 것입니다. 이것을 가질 때까지 찾으십시오.[15]

---

13) Charles B. Bugg, *Preaching from the Inside Out*, 15-16.
14) David L. Larsen, *The Anatomy of Preaching*, 55.
15) D. Martyn Lloyd-Jones, *Preaching & Preachers* (London : Hodder & Stoughton, 1971), 325.

바울은 고린도 교우들에게 "나의 말과 나의 설교는 지혜에서 나온 그럴듯한 말로 한 것이 아니라, 성령의 능력이 보여 준 증거로 한 것입니다."(고전 2 : 4, 표준새번역)라고 말했다. 오늘날 우리들의 설교도 성령님의 능력이 보여 준 증거로 해야 할 것이다.

## 3. 설교자의 인격

80년대 중반에 미국의 유명한 TV 방송 설교자였던 지미 스웨거트(Jimmy Swaggart)는 창녀 집을 드나드는 현장이 그를 추적하는 기자에 의해 포착된 후 TV 앞에서 눈물을 흘리며 회개를 했는데, 얼마 후에 다시 창녀 집을 찾았다가 방송 기자들에게 또 한 번 발각되는 일이 있었다. 또한 PTL(Praise The Lord)라는 기독교 기관을 운영하는 TV 방송 설교자였던 짐 베이커(Jim Baker)는 디즈니랜드를 모방하여 기독교 유락 시설인 딤 파크를 만드는 대대적인 공사를 시작하였는데, 그는 사람들에게 거짓 약속을 하는 모금 운동을 하였고, 어느 한 젊은 여성을 성폭행한 후 이것을 무마시키기 위하여 헌금을 사용한 사건이 알려지게 되었다. 그 후 짐 베이커는 법정의 재판을 받아 사기죄로 옥고를 치르게 되었다. 이러한 스캔들이 사회에 널리 알려지면서 사회인들은 목회자들의 인격을 의심하며, 목회자들이 세상 사람들로부터 불신을 당하는 일이 크게 늘어난 적이 있었다.

독일의 신학자이자 유명한 설교자인 헬무트 틸리케는 목회자의 인격의 중요성을 다음과 같이 분석하고 있다. "왜 사람들이 요즈음 교회에 나오지 않는가? TV로 인하여? 일 때문에? 여가를 즐기기 때문에? 너무 잘살아서? 과학의 발달로 인하여? 아니다. 문제는 목회자들의 영적인 상태와 신뢰받지 못하는 인격 때문이다."[16] 희랍의 철학자였던 플라톤은 좋은 연설이란 좋은 성품을 가진 사람이 잘 행하는 것이라고 말한 적이 있다. 아리스토텔레스도 효율적인 연설이 되기 위해서는 청중들이 연설하는 사람의 인격을 어떻게 인식하느냐, 즉 인격(ethos)의 문제가 중요하다고 말하고 있다. 유명한 명설교자였으며 감독교회의 감독이었던 필립스 브룩스(Phillips Brooks)

---

16) Helmut Thielicke, *The Trouble with the Church* (Grand Rapids : Baker, 1965), 18.

목사도 설교에서 인격(personality)의 중요성을 강조하였다.

그리스도의 복음의 메시지는 선포되어야 하며, 선포되는 메시지는 회중들의 삶을 변화시키는 행동으로 옮겨져야 한다. 그런데 선포될 메시지는 무엇보다도 먼저 설교자의 삶 속에 구체적으로 구현(embody)되어야 한다.[17] 설교에서 중요한 것은 설교자의 화려한 언변이나 수사학을 구사하는 기술과 능력이 아니라, 설교자의 인격과 성품이다. 회중들이 설교자를 사랑이 많고 배려가 깊은 사람으로 바라보고 있을 때 설교자가 이웃에 대한 사랑과 관심을 말한다면, 청중들은 설교자의 진실된 마음을 신뢰하기에 그 메시지를 잘 받아들이게 된다. 그러나 회중들이 설교자를 이웃에 대하여 무관심한 사람, 차가운 사람으로 생각하고 있을 때에는 설교자의 이웃 사랑과 돌봄에 관한 메시지를 받아들이는 데 어려움을 가지게 된다.[18]

21세기 교회 성장과 미래학에 관한 전문가인 라일 쉘러(Lyle Schaller)는 초대형 교회 목회자들의 설교를 분석해 본 결과에 의하면, 그들은 그들의 삶을 변화시키는 그리스도의 능력을 실제로 체험해 본 사람들이었다고 한다.[19] 초대형 교회의 설교자들은 회중들로부터 그들의 인격을 신뢰받는 사람들이라는 것이다. 현대인들에게는 메시지의 내용이 중요한 것이 아니라, 그들은 메시지를 전하는 설교자가 참된 사람이냐에 더 많은 관심을 가지고 있다는 것이다.[20] 요즈음 윤리학에서도 스탠리 하우어워스(Stanley Hauerwas) 같은 학자는 인격윤리학을 주장하고 있다. 설교자가 갖추어야 할 것이 많이 있지만, 무엇보다도 예수님을 닮은 인격이 필요한 시대이다. 아무리 훌륭한 설교자라고 할지라도 설교자의 메시지와 삶의 인격이 일치되지 못하면, 회중들에게 아무런 감동을 주지 못한다. 그러하기에 설교자들이 영성 생활에서 자기 스스로를 잘 단련하고 훈련하여 인격적인 면에서 회중들의 역할 모델이 될 때, 그의 설교는 성령님의 능력이 나타나는 메시지가 될 것이다.

---

17) William H. Willimon, "The Preacher As an Extension of the Preaching Moment," *Preaching of the Brink*, ed. Martha J. Simmon (Nashville : Abingdon, 1966), 164.
18) Craig A. Loscalzo, *Preaching Sermon that Connect* (Downers Grove : Intervarsity, 1992), 59-60.
19) Lyle Schaller, *The Seven-Day-a-Week Church* (Nashville : Abingdon, 1992), 95-96.
20) Lyle Schaller, *21 Bridges to the $21^{st}$ Century*, 85.

# 부록

|설 교 의 실 례|

## 1부 3장 포스트리버럴 설교 실례

설교본문 : 고린도후서 5 : 16~21
설교제목 : 새로운 세계, 새로운 당신(New World, New You)
설 교 자 : 윌리엄 윌리몬(William H. Willimon) 목사(전 듀크 대학교 교목실장, 듀크 신대원 설교학 교수, 현 앨라배마 감리교 감독)

이것은 나의 견해인데, 조지 W. 부시가 호소력이 있는 것은 그의 자서전 때문이라고 생각합니다. 부시는 그의 자서전에서 "나는 변화되었습니다. 나는 젊은 시절의 무분별한(indiscretions) 행동으로부터 배웠고, 그것으로 인하여 더 좋은 사람이 되었습니다."라는 그의 주장을 알림으로 생존할 수 있었습니다.

우리는 이러한 것을 좋아합니다. 우리의 안에 있는 무엇인가는 변화된 사람에게 깊이 끌리고 있습니다. 우리는 좋은 순간에, 지금의 나보다 더 좋은 사람이 되기를 갈망하고 있습니다. 자력으로 돕는(self-help) 것에 관한 모든 책들을 떠올려 보십시오. 어떻게 다이어트를 할 것인가, 어떻게 변화될 것인가에 관한 책을 출판하여 파산한 사람은 없습니다. 그런데 모순된 것은 스스로 자신을 돕는 모든 책들은 거짓말이라는 것입니다. 우리가 스스로를 도울 수 있다면, 우리 자신을 돕기 위하여 왜 다른 사람의 책을 우푯값을 포함하여 $19.9라는 돈을 지불하고 사느냐는 것입니다.

아닙니다. 나 자신은 도움의 근원이 될 수가 없습니다. 나 자신은 문제이지, 해결이 아닙니다. 우리의 자아가 스스로의 의지력으로 새로운 자아를 원한다는 것은 불가능합니다. 우리의 자아는 스스로를 변형시킬 능력을 가지고 있지 못하다는 것을 어거스틴은 우리에게 프로이트보다 더 잘 보여 주고 있습니다. 그것은 욕구 때문입니다. 우리는 어떻게 욕구를 변형시킬 수 있는 것입니까? 오늘날 우리의 문화가 우리로 하여금 성(sex)을 높게 생각하며, 제어되지 않는 성적 욕구에 관하여 전혀 죄의식을 느끼지 아니하고, 구속받지 않는 성적인 표현을 권리로, 심지어 의무로 바라보는 데 익숙하도록 만들고 있다는 것은 좋은 일이 아니라는 나의 생각에 어거스틴도 동의하리라고 믿습니다.

어거스틴은 성에 대하여 반대하기보다는, 성에 의하여 특징짓고 구분되는 우리들의 상태(sex-uality)에 매혹당했습니다. 대부분의 우리들은 성을 통제할 수 없으며, 우리가 자신의 욕구와 욕망을 관리하는 데 얼마나 무능한 존재인가를 성의 상태는 우리에게 보여 주고 있기 때문이었습니다. 우리들은 머리로 결심과 결정, 그리고 맹세를 합니다. 그러나 곧 덜 중요한 몸의 기관들이 우리를 점거해 버립니다. 어거스틴은 그가 중학생들을 가르치는 교실에서도 자신을 통제할 수 없는데, 도대체 어떻게 자신의 의지로 스스로를 구원할 수 있겠는지를 의아해했습니다.

이러한 우리의 상태는 삶을 변형시키고 변화시키는 그리스도의 능력에 관한 바울의 대범한 주장을 더욱더 주목할 만하게 만들고 있습니다. 방종하고 부도덕한 고린도 교인들을 향하여, 바울은 "누구든지 그리스도 안에 있으면, 거기에는 새로운 피조물이 있습니다."(If anyone is in Christ, there is a new creation)라고 설교합니다. 또한 바울은 말합니다. "그러므로 우리는 이제부터는 아무도 육신의 잣대로 알려고 하지 않습니다."(표준새번역) 즉, 이제는 그리스도가 오셨기에 아무도 우리를 옛 관점으로 바라보아서는 안 된다는 것입니다. 하나님께서는 창세기 1장에서 모든 것을 시작하신 것처럼, 그리스도 안에서 새로운 세계를 만드셨습니다. 하나님께서는 어둠으로부터 빛을 내셨고, 그분 안에 모든 세계를 창조하신 첫 번째 창조가 있었습니다. 이제 그리스도 안에서 창세기 1장이 다시 시작된다고 바울은 주장합니다.

리처드 헤이스(Richard Hays)는 저에게 영어 성경들이 오늘의 구절을 해석한 방식의 차이점을 지적해 주었습니다. RSV는 "누구든지 그리스도 안에 있으면 새로운 피조물이라"(If anyone is in Christ, he is a new creation)라고 번역을 하고 있습니다. 더 정확한 번역인 NRSV는 "누구든지 그리스도 안에 있으면, 거기에는 새로운 피조물이 있습니다"(If anyone is in Christ, there is a new creation)라고 번역하고 있습니다. 두 번역의 차이점을 아시겠습니까? 우리는 한 개인의 어떠한 내적, 주관적인 마음의 변화를 말하는 것이 아닙니다. "누구든지 그리스도 안에 있으면, 그 사람은 사물에 대하여 다르게 느낄 것입니다." 바울은 한 개인의 감정의 느낌이나, 주관적인 변화를 말하고 있는 것이 아닙니다. 오히려 바울은 말합니다. "누구든지 그리스도 안에 있으면, 거기에는 새로운 피조물이 있습니다." 즉, 온전히 새로운 세계를 말하고 있는 것입니다. 창세기는 "태초에 하나님이 천지를 창조하시니라"라고 시작합니다. 요한복음은 "태초에 말씀이 계시니라 이 말씀이 하나님과 함께 계셨으니 이 말씀은 곧 하나님이시니라 만물이 그로 말미암아 지은 바 되었으니 지은 것이 하나도 그가 없이는 된 것이 없느니라"라고 시작하고 있습니다. 그리스도의 탄생과 성육신은 새로운 창조, 새로운 시작, 새로운 세계와 같습니다.

에스겔 선지자에게 죽은 지 오래되어 마른 뼈들로 가득 찬 골짜기가 환상으로 보여지고, "이 뼈들이 살아날 수 있겠느냐?"라는 질문이 던져졌습니다. "주 하나님, 주께서는 아십니다."라고 에스겔은 대답했습니다. 생기가 불어왔습니다. 만물이 창조될 때 하나님의 영의 바람이 물 위에서 움직인 것처럼, 생기의 거룩한 바람이 불어올 때 마른 뼈들은 살이 돋고 생명을 받아, 일어나 살았던 것입니다. 하나님의 선물이 아니면 새로워질 수 없습니다. 하나님은 창조를 결코 끝내지 않으십니다.

제가 초등학교 6학년 때, 우리 반에 새로 들어온 남자아이가 있었습니다. 그 아이는 폴란드에서 온 피난민이라고 선생님이 말해 주셨습니다. 그 아이는 1950년대 소련 공산당 군대에 의해 황폐해진 폴란드로부터 멀리 떨어진 미국의 사우스캐롤라이나 주에 있는 새로운 가정에서 적응하느라고 매우 어려움을 겪고 있었습니다. 그 아이의 문제 가운데 하나는 음식을 훔치는 것이었습니다. 그는 미국의 새로운 가정에서 마련해 준 점심 도시락에 충분한 음식을 가지고 있었지만, 습관적으로 우리들의 점심 도시락에서 이것저것을 훔쳐, 자기 백팩에 저장하였습니다. 우리들의 선생님은 그 아이에게 그렇게 해서는 안 된다고 말하였지만, 그는 계속하여 음식을 훔쳤습니다. 어느 날, 선생님은 화를 내며 그 아이의 어깨를 잡고 큰 소리로 말하였습니다. "나를 봐! 너는 음식을 훔칠 필요가 없다. 이곳은 미국이다. 여기에는 충분한 음식이 있다. 여기에서 너는 결코 다시는 굶지 않을 것이다. 내가 약속하마."

그때 그 아이는 깨닫게 되었다고 저는 생각합니다. 저는 그것을 그 아이의 눈 속에서 볼 수 있었습니다. 그는 폴란드에 다시 돌아가 있지 않았습니다. 그 아이는 온전히 새로운 세계에 살고 있었던 것입니다. 그의 행동은 갑자기 자기 스스로에게도 아주 자연스럽지 못했고, 우스꽝스러웠습니다. 왜냐하면 그의 행동은 다른 세계, 낡은 세계에서 온 것이고, 그 아이가 지금 처해 있는 세계의 것이 아니었기 때문입니다. 바울은 지금 이와 비슷한 이야기를 말하고 있다고 저는 생각합니다. 새로운 세계는 새로운 당신을 요구하고 있습니다.

사랑하는 남편이 죽게 되면, 아내의 세계는 끝나게 됩니다. 심장의 박동이 멈추었을 때, 그녀는 더 이상 한 사람의 아내이자, 사랑하는 사람이자, 친구가 아니고, 홀로되었습니다. 그런데 날이 지나갈수록, 그녀는 서서히 한 세계, 그녀의 세계가 끝난 것만이 아님을 깨닫게 됩니다. 새로운 세계가 시작된 것입니다. 물론, 그 새로운 세계는 그녀가 선택했을 세계는 아닐 것입니다. 일반적으로 우리의 세계를 선택하는 것은 우리에게 달려 있지 않습니다. 우리의 세계는 우리가 살아야만 하는 실제이며, 그렇지 않으면 어리석고 뒤떨어진 것처럼 보일 것입니다. 남편을 잃어버린 여인은 이제 새로운 세계, 즉 새로운 삶의 방식을 찾아야만 하는 세계에 살고 있다는 것을 점진적으로 깨닫게 될 것입니다. 바울은 이와 유사한 이야기를 하고 있다고 저는 생각합니다.

바울은 근본적으로 마음의 변화나, 어떠한 느낌의 주관적인 변화(alteration)에 관하여 말하고 있지 않습니다. 바울은 전적으로 새로운 세계-새로운 피조물(New Creation)에 관하여 말하고 있습니다. 그리스도는 우리 안(in)에서 일어난 어떠한 것이 아닙니다. 그리스도는 우리에게(to) 일어난 어떤 것(something)입니다.

르네상스 시대의 그림 가운데, 저는 피에로 델라 프란체스카(Piero della Francesca)의 "부활"을 좋아합니다. 무덤에서 부활하신 그리스도께서 손에 기(flag)를 들고 일어나시는데, 그 모습은 마치 근력이 든든한 미식축구 선수인 풀백(번역자 주 : 미식축구의 후위 공격수)과 같습니다. 부활하신 주님의 왼쪽은 겨울의 세계로, 죽음과 메마름이 있습니다. 그러나 지평에는 희미한 빛이 보입니다. 주님의 오른쪽은 나무들의 잎이 무성한 봄철입니다. 모든 것이 새로운 세계입니다. 부활은 단순히 이전에 그리스도에게 무엇이 일어난 것만이 아니라는 것을 화가는 암시하고 있습니다. 부활은 세계의 지축(axis)의 방행이 바뀐(shift) 것으로, 첫째 날의 동틀 녘(dawn)이고, 새로운 창조입니다.

어떤 남성으로부터 성폭행을 당한 어느 여성이 법정에서 그 남자를 직면했습니다. 그녀는 법관과 배심원들, 그리고 방청객들 앞에서 그 남자에게 당한 성폭행이 그녀에게 영원한 피해를 주었고, 말로 표현할 수 없는 아픔을 야기시켰음을 말했습니다. 그리고 그녀는 하나님과 모든 사람 앞에서 그 남자를 용서했습니다. 바로 그 자리에 서서 그녀는 말했습니다. "나는 용서합니다." 이 일이 있은 후, 어느 사람은 그녀가 어쨌든 믿기 어려울 정도로 상냥한(sweet) 사람이었기에 그와 같이 행하였다고 말했고, 어떤 사람은 그녀가 이상주의적이었기에 그와 같이 행한 것이라고 말하기도 했습니다.

그러나 그녀는 그녀가 행한 것이 현실적(realistic)인 것이라고 부르는 것을 좋아할 것입니다. 왜냐하면 그녀는 용서가 실제로 세계가 잘 되어 가게 하는 방법이라고, 용서는 우주의 낟알(grain of the universe) 속에 박혀 있는 것이라고 믿었기 때문입니다. 왜 그렇습니까? 예수께서는 무엇이 무엇인지를, 즉 하나님은 누구이시고, 어떻게 세상을 함께 모을 수 있을까를 계시하실 때가 되었을 때, 십자가로부터 "아버지, 저들을 사하여 주옵소서."라고 말씀하셨기 때문입니다.

어떤 사람들은 기독교인들이 특정한 방법으로 사는 사람들이라고 생각합니다. 즉, 하나님과 더불어 어떤 곳을 가기 위하여 힘쓰고 있기 때문에 가난한 사람들을 불쌍히 여기며, 정절을 지키고, 이웃과의 관계에서 정직하며, 평화스럽고, 인내하는 사람들이라고 생각합니다. 또한 크리스천들은 하나님을 기쁘시게 하기 위하여 우리들의 경력을 깨끗하게 유지하려고 노력해야 한다는 것입니다. 그렇지 않습니다. 우리 크리스천들은 어떠한 곳을 가기 위해서가 아니고, 오히려 그리스도 안에서 우리가 온전히 새로운 세계에 이미 도착했다는 것을 알고 있기 때문에 그러한 방식으로 살아가고 있는 것입니다. 다른 방식으로 살아간다는 것은 이해할 수 없을 정도로 크리스천의 삶에 일치하지 않게(out of step) 보일 것입니다. 이것은 마치 투린(Turin)에 주거지를 삼고 있으면서, 아직도 투펠로(Tupelo)에 살고 있는 것처럼 고집하는 것과 다를 바가 없습니다. 그러하기에 듀크 신대원의 나의 동료 가운데 한 사람은 오늘 이 시대의 목회자가 되기 위한 가장 좋은 준비가 고등학교 수준의 프랑스어를 가르치는 것이라고 주장합니다. 프랑스어로 A 학점을 받기 위하여 단어를 반복하여 배우는 훈련, 습관, 모방의 훈련들, 언어적으로 말한다면 현재 우리가 살고 있는 곳으로부터 다른 곳으로 자발적으로 이동하려고 하는 것은 크리스천 제자도에서 성공하기 위해서도 요구된다는 것입니다. 우리가 노고를 아끼지 않고 프랑스어를 배우려는 이유 가운데 하나는 일상적인 영어의 단어가 프랑스어로 어떻게 자세히 표현되는지를 알기 위해서만이 아닙니다. 언어를 배우는 가운데 우리의 시민권이 전혀 새로운 세계로 이전되기 때문입니다. 그러하기에 크리스천들에게는 예배가 윤리보다 선행합니다. 우리가 주일날 이 예배에서 행하는 것은 매우 중대한 윤리적인 의미를 가지고 있습니다. 우리는 여러분들을 이곳에 오게 하여, 찬양과 기도, 말씀과 성찬을 나누는 것을 통하여, 여러분들로 하여금 사실에 직면하고, 전적으로 새로운 세계를 향하여 깨어나도록 하는 것입니다. 우리는 근본적으로 여러분에게 어떻게 살아야 하는지를 말하지 않습니다. 우리는 여러분들이 어디에(where) 살고 있는지를 바라볼 수 있도록 도와주려고 합니다. 새로운 피조물. 우리가 여러분들이 자신의 주소를 바꿀 수 있도록 해 줄 수 있으면, 행동은 스스로 알아서 하게 됩니다. 여러분들이 어디에 살고 있는지를 안다면, 어떻게 행동할 것인지를 알게 됩니다.

깨어나십시오. 현실을 냄새 맡아보십시오. 예수님의 박자와 보조를 맞추십시오. 전적으로 새로운 세계로 초대합니다.

## 2부 1장 시리즈 설교의 실례

**스튜어트 브리스코(Stuart Briscoe) 목사의 시리즈 강해 설교**
- 주    제 : 예수님께서는 무엇이라고 말씀하셨는가?
- 설교제목

   첫째 주일 : 예수님께서는 구원에 관하여 무엇이라고 말씀하셨는가?(눅 5 : 27-39)

   둘째 주일 : 예수님께서는 용서에 관하여 무엇이라고 말씀하셨는가?(눅 7 : 36-50)

   셋째 주일 : 예수님께서는 책임에 관하여 무엇이라고 말씀하셨는가?(눅 8 : 4-15)

   넷째 주일 : 예수님께서는 삶에 관하여 무엇이라고 말씀하셨는가?(눅 10 : 25-37)

   다섯째 주일 : 예수님께서는 물질에 관하여 무엇이라고 말씀하셨는가?(눅 12 : 13-21)

   여섯째 주일 : 예수님께서는 고통에 관하여 무엇이라고 말씀하셨는가?(눅 13 : 1-8)

   일곱째 주일 : 예수님께서는 하나님에 관하여 무엇이라고 말씀하셨는가?(눅 15 : 1-32)

**팀 켈러(Tim Keller) 목사의 6주간 영성에 관한 시리즈 설교**
- 시리즈 제목 : 참된 영성(Real Spirituality : Prayer and Beyond)
- 설교제목

   첫째 주일 : 도시를 위한 아브라함의 기도(창 18 : 16-33)

   둘째 주일 : 기쁨을 위한 야곱의 기도(창 32 : 22-31)

   셋째 주일 : 하나님을 향한 모세의 기도(출 33 : 12-23 ; 34 : 5-8)

   넷째 주일 : 가정을 위한 한나의 기도(삼상 1 : 4-11 ; 2 : 1-10)

   다섯째 주일 : 용서를 위한 다니엘의 기도(단 9 : 1-19)

여섯째 주일 : 헤만의 어두움 속에서의 기도(시 88 : 1-2, 6-18)

### 아담 해밀턴(Adam Hamilton) 목사의 사순절-부활주일의 8주간의 시리즈 설교
· 시리즈 제목 : 세계를 변화시킨 24시간
· 설교제목
　첫째 주일 : 최후의 만찬(막 14 : 12-25)
　둘째 주일 : 고뇌(agony)는 패배가 아니다(막 14 : 32-42)
　셋째 주일 : 불의한 자들에게 정죄를 당하시다(막 14 : 53-72)
　넷째 주일 : 예수, 바라바, 본디오 빌라도
　다섯째 주일 : 고문과 왕의 굴욕(막 15 : 1b-23)
　여섯째 주일 : 십자가(종려주일, 막 15 : 25-39)
　일곱째 주일 : V는 승리한 자를 위한 것이다(부활주일, 막 15 : 42-47 ; 16 : 1-6)
　여덟째 주일 : V는 승리한 자를 위한 것이다(눅 24 : 13-20, 27-31)

### 릭 워렌(Rick Warren) 목사의 시리즈 주제-강해 설교
주제-강해 설교의 본문은 성경의 여러 책에서 발취되는 멀티텍스트임.
· 주　　　제 : 기도는 당신의 삶을 변화시킬 수 있다
· 설교제목
　첫째 주일 : 기도는 당신의 삶을 변화시킬 수 있다
　둘째 주일 : 응답받는 기도의 다섯 가지 조건
　셋째 주일 : 당신의 문제들에 관하여 어떻게 기도할 것인가?
　넷째 주일 : 어떻게 하면 하나님의 응답을 받을 수 있는가?

### 브라이언 윌커슨(Bryan Wilkerson) 목사의 시리즈 제목-강해 설교
· 시리즈 제목 : 일하는 것을 다시 상상함(Reimagine Work)
· 설교제목
　첫째 주일 : 직업-주님을 섬기듯이 일하라(골 3 : 17-4 : 1)
　둘째 주일 : 좋은 것을 더 좋은 것으로-우리의 일이 어떻게 하나님의 창조를 계속하여 이루어
　　　　　　지게(shapes) 하는가?(창 1 : 1-2 : 25)
　셋째 주일 : 간증을 중단하고, 일을 시작하라-우리 일의 질이 왜 중요한가?(살전 4 : 11-12 ;
　　　　　　벧전 3 : 15-16)

이처럼 어떠한 주제 또는 제목을 중심으로 한 4~6주간의 시리즈 강해 설교, 시리즈 주제(제목)-강해 설교는 앞으로 가장 많이 설교자들이 사용하는 설교 형태가 될 것이다. 왜냐하면 설교자들에게 가장 영향을 끼치는 초대형 교회 설교자들의 대부분이 이러한 타입의 설교를 하고 있기 때문이다.

## § 2부 2장 미국 연합 감리교회의 초대형 교회 목회자 아담 해밀턴 목사의 1년 설교 계획의 실례

· 아담 해밀턴 목사의 설교의 5가지 목표
  1) 전도
  2) 제자도
  3) 성도를 준비시켜 세상에 보냄(equipping and sending).
  4) 목양적 돌봄(pastoral care).
  5) 교회 성장(institutional development)

· 설교 방법 : 시리즈 설교, 공동 성서일과(Common Lectionary)를 사용하지 않음.
설교 준비를 위하여 매주 20시간 이상을 독서, 연구, 기도, 그리고 원고 작성에 사용하며, 최고 수준의 설교, 탁월한(excellent) 설교가 되기를 목표로 하고 있다. 설교를 통해 교인들이 감동을 받고 영적으로 성장하며 크리스천의 삶을 살아가는 데 도움을 받으면, 이웃과 친지들을 교회로 초청하게 되며, 더 많은 헌금을 감사함으로 드리게 된다고 그는 말한다. 해밀턴 목사는 설교 구상을 위해 여름에 2주 동안 휴가를 내어 2년간의 설교 계획을 작성하며, 일 년의 설교를 5개의 시리즈로 분류하고 있다. 교회의 다른 목회자들, 스태프들과 설교 계획을 나누어 그들의 의견(input)을 고려하며, 교인들로부터 듣기를 원하는 메시지에 관하여 이메일로 교신하고 있다.

· 1~2월 : 전도(평소에는 교회에 나오지 않던 사람들도 성탄절 예배에 참석하게 됨. 그들을 향하여 매력적인 신년도 설교 시리즈 제목을 광고함. 1~2월의 설교는 구도자, 초신자에게 초점을 맞추며, 2008년도에는 무신론자인 리처드 도킨스〈Richard Dawkins〉가 그의 책 「만들어진 신」〈*The God Delusion*〉에서 제기한 문제들을 중심으로 설교를 했음.)
· 3~4월 : 제자도(Discipleship, 사순절 기간)
· 5~6월 : 목양적 돌봄(Pastoral Care, 설교를 통해 교인들의 아픔을 치유하며, 교인들을 돌봄.)
· 7~8월 : 제자도(Discipleship)
· 9~10월 : 준비시켜 내어보냄(Equipping & Sending)
· 11월 : 교회 성장과 발전(Institutional Development, 청지기 생활, 교회의 비전, 교회를 든든

히 함.)
· 12월 : 대림절과 성탄절

**아담 해밀턴 목사의 2000년도 설교 계획의 실례**

1~2월     주제 : 기독교와 오늘날의 논쟁이 되는 문제들
          첫째 주일 : 교회와 국가의 분리
          둘째 주일 : 공립학교에서 진화론을 가르치는 것
          셋째 주일 : 안락사 문제
          넷째 주일 : 공립학교에서의 기도
          다섯째 주일 : 사형 제도
          여섯째 주일 : 도박
          일곱째 주일 : 낙태
          여덟째 주일 : 동성연애

3~4월     주제 : 누가복음에 기록된 예수님의 모습(portraits)
          첫째 주일 : 예수님의 어린 시절
          둘째 주일 : 사탄과의 씨름
          셋째 주일 : 예수님이 사랑한 사람들
          넷째 주일 : 예수님 주변의 여인들
          다섯째 주일 : 다가오는 태풍(The Gathering Storm)
          여섯째 주일 : 십자가
          일곱째 주일 : 비극으로부터 승리로(Easter)

5~6월     주제 : 다윗의 삶으로부터 보는 오늘을 살아가는 통찰력(insights)
          첫째 주일 : 기대치 않은 하나님의 영웅(사무엘이 목동 다윗에게 기름을 붓다.)
          둘째 주일 : 거인과의 싸움(다윗이 골리앗을 물리침.)
          셋째 주일 : 룻–용기와 인격의 여인(어머니 주일 설교)
          넷째 주일 : 등을 찔리다(사울이 다윗을 죽이려고 할 때 다윗의 반응)
          다섯째 주일 : 진정한 우정의 특징(다윗과 요나단)
          여섯째 주일 : 얽힌 거미줄(What a Tangled Web : 다윗과 밧세바)
          일곱째 주일 : 하나님을 향한 사랑(다윗과 그의 시편)

여덟째 주일 : 문제 있는 자녀들과 어려워하는 부모(아버지로서의 다윗〈아버지 주일 설교〉)

아홉째 주일 : 다윗의 마지막 말과 그의 유산(legacy)

7월 주제 : 성령의 권능
첫째 주일 : 구약과 신약에서의 성령
둘째 주일 : 성령의 세례와 은사
셋째 주일 : 은사 배치
넷째 주일 : 성령의 열매
다섯째 주일 : 날마다 성령님과 더불어 살아가기

8~10월 주제 : 좁은 길-오늘을 향한 예수님의 가르침
첫째 주일 : 하나님의 나라에 대한 예수님의 가르침
둘째 주일 : 일흔 번을 일곱 번 용서하기-이웃을 용서하며, 원수를 사랑하는 것
셋째 주일 : 황금률-이웃에게 이렇게 행하라
넷째 주일 : 더 높이, 그리고 더 멀리-좁은 길
다섯째 주일 : 처음이 마지막 되기-겸손과 섬김
여섯째 주일 : 지극히 작은 자에게-양과 염소
일곱째 주일 : 염려하지 말고, 행복하라(Don't Worry, Be Happy)
여덟째 주일 : 당신은 세상의 빛이다
아홉째 주일 : 눈에서 들보 빼기-다른 사람을 판단하지 말라
열 번째 주일 : 탕자의 비유-하나님의 자비와 사랑
열한 번째 주일 : 가장 중요한 계명-하나님을 사랑하고 이웃을 사랑하는 것

11월 주제 : 당신의 돈이 아니라 하나님의 돈을 관리하기-성서적 청지기직에 관한 설교
첫째 주일 : 부자 청년
둘째 주일 : 성숙한 청중만 듣기(For Mature Audiences Only, 성서에서 말하는 십일조)
셋째 주일 : 감사하는 마음의 권능

11월 마지막 주일~12월 주제 : 대림절과 성탄절

## 2부 6장 릭 워렌 목사의 좋은 설교 제목 잡기[1]

- 설교가 삶을 변화시키는 것이 목적이라면 설교 제목은 삶과 연관된 것이어야 한다.
- 좋은 설교 제목을 잡는 것은 설교자가 항상 발전시켜야 하는 예술이다.
- 설교의 목적이 삶에 관한 정보를 주는 것이 아니라 삶을 변화시키는 것이라면, 또한 불신자에게도 설교하는 것이라면 설교 제목에 관하여 관심을 가져야 한다.
- 책의 표지나 광고의 첫 문장처럼, 설교 제목은 설교자가 영향을 주려는 사람들의 관심을 사로잡을 수 있어야 한다.

사람들의 마음에 호소할 수 있는 제목을 계획할 때, 나는 네 가지 질문을 던진다.

### 1. 이 설교 제목이 사람들의 관심을 사로잡을 수 있는가?

삶의 진지한 질문들, 그리고 아픔은 사람들의 관심을 끌 수 있으며, 설교자들에게 성서의 진리를 가르칠 수 있는 기회를 준다. 다음과 같은 설교 제목은 구도자들의 관심을 끌 수 있다. "삶의 상처를 어떻게 다룰 것인가"(How to Handle Life's Hurts), "당신에게 기적이 필요할 때"(예수님의 기적에 관하여), "하나님의 음성을 듣는 것을 배우기", "하나님께 드리고 싶은 질문들".

### 2. 이 제목은 명료한가?

설교 제목은 다른 부수적인 설명 없이도 의미가 분명해야 한다. 다음과 같은 설교 제목은 의미가 모호하다. (LA타임즈의 토요일 교회 광고에 실렸던 설교 제목들이다.) "여리고로 가는 노상에서", "길 건너편으로 다시는 걷지 않는다", "다가오는 태풍", "베드로가 고기 잡으러 가다", "깨어진 그릇의 사역", "나에게 아가페를 다오", "피의 강".

### 3. 이 제목은 기쁜 소식인가?

예수님께서는 그의 첫 번째 설교를 통하여 그의 설교의 어조(tone)를 보여 주신다. "주님의 영이 내게 내리셨다. 주님께서 내게 기름을 부으셔서 가난한 사람에게 기쁜 소식을 전하게 하셨다. ……"(눅 4 : 18, 표준새번역) 청중들에게 참회와 회개의 메시지를 전하더라도, 설교 제목은 기쁜 소식의 양상을 보여 주어야 한다. "왜 부흥이 일어나지 않는가?"라는 부정적인 제목보다는 "무엇이 부흥을 가져오는가?"라는 긍정적인 제목이 더 좋다.

### 4. 이 설교 제목이 일상생활에 연관되어 있는가?

「리더스 다이제스트」는 세계에서 가장 많이 읽히는 잡지이다. 왜냐하면 그 잡지에 실린 글들이

---

1) Rick Warren, "Improve your sermon titles with these four questions," in Rick Warren's Ministry Tool Box 106 (June 11, 2003).

사람들의 일상생활과 연관된 글들이기 때문이다. 설교 제목은 일상생활과 관계성을 가져야 한다. 다음과 같은 설교 제목은 삶과 연관성이 있는 제목들이다. "삶의 어려운 질문들에 관한 대답"(전도서 시리즈 설교), "스트레스 버스터즈"(시편 23편 시리즈 강해), "최상의 관계를 만들기"(10주에 걸친 고린도전서 13장 시리즈 설교), "행복은 선택이다"(팔복 강해 설교).

## § 3부 2장 본문의 중심 아이디어를 찾는 실례[2]

- 시편 117 : 1~2

  너희 모든 나라들아 여호와를 찬양하며
  너희 모든 백성들아 그를 찬송할지어다
  우리에게 향하신 여호와의 인자하심이 크시고
  여호와의 진실하심이 영원함이로다 할렐루야

- 주제(Subject)

  왜 모든 사람들이 여호와 하나님을 찬양해야 하는가?

- 보어(Complement)

  여호와의 인자하심이 크고, 그분의 진실하심이 영원하기 때문이다.

- 빅 아이디어

  우리가 하나님을 찬양하는 이유는 하나님의 인자하심이 크고, 진실하심이 영원하기 때문이다.


- 디도서 1 : 5~9
- 주제(Subject)

  교회 지도자들의 자질은 무엇인가?

- 보어(Complement)

  지도자가 될 후보자(candidate)들은 가정생활과 개인 생활, 그리고 사역에서 책망할 것이 없어야 한다.

- 빅 아이디어

  교회 지도자들은 가정생활과 개인 생활, 그리고 사역에서 책망할 것이 없어야 한다.

---

2) Haddon W. Robinson, *Biblical Preaching*, 2$^{nd}$ edition (Grand Rapids : Baker, 2001), 43-44.

- 로마서 5 : 1~5[3]
- 주제(Subject)

  믿음으로 의롭게 되는 것의 유익(benefit)함은 무엇인가?
- 보어(Complement)

  우리는 이제 하나님과 평화를 누리고 하나님의 영광에 이르게 될 소망을, 그리고 환난 가운데도 즐거워하는 데 필요한 관점(perspective)을 가지게 되었다.
- 빅 아이디어

  우리가 믿음으로 의롭다 함을 받았으니 우리는 하나님과 평화를 누리게 되었고, 하나님의 영광에 이르게 될 소망과 환난 가운데도 즐거워하는 데 필요한 관점을 가지게 되었다.

## 3부 2장 강해 설교의 아웃라인 실례

설교본문 : 마태복음 14 : 22~33

설교제목 : 마음을 확대하는 신앙(A Mind-Expanding Faith)

빅 아이디어 : 신앙은 위험을 무릅쓴 모험(risk)과 선택을 요구하지만, 큰 상급을 가져다준다.

설 교 자 : 존 오트버그(John Ortberg) 목사

서론

본론

1. 믿음은 실패를 무릅쓰는 모험을 요구한다.
2. 믿음은 예수님을 따르기로 선택하는 것을 의미한다.
3. 믿음은 놀라운 일들을 가져온다.

결론


설교본문 : 누가복음 18 : 35~43

설교제목 : 문제 해결은 오직 예수

중심내용 : 인간적으로 불가능한 문제도 예수님을 통해 해결될 수 있다.

설교목적 : 성도들로 하여금 어떤 문제든지 주님을 통해 해결하는 믿음을 갖게 한다.

설 교 자 : 장두만 교수

---

3) J. Kent Edwards, *Deep Preaching* (Nashville : B & H Academic, 2009), 72.

설교의 흐름

1. 모든 사람에게는 그 나름의 문제가 있다(눅 18 : 35).
   소경에게도 그 나름의 문제가 있었다.
   우리에게도 우리 나름의 문제가 있다.
2. 문제를 해결하기 위해서는 주님께 부르짖어야 한다(눅 18 : 36-39).
   소경은 예수님만이 그의 문제의 해결자임을 믿고 부르짖었다.
   우리들도 예수님만이 우리 문제의 해결자임을 믿고 부르짖어야 한다.
3. 주님은 그를 의뢰하는 자의 문제를 해결해 주신다(눅 18 : 40-43).
   주님은 소경의 문제를 해결해 주셨다.
   주님은 우리의 문제도 해결해 주신다.

결론

오늘 나에게는 무슨 문제가 있는가?
세상에서 그 문제가 해결되었는가?
예수님만이 인간적으로 불가능한 문제를 해결하실 수 있는 분이다.


설교본문 : 누가복음 18 : 35~43
설교제목 : 당신은 어떻게 다시 비전을 얻을 수 있는가?
설 교 자 : 릭 워렌 목사

서론

1. 예수님이 나의 상황을 변화시키실 수 있음을 믿으라(눅 18 : 35-38).
2. 부정적인 소리를 무시하라(눅 18 : 39 ; 잠 29 : 25).
3. 하나님의 부르심을 들어라(눅 18 : 40 ; 막 10 : 49-50 참조).
4. 당신이 무엇을 원하는지 하나님께 말하라(눅 18 : 40-41).
5. 믿음으로 비전을 받으라(눅 18 : 42-43a).
6. 예수님을 따라가라(눅 18 : 43b ; 막 10 : 52 참조).

결론


설교본문 : 누가복음 5 : 1~11
설교제목 : 아무것도 얻지 못할 때(When You've Come Up Empty)
설 교 자 : 릭 워렌 목사

서론
1. 나의 삶을 예수님께 완전히 개방해 드려야 한다(눅 5 : 3).
2. 나의 노력이 허사임을 인정해야 한다(눅 5 : 4-5a).
3. 예수님께서 나에게 명하시는 것이 무엇이든지 순종한다(눅 5 : 5b-6a).
4. 예수님께서는 무엇이든지 가능케 하심을 기대한다(눅 5 : 6b-11).
결론


설교본문 : 에베소서 1 : 1~14
설교제목 : 하나님을 찬양하는 이유
중심진술 : 우리가 하나님을 찬양하는 이유는 영적으로 놀라운 축복을 받았기 때문이다.
설 교 자 : 계지영 목사

서론
설교의 흐름
1. 선택의 축복이 주어졌기에(엡 1 : 3-4)
2. 하나님의 양자로 입양되는 축복이 주어졌기에(엡 1 : 5-6)
3. 죄 사함을 받고 구원과 영생의 축복을 누리게 되었기에(엡 1 : 7-12)
4. 성령의 선물을 받았기에(엡 1 : 13-14)
결론


설교본문 : 에베소서 4 : 25~32
설교제목 : 성령님을 기쁘시게 하는 삶
중심내용 : 우리는 성령님을 근심시키는 삶이 아니라, 기쁘시게 해 드리는 삶을 살아야 한다.
설 교 자 : 계지영 목사
설교의 지도(Map)

서론
1. 성령님을 기쁘시게 하기 위하여 우리는 진실된 삶을 살아야 한다(엡 4 : 25, 29-31).
2. 성령님을 기쁘시게 하기 위하여 우리는 분노의 감정을 잘 다스려야 한다(엡 4 : 26-27).
3. 성령님을 기쁘시게 하기 위하여 우리는 베푸는 삶을 살 수 있어야 한다(엡 4 : 28).
4. 성령님을 기쁘시게 하기 위하여 우리는 예수님의 마음을 가지고 살아야 한다(엡 4 : 32).
결론

설교본문 : 빌립보서 4 : 4~9

설교제목 : 평강의 선물

중심사상 : 그리스도인은 하늘의 평강을 누리며 살 수 있다.

설 교 자 : 계지영 목사

서론

설교의 개요(본문 사고의 흐름)

1. 우리가 그리스도의 다시 오심을 믿을 때 참된 평강을 누리게 된다(빌 4 : 4-5).
2. 기도함으로 우리는 참된 평강을 누릴 수 있다(빌 4 : 6-7).
3. 우리가 마음과 생각을 하나님의 말씀으로 가득 채우면 참된 평강을 누리게 된다(빌 4 : 8).
4. 우리는 말씀을 행하며 살게 될 때 진정한 평강을 누릴 수 있다(빌 4 : 9).

결론


설교본문 : 야고보서 4 : 13~17

중심내용 : 하나님의 뜻을 떠난 모든 계획은 헛된 것이다.

설교의 목표 또는 기능 : 새해의 삶의 목표는 자신의 뜻이 아니라 하나님의 뜻에 따라서 세워야 한다.

설 교 자 : 이동원 목사

설교의 개요(설교의 지도)

서론

1. 우리의 신년 계획은 우리 자신이 중심이 되는 계획이어서는 안 된다(약 4 : 13-14).
2. 우리의 신년 계획은 하나님 중심의 계획이어야 한다(약 4 : 15).
3. 우리의 계획은 실천하기 위한 계획이어야 한다(약 4 : 17).

전환 문장 : 서론에서 본론으로 옮겨야 할 때 '그러므로'라는 전환 문장을 사용하고, 대지와 대지를 연결시키는 경우에도 '그러므로'가 사용될 수 있다.

결론


§ 3부 4장 연역법적 설교 형태의 실례

설교본문 : 에베소서 6 : 1~3

설교제목 : 어떻게 부모님들과 좋은 관계를 가질 것인가?[4]

중심내용 : 가정에서 부모님에게 순종하는 것이 우리의 의무이다.

전환(Transition) : 왜 부모님에게 순종해야 하는가?

서론 : 부모님에게 순종하는 것이 우리의 의무이다(설교의 중심 내용을 서론에서 청중들에게 알림).

본론

1. 우리가 부모님에게 순종해야 하는 이유는 우리가 그리스도인이기 때문이다(엡 6 : 1a).
2. 우리가 부모님에게 순종해야 하는 이유는 그것이 옳은 일이기 때문이다(엡 6 : 1b).
3. 우리가 부모님에게 순종해야 하는 이유는 그것이 부모님을 공경하는 일이기 때문이다(엡 6 : 2).
4. 우리가 부모님에게 순종해야 하는 이유는 그것이 우리에게 좋은 일이기 때문이다(엡 6 : 3).

결론


설교본문 : 사도행전 2 : 42~47
설교제목 : 교회의 목적[5]
중심내용 : 교회의 목적은 가르치고, 친교하며, 예배드리고, 전도하는 일이다.

서론

1. 하나님이 원하시는 교회가 되기 위하여 우리는 교회의 목적을 알아야 한다.
2. 오늘 우리는 하나님이 의도하시는 교회는 무엇을 행하는지를 알기 위하여 초대교회의 사역들을 살펴보고자 한다.
3. 교회의 목적은 가르치고, 친교하고, 예배드리며 전도하는 것임을 우리는 알게 될 것이다(서론에서 청중들에게 설교의 빅 아이디어를 알림).
4. 사도행전 2 : 42~47의 본문 말씀을 찾아보기를 원한다.

본론

1. 교회의 목적은 가르치는 일이다.
2. 교회의 목적은 친교하는 일이다.
3. 교회의 목적은 예배드리는 일이다.
4. 교회의 목적은 전도하는 일이다.

결론

---

4) Dennis M. Cahill, *The Shape of Peaching* (Grand Rapids : Baker, 2007), 119.
5) Donald Sunukjian, *Invitation to Biblical Preaching* (Grand Rapids : Kregel, 2007), 142-160.

## § 3부 4장 귀납법적 설교 형태의 실례

설교본문 : 디모데후서 1 : 1~5
설교제목 : 믿음의 전승
중심내용 : 어머니의 주요한 과제는 믿음을 자녀들에게 전승하는 일이다.

설교의 흐름

서론

본론
1. 오늘날과 같은 사회에서 자녀를 양육하는 것은 매우 어려운 일이다.
2. 그럼에도 불구하고 부모들은 자녀들을 믿음의 자녀로 양육할 수 있다.
3. 믿음의 자녀를 양육하는 것은 부모의 진실된 믿음으로부터 시작된다.
4. 그러나 부모가 참된 신앙을 가지는 것만으로는 충분하지 않다. 부모는 자기 자신의 믿음을 자녀들에게 전승할 수 있어야 한다.

결론 : 그러면 우리는 무엇을 해야 하는가? 부모의 믿음을 자녀들에게 전승하는 것을 우리의 최우선 순위로 삼아야 한다(결론에서 설교의 중심 내용을 밝힘).

아래의 귀납법적 설교 전개 방법은 도널드 스누키언(Donald Sunukjian) 교수가 제시하는 다른 형태의 귀납법적 설교의 방법으로, 서론에서 설교의 주제나 제목, 또는 문제점이 무엇인지만을 제시하고, 빅 아이디어의 실질적인 내용은 본론의 주요 대지나 움직임, 흐름에서 말하는 방법이다. 즉, 본론의 주요 대지와 움직임들이 설교의 중심 내용을 말해 주는 목록(list)이다.

설교본문 : 사도행전 2 : 42~47
설교제목 : 교회의 목적[6]
중심내용 : 교회의 목적은 가르치고, 친교하며, 예배드리고, 전도하는 일이다.

서론
1. 하나님이 원하시는 교회가 되기 위하여 우리는 교회의 목적을 알아야 한다.
2. 오늘 우리는 하나님이 의도하시는 교회가 무엇을 행해야 하는지를 알기 위하여 초대교회의 사역들을 살펴보고자 한다.

---

6) Ibid., 155.

3. 교회의 목적에는 4가지가 있음을 우리는 발견하게 된다(서론에서 교회에는 4가지 목적이 있다는 것만 청중들에게 알려 주고, 목적의 내용이 무엇인지는 대지와 주요 움직임이 목록 〈list〉이 되어 청중들이 본론에서 알도록 한다).
4. 사도행전 2:42~47의 본문 말씀을 찾아보도록 하자.

본론

1. 교회의 목적은 가르치는 일이다.
2. 교회의 목적은 친교하는 일이다.
3. 교회의 목적은 예배드리는 일이다.
4. 교회의 목적은 전도하는 일이다.

**설교본문 : 사도행전 6:1~7**[7]

서론

1. 우리 모두는 예루살렘 교회처럼 성장하는 교회의 일원이 되기를 원한다.
2. 우리는 교회가 성장하면 문제들이 해결될 것으로 생각한다.
3. 그러나 성장하는 교회들에도 문제가 발생하는데, 때로는 성장으로 인하여 야기되는 문제도 있다.
4. 문제가 발생할 때, 우리는 어떻게 문제를 해결할 것인가?
5. 사도행전 6:1~7에서 초대교회가 성장으로 인한 문제를 어떻게 해결했는지를 살펴보도록 하자(서론에서 성장하는 교회에 성장으로 인한 문제가 있음을 제시하고, 본론에서 문제 해결 방법을 청중들과 같이 찾는다).

본론

Ⅰ. 초대교회는 우리 교회처럼 성장하는 교회였다.
   A. 예루살렘 교회는 성장하는 교회였다(행 6:1a).
   B. 우리 교회도 성장하는 교회이다(통계 수치, 시각 자료, 도표 제시).
Ⅱ. 그러나 때때로 성장하는 교회들도 문제를 가지게 된다.
   A. 예루살렘 교회는 과부들에게 나누어 주는 구호 식량 배급의 문제를 가졌다(행 6:1b).
   B. 우리는 다른 문제들을 가지고 있다.

---

[7] Donald Sunukjian, "The Shape of the Sermon," in *Preaching to a Shifting Culture*, ed. Scott M. Gibson (Grand Rapids : Baker, 2004), 113-128.

1. 우리는 주차장이 충분하지 않다.
2. 우리는 영아실이 부족하다.

Ⅲ. 교회 성장으로 인한 문제는 평신도 지도자를 임명함으로 해결할 수 있다.

   A. 예루살렘 교회는 평신도 지도자를 임명함으로 문제를 해결하였다(행 6 : 2-7).

      1. 사도들은 해결책을 제시했다(행 6 : 2-4).
      2. 모두가 그 해결책을 받아들였다(행 6 : 5-6).
      3. 문제는 해결되었다(행 6 : 7).
         a. 필요가 채워졌다.
         b. 성장은 지속되었다.

   B. 성장으로 인한 우리들의 문제도 평신도 지도자들을 임명함으로 해결할 수 있다.

      1. 교회의 주차 문제는 평신도 사역팀을 만들어, 그들로 하여금 더 효율적으로 주차 안내를 계획하고 시행하도록 한다.
      2. 영아실의 문제도 젊은 아기 엄마들과 실내장식 전문가로 구성된 사역팀을 만들어, 그들로 하여금 영아실을 확장하고 장식하는 일을 행하도록 한다.

## § 3부 4장 즉시적인 양식에 따른 설교의 실례

설교본문 : 누가복음 17 : 11~19

Move 1 : 나병환자들은 부르짖었다. "우리를 불쌍히 여겨 주십시오." 우리는 그들을 이해할 수 있다.

Move 2 : 예수님께서는 어떻게 응답하시는가? "가서"라고 명령하신다. 하나님의 권위로 말씀하신다.

Move 3 : 그래서 그들은 갔다. 믿음은 예수 그리스도의 말씀을 행하는 것이다.

Move 4 : 그러나 믿음이 단지 순종뿐이라면, 그것은 죽은 것이요, 율법화될 수 있다.

Move 5 : 한 사람은 예배하기 위하여 돌아왔다-크리스천의 예배는 감사를 드리는 것이다.

Move 6 : 크리스천의 삶은 순종과 예배의 양면을 가지고 있다.

## § 3부 4장 숙고하는 양식을 따른 설교의 실례

설교본문 : 누가복음 12 : 22~34

Move 1 : 우리는 일용할 양식에 대하여 염려할 때가 많다(눅 12 : 22).

Move 2 : 이러한 걱정은 먹고 살아가는 문제를 삶의 가장 중요한 관심사로 만든다(눅 12 : 30).

Move 3 : 그런데 예수님께서는 삶은 먹는 것보다 더 소중하다고 말씀하신다(눅 12 : 23).
Move 4 : 걱정과 염려는 우리가 하나님께서 의도하시는 삶을 체험하는 것을 방해한다(눅 12 : 29-30, 34).
Move 5 : 그렇기 때문에 하나님께서 우리의 필요한 것을 공급해 주신다는 것을 신뢰할 필요가 있다(눅 12 : 27-28).
Move 6 : 참된 삶은 하나님 나라를 추구하고 경험하는 데서 발견된다(눅 12 : 31-34).

## 3부 4장 실천 양식에 따른 설교의 실례

주로 제목 설교에서 사용된다.
특정한 본문이 없음.
Move 1 : 복음은 '하나님은 사랑'이라고 말한다.
Move 2 : 그렇다면 참혹한 재난은 무엇으로 설명될 것인가?
Move 3 : 자연은 하나님과 분리되는 것이라고 말할까? 그렇다면 하나님은 하나님이 아니시다.
Move 4 : 비극은 하나의 배움의 경험이라고 주장할까? 그렇다면 하나님은 선하신 분이 아니다.
Move 5 : 단 하나의 대답은 십자가에서 보여 주신 하나님을 바라보는 것이다.
Move 6 : 고난 가운데 하나님께서 우리와 함께하심을 깨닫고, 믿음으로 하나님을 붙잡자.

## 3부 4장 즉시적인 양식을 따른 설교의 실례

설교본문 : 누가복음 24 : 13~35
설교제목 : 우리는 홀로 걷지 아니한다(You'll Never Walk Alone)
설 교 자 : 계지영 목사(버트릭은 예화보다는 이미지를 사용한다. 그러나 좋은 예화는 청중들로 하여금 복음을 체험할 수 있게 하기에, 이 설교에서는 예화를 사용하였다.)

움직임 1 : 실망과 슬픔 속에서 고향으로 내려가는 별로 알려지지 않은 두 제자에게 부활하신 주님은 오셨다.
움직임 2 : 스승을 잃어버린 두 제자는 이제 외로움과 슬픔 속에서 살아야 한다고 생각하면서 고향으로 내려가고 있었는데, 그 순간에도 부활하신 주님은 그들과 동행하고 계셨다.
움직임 3 : 그런데 3년 동안이나 예수님을 따라다닌 두 제자가 낯선 여행객으로 오신 예수님을 알아보지 못한 것은, 그들이 부활하신 예수님을 무덤 속에 가두어 놓고 있었기 때문이다.
움직임 4 : 그리스도의 십자가의 대속의 죽음과 부활을 아직도 깨닫지 못한 두 제자들에게 부활하신 주님은 성경 전체에서 자신에 관하여 예언된 말씀을 설명하고 풀이해 주셨다.
움직임 5 : 말씀을 더 듣기 원하는 두 제자는 그들의 집에 낯선 여행객을 초청한다. 부활하신 주님이 식탁에서 떡을 가지고 기도하신 후에 떼어 두 제자에게 나누어 주는 순간 그들의 눈이 열려 부활하신 주님을 알아보았으나, 주님은 그들의 앞에서 사라지셨다.
움직임 6 : 실망과 슬픔, 외로움으로 가득 찼던 두 제자는 부활하신 주님을 만난 후, 기쁨과 소망, 감격으로 가득 차, 부활의 기쁜 소식을 다른 제자들에게 나누기를 원하였다. 부활의 기쁜 소식은 이웃과 더불어 나누어야만 한다.

[서론] 엠마오로 가는 두 제자에게 부활하신 예수님께서 나타나셔서, 그들과 같이 길을 걸어가시며 대화하시고, 또 같이 떡을 나누신 이야기는 신약성서에서 가장 감동적이고 아름다운 이야기 가운데 하나입니다. 성경에 보면 예수님을 따라다닌 사람들 가운데는 부르심을 받은 12명의 제자들이 있었고, 그 외에도 70명의 제자들이 있었습니다. 그들은 예수님을 통하여 이스라엘 민족의 꿈이 이루어지기를 소원했습니다. 그들은 예수님께서 하늘의 권세를 가지고 기적적으로 로마 점령군들을 물리치시어, 다윗 왕 시대처럼 이스라엘을 정치적 강국, 그리고 솔로몬 왕 시대처럼 경제적으로 부강한 나라로 만드시기를 희망하고 예수님을 좇았습니다. 그들은 이러한 기대를 가지고 많은 것을 희생하며 예수님을 따라다녔는데, 이제 그들의 희망이 한순간의 꿈처럼 다 사라져 버렸습니다. 왜냐하면 이스라엘을 구원하실 메시야라고 기대했던 예수님께서 그만 종교 지도자들의 미움을 받아 붙잡히신 다음, 빌라도 로마 총독에게 넘겨져 십자가형을 받으시고 죽으신 후 무덤에 장사되었기 때문이었습니다.

[움직임 1] (여는 말) 오늘 본문을 보면 글로바라는 이름을 가진 사람과 다른 제자 한 사람이 엠마오로 내려가고 있는데, 대부분의 성서학자들은 글로바와 같이 길을 걸어간 제자는 글로바의 아내라고 추측하고 있습니다. 여기에서 우리는 부활하신 주님께서 그를 따르던 사람들 가운데서도 별로 알려지지 않은 글로바와 그의 아내에게 나타나셨다는 점에 주목해야 합니다. (발전) 예수님을 따르던 사람들 가운데 가장 중요한 사람들은 열두 제자들이었고, 그중에서도 베드로와 요한, 야고보 등이 가장 영향력 있는 사람들이었습니다. 즉, 예수님을 따르는 사람들 가운데 주요 인물(VIP)이며 대단한 사람(Somebody)이 되는 사람들은 예수님의 열두 제자들이었고, 그중에서도 베드로와 요한, 그리고 야고보가 가장 중요한 사람들이라는 것입니다. 그런데 예수님께서는 제자들 가운데 대단한 사람(Somebody)이며 VIP가 되는 사람들에게 나타나시지 않고, 별로 중요한 인물이 아닌 보잘것없는 사람(Nobody)인 글로바와 그의 아내에게 나타나신 것입니다. 또한 주님은 화려한 장소가 아니고 엠마오라는 벽촌으로 향하는 먼지 나는 시골길에 나타나셨습니다. 이것은 무엇을 말하고 있습니까? 부활하신 주님은 오늘날 우리들에게도 자신을 보이

신다는 것입니다. 지극히 일상적인 우리들의 삶의 현장, 평범한 삶을 살아가고 있는 우리들에게도 부활하신 주님은 오신다는 것입니다. 예수님께서는 마지막 만찬을 제자들과 나누시면서 "내가 너희를 고아와 같이 버려두지 아니하고 너희에게로 오리라"(요 14 : 18)라고 약속하셨습니다. 실망과 패배감, 좌절감과 절망, 그리고 외로움 속에서 고향으로 내려가던 두 제자에게 오셨던 주님은 오늘 우리들의 삶의 현장에도 오셔서, 우리에게 소망과 믿음, 그리고 용기와 능력을 부어 주십니다. (닫는 말) 부활하신 주님은 예수님을 따르던 사람들 가운데에서도 변두리에 서 있는 두 제자에게, 대단한 사람이 아니라 보잘것없는 사람에게, 평범한 우리와 같은 사람들에게 오셨습니다.

[움직임 2] (여는 말) 글로바와 그의 아내는 그들의 소망의 근거였던 예수님께서 십자가 위에서 죽으셨기에, 이제 예수님 없는 삶, 즉 외로움과 실망, 그리고 슬픔에 가득 찬 인생을 걸어갈 수밖에 없다고 생각했습니다. 그러나 실상은 그들이 패배감과 낙심 속에서 엠마오를 향하여 걸어가고 있었을 때, 부활하신 주님은 그들과 가까이 동행하고 계셨습니다. (발전) 그들은 예수님에게 기대했던 모든 꿈이 신기루처럼 사라지자, 극심한 좌절, 패배감, 그리고 슬픔에 젖어 예루살렘으로부터 약 7마일 떨어진 곳에 있는 그들의 고향인 엠마오로 내려가고 있었습니다. 물론 글로바와 그의 아내도 마리아를 비롯한 여인 몇 명이 무덤가에 갔다가 부활하신 주님을 만났다는 소문을 들었습니다. 그러나 그들은 예수님의 부활에 관한 소식을 아무 근거 없는 여인들의 헛된 상상이나, 환상적 이야기 정도로 생각했습니다. 예수님에 관하여서는 이제 모든 것이 다 끝난 것으로 그들은 생각했습니다. 실망과 슬픔 속에서 고향 땅 엠마오로 내려가는 그들에게 부활하신 예수님께서는 낯선 여행자로 오셔서, 그들과 함께 길을 걸어가시며 그들의 대화에 끼어들게 됩니다. 그들이 실망 속에서 엠마오를 향하여 걸어가고 있었을 때, 부활하신 주님은 그들과 가까이 동행하고 계셨다는 것입니다. 오늘 우리 가운데 패배감, 실망과 좌절감에 젖어 있는 분들이 있습니까? 부활의 승리자 되시는 주님은 성령 안에서 우리의 슬픔, 실망, 좌절감에 참여하시며, 우리와 함께 인생 길을 걸으시며, 우리에게 소망과 용기, 능력을 부어 주신다는 사실을 믿으시기를 바랍니다.

[이미지 또는 예화] 인종차별이 심했던 미국의 남부 아칸소 주에 마야 안젤루(Maya Angelou)라는 흑인 소녀가 이혼한 어머니와 함께 할머니 집에서 살고 있었습니다. 그녀가 8살 때 그녀는 어머니의 남자 친구에게 성폭행을 당하였고, 그 후유증으로 말하는 능력을 상실하여 6년간 말을 하지 못하기도 했습니다. 가난한 소녀 시절에 그녀를 지탱해 준 것은 교회 생활이었습니다. 어느 여름방학 때 그녀는 샌디에이고에서 살고 있는 이혼한 아버지 집에 갔는데, 아버지의 여자 친구와 말다툼이 벌어져 그녀로부터 매를 몹시 맞아, 아버지 집에서 도망 나와 폐차장에 버려진 자동차 안에서 잠을 자며 한여름을 보내었다고 합니다. 16살 때 그녀는 고등학교를 졸업하면서 아기

를 가진 어머니가 되었고, 19살 때부터는 마약에 손을 대기 시작했으며, 남자 친구를 먹여 살리기 위해 길거리에서 몸을 파는 생활도 했습니다. 이러한 밑바닥의 삶을 살면서 그녀는 신앙을 버렸습니다. 그러나 그녀의 마음 깊은 곳에는 어떠한 굶주림이 있었습니다. 그녀는 댄스, 시, 음악, 연극에 관심을 갖기 시작했습니다. 어느 날 그녀는 목소리 교정 훈련(Voice Training)을 받게 되었는데, 선생님은 그녀에게 신앙적인 내용이 담긴 글을 읽으라고 했습니다. 그 글의 마지막 문장은 "하나님은 나와 함께 계시며, 나를 사랑하신다."였습니다. 그녀가 그 문장을 읽자, 선생님은 다시 읽으라고 말했습니다. 그녀가 주어진 글을 읽으면서 마지막 문장인 "하나님은 나와 함께 계시며, 나를 사랑하신다."를 읽었을 때에는 무관심과 냉소적인 마음으로 읽었습니다. 그러자 음성 훈련 선생님은 그녀가 읽는 것이 마음에 들지 않는다며, 감정이입을 하여 다시 한번 읽으라고 말했습니다.

그녀는 다음과 같이 말합니다. "일곱 번이나 되풀이하여 '하나님은 나와 함께 계시며, 나를 사랑하신다.'라는 말을 소리 내어 말하게 되었을 때, 나는 이 말이 사실일지도 모른다는 생각을 하게 되었다. 하나님께서 나, 마야 안젤루를 진정으로 사랑할 수 있다는 가능성이 있음을 알게 된 것이다. 나는 이 말이 포함하고 있는 놀라운 의미로 인하여 눈물을 흘리기 시작하였다. 하나님이 나와 함께 계시며 나를 진정으로 사랑하신다면, 나는 놀라운 일을 할 수 있다는 것을 깨닫게 되었다. 하나님께서 나와 함께하시며 나를 진정으로 사랑하신다면, 나는 위대한 일들을 시도해 볼 수 있고, 무엇이든지 배울 수 있으며, 어느 것이든지 성취할 수 있다는 사실을 믿게 되었다. 하나님께서 나와 함께하신다면 무엇이 나를 대적할 수 있겠는가? 나 한 사람이라 할지라도, 나는 무적의 사람이 될 수 있다는 사실을 믿게 된 것이다." 그녀가 "하나님이 나와 함께 계시며, 나를 사랑하신다."는 말씀을 믿게 되었을 때, 그녀의 마음이 뜨거워졌고, 그녀는 인종차별을 받는 흑인 여성이 아니라 하나님의 귀한 자녀임을 믿게 되었습니다. 희망과 용기와 자신감을 가지게 된 것입니다. 그녀의 삶에 커다란 전환점이 이루어졌습니다. 그녀는 현재 미국에서 가장 널리 알려진 시인이며 문필가가 되었고, 웨이크 포레스트 대학의 영문학 교수로 있으며, 1993년 클린턴 대통령 취임식 때 축시를 낭독하기도 했고, 자서전적인 책 「새장에 갇힌 새가 왜 노래하는지 나는 아네」를 포함한 9개의 베스트셀러를 저술하기도 했습니다. (닫는 말) 글로바와 그의 아내는 이제 예수님이 없는 세상, 외로움과 실망, 슬픔에 가득 찬 인생을 걸어갈 수밖에 없다고 생각했습니다. 그러나 실상은 그들이 절망과 실망 속에서 엠마오를 향하여 걸어가고 있었을 때, 부활하신 주님은 그들과 가까이 동행하고 계셨습니다.

**[움직임 3]** (여는 말) 글로바와 그의 아내가 슬픔에 젖어 그들의 고향인 엠마오로 내려갈 때, 부활하신 예수님께서는 그들 가까이 오셔서 그들과 함께 길을 걸어가며 이야기를 나누셨으나, 그들의 눈이 가리어져 예수님을 알아보지 못하였습니다. 그들은 예수님을 아직도 무덤 속에 가

두어 놓고 있었던 것입니다. (발전) 이 점이 잘 이해가 되지 않습니다. 글로바와 그의 아내는 3년 동안이나 예수님을 따라다닌 사람들입니다. 그들은 예수님의 억양, 음성, 모습, 제스처, 걸음걸이 등 예수님의 모든 행동에 익숙한 사람들입니다. 그럼에도 불구하고 그들은 그들에게 다가오신 예수님을 알아보지 못했습니다. 왜 예수님을 알아보지 못했습니까? 그 이유는 무엇입니까? 그 이유는 그들이 예수님께서 부활하시리라고 전혀 생각하지 못했기 때문이었습니다. 그들은 예수님께서 십자가상에서 죽으심으로 모든 것이 끝났다고 생각했습니다.

그런데 예수님께서는 제자들과 그를 따르는 사람들에게 인자가 종교 지도자들에게 붙잡혀 고난을 당하고 십자가상에서 죽은 후, 제3일에 다시 부활하실 것이라고 한 번도 아니고, 여러 번 언급하며 가르치셨습니다. 예를 들자면 마가복음 10 : 33~34에 예수님께서 제자들에게 말씀하십니다. "보라 우리가 예루살렘에 올라가노니 인자가 대제사장들과 서기관들에게 넘겨지매 그들이 죽이기로 결의하고 이방인들에게 넘겨주겠고 그들은 능욕하며 침 뱉으며 채찍질하고 죽일 것이나 그는 삼 일 만에 살아나리라 하시니라" 이처럼 예수님께서는 그가 십자가상에서 죽으셨다 삼 일 후에 부활하실 것이라고 제자들과 그를 따르는 사람들에게 여러 번 말씀해 주셨으나, 그들은 이러한 말씀에 귀를 기울이지 않았습니다.

사람들은 듣고 싶은 이야기만 듣고, 듣기 싫은 이야기는 한 귀로 흘러버립니다. 예수님의 열두 제자들은 물론, 글로바와 그의 아내도 예수님께서 십자가상에서 고난을 받고 죽으셨다 삼 일 후에 부활하신다고 하신 말씀을 듣지 않았습니다. 듣고 싶은 이야기가 아니었기 때문입니다. 그들이 듣고 싶은 이야기는 예수님께서 기적으로 로마 군대를 물리치시고 이스라엘의 왕이 되는 이야기였습니다.

[이미지 또는 예화] 독일의 세계적인 가톨릭 신학자인 한스 큉(Hans Kung)은 우리의 생각이나 관점, 어떠한 신조, 교리, 전통과 관습에 예수님을 가두어 놓을 수 없다며 다음과 같이 말합니다.

예수님은 많은 사람들을 넘어지게 하는 걸림돌이셨다. 예수님은 사람들이 원하며 기대하는 역할을 행하지 않으셨다. 현 사회의 질서유지와 사회 안정을 원하는 사람들의 입장에서 볼 때, 예수님은 혁명적이셨다. 반면에 혁명 분자들의 입장에서 볼 때, 비폭력과 사랑을 주장하는 예수님은 너무 실망스러운 분이었다. 금욕주의자들에게는 포도주를 즐기며 죄인들과 함께 친교하는 예수님은 너무나 세상적이셨다. 또한 세상과 짝하고 사는 사람들의 입장에서 볼 때, 예수님은 너무나 비타협적이셨다. 율법주의자들에게 예수님은 너무나 자유로웠고, 자유주의자들에게 예수님은 너무나 율법주의자처럼 보였다.

글로바와 그의 아내는 예수님의 가르침, 즉 그리스도가 십자가상에서 죽으셨다 3일 후에 부활하실 것이라는 말씀을 듣고 싶어 하지 않았기에, 예수님을 아직도 무덤에 가두어 놓고 있었던 것입니다. 예수님의 시체가 장사되어 무덤에 묻혀 있을 것으로 생각했기에, 부활하신 예수님을 알아보지 못한 것입니다. 성경에는 우리를 위로하고 격려해 주는 말씀들이 있습니다. "너희는 위로하라 내 백성을 위로하라"(사 40 : 1). 반면에 "누구든지 나를 따라오려거든 자기를 부인하고 자기 십자가를 지고 나를 것이니라"(막 8 : 34)와 같은 말씀도 있습니다. 우리는 성경을 읽을 때, 내가 듣고 싶은 이야기만 들어서는 아니 될 것입니다. 나를 책망하시고, 나의 죄를 깨닫게 하며, 나의 회개를 촉구하는 말씀도 마음의 문을 열고 들을 수 있어야 합니다. (닫는 말) 글로바와 그의 아내는 예수님을 무덤 속에 가두어 놓고 있었기에, 그들과 동행하시며 대화를 나누시는 부활하신 예수님을 알아보지 못했습니다.

[움직임 4] (여는 말) 아직도 그리스도의 십자가상의 대속의 죽음과 부활의 복음을 깨닫지 못하는 두 제자에게 부활하신 주님은 성경 전체에서 그에 관하여 예언된 말씀들을 설명하며 풀이해 주십니다. (발전) 엠마오로 가는 두 제자에게 오신 주님은 그들에게 물으셨습니다. "너희가 길 가면서 서로 주고받은 이야기가 무엇이냐?" 글로바와 그의 아내는 얼굴에 슬픈 표정을 지으며 걸음을 멈추고 말합니다. "예루살렘에 머물러 있었으면서, 이 며칠 동안에 거기에서 일어난 일을 혼자서만 모른단 말입니까?" 그러자 예수님께서는 그들에게 "무슨 일이냐?"라고 다시 물으셨습니다. 그러자 그들은 대답했습니다. "나사렛 예수와 관련된 일입니다. 그는 하나님과 모든 백성 앞에서 행동과 말씀에 힘이 있는 예언자이셨습니다. 그런데 우리의 대제사장들과 지도자들이 그를 법정에 넘겨주어서 사형 선고를 받게 하고, 십자가에 못 박아 죽였습니다. 우리는 그분이야말로 이스라엘을 구원하실 분이라는 것을 알고서 그에게 소망을 걸고 있었던 것입니다. 그런 일이 있은 지 벌써 사흘이나 되었습니다."
그들은 계속 말했습니다. "우리 가운데 몇몇 여자가 우리를 놀라게 했습니다. 그들은 새벽에 무덤에 갔다가 예수님의 시신을 찾지 못하고 돌아와서 하는 말이, 천사들을 만났는데, 천사들이 예수께서 부활하셨다고 그들에게 말했다는 것입니다. 그래서 우리 몇 사람이 무덤으로 가 보니 여인들의 말대로 시신은 없었고, 우리는 예수님을 보지 못했습니다." 글로바와 그의 아내는 슬픔과 실망에 젖어 이와 같이 말하고 있었습니다. 그들의 심정은 21절의 말씀에 가장 잘 표현되어 있습니다. "우리는 그분이야말로 이스라엘을 구원하실 분이라는 것을 알고서, 그에게 소망을 걸고 있었던 것입니다." 그러나 이제는 모든 것이 다 끝난 것으로 그들은 생각하고 있었습니다. 환멸과 실의에 가득 찬 그들의 이야기를 다 들으신 예수님께서는 말씀하셨습니다. "너희는 정말 미련하고 예언자들이 말한 모든 것을 더디 믿는구나! 그리스도가 이런 고난을 받고 자기 영광에 들어가야 하지 않느냐?" 이어서 예수님께서는 그들에게 모세와 모든 예언자들로부터 시작하여, 성경 전체에서 자기에 관하여 예언된 기사를 다 설명해 주셨습니다. 성도 여러분! 성경은 예수

그리스도를 통하여 인간을 구원하시는 하나님의 구원의 이야기입니다. 구약성경은 하나님께서 구원자 되시는 예수 그리스도를 보내 주시겠다는 약속입니다. 신약성경은 하나님께서 주 예수 그리스도를 이 세상에 보내 주시어 그의 십자가와 부활을 통하여 인간을 구원하시는 사역이 성취되었음을 증언하고 있습니다. 성경의 주제는 예수 그리스도입니다. (닫는 말) 이제 성경의 주제가 되시는 예수님께서 성경에 예언된 하나님의 구원의 계획, 그리스도의 십자가와 부활을 통하여 인간을 구원하시려는 하나님의 구원의 계획을 두 제자에게 자세하게 설명해 주시고, 가르쳐 주시며, 개인 교수를 해 주십니다. 예수님 당시에 녹음기나 비디오카메라가 있어 예수님께서 글로바와 그의 아내에게 하나님의 구원의 계획을 설명해 주시는 장면을 녹화할 수 있었더라면 얼마나 좋았겠는가 우리는 생각해 보기도 합니다. 아마도 예수님께서는 글로바와 그의 아내에게 구약 성서에서 예언된 수많은 메시야에 관한 예언 중에서, 특히 시편 16편과 이사야 53장의 말씀을 강조하시며 설명해 주셨을 것입니다.

[움직임 5] (여는 말) 어느덧 고향에 도착한 두 제자는 말씀을 더 듣기를 원해, 예수님을 그들의 집으로 초청을 합니다. 식탁에서 낯선 여행객이 떡을 떼어 축복하시고 그들에게 나누어 주실 때에야 그들은 눈이 열려 낯선 여행객이 부활하신 주님인 것을 알아보았으나, 주님은 더 이상 그들에게 보이지 않았습니다. (발전) 부활하신 예수님께서 엠마오로 내려가는 두 제자들과 함께 길을 걸어가시면서 성경 말씀을 풀이해 주시는 시간은 너무나도 빨리 지나갔습니다. 엠마오 마을에 가까이 이르렀을 때, 이미 날이 저물어 가고 있는데도 낯선 여행객이 더 멀리 길을 가려고 하자 글로바와 그의 아내는 그를 강력하게 만류했습니다. "저녁때가 되어 날이 이미 저물었습니다. 우리와 함께 묵었다가 가십시오." 그러자 예수님은 그들과 함께 묵으려고 따라 들어가셨습니다.

한국에서 출판된 표준새번역 개정판은 오늘 본문의 28절을 "그런데 예수께서는 더 멀리 가시려는 척하셨다."라고 번역하고 있습니다. 이것은 아주 잘못된 번역입니다. 예수께서는 더 멀리 가시려는 척하는 행동을 하시지 않으시는 분입니다. 예수께서 더 멀리 가시려고 하신 것은 하나의 제스처가 아닙니다. 한번 그렇게 말해 본 것이 아닙니다. 예수님은 우리의 초청을 받으셔야만 우리에게 오십니다. 강압적으로 우리 마음속에 오려고 하지 않으십니다. 강제적으로 문을 부수고 들어오지 않으십니다. 우리가 마음의 문을 열고, 기쁨으로 주님을 초청하여야 우리 마음에 들어오십니다. 요한계시록 3 : 20에 보면 주님은 "볼지어다 내가 문 밖에 서서 두드리노니 누구든지 내 음성을 듣고 문을 열면 내가 그에게로 들어가 그와 더불어 먹고 그는 나와 더불어 먹으리라"라고 말씀하십니다. 우리가 마음의 문을 열고 기쁨으로 주님을 초청할 때, 우리 마음의 중심에 오시는 것입니다.

글로바와 그의 아내가 낯선 여행객의 말씀을 더 듣기 위하여 그를 강권적으로 초청할 때, 부활하신 주님은 그들의 집으로 들어오신 것입니다. 예수님께서 그들과 함께 식탁에 앉아 빵을 들고 감사 기도를 드리신 후에 빵을 떼어서 그들에게 주시자, 비로소 그들의 눈이 열려 예수님을 알아보게 된 것입니다. 그들의 눈이 밝아져 낯선 여행자가 부활하신 주님인 것을 알아보게 된 그 순간 예수님은 그들의 눈에 더 이상 보이지 않았습니다. 32절에 보면 "그들이 서로 말하되 길에서 우리에게 말씀하시고 우리에게 성경을 풀어 주실 때에 우리 속에서 마음이 뜨겁지 아니하더냐"라고 말했습니다.

글로바와 그의 아내가 엠마오로 내려오는 길에서 낯선 여행자로 그들에게 오신 예수님이 성경 말씀을 풀어 설명해 주셨을 때, 그들의 마음이 뜨거워졌고, 그들이 말씀을 더 듣고자 낯선 여행객을 집안으로 초청하여 그와 함께 식탁에서 교제를 가지게 되었을 때, 그들은 비로소 낯선 여행객이 부활하신 주님인 것을 알게 된 것입니다. 성도 여러분! 이러한 일은 오늘 우리에게도 일어날 수 있습니다. 우리가 고요한 시간에 말씀을 읽고 묵상하며 기도를 통하여 주님과 교제하면, 주님은 성령 안에서 우리의 마음을 뜨겁게 하시며, 우리를 만나 주십니다.

[이미지 또는 예화] 어느 중년의 남자가 그리스도를 주님으로 영접하고 신앙생활을 시작했는데도, 마음 어딘가에 공허감을 느꼈습니다. 무엇이라고 꼬집어 말할 수는 없지만, 무엇인가 그의 삶에서 부족한 것, 결여된 것이 있는 것 같았습니다. 그는 예수 믿기 전에는 내가 기독교인이 된다면 즉각적으로 기쁨과 평강, 행복과 만족감으로 충만해질 것으로 생각했었습니다. 그런데 예수님을 믿고 난 후에도 마음이 계속하여 공허하기 때문에, 내가 기독교인이 된 것이 잘못된 일인가라는 생각까지 하게 되었습니다. 어느 날 그는 성경을 읽다가 깨닫게 되었습니다. 예수님께서 나를 죄에서 구원해 주심으로 나는 하나님의 자녀가 되었지만, 내 마음의 공허감을 말씀으로 채워야 함을 알게 된 것입니다. 예수님께서 광야에서 사탄의 시험을 받으실 때, "사람이 떡으로만 살 것이 아니요 하나님의 입으로부터 나오는 모든 말씀으로 살 것이라"라는 말씀을 읽게 되었을 때, 그는 깨닫게 되었습니다. "아하, 내 마음의 공허감은 말씀으로 채워야 하는구나." 그리하여 그는 날마다 규칙적으로 하나님의 말씀을 영의 양식으로 삼고, 기도에 힘쓰며, 성령 충만함을 갈망하게 되었습니다. 그러자 그의 마음속에는 뜨거움, 충만함, 만족감이 있게 되었다고 합니다. 그는 하나님의 놀라운 사랑과 은혜를 더 깊게, 더 넓게 알게 되는 기쁨을 맛보게 된 것입니다.

성도 여러분! 여러분들도 마음이 뜨거워지고, 주님을 만나는 체험을 가지기를 원하십니까? 그렇다면 성경 말씀으로 나의 영의 양식을 삼고, 날마다 기도로 주님과 가까이 교제하여야 합니다. 성경을 읽을 때, 우리는 성경이 나를 향한 하나님의 말씀이라고 믿어야 합니다. 성경의 권위를 인정하고 받아들여야 합니다. 성경을 읽을 때에는 성경을 기록한 사람의 마음을 감동시키신 성령님께서 오늘 말씀을 읽는 나의 마음도 열어 주시고 감동시켜 주실 것을 간구해야 합니다. 말씀을 여러 번 읽고, 읽은 말씀이 나에게 무엇을 의미하는지 깊이 묵상하며, 오늘 읽은 말씀을 통하여 나에게 주시는 하나님의 음성을 듣고, 그 말씀대로 실천하며 살 수 있도록 능력 부어 주시기를 기도해야 합니다. 날마다 말씀과 기도를 통해 하나님과 교제할 때, 우리는 성령 안에서 주님을 만나는 체험을 가질 수가 있습니다. 날마다 뜨거워져서, 날마다 주님을 만나는 체험을 가지시는 성도님들이 다 되시기를 원합니다.

(닫는 말) 글로바와 그의 아내가 예수님을 알아보았을 때, 예수님은 순식간에 사라지셔서 그들의 눈에 더 이상 보이지 않으셨습니다. 그 이유는 우리가 믿음으로 살지, 눈에 보이는 것으로 살지 않기 때문입니다. "이는 우리가 믿음으로 행하고 보는 것으로 행하지 아니함이로라"(고후 5 : 7). 또 "우리가 주목하는 것은 보이는 것이 아니요 보이지 않는 것이니 보이는 것은 잠깐이요 보이지 않는 것은 영원함이라"(고후 4 : 18). 여러분과 저는 부활하신 주님을 눈으로 보지 않아도 믿음으로 살 수 있게 되었습니다. 부활하신 주님은 우리에게 약속하셨습니다. "볼지어다 내가 세상 끝날까지 너희와 항상 함께 있으리라" 우리 모두는 주님께서 주신 이 말씀, 우리와 영원토록 함께 계시겠다는 약속을 믿을 수 있게 되기를 바랍니다.

[움직임 6] (여는 말) 부활하신 주님을 만난 글로바와 그의 아내는 어떻게 되었습니까? 실망과 좌절, 슬픔의 삶이 기쁨과 소망과 감격으로 가득 차, 그들은 주님을 만난 기쁜 소식을 다른 제자들에게 전하기 위하여 그날 저녁 즉시 예루살렘에 올라갔습니다. (발전) 이미 날이 저물어 밤길에 예루살렘에 올라간다는 것은 매우 위험한 일이었습니다. 한밤중에 강도들이 숨어 있다가 여행객들을 습격하는 경우도 많이 있었고, 사나운 짐승들의 위험도 있었습니다. 그날 저녁은 푹 자고 다음날 아침 일찍이 길을 떠나도 되었습니다. 그러나 그들은 부활하신 주님을 만난 감격을 그들만 홀로 간직할 수가 없었습니다. 부활의 기쁜 소식을 속히 이웃들과 나누어야만 했습니다. 그렇기 때문에 그들은 예루살렘으로 즉시 돌아가 이 기쁜 소식을 예수님의 열한 제자를 포함한 다른 사람들과 나누었던 것입니다. 오늘 우리들에게 부활의 기쁜 소식을 이웃과 나누고자 하는 뜨거운 마음이 있습니까?

[이미지 또는 예화] 어느 양로원에 몸을 잘 움직이지 못하는 할머니가 있었습니다. 몸이 건강했을 때에는 열심히 주를 섬기던 분이었는데, 나이가 많아 하루의 대부분을 안락의자에 앉아 시간을 보내고 있었습니다. 그런 이 상황 속에서도 어떻게 구원의 기쁜 소식을 나눌 수 있는가를 생각하던 중, 하나님께서 그녀에게 지혜를 주셨습니다. 그 할머니는 예수님을 믿지 않는 대학생을 고용하기로 했습니다. 시간당 얼마씩 주기로 정하고 일주일에 세 번씩 와서 2시간가량 성경을 읽어 달라고 했습니다. 나이가 많아 노안이 되었기에 성경을 잘 읽지 못하니, 옆에서 성경을 읽어 주면 시간당 얼마를 주겠다는 것입니다. 아르바이트를 하는 대학생은 일주일에 세 번씩 할머니에게 와서 신약성경을 읽어 주기 시작했습니다. 마태복음, 마가복음, 누가복음, 요한복

음, 사도행전, 로마서 등의 순서대로 읽어 내려갔습니다. 그러다가 중요한 구절이 나오면 할머니는 대학생에게 반복하여 다시 읽어 달라고 부탁을 하기도 했습니다. 그러면서 할머니는 예수님이 그녀에게 무엇을 의미하는지를 대학생과 자연스럽게 나누기도 했습니다. 그런데 할머니에게 성경을 읽어 주던 대학생들이 성경을 읽는 가운데 감동을 받아 예수님을 믿게 된 경우가 많이 있었다고 합니다. 이 할머니는 이러한 방법을 통하여 일 년 동안에 두세 명의 대학생들을 예수 믿게 할 수 있었다고 합니다. 이 할머니는 글로바와 그의 아내처럼 부활의 기쁜 소식을 이웃과 나누는 사람이었습니다. (닫는 말) 부활의 기쁜 소식은 여러분들을 통하여 이웃들에게 나누어져야 합니다.

**[결론]** 글로바와 그의 아내는 낙심과 절망, 그리고 슬픔에 사로잡혀 엠마오로 내려갔지만, 살아계신 주님을 만남으로 그들의 슬픔이 기쁨으로, 불안이 평강으로, 낙심이 소망으로, 무력함이 능력으로 변화됨을 체험했습니다. 오늘 우리들에게도 이러한 사건이 일어나기를 원합니다. 오늘 우리들의 예배 가운데 성령으로 임재하시는 살아 계신 주님을 만나, 우리 모두가 기쁨과 환희와 능력과 소망의 사람으로 변화되는 역사가 있기를 원합니다. 날마다 말씀 묵상과 기도를 통하여 부활하신 주님을 만나는 기쁨이 여러분에게 있기를 소원합니다.

## §3부 5장 네 페이지 설교의 두 가지 실례

### 누가복음 15 : 11~32에 나오는 탕자

Page 1    본문 안에 있는 문제
         탕자는 아버지의 유산을 다 낭비하였다.
Page 2    오늘 세상에 있는 문제
         우리들도 하나님이 주신 선물을 낭비하고 있다.
Page 3    본문에서 보여 주시는 하나님의 은혜
         탕자의 아버지는 그의 사랑을 아낌없이 베풀었다.
Page 4    오늘날 세상 안에서 역사하시는 하나님의 은혜
         우리에게 베푸시는 하나님의 사랑에는 부족함이 없다.

### 요한복음 4장에 나오는 우물가의 사마리아 여인

Page 1    본문 안에 있는 문제
         사마리아 여인에게는 마실 물보다 더 필요한 것이 있었다.
Page 2    오늘 세상 안의 문제

|        | 오늘날 많은 사람들은 그들에게 필요한 것이 무엇인지를 모른다. |
|--------|------|
| Page 3 | 본문에서 보여 주시는 하나님의 은혜 |
|        | 예수님께서는 사마리아 여인에게 생명수를 주셨다. |
| Page 4 | 오늘날 세상 안에서 역사하시는 하나님의 은혜 |
|        | 예수님께서는 오늘날 우리에게도 영원한 생명수를 주신다. |

Page 1, 2, 3, 4의 순서는 경우에 따라 바꿀 수가 있으나, 대부분의 경우에 1, 2, 3, 4의 순서대로 설교를 작성하는 것이 좋다고 폴 스콧 윌슨은 말한다. 그러나 윌슨의 설교집 *Broken Words* (부서진 말씀)에 실린 15개의 설교 중에 1, 2, 3, 4의 순서대로 한 설교는 3개에 불과하며, 나머지 설교들은 2, 1 & 3 혼합(blended), 4의 순서나 1, 1 & 2 혼합, 2, 3, 4의 순서, 또는 1 & 2 혼합, 2, 3, 4의 순서, 아니면 2, 1, 2, 3 & 4 혼합, 4의 순서 등등 다양한 순서로 전개되고 있다.[8]

## § 3부 5장 네 페이지 양식에 따른 설교의 실례

설교본문 : 마가복음 10 : 46~52
설교제목 : 발걸음을 멈추신 예수님
주제문장 : 하나님은 우리의 부르짖음을 들으시고 치유의 은혜를 베풀어 주신다.
설 교 자 : 계지영 목사
하나의 교리(one Doctrine) : 한 영혼에 대한 하나님의 관심
하나의 필요(one Need) : 믿음으로 하나님께 부르짖음.
하나의 이미지(one Image) : 부르짖음.
하나의 사역(one Mission) : 성령님의 도우심을 받아 주님의 발자취를 따르는 자들이 되자.
페이지 순서 : 1, 2, 3, 4.

[서론] 오늘 본문 말씀은 예수님께서 십자가의 고난과 죽음이 기다리고 있는 예루살렘을 향하여 제자들을 데리고 올라가시는 도중에 여리고에서 일어난 사건입니다. 여리고는 예루살렘에서 동북쪽으로 약 36km 떨어진 곳에 위치한 도시로, 농업과 상업의 중심지이자 교통의 요지였습니다. 오늘 본문에 나오는 바디매오는 여리고 성 밖에서 예루살렘을 향하여 올라가는 순례자들을 상대로 구걸을 하던 거지였습니다. 당시 모세의 율법에 의하면 예루살렘 반경 24km 이내에 거

---

8) Paul Scott Wilson, *Broken Words* (Nashville : Abingdon Press, 2004).

주하는 12살 이상의 유대인 남자는 예루살렘 성전에서 거행되는 3대 명절의 예배에 참석해야 하는 의무가 있었습니다. 예수님께서 제자들과 함께 예루살렘으로 올라가시던 때는 유월절 명절 기간이라, 수많은 사람들이 여리고를 거쳐 예루살렘으로 순례의 길을 가고 있었습니다.

[Page 1] 본문 안의 문제 또는 필요성(바디매오는 다시 보기를 원했다.)

바디매오는 예루살렘으로 올라가고 내려오는 순례자들을 상대로 구걸을 하고 있었는데, 어느 날 '예수 선생'이 지나간다는 소문을 듣게 되었습니다. 예수 선생이 지나간다는 말은 그에게 너무나도 기쁜 소식이었습니다. 그동안 바디매오는 예수님에 관한 소문을 많이 들었습니다. 광야에서 떡 5개와 물고기 2마리로 남자만 5천 명을 먹이시고, 앉은뱅이를 일어나게 하셨으며, 소경의 눈을 뜨게 하시고, 죽은 나사로를 살리셨다는 예수님에 관한 소문을 바디매오는 듣고 있었습니다. 그는 이러한 소문들을 종합하여 생각해 볼 때, 예수 선생님이야말로 이스라엘을 구원하러 오신 메시야임에 틀림이 없다는 확신을 가지게 되었던 것입니다. 이사야 35 : 5~6에서 이사야 선지자는 다가올 메시야의 날에 관한 예언을 했습니다. "그때에 눈먼 사람의 눈이 밝아지고, 귀먹은 사람의 귀가 열릴 것이다. 그때에 다리를 절던 사람이 사슴처럼 뛰고, 말을 못하던 혀가 노래를 부를 것이다. 광야에서 물이 솟겠고, 사막에 시냇물이 흐를 것이다."(표준새번역) 바디매오는 이사야 선지자의 이 예언의 말씀이 예수님을 통해 이루어지고 있다고 믿게 되었습니다. 메시야이신 예수님이야말로 그의 눈을 뜨게 해 주실 분이라는 믿음을 가지게 된 것입니다. 바디매오는 예수님께서 기적을 행하시는 것을 보지 못하였습니다. 그러나 예수님에 관한 소식들을 듣고 그 소문들을 종합하여, 예수님을 주님으로 믿게 된 것입니다. 그 당시, 많은 사람들이 예수님께서 하나님 나라의 복음을 전하시는 것을 직접 보고 들었습니다. 예수님께서 죽은 자도 살리시는 일을 목도한 사람들도 있었습니다. 그러나 예수님을 내 삶의 구주와 주님으로 영접하고 믿은 사람들은 많지 않았습니다. 바리새인들과 서기관들은 예수님께서 신적인 권능으로 기적을 행하시는 것을 그들의 눈으로 현장에서 직접 목격하였으나, 그들은 예수님을 메시야로 영접하기는커녕 오히려 예수님을 죽이려고 모의하기까지 하였습니다.

그러나 눈먼 바디매오는 예수님으로부터 하나님 나라의 말씀을 직접 들은 적도 없고 기적을 베푸시는 현장에 있지도 않았지만, 예수님에 관하여 다른 사람들로부터 주워들은 소문을 토대로 예수님을 주님으로 믿게 된 것입니다. "그러므로 믿음은 들음에서 나며 들음은 그리스도의 말씀으로 말미암았느니라"(롬 10 : 17). 바디매오는 예수님께서 예루살렘을 향하여 자기 앞으로 지나가신다는 이야기를 듣고, 이 기회를 놓치지 않으려고 했습니다. 그는 예수님께서 자기가 다시 볼 수 있도록 눈을 치유해 주시기를 간절히 소망하였기에, 예수님께서 오고 계신다고 짐작되는 방향을 향하여 온 목청을 다하여 "다윗의 자손 예수여 나를 불쌍히 여기소서"라고 목이 터지도록 부르짖었습니다. 바디매오는 예수님께서 그의 부르짖는 음성을 들으시고 응답하실 때까지 계속하여 큰 목소리로 부르짖었던 것입니다. 바디매오가 예수님을 향하여 "다윗의 자손 예수여"라고 부른 것은 베드로의 위대한 신앙고백인 "주는 그리스도시요 살아 계신 하나님의 아들이시니이다"(마 16 : 16)에 이어, 신약성경에서 예수님을 인간을 구원하실 메시야로 고백하는 두 번째의 위대한 신앙고백이라고 성서학자들은 지적하고 있습니다. 바디매오가 너무 큰 목소리로 예수님을 향하여 부르짖자, 예수님 주변에 있던 사람들이 그를 꾸짖으며 조용히 하라고 말하였습니다. 예수님과 같이 길을 걸어가던 사람들은 거지 바디매오가 필경 돈을 달라고 하는 것으로 생각하였기에 그에게 조용히 하라고 책망했을 것입니다. 그러나 바디매오는 조용히 하라는 꾸짖는 말에 좌절하거나 낙심하지 않고, 오히려 더욱더 큰 소리로 예수님을 향하여 "다윗의 자손이여 나를 불쌍히 여기소서"라고 부르짖었습니다.

[Page 2] 오늘 세상 안의 문제 또는 필요성(우리는 하나님께 부르짖지 아니한다.)
오늘날 우리는 이 세상에서 감당하기 어려운 위기에 봉착하거나 큰 질병에 걸릴 때가 있습니다. 그러할 때마다 우리는 하나님의 도우심을 간구하며 부르짖습니다. 그러나 한두 번 부르짖다가 응답이 없는 것 같으면 곧 포기하고 맙니다. 더 이상 부르짖지 않습니다. 최근 건강의 문제로 교황직을 사임한 베네딕토 16세는 로마가톨릭교회의 수장으로서 교회를 이끌었던 자신의 경험을 다음과 같이 말하고 있습니다. "기쁨과 빛의 순간들도 있었지만, 쉽지 않은 순간들도 있었습니다. 교회의 역사를 통하여 있었던 것처럼, 바다가 거칠고 바람이 우리를 향하여 강하게 불어왔을 때에는 주님은 잠을 자고 계신 것처럼 생각되기도 했습니다." 예수님께서 우리의 기도를 듣지 아니하시고 주무시는 것처럼 느껴질지라도, 우리는 바디매오처럼 주님께서 은혜를 베풀어 주실 때까지 낙심하지 말고 간구해야 할 것입니다.
바디매오는 예수님께서 그의 앞을 지나가실 때, 그 순간을 놓치지 않으려고 했습니다. 그런데 오늘날 많은 사람들이 예수님을 주로 믿고 그의 말씀대로 실천하며 사는 것을 내일이나 먼 훗날로 연기하고 있습니다. 지금은 아이들 돌보는 일로, 아니면 직장 일이나 사업으로 분주하니, 앞으로 은퇴한 후 시간적 여유가 있을 때 신앙생활을 고려해 보겠다고 말하는 사람들도 있습니다. 우리는 예수님을 주님으로 영접하고 믿는 일을 내일로 연기해서는 안 될 것입니다. 나에게 내일이 주어진다고 누가 보장할 수 있겠습니까? 그러하기에 우리는 오늘이라는 시간이 나에게 주어졌을 때, 예수님을 내 삶의 구주와 주님으로 믿고 영접해야만 합니다. 오늘 주님을 만나지 않으면, 두 번 다시 기회가 주어지지 않을지도 모릅니다. 우리 모두는 이 시간 성령 안에서 예수님을 다시 한번 만나고, 그가 주시는 은혜를 받아야만 할 것입니다.

[Page 3] 본문에서 보여 주시는 하나님의 은혜(예수님께서는 바디매오의 부르짖는 소리에 걸음을 멈추시고, 그에게 치유와 구원의 선물을 주신다.)
예수 선생님이 예루살렘을 향하여 제자들과 함께 올라가고 계신다는 이야기를 들은 바디매오는

지금 이 기회를 놓치면 다시는 예수님을 만날 기회가 주어지지 않을지도 모른다는 생각에서 온 힘을 다하여 "다윗의 자손 예수여 나를 불쌍히 여기소서"라고 부르짖었습니다. 그때 예수께서는 제자들을 거느리고 예루살렘으로 올라가시고 계셨는데, 예수님은 어떠한 상황에 처해 있으셨습니까? 예수님은 곧 예루살렘에서 짊어지게 될 십자가를 생각하는 일로 마음이 무척이나 무거우셨을 것입니다. 세상 죄를 짊어지고 우리의 죄를 용서하시기 위해 십자가상에서 우리를 대신하여 대속의 죽음을 가지게 될 일로 예수님의 생각은 가득 차 있었을 것입니다.

예수님의 마음은 이처럼 십자가상에서의 대속의 죽음으로 가득 차 있었지만, 예수님께서는 가난한 눈먼 거지, 하나님의 저주를 받아 눈이 멀었을 것이라고 무시당하는 보잘것없는 사람의 마음속 깊은 곳으로부터 부르짖는 소리를 들으셨습니다. 한 영혼의 안타까운 하소연에 귀를 기울이신 것입니다. 주님은 바디매오의 소리를 들으셨을 뿐만 아니라, 가시던 발걸음을 멈추셨습니다. 온 인류를 구원하려는 위대한 구원의 사명을 수행하기 위하여 예루살렘으로 올라가시던 예수님께서 한 눈먼 사람을 위해 발걸음을 멈추신 것입니다. 세상은 눈먼 바디매오를 귀찮은 존재, 무용지물의 사람, 보잘것없는 사람(nobody)으로 보았으나, 예수님은 바디매오를 가장 소중하고 귀한 존재로 바라보신 것입니다.

"다윗의 자손 예수여! 나를 불쌍히 여기소서."라고 눈먼 바디매오가 부르짖는 소리를 들으신 예수께서는 가시던 길을 멈추시고 바디매오를 불러오라고 말씀하셨습니다. 예수님께서 바디매오를 불러오라고 말씀하셨을 때 사용한 단어는 예수님께서 그의 제자들을 부르실 때 사용하시던 단어입니다. 예수님께서 바디매오를 불러오라고 말씀하시자, 예수님 주변의 사람들이 바디매오에게 "용기를 내어 일어나시오. 예수님께서 당신을 부르시오."라고 말하였습니다. 이 말을 들은 바디매오는 겉옷을 벗어 던지고 일어나 예수님이 서 계신 곳이라고 짐작되는 방향으로 돌진했습니다. 바디매오가 "자기의 겉옷을 벗어 던지고, 벌떡 일어나서 예수께로 왔다."(표준새번역)라고 마가는 기록하고 있습니다. 겉옷은 눈먼 바디매오의 전 재산이었습니다. 겉옷은 낮에는 햇빛을 가려 주는 텐트의 역할을 하고, 밤에는 추위를 막아 그의 몸을 따뜻하게 해 주는 이불과 같은 것입니다. 겉옷은 그에게 가장 소중한 재산이었습니다. 그러나 예수님을 향하여 가는 데 거추장스러운 겉옷, 그의 재산 목록 제1호인 겉옷을 벗어 던지고, 바디매오는 예수님이 계신 방향이라고 짐작되는 곳을 향하여 나아갔던 것입니다. 히브리서 12 : 1~2에 보면 "······모든 무거운 것과 얽매이기 쉬운 죄를 벗어 버리고 인내로써 우리 앞에 당한 경주를 하며 믿음의 주요 또 온전하게 하시는 이인 예수를 바라보자······"라고 말하고 있습니다.

바디매오가 "그를 부르라"라고 말씀하시는 예수님의 음성이 들린 방향으로 예수님을 향해 나아갔을 때, 예수께서는 바디매오에게 "네게 무엇을 하여 주기를 원하느냐"라고 물으셨습니다. "선생님이여 보기를 원하나이다"라고 바디매오는 예수님께 자기의 소원을 말했습니다. '보기를 원한다'라는 말의 원어의 뜻은 다시 보기를 원한다는 의미입니다. 바디매오는 날 때부터의 장님이 아니었습니다. 그러나 성장하면서 언젠가 시력을 잃게 된 것입니다. 바디매오는 예수님께 다시 볼 수 있게 해 달라고 자기의 소원을 말하고 있습니다. 예수님 당시 유대 지방에는 수많은 소경들이 있었습니다. 그런데 대부분의 소경들은 자신의 절망적인 상황에 적응하여, 불편하지만 그런대로 앞을 보지 못하는 생활에 익숙해지면서 그들 나름대로 그 상태에 안주하여 살고 있었습니다. 정상인들은 새벽부터 밤늦게까지 땀 흘리며 일을 해야만 했지만, 소경들은 그럴 필요가 없었습니다. 길가에 가만히 앉아 지나가던 순례자들이 던져 주는 동전으로 먹고 살 수 있었습니다. 따라서 많은 소경들의 최대 관심은 눈을 뜨는 것이 아니고, 어떻게 하면 더 많은 동전을 구걸할 수 있느냐였습니다. 그러나 바디매오는 달랐습니다. 그는 유명한 랍비요 메시야이신 예수님께서 자기 앞을 지나간다는 말을 전해 들었을 때, 예수님으로부터 금과 은을 얻기를 바란 것이 아니라 눈 뜨기를 소원했습니다. 이스라엘을 구원하러 오신 메시야이신 예수님께서 그의 눈을 보게 해 주시기를 갈망했던 것입니다. 이러한 바디매오의 소원을 들으신 예수님께서는 그를 불쌍히 여기시고 "가라 네 믿음이 너를 구원하였느니라"라고 말씀하셨습니다.

예수님께서는 바디매오에게 네가 큰 소리로 부르짖었기 때문에 너를 구원하였다고 말씀하시지 않았습니다. 바디매오 주변의 사람들이 바디매오에게 시끄럽다며 조용히 하라고 책망하고 꾸짖어도, 그가 낙심하지 않고 끈기 있게 부르짖었기 때문에 그를 구원하였다고도 말씀하시지 않았습니다. 예수님께서는 "가라 네 믿음이 너를 구원하였느니라"라고 말씀하셨습니다. 그렇습니다. 바디매오가 예수님은 이스라엘을 구원하러 오신 메시야임을 믿고 부르짖었기 때문에 예수님께서는 그에게 놀라운 치유와 구원의 선물을 주신 것입니다. 다시 볼 수 있는 은혜를 체험한 바디매오는 감사와 감격에 넘쳐, 십자가의 고난과 죽음이 기다리고 있는 예루살렘을 향하여 올라가시는 예수님을 따라서 제자의 길을 걸어갔다고 마가는 말합니다.

[Page 4] 오늘날 세상 안에서 역사하시는 하나님의 은혜(예수님께서는 오늘도 우리에게 치유와 구원의 은혜를 내려 주시기를 원하신다.)

우리 모두는 소중하고 귀중한 사람이 되기를 갈망하고 있습니다. 우리는 다른 사람들로부터 인정받고 존경받기를 소원합니다. 예수님께서 예루살렘으로 올라가시다가 여리고에서 바디매오의 부르짖는 소리를 들으시고 가시던 길을 멈추셨다는 것은 우리 한 사람 한 사람이 예수님에게는 가장 소중하고 존귀한 존재임을 말해 주고 있습니다. 예수님께서 가시던 발걸음을 멈추셨다는 것은 전능하시고 영원하신 하나님에게 우리가 그분의 최고의 관심사이며, 우리의 문제가 그분에게도 최고의 문제가 된다는 것을 의미하고 있습니다. 하나님께서는 오늘도 우리가 부르짖는 소리, 하소연, 간구와 기도를 들으신다는 것을 말해 주고 있는 것입니다.

어떤 도시에서 인구조사를 하려고 담당 조사관이 어느 아파트의 초인종을 눌렀습니다. 그러자 갓난아기를 품에 안고, 뒤에는 5명의 아이들이 줄줄이 매달린 어느 부인이 문을 열었습니다. 인구조사 담당관이 그 부인에게 "이 집에 아이들이 몇 명이나 됩니까?"라고 질문을 하였습니다. 그 부인이 "우리 집 아이들을 차례로 말한다면 첫째가 지미고, 다음은 트래이시와 린, 그리고 앤이 있고, 그리고 그 다음에는……"이라고 말하려고 하자, 성급한 인구조사 담당관은 부인의 말을 중단시키며 말하였습니다. "부인! 아이들의 이름은 필요 없어요. 아이들이 몇 명인지 숫자만 말해 주세요." 그러자 그 부인은 담당관의 눈을 똑바로 바라보며, 조용하게 말했습니다. "우리 집에서 아이들은 숫자로 통하지 않고 이름으로 불리고 있습니다." 예수 그리스도를 통해 우리를 구원의 자녀로 받아 주신 하나님은 우리 한 사람 한 사람의 이름과 각 사람의 개성과 특성을 아십니다. 하나님께서는 우리를 이 세상에 사는 수십 억의 사람 중에 하나인 숫자로서가 아니고, 특유한 인격을 가진 소중한 자녀로 우리를 알고 계십니다.

예수님께서 제자들과 함께 가지신 마지막 유월절 만찬은 "최후의 만찬"이라는 제목으로 수많은 미술가들이 그림을 그려 왔습니다. 그중에도 특별히 안드레아 델 카스타뇨(Andrea del Castagno)와 레오나르도 다빈치(Leonardo da Vinci)가 그린 "최후의 만찬"이 쌍벽을 이루며 유명합니다. 미술 전문가들의 말에 의하면 카스타뇨의 "최후의 만찬"은 정말로 흠을 하나도 찾을 수 없는 완벽한 그림으로, 특히 그림의 배경 묘사가 너무나 장엄하다고 합니다. 그런데 바로 여기에 다빈치의 그림과 차이가 있다고 합니다. 최후의 만찬을 그릴 때, 카스타뇨는 배경을 아주 완벽하게 그린 다음에, 배경에 맞게끔 사람을 그렸습니다. 그러나 레오나르도 다빈치는 먼저 사람을 그리고 난 다음에 배경을 그렸다고 합니다. 다빈치는 예수님과 제자들의 모습을 먼저 그린 다음에 배경을 그렸던 것입니다. 이러한 차이로 인하여 다빈치의 그림은 더 많은 사람들로부터 사랑을 받는 위대한 작품이 된 것입니다. 온 우주 만물과 인간을 창조한 가장 위대한 예술가이신 하나님은 세상의 어떠한 것보다도 우리 한 사람 한 사람의 영혼을 소중히 여기십니다. 온 세상을 주고도 한 영혼과 바꿀 수 없을 정도로 소중하게 바라보시는 것입니다.

바디매오는 "그를 부르라"라는 예수님의 음성을 듣고 예수님을 향하여 더 빨리 가기 위하여, 그의 소중한 재산이지만 무겁고 거추장스러운 겉옷을 벗어 던져 버리고 나아갔습니다. 그런데 오늘날 세상의 많은 사람들은 현실의 삶에 그런대로 만족하여 살고 있기에, 우리를 부르시는 주님을 향하여 죄를 벗어 버리고 달려가지 못하고 있습니다. 그런대로 만족스럽고 편안한 삶, 나의 편안한 자리(comfort zone)에서 일어나 더 영적인 삶, 제자도의 삶을 향하여 나아가지 않고 있습니다.

예수님께서는 그의 부르심에 응답하여 달려온 바디매오에게 "내가 너에게 무엇을 하여 주기를 바라느냐?"라고 물으셨습니다. 바디매오는 예수님으로부터 은과 금을 구하지 않았습니다. 그는 "선생님, 내가 다시 볼 수 있게 하여 주십시오."라고 자기의 소원을 말하였습니다. 오늘 우리들의 최고 관심거리와 소원은 무엇입니까? 예수님을 주로 믿는 나의 최고의 관심의 대상은 무엇이며, 내가 가장 갈망하는 것은 무엇입니까? 예수님을 주님으로 믿고 사는 나와 믿지 않는 세상 사람들의 최대 관심거리에는 어떤 차이점이 있는 것입니까? 이 시간 우리 모두는 나 자신의 마음을 살펴볼 수 있기를 바랍니다. 나의 최고의 관심거리는 무엇입니까? 더 많은 재산과 더 높은 수입, 더 편안하고 안락한 삶, 남으로부터 더 인정받는 삶은 아닙니까? 예수님을 주로 믿는 우리들의 최고 관심거리가 너무나 세상적이기에 우리에게 진정한 기쁨과 자족감, 감사와 충족감이 메말라 있는 것은 아닙니까? 시편 42편의 저자는 하나님을 제일 먼저 갈망하고 목말라하고 있습니다. "하나님이여 사슴이 시냇물을 찾기에 갈급함같이 내 영혼이 주를 찾기에 갈급하니이다 내 영혼이 하나님 곧 살아 계시는 하나님을 갈망하나니 내가 어느 때에 나아가서 하나님의 얼굴을 뵈올까"라고 고백하고 있습니다. 우리는 가장 먼저 하나님을 갈망해야 합니다.

눈먼 바디매오가 예수님은 이스라엘을 구원하러 오신 메시야임을 믿고 자기의 소원을 말했을 때, 예수님께서는 다시 볼 수 있는 치유의 은총과 구원의 선물을 주셨습니다. 바디매오의 믿음을 통하여 주님의 놀라운 사랑과 기적의 사건이 일어나게 된 것입니다.

프랑스의 어느 선교사가 물이 귀한 사막 지역에 가서 사역을 하였습니다. 그가 안식년을 맞이하여, 선교지의 몇몇 평신도를 데리고 파리에 갔다고 합니다. 선교사는 그들에게 프랑스의 루브르 박물관, 베르사유 궁전, 파리의 개선문과 에펠탑을 관광시켜 주었습니다. 그런데 사막 지역에 살고 있는 그들이 가장 놀라워한 것은 이러한 것이 아니라 호텔 방의 화장실에 있는 수도꼭지였다고 합니다. 물이 귀한 사막 지역에 사는 그들에게는 수도꼭지만 틀면 물이 철철 흘러나오는 것이 너무나도 신기했고 놀라웠던 것입니다. 선교사는 그들에게 수도꼭지가 기적을 가져오는 것이 아니고, 저수지에 저장되어 있는 물을 수도관을 통해 호텔 방에 가져다주는 것이라고 설명을 해 주었다는 이야기가 있습니다. 수원지에 아무리 물이 많이 저장되어 있다 할지라도 수도관을 통하지 않고는 각 가정에 물을 공급해 줄 수가 없습니다. 마찬가지로 하나님께서는 예수 그리스도를 통하여 우리를 치유해 주시고, 구원해 주시며, 우리를 그의 자녀로 삼으시는 은혜를 베풀어 주시고, 그의 성령을 부어 주십니다. 그러나 우리에게 믿음이 없다면 하나님의 구원의 은총이 주어질 수가 없습니다. 수도관이 굵으면 더 많은 물이 흐르듯, 우리의 믿음이 크면 클수록 그리스도의 능력이 우리에게 더 넘쳐 나게 됩니다.

[결론] 바디매오가 그날 그 시간 그때, 예루살렘을 향하여 여리고를 지나가시는 예수님께 "다윗의 자손 예수여 나를 불쌍히 여기소서"라고 부르짖지 않았더라면 그는 생전에 사물을 다시 보지 못했을 것입니다. 그의 영혼도 구원받지 못했을 것입니다. 왜냐하면 십자가의 고난과 죽음이 기다리고 있는 예루살렘으로 올라가시던 예수님은 다시는 육신의 몸으로 여리고에 오시지 않았기 때문입니다. 바디매오가 그날 그 순간을 놓쳤더라면 그에게 다시 한번의 기회는 주어지지 않았

을 것입니다. 그러나 바디매오는 예수님께서 여리고의 길을 지나가시는 그 순간을 포착하여, 예수님께 부르짖었습니다. 그러하기에 우리는 오늘이라는 시간이 나에게 주어졌을 때, 예수님을 내 삶의 구주와 주님으로 믿고 그를 따르는 제자의 길을 걸어가야 합니다. 우리 모두는 성령 안에서 아침마다 새롭게 부어 주시는 하나님의 사랑과 긍휼을(애 3 : 23) 흡족히 받아야만 할 것입니다. 바울은 고린도후서 6 : 2에서 다음과 같이 말합니다. "보라 지금은 은혜 받을 만한 때요 보라 지금은 구원의 날이로다" 바디매오는 주님으로부터 받은 치유와 구원에 감격하여 예수님이 가시는 길을 따라가는 제자가 되었습니다. 믿음으로 구원의 선물을 받은 우리도 오늘 나의 삶의 현장에서 주님의 제자의 길을 충성되게 걸어가는 성도들이 되기를 소망합니다.

## § 3부 6장 Orientation, Disorientation 그리고 Reorientation 방식에 의한 설교의 실례

설교본문 : 마가복음 7 : 14~15
설교제목 : 당신의 어두운 그림자를 소유하라(Owning Your Own Shadow)
설 교 자 : 바바라 브라운 테일러(Barbara Brown Taylor)

[Orientation] 나는 최근에 괴팍스러운 늙은 개를 가지고 있는 성미가 까다로운 나이 많은 어느 교수에 관한 이야기를 들은 적이 있습니다. 날씨가 따뜻한 계절에는 그 교수는 개를 집에 두어, 개로 하여금 적어도 일정한 시간을 집 밖에서 지낼 수 있게 했다고 합니다. 그러나 겨울이 오면, 그는 개를 사육장에 맡겼습니다. 왜냐하면 개가 방안의 물건들을 갉아 버리거나 카펫을 물어 뜯으며 집 안을 엉망으로 어지럽혀 놓기 때문이었습니다. 그런데 개가 사육장에 가 있을 때, 그 교수는 집안 식구들에게 신경질적으로 잔소리를 하거나 명령을 내리는 등 성미가 더 까다로워졌습니다. 그러나 봄철에 개가 집으로 돌아오면, 그 교수의 까다로운 성격이 좋아졌다고 합니다. 왜냐하면 그 교수는 늙은 개를 다시 발로 차기 시작하면서, 대신 주변 사람들에게 분통을 터트리는 것을 중단했기 때문이라고 합니다.

끔찍한 이야기입니다. 우리 모두는 속죄양을 가지는 것이 얼마나 좋은 것인지 마음속 깊은 곳으로부터 알고 있습니다. 나 자신에게 잘못의 책임을 돌리기를 원치 않는 것들에 관하여 잘못의 책임을 전가할 수 있는 속죄양이 있다면, 나를 위하여 나의 어두운 면을 대신 짊어질 수 있는 사람이 있어, 스스로 자신의 어두운 짐을 짊어지지 않을 수 있다면 좋을 것입니다. 그렇기 때문에 우리 주변에 적을 한두 명을 가지고 있는 것이 도움이 됩니다. 여러분들이 어떤 사람의 천박함과 그의 부정직함을 멸시할 수 있는 동안, 여러분들은 자기 자신 안에 있는 그러한 것들을 인정하지 않아도 될 것입니다. 여러분들이 계속하여 쏠 수 있는 표적이 자신의 밖에 있다면, 여러분들의 마음속 창고 안에 비축되어 있는 다른 여러 물건들 속에 함께 파묻혀 있는 표적으로부터 여러분들의 마음을 잠시 돌릴 수 있습니다.

흔히 우리가 성경을 읽을 때, 바리새인들과 서기관들이 우리를 위하여 이러한 역할을 행하고 있습니다. 그들은 아주 훌륭한 목표물이 되고 있습니다. 그들은 흠을 잡아내는 율법주의자들로, 예수님의 가르침을 거부합니다. 왜냐하면 예수께서는 그들의 율례를 범하시기 때문입니다. 그들은 '나는 당신보다 더 거룩한 사람'이라고 생각하는 위선자들로, 구원을 받기보다는 규례를 올바르게 지키는 사람이 되기를 원합니다. 성서는 이러한 종류의 사람들을 맹인이 맹인을 인도하는 격의 사람, 회칠한 무덤, 뱀, 독사의 자식들이라고 부르고 있습니다. 왜냐하면 그들은 자신들의 규례와 의로움이 더 이상 필요한 것이 아니라는 기쁜 소식, 그들의 규례와 의로움을 예수 그리스도와의 전심적인 관계 안에서 교환할 수 있다는 기쁜 소식을 믿기를 거부하였기 때문입니다.

서기관들과 바리새인들은 복음을 받아들이지 않았습니다. 그들은 오랫동안 자신들의 율례를 따랐습니다. 즉, 모세에게 주어져 기록된 토라와 수백 년이 넘는 세월 동안 신실한 랍비들에 의하여 발전되어 구전되어 내려온 구두 토라를 따라 살았습니다. 이 두 종류의 율법 사이에 지상에서의 인간의 삶의 모든 양상이 하나님의 뜻 아래 규정되었습니다. 두 사람 사이의 단순한 주고받음이나, 간단한 식사는 물론이며, 율법에 포함되지 않은 것은 아무 것도 없었습니다. 행하여질 수 있는 모든 것은 거룩한 방법으로 행하여질 수 있도록 규정되어 있었습니다. 거룩한 삶을 사는 데 있어 바리새인들보다 더 헌신된 사람들은 없었습니다.

바리새인들은 제사장들이 아니라 평신도들이었습니다. 그러나 그들은 자신들에게 제사장의 기준을 적용했습니다. 그들은 안식일을 경건하게 지켰습니다. 그들은 음식에 넣는 향료에 이르기까지 모든 것의 십일조를 드렸습니다. 그들은 성전 안에서 음식을 먹는 제사장들과 같은 수준으로 성결한 상태에서 모든 식사를 하였습니다. 왜냐하면 그들의 집은 성전이었고, 그들은 느슨하게 행동할 수 없었기 때문이었습니다.

우리는 바리새인들이 우리의 복음을 거부한 것에 대하여 때때로 비난을 하지만, 그들은 나쁜 사람들이 아니었습니다. 오히려 그들은 최고의 사람들이었습니다. 자신들의 신앙에 진지하였고, 성결에 관심을 가졌고, 그들이 알고 있는 바 가장 명예로운 삶을 사는 것으로 하나님을 기쁘시게 하려고 헌신하였던 사람들입니다. 우리 모두는 각자가 가지고 있는 성인들의 목록에 바리새인들을 가지고 있을 가능성이 있습니다. 바리새인이라는 꼬리표를 떼어 보십시오. 하나님께 순종하는 것이 무척이나 어려운 일이라는 것을 여러분들은 알고 있지만, 하나님께 순종하는 것이 공기처럼 자연스러운 사람을 기억할 것입니다. 고요하고 흔들림이 없는 덕목을 가져, 안개 짙은 밤의 빛과 같은 사람을 기억하고 있을 것입니다. 그러한 사람을 단지 바라보는 것만으로도 여러분들은 길을 발견할 수 있을 것입니다. 그 사람이 할 수 있다면, 여러분들도 할 수 있을 것입니다. 그 사람은 단순히 그의 삶을 살아가는 방식으로, 여러분들에게 가능한 기준을 높여 주었습니다. 이것이 바리새인들이 어떠했는지를 말해 주고 있습니다. 그들은 매우 높은 기준을 유지했습니다. 그런데 이 높은 기준이 그들로 하여금 다른 사람들과의 교제를 도왔더라면 좋았을 터이나, 반대로 작용하여 그들을 이웃으로부터 분리시켰습니다. 구전으로 내려온 토라의 2/3는 먹는 것에 관한 것입니다. 무엇을 먹을 수 있고, 무엇은 먹을 수 없으며, 누구와 더불어, 어떠한 종류의 접시를 사용해야 하며, 어떤 종류의 그릇으로 사용해야 하는지에 관해서 등입니다. 규례의 관심사는 실제적입니다. 고대 세계에서는 손으로 음식을 먹었기에 손은 식탁용 은제품과 같습니다. 여러분은 들에서 양의 발바닥의 각질을 깎은 후에 금방 돌아온 사람이 손을 씻지 않았다면, 그와 함께 바바 가누쉬(baba ghanoush : 야채와 고기를 삶아 거른 진한 수프)를 나누어 먹지 않을 것입니다.

[Disorientation] 그런데 더 많은 관심사는 영적인 것에 있습니다. 정결은 위생적인 범주임은 물론 신학적인 범주입니다. 신체의 부정함은 도덕적인 부정함의 표시로 생각되어, 더러운 손은 더러운 마음을 가리켰습니다. 시체나, 문둥병자 또는 돼지를 만지면 여러분은 하나님의 식탁으로부터 추방되어, 오랜 정결의식의 과정을 통과해야만 돌아올 수 있었습니다. 바리새인들에게는 어느 곳에서나 접촉으로 전염이 될 수 있는 가능성이 있었습니다. 생물학적 병균이 있을 뿐만 아니라 영적 병균도 있었습니다. 세상은 더러웠고 죄인들도 더러웠습니다. 모든 불결한 것들은 사람들의 신체에뿐만 아니라, 영혼에도 위험한 것이었습니다. 그리하여 정결 율례는 참된 신도들을 그러한 전염으로부터 보호하기 위하여 제정되었습니다.

이러한 이유 때문에 바리새인들은 예수님의 제자들이 먼저 손을 씻지 않고 점심을 게걸스럽게 먹는 것을 보고 오싹 소름이 끼쳤던 것입니다. 이러한 행위는 단순히 나쁜 관습만이 아니라, 나쁜 신앙이었습니다. 예수님의 제자들은 하나님께서 그들의 영적인 건강을 위하여 제정하신 율법을 무시하고 있었던 것입니다. 예수님의 제자들이 고의적으로 행동했다는 증거는 없을지라도, 그들은 장로들의 전통도 거역하고 있었습니다. 예수님은 교육을 받으신 유대인이었지만, 예수님의 제자들은 그렇지 않았습니다. 예수님의 제자들 가운데는 예전에 어부로 일했던 사람들, 일일 노동자들, 공무원이 있었지만 바리새인은 한 사람도 없었습니다. 그들은 제사장의 기준을 자신들을 위하여 채택하지 않았습니다. 예수님도 제자들에게 제사장의 기준에 맞추어 살라고 한번도 권장하지 않으셨습니다.

실상 예수께서는 정결 율례에 관하여 전혀 개의치 않으셨습니다. 바리새인과 서기관들이 예수님과 같이 있었던 짧은 시간 동안에, 그들은 이미 예수께서 나병환자와 죽은 아이 위에 손을 얹으시고, 많은 돼지 떼들을 낭떠러지 밑 바다로 떨어지게 하시고, 죄인들이 가득 찬 집에서 저녁을 드시고, 한순간의 후회함도 없이 안식일을 범하시는 것들을 관찰하였습니다. 예수께서는 대신 다른 일들, 용서와 자기희생, 사랑의 능력의 사역에 열중하셨습니다.

바리새인들이 예수님의 제자들을 비난했을 때, 예수께서는 바리새인들을 책망하셨습니다. 개를 발로 차는 것을 중단하고 방에 들어가 거울을 보라고 말씀하십니다. "당신들은 어떻게 살고, 무엇을 먹고, 누구와 교제하는지에 관하여 조심하고 있지만, 이러한 것들은 당신들을 안전하게 유지해 주지 못한다. 위험은 당신들 밖에서 당신들의 입을 통하여 안으로 들어가려고 기다리고 있는 것이 아니다. 위험은 이미 당신들의 안에, 당신들의 마음속에 있다. 당신들이 정결하기를 원한다면, 당신들 자신들로부터 시작하라. 불결함을 다른 사람들의 책임으로 돌리지 말라."라고 예수께서는 말씀하고 계신 것입니다.

오늘날 우리들은 공공연한 정결 율례를 가지고 있지 않습니다. 따라서 나는 여러분들이 오늘 본문은 시대에 뒤떨어진 이야기라고 말할 것이라고 추측합니다. 그러나 오늘 우리들은 속죄양에 대한 식욕을 잃어버린 것 같지 않습니다. 지난주에 저는 기다려 오던 두 영화, "필라델피아"와 "쉰들러 리스트"를 관람했습니다. 이 두 영화에서 어떤 특정한 그룹에 속한 사람들은 정결하지 못하다고 밝히고 있었습니다. 에이즈에 걸린 사람들과 유대인들이었습니다. 이 두 그룹에 속한 사람들은 인류라는 구성원으로부터 배제당하는 사람들입니다. 스스로 깨끗하다고 생각하는 사람들로부터 기피당하는 사람들입니다. 깨끗한 사람들은 생각합니다. 만일 우리가 저 결함 많은 사람들을 제거할 수 있다면, 우리들의 세상은 자녀들에게 안전한 곳이 될 것이다. 만일 우리가 저 사람들과 접촉을 피한다면, 우리는 병에 걸리지 않을 것이다.

저는 "쉰들러 리스트"에서 나치의 사령관인 아몬 쾨드가 유대인 하녀인 헬린 히르슈를 사랑하게 되는 장면을 결코 잊지 않을 것입니다. 어느 날 저녁, 그는 지하실에 살고 있는 그녀의 방으로 내려갔습니다. 표면적으로는 그녀의 수고에 감사를 하려고 갔는데, 그는 하얀 속옷만을 걸치고, 두려워 말 못하고 있는 그녀의 주위를 돌게 됩니다. 그러면서 그는 그녀에게 말합니다. "정확하게 말한다면, 나는 네가 인간이 아니라고 생각한다. 너는 유대인 해충인 것을 나는 안다." 그러면서 그는 그녀에게 부탁한다고 말하며, 손을 내밀어 그녀의 얼굴을 만지려고 하다가, 무엇에게 물린 듯이 자기 손을 뒤로 뺍니다. 그러면서 그는, "너의 눈은 쥐의 눈인가? 너희 입술은 쥐의 입술인가? 너희 머리털은 쥐의 머리털인가?"라고 말하고 있었습니다.

정신이상에 빠진 그는 자기 자신의 정결 율례에서 허우적거리고 있었습니다. 그는 '우수한 종족'(독일인)의 고위층 사람이었고, 그녀는 그의 종족을 파멸시킬 위험이 있는 '세균'인 적이었습니다. 그러나 그는 그녀를 사랑했고, 또 그는 자신을 오염시키지 않고는 그녀를 사랑할 수 없었습니다. 그러하기에 그는 대신 그녀를 구타하고, 그녀의 지하의 방과 동시에 그녀의 얼굴을 파괴하였던 것입니다. 여기에서 누가 쥐입니까?

[Reorientation] 예수께서 우리에 관하여 알고 계신다는 것은 매우 중요한 일입니다. 그런데 우리가 그분의 말씀을 잘 듣지를 못합니다. 위험은 밖에 있지 않습니다. 우리를 두렵게 만들고, 우리를 혼란시키는 사람들이 위험한 것이 아닙니다. 위험은 우리 안에 있습니다. 즉, 우리를 그들로부터 분리시키기를 원하는 우리의 한 부분 안에 있는 것입니다. 악은 의심할 바 없이, 이 세상 안에 실제로 있습니다. 그러나 우리가 우리들 안에 있는 악을 직면하기 전에는, 우리는 악과 싸울 수가 없습니다. 우리가 소유하려고 하지 않는 어두운 그림자와 우리는 싸울 수가 없는 것입니다.

테레사 수녀는 이 점에 관하여 알고 있습니다. 어느 누군가가 그녀에게 왜 그녀가 행하고 있는 것을 행하고 있느냐고 물었을 때, 그녀는 자기 안에 히틀러가 있는 것을 알고 있기에 사랑과 섬김의 사역을 감당한다고 대답했다고 합니다. 이러한 말이 여러분에게 충격을 주고 있습니까? 이러한 말은 예수님께 충격을 주지 않습니다. 예수께서는 우리 마음이 선과 악에 대하여 충분한 가능성을 가지고 있음을 아셨습니다. 예수께서는 우리들도 이것을 알기를 원하십니다. 그동안에, 아직도 속죄양이 필요한 사람들에게 예수께서는 자신을 자진하여 제공하십니다. "너희들은 나에게 허물을 주라, 내가 너희들의 허물을 감당하겠다."고 예수께서는 말씀하십니다. "너희들이 미워하는 것, 너희들이 두려워하는 것, 저 밖에 있는 것, 너희 안에 있는 것을 나에게 주라. 나는 더러워지는 것을 두려워하지 않는다. 세균은 나를 겁나게 하지 않는다. 너희들이 누구이든지 간에, 자, 내 식탁에 앉으라. 받아서 먹으라. 이것은 너희를 위한 나의 몸이니라."

## § 3부 7장 이야기식 강해 설교 또는 강해적 이야기체 설교의 실례

설교본문 : 마태복음 4 : 1~11
설교제목 : 광야의 시험
설 교 자 : 토마스 롱(Thomas G. Long) 교수(에모리 대학 캔들러 신학원 설교학 교수)

어느 날 초강력 접착제(superglue) 튜브를 찾기 위해 철물점(hardware store)의 통로를 헤매다가 찾을 수가 없어, 나는 계산대에 서 있는 젊은이로부터 도움을 구하고자 하였습니다. 그 젊은이는 통화 중이었는데, 내가 그를 향해 가자 그는 나로부터 등을 돌렸습니다. 나는 그가 사적인 통화를 하고 있음을 알았기에, 잠시 기다렸습니다. 그러나 통화는 계속하여 진행되었습니다. "그래, 너는 그 영화를 좋아했느냐? …… 정말로? …… 너 농담하는구나! …… 스잔은 무엇이라고 말하더냐?……" 드디어 나는 헛기침을 하였습니다. 그러자 그 젊은이는 나를 날카롭게 흘깃 보더니 계속 통화를 하는 것이었습니다. "그래 스잔은 건방지고…… 오, 나도 알아, 나도 그녀를 미워해. …… 그래, 너는 금요일에 운동경기에 갈 것이라고?"

드디어 나는 참을 수 없게 되어 말을 걸었습니다. "실례지만, 하나 물어보겠습니다."
젊은이는 큰 한숨을 쉬더니 전화로 중얼거렸습니다. "찰리야 안녕, 전화 끊어야 되겠다." 젊은이는 화난 표정으로 나를 바라보고는 말했습니다. "말해 보세요."
"나는 초강력 접착제를 찾고 있습니다."
"그것은 세 번째 통로에 있습니다. 환히 보이는 데 있습니다." 그는 경멸조로 말하였습니다. 나는 세 번째 통로를 향하여 걸어가면 갈수록 화가 나는 것을 느꼈습니다. 감히 고객인 나를 이토록 무례하게 대할 수 있는 것인가? 나는 돌아가서 그 젊은이에게 나의 불쾌한 마음을 털어놓고자 하는 시험을 받았습니다.
"나는 시험을(tempted) 받았습니다." 이 말은 무엇을 의미합니까?
우리의 친구 글로리아가 어느 날, 그녀의 남편 프랑크가 운이 좋았다고 이야기했습니다. 프랑크가 버진아일랜드로 겨울철의 사업 출장을 가게 되었다는 것입니다. 글로리아는 말했습니다. "나는 남편과 같이 갈 수 있습니다. 프랑크는 나를 무료로 그곳에 데리고 갈 수 있는 충분한 마일리지를 가지고 있어, 추위와 일상적인 삶으로부터 벗어나 며칠 동안 그곳에서 지내는 것도 좋을 듯싶었습니다. 그러나 우리 아이들이 학교에 가야 하고, 우리는 집에 아이들만 남겨 놓아야 합니다. 부모들이 자녀들만 집에 남겨 두고 먼 곳으로 떠나면 아이들이 집에서 친구들과 같이 파티를 가진다는 이야기를 자주 들었습니다. …… 물론 우리는 우리 아이들을 신뢰합니다. 그러나 아이들을 그러한 시험을 받을 수 있는 상황에 두는 것을 주저하게 됩니다."
"아이들을 그러한 시험을 받을 수 있는 상황에 두는 것을 주저하게 됩니다." 시험을 받을 수 있다는 말은 무엇을 의미합니까?
오래전 비행기에서 내 곁에 앉아 있던 한 사람이 「유에스에이 투데이」(*USA Today*)를 읽고 있었습니다. "여기에 그녀가 있군요."라고 말하면서 그 사람은 비키니 차림의 매우 매혹적인 여성의 컬러 사진이 실린 신문을 내가 확실하게 볼 수 있도록 나의 코 밑으로 내밀었습니다.
"이 여자는 누구입니까?"라고 나는 물었습니다.
"이 여자가 누구냐고요? 캐시 아일랜드이지요. …… 아시겠지만 주간지 「스포츠 일러스트레이티드」(*Sports Illustrated*)의 수영복 특집호의 표지에 나오는 여인입니다."
"선생은 그 잡지를 사려고 합니까?"
그는 호색적으로 낄낄 웃으면서 말했습니다. "잘 모르겠습니다. 그러나 나는 살까 말까 시험을 받습니다."
대부분의 우리들이 인생에 관하여 알고 있다고 생각하는 것이 한 가지 있는데, 그것은 바로 '시험'(temptation)입니다. 우리가 추상적인 것으로부터 구출해 내야 할 필요가 없는 하나의 신학적인 단어가 있다면, 우리들의 일상적인 경험과 굳게, 그리고 생생하게 연결된 한 신학적인 단어가 있다면, 그것은 바로 '시험'일 것입니다. 우리는 항상 시험에 직면하고 있습니다. 시험은 항상 우리의 저항을 무너뜨리려고 하는 독감 바이러스(flu virus)처럼 우리들의 주위 환경을 맴돌고 있습니다. 우리는 다이어트를 중단하거나, 직장의 동료와 바람을 피우거나, 화학 실험에 술책을 쓰거나, 세금 보고를 속이거나, 친구에 관한 소문을 퍼뜨리거나, 곤경에서 벗어나기 위해 거짓말을 하거나…… 그 외에도, 우리는 무엇에 관해서든지 시험을 받고 있습니다.

여러분들은 여러분들이 해서는 안 된다고 알고 있는 일들을 하도록 항상 시험을 받고 있습니다. 우리는 시험에 관하여 어떠한 가르침도 필요하지 않습니다. 시험에 관하여 우리는 알고 있습니다. 그러나 정말로 알고 있습니까? 우리는 시험이 무엇인지를 정말 알고 있는 것입니까? 오늘 마태복음의 본문 말씀은 인간의 시험의 본질(nature) — 예수님의 시험과 우리의 시험 — 에 관한 이야기로, 시험이 진정으로 무엇인가에 관하여 놀랄 만한 빛을 던져 주고 있습니다.

시험받는다는 것은 정말 무엇을 의미하는 것입니까?

오래전의 베스트셀러 가운데 「내가 정말 알아야 할 모든 것은 유치원에서 배웠다」(*All I Really Need To Know I learned In Kindergarten*)라는 재치 있는 제목을 가진 책이 있습니다. 그 책에서 저자인 로버트 풀검(Robert Fulghum)은 인생에 관하여 그가 알고 있는 가장 깊은 지혜는 대학원에서가 아니라 유치원 교실에서, 그리고 그가 다른 어린이들과 같이 유치원의 놀이터(sandbox)에서 놀면서 배운 것이라고 말하고 있습니다. 유치원에서 배운 지혜는 다음과 같은 것들입니다. 모든 것을 친구들과 나누어 가져라, 공정하게 놀아라, 자기가 어질러 놓은 것은 스스로 치워라, 다른 사람에게 상처를 주었으면 미안하다고 말하라, 다른 사람을 때리지 말라, 세상에 나갈 때에는 트래픽(traffic)을 조심하라, 손을 잡고 서로 협조하라.

로버트 풀검이 일상생활에 관한 가장 깊은 지혜를 유치원에서 배웠다고 한다면, 신앙의 삶이나 시험과 같은 신학적인 개념에 관한 지혜를 찾을 수 있는 가장 좋은 장소는 교회학교일 것입니다. 아마도 시험에 관하여 우리가 실제로 알아야 할 모든 것은 우리가 교회학교에서 배운 것일 것입니다. 그러나 우리가 교회학교에서 배운 것을 기억하려고 시도한다면, 그것은 부담스러운(stretch) 일이 될 것입니다.

솔직히, 저도 잘 기억하지 못합니다. 그러나 관련된 논평이 생각납니다. 우리의 교회학교 선생님은 어느 주일날 우리에게 말했습니다. "어떤 사람을 가장 잘 평가할 수 있는 기준은, 그 사람이 자신의 행동을 아무도 발견하지 못하리라는 것을 알 때 어떻게 행동하느냐이다." 그 논평을 지금 회상해 보면, 크리스천의 지혜라기보다는 일반적인 세상의 지혜에 가까운 것처럼 생각됩니다. 그 논평은 약간 불충분합니다. 그러나 그 논평은 크리스천 지혜에 가깝습니다. 왜냐하면 우리가 보상에 대한 모든 욕망이나 벌을 받을 두려움을 제거할 때 — 아무도 발견하지 못할 때 — 우리가 삶에서 어떤 행동을 한다는 것은 내가 누구인가를 이해하는 것으로부터 기인한다는 것을 교회학교 선생님은 우리에게 말하고 있었기 때문입니다. 다른 말로 말한다면, 우리 교회학교 선생님은 심오한 복음의 통찰력을 향하여 접근하고 있었습니다. 크리스천 윤리는 크리스천의 정체감(identity)으로부터 기인하며, 우리가 삶에서 내리는 결정은 나 자신이 누구인가를 이해하는 것의 산물이라는 것입니다.

이러한 빛에 비추어 볼 때, 우리는 시험에 관하여 매우 피상적인 견해를 가지고 있습니다. 일반적으로, 우리는 시험이란 내가 진정으로 하고 싶어 하지만 해서는 안 된다는 것을 알고 있으면서도 행하고자 하는 충동으로 생각합니다. 즉, 담배 한 대를 더 피우기, 한 번 더 방탕하기, 한 잔 더 마시기, 외설적인 소문을 한 번 더 퍼뜨리기 등입니다. 그러나 가장 깊은 시험은 잘못된 행동을 하고자 하는 충동이나, 우리가 해서는 안 되는 것을 행하는 것이 아닙니다. 오히려 우리의 세례 받은 사람으로서의 정체성을 세상과 타협하고자 하는 유혹이나, 우리가 부름 받지 않은 사람이(we are not called to be) 되도록 하는 것입니다.

이것이 예수님의 시험의 이야기의 메시지입니다. 사탄은 예수님께서 잘못된 행동을 하도록 시험하지 않았습니다. 그는 예수님께서 지갑을 훔치거나, 성인「플레이보이」의 누드 사진 화보를 몰래 살짝 들여다보거나, 세금을 속이거나, 이웃과 싸움을 걸도록 시험하지 않았습니다. 사탄이 예수님을 시험한 것은 이러한 것들보다 더 깊은 것입니다. 사탄은 예수님께서 그의 세례를 무시하거나, 그가 누구인가를 부인하거나, 그가 하늘 아버지의 아들이라는 사실을 잊어버리도록 시험한 것입니다.

예수님께서 세례를 받으신 후 곧 사탄의 시험을 받으신 것은 매우 중요합니다. 예수님께서 세례를 받으실 때, 하늘이 열리고 하늘로부터 음성이 들렸습니다. "이는 내 사랑하는 아들이요 내 기뻐하는 자라" 이 말씀은 예수님이 누구인가를 말해 주고 있습니다. "너는 나의 사랑하는 아들이다. 너는 내 백성의 정체성(identity)과 사명의 상속자이며, 나의 선지자이며, 나의 제사장이고, 내가 기름 부은, 나의 고난의 종이다. 너는 내가 예루살렘을 향한 길고 고통스러운 길을 위하여 내려보낸 자이다. 너는 쓴 희생의 잔을 마시도록 내가 부른 자이다. 너는 내가 너를 죽일 자들의 손에 넘기어 준 자이다. 너는 모든 사람들의 구원을 위하여 십자가를 짊어지도록 내가 보낸 자이다. 너는 내가 구속의 약속을 위임하는 자이다. 너는 바로 그러한 자이다. 너는 내 사랑하는 이들이요, 내 기뻐하는 자라."

그런데 예수님의 사명과 정체성이 가장 분명했을 때, 예수님께서는 시험의 계절에 이르셨습니다. 사탄은 바로 예수님의 정체성의 파괴를 추구한 것입니다. 사탄이 어떻게 시작하는지 주목하시기 바랍니다. "네가 만일 하나님의 아들이어든" 사탄은 예수님에게 "너는 하나님의 아들이 아니다."라고 말하며 예수님을 똑바로 공격할 수 있었습니다. 그러나 사탄은 이런 식으로 말하기에는 너무나 교활합니다. 자기 의심을 야기하는 것이 훨씬 더 좋았습니다. 그리하여 사탄은 "네가 만일 하나님의 아들이어든"이라고 예수님께 말했습니다. 왜냐하면 자기 의심은 정체성을 부식시키는 암이기 때문입니다.

이전에 나의 딸이 10대였을 때, 우리는 격렬한 논쟁을 가진 적이 있었습니다. 그 논쟁은 곧 잠잠해졌고, 부드러움과 이해 안에서 해결되었습니다. 그러나 돌풍이 절정에 달했을 때, 나는 내 딸에게 "너는 지금 내 말을 들어라! 네가 만일 내 딸이라고 한다면, 너는……."이라고 말하였습니다. 네가 만일 내 딸이라고 한다면? 나의 살의 살이요, 내 심장의 심장이며, 소중하고 사랑하는 딸을 향하여, 네가 만일 내 딸이라고 한다면? 나는 내 딸의 정체성에 관하여 의심을 일으키는 데 이보다 더 파괴적인 말은 사용할 수 없었을 것입니다.

사탄은 예수님의 아들로서의 신분(son-ship)과 세례의 정체성(baptismal identity)을 훔쳐 가려고 하였습니다. 세 가지의 시험 — 돌들로 떡덩이가 되게 하는 것, 성전 꼭대기에서 뛰어 내리는 것, 그리고 사탄에게 엎드려 경배하는 것 — 들은 나쁜 일을 하라는 유혹이 아니었습니다. 세 가지 시험의 근본(root)은 다른 사람이 되라는 초청이었고, 하나님의 사랑하는 아들로서의 삶이 아니라 다른 삶을 살라는 초대였습니다.

마태복음의 초반부의 장(chapters)들에 관한 모든 것들 — 마태복음서를 여는 족보(genealogy)로부터 예수님의 세례에 관한 기사 — 은 예수님에게는 따라가야 할 이야기(narrative)와 이야기들의 층으로 엮인 정체성(storied identity), 하나님의 구원의 이야기가 주어졌다는 것을 명백히 하고 있습니다. 사탄은 예수님께서 그 대본(script)을 바꾸기를 원했습니다. 하나님의 이야기를 다른 이야기와 교환할 것을 원한 것입니다. 예수님께서는 사탄의 공격에 대하여 신학적인 혁신이나 능란한 반론, 영리하고 재치 있는 즉답으로 싸우지 않으시고, 스토리를 인용(cite)하심으로, 즉 그가 어렸을 때 배웠던 신명기의 말씀을 인용(quote)하심으로 시험을 받으실 때마다 사탄과 싸우셨습니다. 다른 말로 말한다면, 사탄의 간계에 거룩한 대본(holy script)을 인용하심으로 사탄을 격퇴하셨습니다. 예수께서는 대본을 바꾸시지 않을 것이며, 그에게 주어진 것과는 다른 내러티브를 취하시지 않을 것입니다. 예수님은 그의 세례를 기억하셨고, 그가 누구인지를 아셨습니다.

우리는 예수 그리스도에 속해 있기에, 우리에게도 구원의 거룩한 드라마를 공연(play)해야 하는 하나의 역할이 주어졌습니다. 우리는 부르심을 받았습니다. 세례 안에서 하나님의 사랑하는 자녀들로 부르심을 받은 것입니다. 힘이 정의를 제조하는 세상 안에서 우리는 화목의 사절로 지명을 받았습니다. 세례 받은 우리의 정체성은 우리로 하여금 미움이 있는 곳에 사랑을, 절망이 있는 곳에 소망을, 의심이 있는 곳에 믿음을 심는 사람이 되게 합니다.

우리가 부름을 받았기 때문에, 우리는 대본을 바꾸도록 시험을 받습니다. 다른 이야기를 살도록 시험을 받고, 우리가 부름받아 되어야 할 사람이 아니라 다른 사람이 되도록 시험을 받습니다.

이러한 시험에 굴복하는 것은 어떠한 죄를 범하는 것보다 훨씬 더 심각한 것입니다. 시험에 굴복한다는 것은, "나는 하나님의 자녀가 아니다. 나는 하나님의 구원의 드라마에 한 역할을 감당하지 않겠다."라고 말하는 것입니다.

남아프리카 공화국이 한창 인종격리정책에 대항하여 투쟁 중일 때, 인종 화합과 인간의 존엄성을 위한 가장 존경받은 대변자는 데스몬드 투투(Desmond Tutu) 감독님이었습니다. 그러나 그의 가장 가까운 동료들조차도 감독님의 관용과 온건함에 괴로워했습니다. 그들 중에 한 사람이 말했습니다. "그분 나이에 그가 좀 더 미워하는 것을 배웠으리라고 여러분들은 생각할 것입니다. 그런데, 투투 감독님에게는 복음을 문자적으로 믿는 문제가 있습니다." 요컨대 그의 동료가 말하고자 하는 것은, 투투 감독님은 그가 누구인가를 알았고, 그의 세례를 기억한다는 것입니다. 그는 복음의 스토리를 알고 있으며, 복음의 대본을 바꾸지 않는다는 것입니다.

고등학교에 다닐 때, 나는 3학년 학생들이 공연하는 연극에서 조그마한 역할을 맡았습니다. 사실대로 말하면, 연극의 한 역할을 연기하는 것은 아니었습니다. 나는 연기를 하기에는 너무 수줍어했습니다. 나의 역할은 무대 뒤에서 음향 효과를 담당하는 것이었습니다. 대본에서 문을 두드리는 소리가 요구되면 나는 막대기 두 개를 두드렸습니다. 전화가 울려야 할 때, 나는 배터리로 운용되는 벨(bell) 전화선에 손을 대고 벨에서 전화 소리가 나도록 하면서 유심히 관찰하고 있다가, 연기자가 전화 수화기를 집어 들면 벨 소리를 그치게 해야만 했습니다.

우리들은 이 연극을 열심히 준비했습니다. 감독은 학교에 새로 부임하신 영어를 가르치시는 젊은 여선생님으로, 우리들과 함께 연극에 심혈을 쏟으셨습니다. 학교의 수업이 끝난 후에 선생님은 모든 연기자들에게 주의 깊게 연극의 대사를 지도하셨고, 연기자들로 하여금 연습에 알맞게 시간을 맞추도록 했습니다. 선생님은 급히 나가셔서 패스트푸드를 드시고는, 저녁의 리허설을 위하여 다시 학교로 돌아오셨습니다. 연습이 끝난 후에도 선생님은 밤늦게까지 남아 연극의 소품(props)을 만드는 일에, 그리고 무대장치를 칠하는 일에도 열심히 협력하셨습니다. 선생님은 그때 우리들의 삶에 자신을 헌신적으로 주셨습니다.

매일 밤마다 우리는 연습을 하여, 첫날 밤 공연의 때가 되었습니다. 우리는 연극을 완벽할 정도로 준비했습니다. 막이 열렸을 때, 강당은 우리들의 가족과 친구들로 가득 찼고, 열기와 흥분이 있었습니다.

제1막은 꿈만 같았습니다. 연극은 코미디로, 익살맞은 대사들(funny lines)은 청중들로부터 많은 웃음을 불러일으켰습니다. 청중들은 매우 즐거워하였고, 우리들도 즐거웠습니다. 그런데 제2막에서, 어느 연기자가 자신의 대사를 잊어버렸습니다. 그 연기자의 얼굴에는 자기가 말할 차례가 된 것을 알고 있음이 쓰여 있었습니다. 그러나 그는 자기가 할 말을 찾지 못했습니다. 청중들은 아직 이것을 알아채지 못하고 있었지만, 다른 연기자들과 무대 뒤에 있는 우리는 알고 있었습니다.

어떻게 해야 합니까? 이 불행한 연기자가 머뭇거리며 그의 대사를 기억하려고 시도할 때, 모든 사람들은 마비 상태에 빠졌습니다. 나는 무대 옆의, 연극의 감독인 선생님 곁에 서 있었습니다. 선생님은 무대를 향하여 몸을 기울이면서, 무대 위에서 분투하고 있는 나의 동급생을 향하여 격려하듯이 모든 에너지를 겨냥했습니다.

대본은 선생님의 손안에 있었습니다. 선생님이 나의 동급생에게 그가 말해야 하는 대사를 작은 소리로 말해 주려고 했을 때, 그가 갑자기 말을 했습니다. 그러나 그가 한 말은 대본에 없는 말이었습니다. 그는 불안한 가운데 즉흥적으로 말을 지어낸 것입니다. 그런데 그가 지어낸 말은 공교롭게도 익살맞은 말이라, 청중들은 크게 웃었습니다.

무대 위에 있는 모든 사람들은 긴장을 풀게 되었습니다. 악몽은 지나갔고, 이제 그 부분을 지나서 연극을 진행할 수 있었기 때문이었습니다. 그러나 불행하게도, 대사를 잊어버렸던 동급생 연기자는 청중들이 크게 웃는 소리를 듣고 좋아서, 다른 대사도 즉석에서 지어낸 말로 했습니다. 이번에도 청중들은 깔깔 웃었습니다. 그러자 그는 다른 대사도 즉석에서 지어내고, 다른 대사도 지어내고, 계속 지어낸 말을 했습니다.

다른 연기자들은 그의 말에 반응하려고 했지만, 할 수가 없었습니다. 그는 이제 통제 불능이 되었습니다. 그는 머리에 떠오르는 무슨 말이든지 장황하게 말했습니다(spinning off). 연극은 허물어지기 시작했고, 길을 잃어버렸습니다. 이제 청중들은 왜 그런지 이해하게 되었고, 작은 웃음이 남긴 것들은 불안과 냉소뿐이었습니다.

나는 우리가 어떻게 이러한 상황에서 벗어났는지, 어떻게 연극을 끝냈는지, 아니 연극을 끝내기나 한 것이었는지 기억하지 못합니다. 내 마음에 남아 있는 기억은, 연극의 감독이신 젊은 여선생님을 바라보았을 때, 밤마다 우리들에게 시간을 투자하여 우리들과 함께 이 연극을 위하여 일하며 우리를 준비시킨 선생님, 우리들의 유익을 위하여 이 연극에 자기 자신을 쏟아 부으신 선생님께서 무대 옆에 서서, 무대를 바라보시며, 우는 모습이었습니다.

예수님께서는 하나님의 구원의 드라마에 주역(lead role)으로 배정되었습니다. 그런데 사탄은 예수님께서 그 대본을 변경시키도록 시험하였습니다. 드라마의 역(character)을 즉석에서 고쳐 만들고(improvise), 구속자가 되도록 부르심을 받은 것을 부정하도록 시험을 한 것입니다. 그러나 예수님께서는 그가 누구인지를 알았으며, 그의 아버지를 신뢰하였고, 그분의 각본을 절대로 변경하지 않으셨습니다. "기록되었으되…… 기록되었으되…… 기록되었으되……." 예수님처럼 교회의 지체인 우리들도 세례를 받았고, 우리들에 관한 말씀이 말해졌습니다. "너는 하나님의 아들이며, 너는 하나님의 딸이다." 우리들에게도 하나님의 구원의 드라마 안에서 행할 역할이 주어졌습니다. "너희는 먼저 그의 나라를 구하라. 쉬지 말고 기도하라. 악을 악으로 갚지 말라.

내 양들을 먹이라. 서로 짐을 짊어져라. 서로 친절히 대하며, 서로 용서하라. 원수를 사랑하고, 너희 아버지의 자비로우심같이 너희도 자비로운 자가 되어라." 지금도 사탄은 여러분들의 귀에 작은 목소리로 속삭입니다. "대본을 바꾸어라(Change the script). 자신의 대본을 만들어라." 우리들의 운명이 이 시험에 달려(at stake) 있습니다. 자신의 생명을 쏟아 부어 우리를 준비시켜, 하나님의 구원의 드라마에서 맡은 역할을 행하도록 해 주신 분이 우리를 지켜보고 계십니다.

설교본문 : 누가복음 15 : 11~32
설교제목 : 탕자의 비유
설교의 빅 아이디어 : 하나님은 집 나간 탕자와 집 안의 탕자를 아무 조건 없이 사랑으로 받아 주신다.
설교의 목적 : 하나님의 사랑에 합당한 삶을 살기 위하여
설 교 자 : 계지영 목사

기독교 역사상 가장 간결하게 기독교의 핵심 교리에 관하여 정리해 놓았다고 평가를 받고 있는 웨스트민스터 소요리문답의 네 번째 질문은 "하나님은 어떠한 분이십니까?"입니다. 하나님은 어떠한 분이시냐는 질문에 대하여, "하나님은 그분의 존재, 지혜, 힘, 거룩, 정의, 선하심, 그리고 진리에 있어 무한하시고, 영원하시며, 불변하시는 영이십니다."라고 대답합니다. 그런데 예수님은 하나님이 어떠한 분이신가를 추상적인 언어가 아니라, 탕자의 비유를 통하여 우리에게 말씀해 주십니다. 오늘 이 비유 말씀은 예수님께서 세리들과 죄인들을 환영하며 그들의 친구가 되어 주고, 그들과 함께 식탁의 교제를 나누고 있다며 예수님을 비난하는 이들에게 하나님이 어떠하신 분인가를 말씀해 주시는 이야기입니다.

예수님께서는 "어떤 사람에게 두 아들이 있는데"라고 말씀을 시작하십니다. 두 아들 중에 큰아들은 부지런하고 자기의 책임을 다하며 아버지의 사업을 잘 돕는 타입이었고, 둘째 아들은 문학이나 예술을 즐기고 항상 꿈만 꾸며 현실을 모르고 이상적인 것만을 추구하는 아들이었습니다. 하루는 둘째 아들이 아버지에게 와서 자기 몫으로 돌아올 재산을 미리 달라고 요청을 했습니다. 그 당시의 관습으로는 아버지가 돌아가시기 전에 아들에게 재산을 분배하여 줄 수 있었습니다. 그러나 아버지가 엄연히 가장으로서 집안을 다스리고 있을 때 자기 몫으로 돌아올 유산을 미리 달라고 말하는 이 아들의 요청은 매우 무례한 일이었습니다. 아들의 위치를 스스로 포기하는 일이었습니다.

아버지 집에는 항상 먹을 음식과 잠잘 곳, 따뜻함과 사랑, 안정과 자유가 있었습니다. 그러나 이 둘째 아들은 자기가 하고 싶은 대로 하는 것이 자유인 줄로 알았습니다. 그는 하나님의 말씀과 계명대로 행하며 하나님의 뜻 안에서 사는 것이 참 자유인 것을 알지 못했던 것입니다. 아버

지에게는 재산을 미리 상속받아 먼 나라로 떠나기를 원했던 이 아들을 강압적으로 집안에 머무르게 할 수 있는 권한이 있었습니다. 그러나 가부장의 권위로 아들을 집안에 붙들어 놓는다고 해서, 아들의 마음까지 집안에 붙들어 놓을 수는 없음을 아버지는 잘 알고 있었습니다. 아버지는 작은아들의 요청을 물리치지 않았습니다. 그는 참된 자유가 무엇인지를 아들이 스스로 배워야 한다고 생각했던 것입니다.

미국의 유명한 실용주의 철학자였던 존 듀이 교수가 어느 비가 오는 추운 겨울 날, 어린 아들과 같이 대학 캠퍼스 인근을 거닐고 있었습니다. 그의 어린 아들은 신발을 벗은 채 차가운 물이 고인 물웅덩이 위에서 뛰놀며 아버지 뒤를 쫓아가고 있었습니다. 듀이 교수의 친구가 이것을 보고 "교수님, 아들을 빨리 물웅덩이에서 나오라고 말씀하시는 것이 좋겠습니다. 아이가 폐렴이라도 걸리면 어떡합니까?"라고 말하자, 듀이 교수는 "나도 바로 그 점을 염려하고 있는데, 지금 어떻게 하면 저 아이가 스스로 물웅덩이로부터 나오게 할 수 있을 것인가를 생각 중에 있습니다."라고 대답했다고 합니다. 아들이 차가운 물 속에서 맨발로 뛰노는 것을 보고 있던 아버지가 아이의 걱정을 안 하고 있는 것은 아니었습니다. 그러나 이 현명한 아버지는 아들 스스로가 찬물 속에서 노는 것이 좋지 않다는 것을 깨닫게 되기를 희망했던 것입니다.

하나님께서는 우리 인간을 강압적으로 다스리지 않으십니다. 에덴동산에서 아담과 하와로 하여금 선악과를 따 먹지 않도록 하실 수가 있으셨지만, 하나님은 그들이 자유 가운데 그의 말씀에 순종하기를 바라셨습니다. 하나님께서는 우리에게 자유를 주셨고, 우리 스스로가 책임 있게 이 주어진 자유의 권리를 행사하기를 바라십니다. 아들이 집을 떠나 먼 나라로 떠날 때, 아버지의 마음은 찢어질 듯이 아팠을 것입니다. 그러나 아들의 자유를 존중하였기에, 아버지는 그를 떠나보내었던 것입니다. 사랑이란 강압적으로 움켜쥐는 것이 아니고 자유롭게 행동하도록 풀어 주는 것입니다.

신명기 21:17에 보면, 맏아들은 부모 재산의 2/3, 둘째 아들은 1/3을 물려받도록 규정하고 있습니다. 작은아들은 아버지 재산의 1/3을 받아서 먼 나라로 떠났습니다. 거기에서 그는 재산을 마구 탕진하며 방탕한 생활을 했습니다. 그가 돈을 마구 뿌리며 탕진할 때에는 주변에 그를 따르는 친구들, 여자들도 많이 있었습니다. 돈을 인심 좋게 마구 뿌리고 다닐 때에, 그는 사람들로부터 인기도 많이 얻었습니다. 그러나 먼 나라에서 유흥과 노름, 방탕한 생활에 마구 돈을 탕진하던 아들은 어느 날 돈이 다 떨어지고 빈 주머니만 남았습니다. 그러자 주변에 그렇게도 많았던 술친구들, 여인들은 다 그를 버리고 떠났습니다. 게다가 그 지역에 심한 흉년까지 들게 되었습니다. 무일푼이 된 그는 어느 사람의 집에 몸 붙이고 살게 되었습니다. 주인은 그를 들로 보내어 돼지를 치게 했습니다. 그는 돼지를 치는 동안 하도 배가 고파, 돼지의 사료인 쥐엄 열매라도 많이 먹어 주린 배를 채우려고 했으나 그것마저 주는 사람이 없었습니다.

그는 아버지를 떠나 먼 나라에서 참된 자유와 행복을 누리며 살게 될 것이라고 생각했었는데, 행복과 자유는커녕, 오히려 가장 낮은 하루 품삯꾼이 되어, 유대인으로서 가장 굴욕적이고 치욕적인 돼지를 치는 사람으로 전락한 것입니다. 게다가 극심한 흉년 속에서 먹을 것도 잘 먹지 못해 굶어 죽을 위기에까지 이르게 된 것입니다. 17절에 보면 "이에 스스로 돌이켜 이르되"라고 합니다. 스스로 돌이켰다는 것을 영어 NIV에는 came to his senses, 현대인의 성경에는 "제정신이 들어"라고 번역하고 있습니다. 탕자가 아버지로부터 받은 모든 재산을 다 탕진했을 때, 그렇게도 많이 그를 따르던 술친구들과 여인들이 다 그를 떠나 홀로 있게 되었을 때, 많은 인기와 칭송이 사라졌을 때, 굶주림으로 건강까지 잃어버렸을 때, 모든 것을 다 잃어버렸을 때 그는 비로소 자기 자신과 직면할 수 있었습니다.

생각하기 시작하는 사람에게는 언제나 희망이 있다고 D. L. 무디(D. L. Moody)가 말한 적이 있습니다. 그런데 오늘 현대인들은 자신의 삶, 죽음, 영원의 세계 등 궁극적인 문제에 관하여 생각하기를 원치 않습니다. 그리하여 시끄럽게 울리는 금속성의 음악, 비디오, TV, 컴퓨터 모니터에 자신을 파묻고, 생각의 문을 닫아 버립니다. 분주하게 행하던 일을 잠시 멈추고 자신의 삶의 방향에 관하여 숙고하기를 원치 않습니다. 탕자는 모든 것을 잃어버렸을 때 자기 자신과 직면했습니다. 스스로 생각을 했습니다. "이에 스스로 돌이켜 내 아버지에게는 양식이 풍족한 품꾼이 얼마나 많은가 나는 여기서 주려 죽는구나" 탕자가 자기 자신의 형편과 사정, 어려움만을 생각하였더라면 그는 더욱더 절망의 수렁에 빠졌을 것입니다. 그러나 그는 아버지를 생각했습니다. 고향 집을 생각했습니다. 고향 집에는 종들이라도 항상 배부르게 먹을 수 있는 풍성함이 있었습니다.

우리들도 나 자신만을 바라볼 때는 더 낙심하고 절망할 수밖에 없으나, 그리스도의 십자가의 사랑과 은혜를 바라볼 때, 거기에 우리의 소망과 위로와 생명이 있음을 압니다. 탕자가 절망 가운데 아버지 집의 풍요로움을 생각할 때, 그는 스스로에게 말합니다. "내가 일어나 아버지께 가서 이르기를 아버지 내가 하늘과 아버지께 죄를 지었사오니 지금부터는 아버지의 아들이라 일컬음을 감당하지 못하겠나이다 나를 품꾼의 하나로 보소서 하리라 하고 이에 일어나서 아버지께로 돌아가니라" 탕자는 아버지의 유산을 방탕한 생활에 다 탕진해 버린 그가 하나님과 아버지께 큰 죄를 지은 것을 너무나 잘 알고 있었습니다. 그는 아버지로부터 즉각적인 용서와 환영을 기대하지 않았습니다. 이제는 아버지의 아들로서의 모든 자격이 상실된 것을 알고 있었습니다. 그는 삯꾼으로라도 써 주기를 바라는 한 가닥의 희망을 품고 아버지의 집으로 향했던 것입니다. 케네트 베일리(Kenneth E. Baily) 교수에 의하면, 그 당시의 관습에서 탕자가 집으로 돌아오는 것은 목숨을 내걸어야 하는, 몹시도 위험한 일이었다고 합니다. 아들의 자격을 스스로 포기하고 집을 떠난 후, 모든 재산을 탕진하고 돌아오는 사람들은 '게사사'(gesasah)라는 규례에 의하여 죽임을 당하는 사례도 많이 있었다고 합니다. 부모를 배반하고 집을 나간 사람이 돌아오는 것을 본 동네 사람들은 누구나 그를 돌로 쳐서 죽일 수 있는 권한이 법적으로 보장되어 있었다는 것입니다. 더구나 탕자는 세 가지 죄를 범했습니다. 아버지를 배반했습니다. 먼 나라에 간다는 것은 이방인의 땅으로 가는 것으로, 자기를 더럽힘으로 유대 종교와 유대 나라를 배반하는 행위였습니다. 따라서 탕자는 보통의 죄인이 아니라 아버지와 유대 종교, 유대 나라를 배반한 3중 죄인이었던 것입니다. 그러나 탕자는 아버지의 품꾼이라도 되겠다는 한 가닥 희망을 가지고, 목숨을 내걸고 아버지 집으로 향하였습니다.

한편 아들이 먼 나라로 떠난 후, 아버지는 늘 밖을 내다보며 집을 나간 아들이 언제 돌아올 것인가만을 생각하며 기다리고 있었습니다. 어느 날 먼 지평에 홀로 걸어오는 사람이 있어, 혹시나 집 나간 아들이 아닌가 하고 아버지는 온 시선을 그곳에 집중시켰습니다. 점점 다가오는 모습에서 아버지는 그가 집을 나간 아들임을 육감적으로 알았습니다. 아버지는 너무나 기쁘고 불쌍한 생각이 들어, 아들이 집으로 걸어 들어오기까지 기다리지 못하고 아들을 향해 달려가기 시작했습니다. 또한 마을 사람들이 먼저 집 나간 아들을 만나면 게사사의 규례에 따라 아들을 돌로 공격할지도 모르기에, 동네 사람들보다 먼저 아들을 만나 아들을 보호해야만 했습니다. 그 당시의 관습으로 높은 지위에 있는 사람은 뛰는 법이 없었습니다. 그리스의 유명한 철학자 아리스토텔레스도 위대한 사람은 뛰는 법이 없다고 말한 적이 있습니다. 그러나 이 아버지는 아들을 멀리서 본 순간 불쌍한 생각이 들어서, 그리고 아들을 동네 사람들로부터 보호하기 위하여 어른으로서의 체면도 제쳐 두고 아들을 향해 달려갔습니다. 집의 하인들과 동네 사람들 앞에서 자기의 위신까지 손상시켜 가며 달려간 것입니다. 예수 그리스도를 통하여 인간의 형상을 입으시고 이 세상에 오셨던 하나님은 우리가 아버지의 집을 향해 돌아올 때, 기뻐하시며 우리에게 달려오십니다. 우리를 구속하시기 위하여 십자가상에서 수모와 조롱을 당하시기까지 하셨습니다.

집으로 돌아오는 아들을 측은하게 여긴 아버지는 아들에게 달려가 그의 목을 안고 입을 맞추었습니다. 탕자는 아버지에게, "아버지 내가 하늘과 아버지께 죄를 지었사오니 지금부터는 아버지의 아들이라 일컬음을 감당하지 못하겠나이다"라고 말했습니다. 그러나 아버지는 종들에게 "제일 좋은 옷을 내어다가 입히고 손에 가락지를 끼우고 발에 신을 신기라"라고 말했습니다. 제일 좋은 옷을 입히라는 것은 아들의 명예를 회복시켜 준다는 의미입니다. 가락지는 상속자인 아들로서의 권위를 다시 회복시켜 줌을 말합니다. 신발은 종이 아니라 자유스러운 아들이 되었다는 것을 말해 줍니다. 그 당시에 종들은 신발을 신을 수 없었고, 오직 아들들만 신발을 신었던 것입니다. 품꾼으로라도 고용되기를 희망하여 죽음을 무릅쓰고 돌아온 아들은 아버지의 넓은 품에 안겨서 아들로서의 지위로 높임을 받았습니다. 아버지는 종들에게 말합니다. "살진 송아지를 끌어다가 잡으라 우리가 먹고 즐기자" 탕자는 아버지의 유산을 방탕한 삶에 다 탕진해 버렸습니다.

그는 아버지의 명예를 추락시켰고, 유대 종교와 유대 나라를 배반했었습니다. 그러나 그가 외로움과 배고픔, 절망과 어두움 속에서 아버지의 집을 생각하고 고향을 향하여 위험을 무릅쓰고 돌아왔을 때, 아버지는 그를 측은하고 불쌍히 여기어, 아들로서의 지위를 회복시켜 주었던 것입니다.

필립 얀시(Philip Yancey)는 그의 책 「놀라운 하나님의 은혜」(*What's So Amazing about Grace?*)에서 부모가 너무나 구시대 사람이라고 생각하던, 미시간 주 트래버스 시티에 살고 있는 십대 소녀에 관한 이야기를 하고 있습니다. 어느 날 그 소녀의 부모가 딸의 스커트가 너무 짧다고 하며 딸에게 금족령을 내리자, 딸은 이것으로 충분하고, 더 이상 부모의 간섭을 원치 않아, 집을 도망쳐 디트로이트로 떠났습니다. 다음날 이 소녀는 크고 화려한 차를 모는 어느 남자를 만나게 됩니다. 그 남자는 매우 좋은 남자처럼 보였으며 친절하게 차에 태워 주고, 고급 식당에서 한턱도 내었습니다. 그날 저녁 그 남자는 그녀를 고급 호텔 방에서 머물도록 해 주고, 그녀에게 알약을 주면서 이것을 먹으면 기분이 좋아질 것이라고 말했습니다.

두 달이 지나면서 그 남자는 그녀에게 남자들을 대하는 방법을 가르쳐 주었고, 빌딩 옥상의 고급 방에 살면서 이 소녀는 트래버스 시티에 있는 부모의 작은 집을 잊어버리게 됩니다. 어느 날 마켓의 우유팩에 "이 소녀를 보신 적이 있나요?"라는 글과 함께 그녀의 사진이 실려 있는, 그녀를 찾는 부모의 광고를 보고 놀란 적도 있었습니다. 그런데 일 년이 지나면서 그녀에게 병색이 나타나기 시작하자, 그녀에게 그렇게 친절하게 대하던 그 남자가 야박해지기 시작했습니다. 그녀는 점점 수입이 적어지고, 마약을 사는 데 돈을 지불해야 하게 되었습니다. 그녀는 경제적으로 점점 더 어려워져 갔습니다. 결국 그 남자는 그 소녀를 옥상의 고급 방으로부터 쫓아냈고, 그녀는 따뜻한 곳을 찾아 길에서 노숙할 수밖에 없었습니다. 이 소녀는 돈도 먹을 것도 친구도 없이 모든 것을 잃어버리고, 외롭게 되었습니다.

이 소녀는 자기 부모 집을 떠올리기 시작합니다. 그녀의 골든 레트리버(golden retriever)와 함께 공을 가지고 재미있게 놀던 때를 생각했습니다. 그녀는 하루에도 수백 번씩 "도대체 내가 왜 가출을 했지?"라고 스스로에게 말했습니다. 며칠이 되지 않아 이 소녀는 그녀의 삶에서 가장 원하는 것, 즉 집으로 돌아가는 것을 결정합니다. 그녀는 전화를 걸 수 있는 동전을 발견하여 집에 세 번이나 전화를 걸었는데, 전화를 받는 사람이 아무도 없기에 이 소녀는 메시지를 남겼습니다. "아빠, 엄마, 저예요. 집에 돌아가도 좋을까요? 집 방향 버스를 타고 가면 내일 저녁 12시 쯤에 도착할 터인데, 버스 정거장에서 아빠, 엄마를 보지 못하면, 버스에 남아 캐나다에 가려고 해요."

이 소녀는 홀로 버스를 타고 디트로이트에서 트래버스 시티까지 7시간에 걸쳐 여행을 했습니다. 집을 향하여 가는 동안 그녀는 부모에게 할 말을 속으로 연습했습니다. "부모님이 나의 메시지를 듣지 못하셨다면?" 하고 생각하기도 했습니다. 드디어 버스가 정거장 안으로 들어갔습니다. 버스의 에어브레이크가 쉿 소리를 내고, 운전사가 소리칩니다. "버스가 15분간 정차한 후에 떠납니다. 다음에 정차할 곳은 캐나다입니다."

놀란 이 소녀는 콤팩트의 거울을 들여다보고, 진하게 바른 립스틱을 지웁니다. 떨리는 다리로 터미널을 향해 걸어갔습니다. 터미널 안의 플라스틱 테이블과 의자에 앉아 있던 40여 명의 사람들, 형제와 자매들, 이모들, 삼촌들, 할머니가 그녀에게 손을 흔들고 있었습니다. 모두가 장난스러운 파티 모자를 쓰고, 큰 소리가 나는 축제용 뿔피리를 불고 있었습니다. 터미널의 벽마다 컴퓨터로 인쇄한 현수막을 걸었는데, 웰컴 홈(Welcome home)이라고 적혀 있었습니다. 아버지가 그녀에게 달려왔을 때, 그녀는 단 두 마디의 말을 할 시간이 있었습니다. "죄송해요, 아빠……." "쉿! 얘야, 너를 위해 집에 큰 파티가 준비되어 있단다."라고 아버지가 말했습니다.

먼 나라에서의 자유로운 삶을 찾아 집을 떠난 우리들의 어리석은 선택에도 불구하고, 하나님 아버지는 우리의 발걸음이 고향 집으로 향하고 있는지를 바라보고 계십니다. 오늘 아버지 품을 떠나 먼 나라에서 방황하고 있는 분들이 우리 가운데 있습니까? 지금이 바로 하늘의 고향 집을 향하여 여러분들의 발걸음을 돌이킬 때입니다. 우리들이 아버지를 향하여 발걸음을 돌이킬 때, 우리를 감싸 주시는 하나님의 사랑을 체험할 수 있습니다.

탕자의 비유는 여기에서 끝나지 않습니다. 성대한 잔치가 벌어지고 있는 동안 밭에서 일을 끝내고 집으로 돌아오던 큰아들은 집에서 많은 사람들이 모여 떠들며 춤추는 소리, 음악 소리와 더불어 소고기를 굽는, 잔칫집에서 나는 음식 냄새를 맡게 됩니다. 그는 하인 하나를 불러 무슨 일이 있었느냐고 물었습니다. 하인은 "당신의 동생이 돌아왔으매 당신의 아버지가 건강한 그를 다시 맞아들이게 됨으로 인하여 살진 송아지를 잡았나이다"라고 대답했습니다. 큰아들은 크게 화가 나서 집안의 잔치에 참여하는 것을 거부하고 들어가려고 하지 않았습니다. 그는 노동자들이 파업할 때처럼 노여움에 가득 차 집 밖에 서서 항의하고 있었습니다. 아마도 어느 한 종이 재치 있게 아버지에게 이 사실을 귀띔해 주었을 것입니다. 집 안으로 들어오기를 거부하는 큰아들에게 다가가기 위하여 아버지는 밖으로 나갔습니다. 아버지는 큰아들도 사랑과 관심의 대상에서 제외하기를 원치 않았습니다. 돌아오는 탕자를 환영하기 위하여 체면의 손상을 무릅쓰고 달려갔던 아버지가 이번에는 큰아들을 달래기 위하여 집 밖으로 나가고 있습니다.

28절에 보면 "아버지가 나와서 그를 달랬으나"라고 했습니다. '달랬다'는 헬라 말로 'parakalei'인데 '간청한다, 권면한다, 요청한다, 위로한다'는 의미를 가지고 있습니다. 아버지의 간구에 대하여 큰아들은 말합니다. "내가 여러 해 아버지를 섬겨 명을 어김이 없거늘 내게는 염소 새끼라도 주어 나와 내 벗으로 즐기게 하신 일이 없더니 아버지의 살림을 창녀들과 함께 삼켜 버린 이 아들이 돌아오매 이를 위하여 살진 송아지를 잡으셨나이다" 정말 큰아들은 지금까지 아버지를 위하여 열심히 일을 해 왔습니다. 아들과 종이 일하는 것에는 차이가 있습니다. 종은 노예의 신분으로 미래에 대한 어떠한 희망도 없이 살아갑니다. 유산이나 상속을 받을 약속이 주어지지 않습니다. 매일매일 주어지는 일이 고되기만 합니다. 그러나 아들은 상속자로서 미래에 대한 약속이 주어졌습니다. 아버지의 재산은 다 아들의 것이 되기 때문입니다. 그런데 이 큰아들은 아버지로부터 받게 될 상속과 유산의 축복을 다 잊어버린 상태로 일하고 있었습니다. 그러하기에 그는 일할 때 즐거움이 없었고, 종처럼 고되기만 했습니다.

큰아들은 아버지와 더불어 아버지와 같이 살며, 아버지를 위해 일하는 기쁨과 자유를 알지 못했던 것입니다. 아버지의 모든 것이 앞으로 자기 것임을 망각하고 살아가고 있었던 것입니다. 그는 아버지 재산의 유일한 상속자로서, 감사와 찬송 속에서 아버지의 일을 감당했어야 했을 것입니다. 큰아들은 집에 남아 있었지만 그의 영혼은 먼 나라에서 헤매는 상태였기에, 그도 역시 잃어버린 아들이었습니다. 그러하기에 성 어거스틴은 우리가 두 발로 먼 나라에 걸어 나가야만이 아니라, 우리의 마음가짐에 따라서 탕자가 되는 것이라고 말했습니다. 성도 여러분, 우리 또한 큰아들과 닮은 점이 많이 있지 않습니까? 큰아들은 아버지 재산의 유일한 상속자인데도 그는 아버지에게 불평을 했습니다. "내가 여러 해 아버지를 섬겨 명을 어김이 없거늘 내게는 염소 새끼라도 주어 나와 내 벗으로 즐기게 하신 일이 없더니 아버지의 살림을 창녀들과 함께 삼켜 버린 이 아들이 돌아오매 이를 위하여 살진 송아지를 잡으셨나이다" 우리는 예수 그리스도를 통하여 하나님 나라를 상속받은 자들입니다. 영원한 생명과 구원을 선물로 받은 자들입니다. 그런데도 우리는 나의 신세를 한탄하며, 나는 복 받지 못한 사람이라고 원망 가운데 살고 있지는 않습니까? 우리는 하나님 나라를 유산으로 상속받은 자들로서, 하나님의 나라를 위하여 일하는 것 그 자체가 기쁨이요, 특권입니다. 우리가 하나님 나라의 확장을 위한 섬김과 봉사의 삶을 살 수 있게 된 것 자체가 축복이요, 영광이요, 특권인데, 우리는 봉사와 섬김의 삶을 힘든 노동으로 생각하기도 하며, 불평하고 짜증 부릴 때도 많습니다. 우리가 이 땅에서 하나님의 사역을 행하는 것 자체가 큰 기쁨이요, 영광인 것을 우리는 알아야만이 되겠습니다.

아버지의 모든 재산이 자기의 것임을 깨닫지 못하고 사는 큰아들, 하나님 나라와 예수 그리스도의 생명과 구원이 나에게 상속될 것임을 잊어버리고 원망과 불평 속에서 살아가는 우리에게 아버지는 말합니다. "얘 너는 항상 나와 함께 있으니 내 것이 다 네 것이로되 이 네 동생은 죽었다가 살아났으며 내가 잃었다가 얻었기로 우리가 즐거워하고 기뻐하는 것이 마땅하다"

이 탕자의 비유에서 우리는 죄인 된 우리를 향한 하나님의 넘치는 은혜와 사랑을 엿볼 수가 있습니다. 집 나간 탕자는 아버지의 명예를 손상시켰고, 아버지의 유산을 다 탕진했습니다. 그러나 탕자가 한계에 이르러 고향 집을 생각하고 아버지를 향하여 돌이켰을 때, 아버지는 그를 측은히 여겨 달려가 환영하며 받아 주었습니다. 아버지는 돌아온 탕자에게 탕진한 유산을 다 갚으라고 요구하지 않았습니다. 오히려 탕자를 불쌍히 여기고 그를 아들의 지위로 다시 회복시켜 주었습니다. 오늘도 우리가 탕자처럼 하나님께서 우리에게 주신 모든 귀한 시간, 기회, 젊음, 달란트, 재능, 물질을 다 낭비하고 외로움과 절망감 속에서 하나님을 향하여 돌아오면, 하나님은 우리의 모든 잘못과 죄를 용서해 주시고 그분의 자녀로 회복시켜 주십니다. 우리 가운데 나는 다른 사람들처럼 복 받지 못한 사람이라고 생각하며 원망과 불평 속에 살아가고 있는 큰아들과 같은 사람이 있다면, "큰아들아, 큰딸아, 내가 가진 모든 것이 다 네 것이 아니냐?"라는 성령님을 통해 들려주시는 아버지의 음성을 들을 수 있기를 원합니다. "내가 가진 모든 것이 다 네 것이 아니냐?"라는 주님의 음성을 듣고, 원망과 불평의 삶이 아니라 감사와 찬양의 삶을 살아갈 수 있는 우리 모두가 되기를 소망합니다.

설교본문 : 마태복음 14 : 22~33
설교제목 : 마음을 확대하는 신앙(A Mind-Expanding Faith)
설 교 자 : 존 오트버그(John Ortberg) 목사

### 서론

오래전, 나의 아내가 나에게 독특한 생일 선물을 주었습니다. 열기구(hot-air balloon)를 타는 것이었습니다. 우리는 열기구들이 부풀려진 들판으로 갔고, 거기서 함께 열기구를 타게 될 다른 부부를 만났습니다. 우리는 생업으로 무엇을 하고 있는지 그들에게 말했고, 그들도 생업으로 무엇을 하고 있는지를 우리에게 말했습니다. 우리는 같이 바구니 안으로 들어갔고, 조종사는 열기구 풍선을 올라가게 했습니다.

경치가 매우 아름다웠고, 좋았습니다. 그곳은 남 캘리포니아였기 때문에 우리는 얕은 산들 너머로 태평양을 바라볼 수 있었습니다. 그것은 장엄한 광경이어서, 나는 정신적으로 고무되었고 흥이 났습니다.

그런데 저는 예상치 않았던 다른 감정(emotion)을 경험했는데, 그것은 두려움이었습니다. 열기구의 바구니는 무릎 높이로 올라갔고, 그때에 열기구 바구니 밖으로 나올 수가 있었습니다. 나의 손바닥에서는 땀이 났고, 심장은 쿵쿵거렸으며, 내 손은 밧줄을 꽉 잡고 있었습니다. 나는 내 아내를 바라보기 전까지는 내가 열기구 바구니 안에서 가장 무서워하고 있는 사람인 줄로 생각했었습니다.

나는 이 열기구 바구니의 조종사에 관하여 알기를 원했습니다. 모든 것이 잘되어 갈 것이라고 생각하도록 나 자신을 조종할 수도 있었습니다. "믿습니다, 믿습니다, 믿습니다."라고 외치며 긍정적인 정신 태도를 함양시킬 수도 있었습니다. 그러나 우리는 우리의 운명을 그 사람의 손에

맡겼습니다. 우리들의 삶은 열기구 바구니를 조종하는 사람의 능력과 성품에 달려 있었습니다. 그리하여 나는 그 사람을 향해 조금 가까이 가서 물었습니다. "직업이 무엇입니까? 열기구 풍선을 어떻게 조종하게 되었습니까?" 나는 그가 신경외과 의사라고 말하든지, 아니면 그가 과거에 우주비행사였기에 비행기 조종을 그리워하여 열기구 풍선을 조종하게 되었다고 말하기를 희망하고 있었습니다. 그런데 그가 "글쎄요, 친구여(dude), 실은 이렇게 되었지요."라고 말을 시작할 때, 나는 우리가 곤경에 빠져 있음을 알게 되었습니다. 그는 아무런 직업도 없었고, 주로 바다에서 파도타기를 했다고 말했습니다. 그는 뚜껑 없는 소형 트럭을 운전했었고 술을 너무 많이 마시기도 했는데, 큰 교통사고를 일으켜 그의 동생을 다치게 했다는 것입니다. 그의 동생은 더 이상 정상적으로 살아갈 수 없게 되어서, 그는 그의 동생이 무엇인가를 바라볼 수 있도록 하기 위하여 열기구 풍선의 비행을 시작했다는 것입니다.

그는 계속하여 말했습니다. "우리가 땅에 내려가는 것은 평탄하지 않을 것이외다. 왜냐하면 나는 우리가 타고 있는 이 풍선을 전에 조종해 본 일이 없기 때문에, 내려갈 때 이 풍선이 땅에 어떻게 착지할지 잘 모르오." 나의 아내가 나에게 말했습니다. "픽업트럭(pickup truck)을 음주운전 하다가 충돌 사고를 일으켜 동생을 불구로 만들었기 때문에 열기구 풍선을 조종하고 있는 이 실업자와 같이 우리는 수천 피트 상공에 있고, 이 사람은 예전에 이 풍선을 비행하고 조종한 적도 없으며, 어떻게 땅으로 하강하는지도 잘 모른다는 말인가요?" 우리가 탄 풍선이 비행하는 동안 한 마디 말도 하지 않던 다른 부부의 아내가 나에게 말했습니다. "당신은 목사입니다. 무엇인가 종교적인 일을 하시기 바랍니다." 그래서 저는 헌금을 거두어들였습니다(번역자 주 : 설교자의 유머).

문제는 "내가 열기구 조종사(pilot)를 신뢰할 수 있느냐?"입니다. 여러분들은 태양의 주변을 돌고 있는 거대한 풍선인 지구 위에서 살고 있습니다. 날마다 사람들이 잠에서 깨어 일어났을 때 던지는 중요한 질문은 "지구를 운행하는 분이 있는 것입니까? 우리가 그분을 신뢰할 수 있는 것입니까?"입니다. 우리는 자기 자신의 마음을 고무시키기 위하여 "나는 믿습니다. 나는 믿습니다. 나는 믿습니다."를 되풀이하여 외치는 사람들로 가득 찬 세상에서 살고 있습니다. 사회학자들은 사람들이 믿음을 믿는(put their faith in faith) 일을 시작했다고 합니다. 우리는 스스로에게 말합니다. "만일 내가 더 열심히 믿는다면."

그러나 이러한 것들은 게임일 뿐입니다. 진정한 문제(issue)는 바로 이것입니다. "이 지구를 운행하시는 분이 있는 것입니까? 그분은 신뢰를 받을 만한 분입니까? 그분의 능력과 인격이 믿을만 하기에 자신감 있게 나의 운명을 그분의 손에 맡길 수 있는 것입니까?" 이러한 것은 믿음을 요구하고 있습니다. 믿음은 위험한 모험(risk)과 연관되어 있으며, 위험한 모험 없이 믿음은 없습니다. 그리고 위험한 모험은 두려움과 긴밀히 연관됩니다. 또한 때때로 실패할 수도 있습니다.

**믿음은 실패를 무릅쓰는 것을 요구합니다(Faith requires risking failure).**
오늘 본문은 우리를 배 안에 있는 베드로의 이야기로 인도합니다. 마태복음 14 : 24에 의하면 예수님의 제자들은 갈릴리 바다를 건너가고 있었는데, 거센 바람과 사나운 물결로 말미암아 큰 위기를 당하고 있었습니다. 예수님의 제자들 중에는 어부 출신들이 많이 있었는데도 어려움을 당하는 것을 보면, 갈릴리 바다의 풍랑이 무척이나 거세었던 것 같습니다. 25절에 보면 밤 사경, 즉 새벽 3시로부터 6시 사이에 예수님께서는 갈릴리 바다 위를 걸어서 제자들에게 오고 계셨습니다. 깜깜한 밤중, 산같이 높고 거센 물결, 회오리바람같이 엄청나게 거센 바람을 여러분들의 마음속에 그려 보기 바랍니다. 제자들이 탄 작은 배가 전복되는 것을 피하려고 애쓰고 있는 모습을 상상해 보십시오. 마태는 배가 물결로 말미암아 고난을 당하고 있었다고 말합니다. 그가 사용한 단어는 그리스 단어였습니다. 그들은 차가운 물에 젖었고, 지쳤고, 공포에 휩싸였습니다. 베드로는 이러한 상황 속에서 배로부터 나오려고 했습니다.

저는 배에 관하여 잘 알지 못합니다. 여러분들이 상상하는 것처럼, 부지런한 목회자의 삶에는 레저용 범선(sailboat)에서 어슬렁거릴 시간이 없습니다. 그러나 제 생각에는 범선으로부터 나와 물 위를 걸어가려고 하는 것은 매우 어려운 일이라고 생각됩니다. 비록 물이 조용하고 대낮이라 할지라도 말입니다. 물 위를 걷는 데는 보통 사람들이 낼 수 있는 최대한의 용기가 필요할 것입니다. 그런데 파도가 배를 부술 듯이 때리고, 바람은 폭풍처럼 거세며 시간은 새벽 3시로 깜깜한 밤이었습니다. 베드로는 배에서 나갔고, 물에 빠졌습니다. 그는 바다를 걸을 수 없었습니다. 이 이야기는 실패의 이야기입니까? 그렇습니까?

시험에 실패한 분들이 있다면 손을 들어 보시기 바랍니다. 여러분들은 팀(team)으로부터 잘려 본 일이 있습니까? 여러분들이 원하는 직업이나 지위를 얻지 못한 적이 있으십니까? 3살 먹은 아이에게 짜증을 내 본 적이 있습니까? 여러분들은 잘못 말했거나, 틀린 포크로 먹었거나, 나일론과 같은 값싼 의복을 입은 적이 있습니까? 우리 모두는 물 위를 걸으려고 하는 사람들입니다. 하나님은 그의 신적인 형상으로 창조된, 그의 자녀들인 우리 인간들이 필사적인 시도로 실패를 회피하기 위하여 삶을 살아가는 것을 원하지 않으십니다.

배는 위험하지 않고, 안전하며, 편안합니다. 반면 배 밖의 물결은 높고, 파도는 거세며, 바람은 강하고, 밤은 어둡습니다. 태풍이 있는 보트 밖으로 나가면 여러분들은 가라앉을 것입니다. 그러나 보트로부터 나가지 않으면 여러분들은 걷지 못할 것입니다. 물 위를 걷기를 원한다면, 보트 밖으로 나가야만 하기 때문입니다. 우리 안에 있는 무엇(something)인가, 누구(someone)인가는 우리의 삶이란 보트 안에 앉아 있는 것보다 더한 무엇인가(something)에 관한 것이라는 것을 우리에게 말해 주고 있습니다. 일상적인 편안한 삶에서 떠나라고 우리를 부르는 무엇인가에 관하여 우리 안에 있는 누구인가가 말하고 있습니다. 그리스도를 따르는 모험에 우리 자신을 버리라고, 우리 안에 있는 무엇인가가, 누구인가가 우리에게 말하고 있습니다.

예수님께서 갈릴리 바다에서 풍랑을 만난 제자들에게 오셨을 때, 예수님의 제자들은 물 위를 걸어오시는 예수님을 보고 유령인 줄 알고 무서워하며 소리를 질렀습니다. 그때 예수님께서는 "안심하라 나니 두려워하지 말라"라고 말씀하셨습니다. 예수님께서 제자들에게 "안심하라 나니 두려워 말라"고 말씀하신 것을 오늘 우리들의 말로 풀이하여 설명한다면 다음과 같습니다. "너희들은 나의 인격과 자신감(confidence)을 신뢰할 수 있다. 너희들은 안전하게, 조건 없이, 주저함 없이 너희들의 삶을 나의 손에 맡길 수 있다. 너희들은 이 태풍을 가지고 있으나, 너희들은 나를 가지고 있다. 어느 것이 더 강한지를 깨달으라." 그때 베드로는 말합니다. "주여 만일 주님이시거든 나를 명하사 물 위로 오라 하소서" 그러자 예수님께서는 베드로에게 "오라"라고 말씀하셨습니다.

베드로는 한쪽 다리를 배 밖으로 들어 올려 물 위에 발을 놓았습니다. 베드로는 다른 다리도 보트 밖으로 들어 올린 다음, 그 발도 물 위에 놓았습니다. 그리고는 그 상태로 있었습니다. 베드로는 아직 물 위에 서 있었습니다. 예수님을 향하여 한 걸음을 디뎌 보았습니다. 그리고는 다시 한 걸음을 디뎠습니다. 인류 역사상 처음으로, 언젠가는 죽어야 하는 평범한 사람이 물 위를 걸은 것입니다. 잠시 동안 베드로는 예수님을 향하여 걸을 수 있었습니다. 그러나 베드로는 그가 무엇을 행하고 있는지를 갑자기 깨달았습니다. 그는 파도를 보았고, 성난 갈릴리 바다의 물을 느꼈습니다. 그의 믿음은 무너졌습니다. 베드로는 다시 두려워하게 되었고, 물에 가라앉았습니다. 베드로는 실패했습니까? 이 본문은 그리스도를 따르는 삶에서의 실패를 철저하게 재정립한다고 저는 믿습니다. 실패란 사건이 아닙니다. 실패는 우리가 사건을 해석하고 판단하는 방식입니다. 실패는 우리가 사건에 꼬리표를 붙이는 것입니다. 조너스 소크(Jonas Salk)는 소아마비 백신을 개발할 때까지 200번이나 실험을 시도해 실패했습니다. 어느 분이 그에게 물었습니다. "소아마비 백신을 개발할 때까지 200번이나 실험에서 실패한 것을 어떻게 느끼십니까?" 그러자 소크 박사는 말했습니다. "나는 나의 삶에서 어떠한 것에도 200번이나 실패하지 않았습니다. 나의 가족은 내게 결코 실패라는 말을 쓰지 말라고 가르쳤습니다. 나는 단지 소아마비 백신을 만들 수 없는 방법 200개를 발견했던 것입니다."

어느 분이 윈스턴 처칠에게 물었습니다. "제2차 세계대전 기간 동안 영국을 인도한 당신을 가장 잘 준비시킨 것은 무엇입니까?" 독일이 유럽을 지배하고 있었을 때, 잠시 동안 영국은 독일에 대항하여 홀로 서 있었습니다. 처칠의 대답은 이렇습니다. "내가 초등학교의 수업(class)을 반복했을 때입니다." 질문자가 다시 처칠에게 물었습니다. "처칠 경께서 초등학교에서 낙제한 때를 의미합니까?" 그러자 처칠은 말했습니다. "나는 내 생애에서 낙제한 적이 없습니다. 그것은 올바르게 하기 위하여 나에게 두 번째 기회가 주어진 것입니다."

베드로는 실패했습니까? 어떤 의미에서는 그렇습니다. 그의 믿음이 무너졌기 때문입니다. 베드로는 예수님에게 시선을 고정시키지 않았습니다. 그리하여 그는 실패하였고, 물에 가라앉았습니다. 그러나 보트 안에는 열한 개의 더 큰 실패들이 있었습니다. 배 안에 있던 열한 명의 제자들은 은밀하고 조용하게 실패했습니다. 그들의 실패는 안전하고, 눈에 띄지 않았으며, 비판을 받지 않았습니다. 오직 베드로만이 극적인 실패의 부끄러움을 경험했습니다. 그러나 베드로만이 물 위를 걷는 영광을 알게 되었습니다. 다른 제자들은 어떤 면에서 알지 못하는 것을, 그가 물에 가라앉을 때 예수님은 바로 그곳에 계실 것이며, 예수님은 그를 전적으로 구원해 주시기에 충분하신 분이라는 것을 베드로만이 알게 된 것입니다. 베드로는 다른 사람들이 가질 수 없었던 예수님과 공유하는 시간(a shared moment), 예수님과 연결됨(connect)을 가질 수 있었습니다. 다른 제자들은 보트 밖으로 나오지 않았기 때문에 이러한 것을 가질 수가 없었습니다.

**믿음은 예수님을 따르기로 선택하는 것을 의미합니다.**

여러분들은 보트로부터 나와야 한다는 것이 무엇을 의미하는지 아마 궁금해 할 것입니다. 흥미진진하게 들릴 것이고, 보트로부터 나오는 것에 찬성할 것입니다. 그러나 여러분들은 여러분들이 무엇을 해야 하는지 궁금해 할 것입니다. 보트로부터 나오는 것의 핵심은 예수님의 제자가 되기로 선택하는 것입니다. 제자란 어떤 특정한 사실을 단순히 믿음으로 그가 죽을 때 천국에 들어가는 사람이 아닙니다. 제자란 나의 궁극적인 삶의 목적이 예수님이 내 몸 안에 계신다면, 예수님의 삶의 방식으로 사는 것이라고 말하는 사람입니다. 제자가 아닌 사람은 어떠한 다른 목적을 가지고 있는 사람입니다. 여러분들은 표류하다가 제자도에 들어가지 않습니다. 여러분들은 선택을 해야 합니다.

다음 단계는 사람들마다 다르게(different) 보일 것입니다. 왜냐하면 우리는 모두 다르고, 다른 것들을 배울 필요가 있기 때문입니다. 저는 덱스터 애비뉴 침례교회 교인이며, 헌신적으로 그리스도를 따르고, 예수님께서는 인종에 따라 격리된 세상에 사랑과 정의와 공동체에 관하여 가르치실 무언가를 가지고 계신다고 믿었던 여자 재봉사를 생각합니다. 1955년 12월의 어느 날, 그녀가 탄 버스 운전사는 그녀가 앉았던 버스의 앞자리를 비우고 버스 뒤로 가서 앉으라고 말했습니다. 왜냐하면 그녀는 흑인이고, 앞자리는 백인의 자리이기 때문이었습니다. 20세기의 가장 용감한 선택들 가운데 하나로, 그녀는 움직이지 않았습니다. 그리고 그녀는 혁명을 시작했습니다. 다음 월요일에 일만여 명의 그리스도를 따르는 사람들이 그녀의 교회에 모여 기도를 하였고, "우리가 다음에 무엇을 해야 하나요?"를 하나님께 물었습니다.

이러한 선택으로 인하여 시작된 혁명은 쉬운 것은 아니었습니다. 많은 대가를 치러야만 했습니다. 많은 사람들이 구타를 당했고, 투옥되었으며, 심지어 몇 사람은 죽기도 했습니다. 그러나 그 선택은 국가의 양심을 변화시켰습니다. 충분하지는 않지만 변화시켰습니다. 이 모든 것은 온순하고, 부드럽게 말하며 그리스도를 따르는 한 여자 재봉사가 보트로부터 나왔기 때문입니다. 이것은 많은 사람들이 좋아하지 않는 제자도의 한 양상으로 우리를 데려다 주고 있습니다. 저 또한 이것을 항상 좋아하지는 않습니다. 그리스도를 따르는 삶에 헌신하는 것은 두려운 경험이 항상 따른다는 것을 각오해야 한다는 것입니다. 두려움의 경험은 계속 반복하여 일어납니다. 예수님께서는 제자들을 재촉하여 배를 타고 앞서 갈릴리 바다 건너편으로 가게 하셨습니다. 제자들은 예수님 말씀대로 행하였습니다. 그런데 태풍이 왔고, 제자들은 두려워했습니다. 그때 예수님께서는 바다 위로 걸어서 제자들에게 오셨습니다. 제자들은 예수님께서 바다 위로 걸어오심을 보고 놀라 유령이라고 무서워하며 소리를 질렀습니다. 예수님께서는 제자들에게 "안심하라 나니 두려워하지 말라"라고 말씀하셨습니다. 베드로가 예수님께 "주여 만일 주님이시거든 나를 명하사 물 위로 오라 하소서"라고 말하자, 예수님께서는 베드로에게 "오라"라고 하셨습니다. 베드로는 보트에서 나와서 물 위를 걷다가 그만 물 속으로 빠져 들어갔습니다. 베드로는 무엇을 경험했습니까? 더 많은 두려움입니다. 그러나 예수님께서는 그를 구원해 주십니다.

제자가 된다는 것은 학습자나 학생이 된다는 것을 의미합니다. 제자가 되는 것은 그리스도 안에서 성장하는 것을 선택하는 것입니다. 성장은 새로운 지경으로 들어가며, 보트로부터 나오는 것을 의미합니다. 여러분들은 이러한 것을 행할 때마다 두려움을 경험하게 됩니다. 여기에 제자도에 관한 놀라운 점이 있습니다. 두려움이 결코 사라지지 않는다는 것입니다. 여러분들이 보트로부터 나올 때마다, 여러분들이 새로운 도전을 주는 경지에 들어갈 때마다, 여러분들은 두려움을 경험하게 됩니다. 제자도는 항상 편안함과 두려움 사이의 선택입니다. 제자가 된다는 것을 편안함을 배척(denounce)하는 것입니다. 우리들 가운데 많은 사람들에게 이것은 나쁜 소식입니다. 왜냐하면 우리들의 사회는 편안함을 좋아하기 때문입니다. 우리는 집으로 와서, 보통 TV 앞에 앉아서 "나는 느긋하게 쉬고 싶다."라고 말합니다. 이런 사람을 우리는 카우치 포테이토(couch potato : 오랫동안 가만히 앉아 텔레비전만 보는 사람)라고 부릅니다. 이것은 제자도를 향한 좋은 훈련이 아닙니다. 예수님의 제자 열한 명은 보트 포테이토즈였습니다. 그들은 위험을 무릅쓰지 않았습니다. 그들은 두려움을 경험하기를 원치 않았습니다.

교회는 우리가 교회의 좌석 포테이토즈라고 부를 수 있는 사람들로 가득 차 있습니다. 이러한 사람들의 종교적 신앙이란 그들의 삶에 편안함을 더해 줄 영적인 패딩(padding : 푹신하게 만들기 위해 안에 대는 속)에 불과합니다. 여러분들은 정말 좋은 보트를 가지고 있으며, 오랫동안 그 보트에서 나오지 않았습니다. 여러분들의 보트가 매우 편안할 수도 있습니다. 여러분들이 정기적으로 보트에서 나왔던 때를 여러분들은 기억할 수도 있습니다. "주여 …… 나를 명하사 물 위로 오라 하소서" 그러나 지금은 그곳이 편안해졌을 수도 있습니다.

여러분들은 두려울 수도 있습니다. 저는 그러한 느낌을 알고 있습니다. 몇 년 전에 저는 교회를 개척하는 일에 참여하여 인도하라는 이상한 느낌을 가졌었습니다. 하나님께서는 제 아내와 저를 같은 비전을 공유하는 훌륭한 핵심적인 형제, 자매들과 연결을 시키셨습니다. 우리는 말했습니다. "우리는 교회를 개척하는 일을 할 것이다. 한번 도전해 보자." 우리가 이 모험에 들어간 지 얼마 안 되어 어떤 회의장에 있었습니다. 저는 새벽 4시에 호텔 방에서 깨어나 천장을 바라보았습니다. 여러분들은 새벽 4시에 그러한 순간을 가져 본 적이 있습니까? 우리는 건물도 없고, 땅도 없고, 부서 직원들도 없고, 핸드벨 합주단(handbell choir)도 없고, 교회를 교회답게 만들 어떠한 것들도 없었습니다. 우리는 청구서들을 갚을 돈이 은행에 거의 없었습니다. 저는 속으로 생각했습니다. 내가 무엇을 하고 있는가? 저는 누워서 걱정을 했습니다. 저는 골칫거리가 정확히 무엇인지를 알려고 했습니다. 생존의 문제는 아니라는 것을 저는 깨달았습니다. 우리에게 세 명의 아이가 있었지만 저는 아이들을 먹이는 것을 염려하지는 않았습니다. 아이들이 배를 굶지는 않는다는 것을 저는 알았습니다. 솔직히, 나의 두려움은 실패에 관한 것이었습니다. "나에게 가까운 사람들이, 나에게 중요한 사람들이 내가 실패하는 것을 본다면?"이었습니다. 저는 제가 실패하는 것을 보기를 원치 않았습니다. 저에게 있어 보트로부터 나오는 것은 단순히 교회를 시작하는 것만은 아니었습니다. 성공한 것처럼 보이고자 하는 강박관념에 나 자신이 죽는 것이었습니다. 때때로 저는 보트 안이 좋아 남아 있는 보트 포테이토즈(boat potatoes)들에게 감동을 주기 위하여 물 위를 걷기를 원할 때가 있습니다. 그러나 이것은 물 위를 걷는 것에 관한 것이 아닙니다.

물 위를 걷는다는 것은 예수님께 오는 것에 관한 것입니다. 물 위를 걸으면, 여러분들은 물 속에 빠질 수가 있습니다. 그러나 저는 비밀을 하나 가지고 있습니다. 그것은 물에 빠지는 것은 문제가 되지 않는다는 것입니다. 예수님은 물에 빠지는 사람들을 충분히 구원해 주실 수 있기 때문입니다. 베드로는 보트에서 나왔습니다. 그러나 그는 강한 바람을 보고 겁을 먹게 되었으며, 물에 빠져 들어가기 시작했습니다. 그러자 베드로는 "주여 나를 구원하소서"라고 부르짖었습니다. 이 부르짖음은 그리스도가 주님이 되심을 고백하는 것이며, 구원을 향한 간청입니다. 예수님은 베드로의 부르짖음에 곧 손을 내밀어 그를 붙잡으셨습니다. 요점은 예수님께서는 즉각적으로 우리를 곤경에서 벗어나게 하신다는 것이 아닙니다. 중요한 점은 예수님께서는 항상 반응하신다는 것입니다. 어떠한 실패도 여러분을 하나님께서 돌보시는 사랑의 손길 밖에 놓을 수는 없습니다. 예수님은 물에 빠져 들어가는 사람들을 충분히 구원하실 수 있으십니다.

**신앙은 놀랄 만한 일들을 야기시킵니다.**

베드로가 보트 밖으로 나온 결과로, 그리고 베드로의 실패와 그리스도의 구원의 손길의 결과로 인하여 보트 안에 있던 제자들은 예수님을 경배했습니다. 예수님께서 베드로의 손을 잡아 구출해 주신 다음, 예수님께서 베드로를 데리고 보트 안으로 들어오시자 강한 바람이 그쳤습니다. 33절에 보면 "배에 있는 사람들이 예수께 절하며 이르되 진실로 하나님의 아들이로소이다 하더라"라고 했습니다. 우리가 보트 밖으로 나가면 하나님의 권능이 일하기 시작하며, 놀랄 만한 일들이 일어납니다.

밥(Bob)이란 사람에 관하여 여러분들에게 이야기를 하고자 합니다. 저는 밥에 관하여 워싱턴 D. C.에서 주로 정치와 연관된 사역을 행하고 있는 더그 코우로부터 알게 되었습니다. 밥(밥은 정치인이 아니라 보험을 파는 사람입니다.)이 기독교인이 되었을 때, 그는 교회의 어떠한 배경 지식도 가지고 있지 않았습니다. 그는 기독교에 관하여 아무것도 알지 못했습니다. 더그는 기독교의 기본을 밥에게 가르쳐 주었고, 기도에 관하여서도 가르쳐 주었습니다. 예를 들자면 더그는 예수님께서 "내가 또 너희에게 이르노니 구하라 그러면 너희에게 주실 것이요 …… 구하는 이마다 받을 것이요"라고 우리에게 가르쳐 주셨다고 말해 주었습니다. 밥은 이 구절 말씀에 놀랐습니다. 더그는 이 구절 말씀을 상식을 가지고 이해해야 한다고, 그러나 예수님은 응답하실 준비가 되어 있다고 말해 주었습니다.

이 말을 들은 밥은 아프리카에 있는 어느 특정한 나라를 위하여 기도하기로 결정을 하였습니다. 그러자 더그는 말했습니다. "좋습니다. 당신이 이 나라를 위하여 한 달 동안 기도를 하시오. 한 달 후에 아무 일도 일어나지 않는다면 내가 당신에게 $500를 지불하겠소. 그러나 놀라운 일이 일어나면 당신이 나한테 $500를 지불하시오. 그러나 만약 당신이 매일 기도하지 않는다면 돈을 건 것은 다 취소입니다." 이 말에 밥은 동의를 했습니다. 그리하여 밥은 기도를 시작했습니다. 한 달이 거의 끝나 가지만, 아무 일도 일어나지 않았습니다. 어느 날 그는 만찬에 참여했습니다. 테이블에 앉은 사람들은 그들의 생업이 무엇인지를 서로 말하고 있었는데, 어느 여인이 밥이 기도하고 있는 아프리카의 특정한 나라의 의료 기관, 고아원 병원의 기관에서 일하고 있다고 말했습니다. 이 말을 들은 밥은 그녀에게 여러 질문들을 퍼부었습니다. 그녀가 밥에게 "어째서 당신은 이 나라에 대하여 그렇게도 관심이 많으십니까?"라고 묻자, 밥은 그녀에게 친구인 더그와 약속한 기도에 관한 합의에 대하여 말해 주었습니다. 그러자 그 여인이 "당신은 이 나라를 방문하여 이 나라 사람들을 만나 보는 데 관심을 가지고 있습니까?"라고 물어, 밥은 "물론이지요."라고 말했습니다.

그리하여 밥은 그 나라에 가서 의료 시설을 살펴보았습니다. 여러분들이 알고 있는 것처럼, 제3세계의 국가에는 의약품이 극심히 부족합니다. 밥은 미국으로 돌아와서 미국에 있는 제약회사들에게 전화를 하고 편지를 보내어 도움을 요청했습니다. 그리고 밥은 일백만 달러의 값어치가 넘는 약품을 거두어 아프리카에 있는 그 나라에 보내었습니다. 얼마 후에 아프리카의 의료 기관에서 일하는 여인은 밥에게 전화를 하여, 많은 의약품을 받은 의료 기관에서 축하 행사를 가지려고 하는데, 참석하겠느냐고 말했습니다. 밥은 다시 아프리카로 갔습니다. 아프리카의 여러 나라들 중에서도 작은 나라인 그 나라의 대통령도 이 의료 기관, 그 나라에서는 가장 큰 병원인 이 의료 기관의 자축 행사에 참석을 했습니다. 이 나라의 대통령은 밥을 만나서, 그에게 이 나라의 수도를 구경시켜 주겠다고 초청을 했습니다. 밥은 대통령과 같이 이 나라의 수도에 갔습니다. 대통령과 같이 수도를 돌아보던 중, 교도소를 지나가게 되었습니다. 밥은 "이 교도소에는 어떠한 죄수들이 감금되어 있습니까?"라고 물었습니다. 대통령은 "이 교도소에는 정치범들이 감금되어 있습니다."라고 말했습니다. 그러자 밥은 대통령에게 "정치범들을 감금하는 것은 좋은 생각이 아닙니다. 저들을 석방시켜야 합니다."라고 말했습니다. 밥은 대통령과 같이 수도를 돌아보는 것을 끝내고 미국으로 돌아왔습니다. 며칠 후에 밥은 새벽 두 시에 미국무성으로부터 전화를 받았습니다. 국무성 관리는 "우리는 최근에 어느 나라를 방문했는데……."라면서 그 관리는 밥이 방문한 나라의 이름을 거명했습니다. 밥은 그도 그 나라를 방문했었다고 말했습니다. 관리는 그에게 다시 물었습니다. "당신은 그 나라 대통령에게 정치범에 관하여 어떤 말을 한 적이 있습니까?" 밥은 말한 적이 있다고 말했습니다.

"당신이 무슨 말을 했는지는 모르지만, 정치범들이 석방되었습니다. 미국무성에 있는 우리는 오랫동안 그 나라의 정치범들을 석방하기 위하여 힘써 왔는데, 이제 정치범들이 모두 석방되었습니다. 당신은 대통령에게 무엇이라고 말했습니까?" 밥은 말했습니다. "정치범들을 가두어 놓는 것은 좋은 생각이 아니라고 말한 것뿐입니다."

사람들이 보트에서 나오면 놀라운 일들이 일어납니다. 만일 여기에 있는 모두가 "나는 보트로부터 나오기를 원합니다."라고 말한다면 어떻게 될 것 같습니까? 이 예배당에 있는 우리 모두가 "예수님, 나에게 보트에서 나오라고 명령하여 주옵소서. 나는 주님의 것입니다."라고 말할 수 있다면 어떻게 될 것 같습니까? 우리의 커뮤니티와 우리나라에 풀려나오게 될 하나님의 능력을 상상해 볼 수 있겠습니까?

예수님은 지금도 보트에서 나올 사람들을 찾고 계십니다. 여러분들이 보트에서 나오면 여러 문제들을 직면할 것입니다. 태풍이 있습니다. 여러분들의 믿음은 완전하지 못하기에, 물에 빠질 것입니다. 그러나 나는 두 가지를 알고 있습니다. 여러분들은 실패할 것입니다. 그러나 여러분들이 실패할 때, 예수님께서 그곳에 계십니다. 예수님께서 여러분들을 구조하실 것입니다. 주님은 여러분들을 홀로 내버려 두지 않으십니다. 친구들이여, 나는 여러분들이 이따금 물 위를 걸을 것이라는 것을 알고 있습니다.

## § 4부 2장 예수님의 비유에 관한 설교 실례

설교본문 : 누가복음 10 : 25~37
설교제목 : 선한 사마리아인과의 만남
설 교 자 : 토마스 롱 교수
성서일과 Proper 10-Year C

지난 겨울, 뉴욕 시에서 놀라운 일이 있었다. 건축 노동자인 웨슬리 오트리는 4살, 6살 된 그의 딸들과 같이 지하철 플랫폼에서 열차를 기다리고 있었다. 그런데 갑자기 어느 남자가 플랫폼에서 발작을 일으켜 신음하더니 지하철 철로에 떨어지는 것이었다. 바로 그 순간에 지하철이 헤드라이트를 켜고 터널로부터 빠른 속도로 질주해 오고 있었다. 웨슬리 오트리는 자신의 신변을 생각하지 않고, 즉각적으로 철로에 뛰어내려 발작을 일으킨 사람을 열차의 선로로부터 끌어내려고 했다. 그러나 열차가 하도 빨리 달려오기에 그는 그 사람을 선로로부터 끌어낼 시간이 없음을 곧 깨닫게 되었다. 웨슬리가 철도의 궤간 사이의 낮은 곳에 그를 넣고 자신의 몸으로 그의 몸을 덮자 열차는 그들 몸 위로 지나갔다. 열차는 불과 몇 인치 위로 지나갔고, 열차의 기름이 그의 모자와 옷에 묻었다. 기차가 정지했을 때 웨슬리는 플랫폼에서 놀라 내려다보고 있는 사람들에게 "거기에 내 어린 딸 둘이 있는데, 그 아이들에게 아빠는 괜찮다고 말해 주시오."라고 소리 질러 말하였다.

이 사건 이후 웨슬리는 전국적인 영웅이 되었다. 사람들은 그의 사심 없는 자세와 용기에 큰 감동을 받았다. 웨슬리가 행한 것은 다른 사람에 대한 놀라운 배려의 행동이었다. 그는 이 낯선 사람을 도울 아무런 이유가 없었다. 웨슬리는 그를 알지 못하였고, 그에게는 돌보아야 할 어린 두 딸이 있었다. 그가 행한 것은 자기 목숨을 건 행위였다. 그러나 어느 한 생명이 큰 도움이 필요한 것을 보았을 때 불쌍한 마음에 그는 움직였고, 그를 구출하기 위해 할 수 있는 행동을 한 것이었다. 어느 신문은 그를 '지하철의 슈퍼맨', '할렘(번역자 주 : 뉴욕 시 흑인들의 거주지)의 영웅'이라고 불렀다. 다른 어느 신문은 성서적 단어를 사용하여 "선한 사마리아 사람이 지하철의 선로에서 사람을 구출하다"라고 제1면에 표제를 달았다.

웨슬리 오트리는 정말 선한 사마리아 사람이었다. 우리는 이 이야기를 들을 때 이런 질문을 할 수 있다. "내가 그날 지하철 플랫폼에 있었다면 무엇을 행했을 것인가? 나는 웨슬리처럼 용기 있게 행했을까? 열차가 질주하여 달려올 때, 그 사람을 돕기 위해 나는 선로에 뛰어내렸을 것인가? 나는 그날 선한 사마리아인이 되었을까?"

많은 사람들은 이러한 질문들이 바로 예수님께서 우리들로 하여금 고민되기를 원하는 것이라고 믿고 있다. 이러한 이유 때문에 예수님께서 선한 사마리아인의 비유를 말씀하신 것이라고 그들은 말한다. 선한 사마리아인의 비유는 예수님의 비유 가운데 우리에게 가장 친숙한 이야기 중의 하나이다. 예수님께서는 이 비유 말씀을 통하여 우리들로 하여금 스스로에게 질문하게 한다. "이와 유사한 상황이 일어난다면, 나는 기꺼이 다른 사람에게 선한 사마리아인이 될 수 있을 것인가?" 어떤 도랑에 누워 있는 사람이나, 고속도로에서 어려움에 처한 사람, 아니면 지하철 선로 위에 넘어져 있는 사람을 도와주기 위해 내 생명의 위험을 무릅쓸 수 있는가? 나는 선한 사마리아인인가?

그러나 나는 예수님께서 이 비유에서 말씀하시는 것이 정말 이러한 것인지 의아하게 여긴다. 다른 관점에서 이 비유를 바라보자. 여러분들은 예수님께서 선한 사마리아인 비유를 어떻게 해서 말씀하시게 되었는지를 기억할 것이다. 예수님께서는 예루살렘을 향하여 올라가고 계셨는데, 어느 마을을 지나가시면서 예수님은 그 지역의 변호사(율법 교사)와 논쟁적 대화를 가지게 되셨다. 변호사는 예수님의 메시지를 좋아하지 않아, 예수님을 시험하여서 예수님의 가르침에 허점을 드러냄으로 예수님을 어리석게 보이도록 시도하였다. 그는 마치 예수님을 증언대에 세우고 반대신문을 하듯이 하였다. 변호사는 예수님께 질문하였다. "당신의 견해에 의하면, 영생을 얻기 위하여 내가 해야 할 것이 무엇입니까?" 예수님께서는 대답하셨다. "당신은 변호사요. 율법에서 무엇이라고 말하고 있소?" 물론 변호사는 모세의 율법을 잘 알고 있었기에, 모세의 율법을 인용하였다. "율법은 '너의 모든 마음과 혼(soul)과 힘과 마음(mind)을 다하여 너의 하나님을 사랑하고 또한 네가 너를 사랑하는 것처럼 네 이웃을 사랑하라'라고 했습니다." 예수님께서는 다시 말씀하셨다. "그래, 네가 옳게 말하였다. 하나님을 온전히 사랑하고 네 이웃을 너 자신처럼 사랑하라. 이 계명을 행하면 너는 영생을 가질 것이다." 그러나 변호사는 여기에서 쉽게 포기하려고 하지 않는다. "잠시만요. 예수님께서 내린 정의에 문제가 있습니다. 예수님께서 말씀하시는 '이웃'이 무엇을 의미하는지 설명해 주시기 바랍니다. 확실한 정의를 내려 주십시오. 정확하게 우리의 이웃이 누구입니까?"

이러한 변호사의 도전에 대한 반응으로 예수님께서는 선한 사마리아인의 비유를 말씀해 주셨다. 지하철 선로 위에 쓰러진 사람의 이야기와 매우 유사하지만, 같은 이야기는 물론 아니다. 예수님의 비유는 여리고로 내려가다가 강도들에게 습격을 당해, 죽도록 매를 맞고 피를 흘리며 길에 쓰러져 있는 사람에 관한 이야기이다. 선로에 쓰러진 사람처럼, 이 비유도 생명을 위협하는 커다란 문제에 놓여 있는 사람에 관한 이야기이다. 도움이 절실하게 필요한 사람에 관한 것으로, 유별난 이야기는 아니다. 예루살렘으로부터 여리고로 가는 길은 악명 높을 정도로 위험하고, 강도들로 들끓어 혼자서 여행하기에 안전하지 못하였다. 따라서 어느 한 사람이 폭행당하고 강탈당한 사건은 매우 흔한 이야기이다. 놀랄 만한 이야기가 아니다. 그런데 예수님의 이야기에는 정말로 두 번의 놀랄 만한 일이 일어나고 있다. 첫 번째 충격은 도울 수 있는 두 사람, 도와줄 것으로 기대되는 사람들, 종교적 사람들인 레위 사람과 제사장이 길을 내려가다가 곤경에 처한 사람을 보고도 아무것도, 정말 아무것도 행하지 않은 것이다. 그들은 의도적으로 그를 피하여 지나갔다. 이것은 뉴욕의 가장 큰 교회 목사와 뉴욕의 경찰이 위기에 처한 사람을 보고 어깨를 으쓱하고, 방향을 돌려 다른 길로 갔다고 말하는 것과 유사할 것이다. 이것은 충격적인 일이다. 이 이야기의 첫 번째 충격이 우리가 도울 것이라고 기대했던 사람들이 아무 것도 행하지 않은 데 있다면, 두 번째 충격, 더 큰 충격은 우리가 도울 것이라고 가장 기대하지 않는 사람이 부상당한 사람을 긍휼히 여기고 용감하게 그를 구출하는 데 있다.

예수님께서는 어느 사마리아 사람이 그곳을 지나가고 있었다고 말씀하신다. 물론 예수님은 유대인이시며, 변호사와 비유 말씀을 듣고 있던 나머지 사람들도 모두 유대인들이었다. 이 비유 말씀에 나오는 등장인물들인 제사장과 레위 사람, 거의 확실하게 부상당한 사람도 유대인이었고, 그리고 아마도 강도들도 유대인들이었을 것이다. 그런데 이 이야기에 사마리아 사람이 등장한다. 유대인과 사마리아 사람들은 인종적, 그리고 종교적인 증오의 쓴 역사를 가지고 있다. 그들은 서로 상종하려고 하지 않았다. 부상당한 사람은 비열한 인간으로 취급되는 사마리아인으로부터 도움을 기대하지 않았을 것이고, 또 그는 아마도 사마리아인으로부터 어떤 도움도 원치 않았을 것이다. 사마리아 사람은 유대인들에게 오늘날의 테러리스트 알 카에다처럼 보였을 것이다. 길에서 피 흘리고 죽는 것이 사마리아 사람에게 만져지는 것보다 더 나았을 것이다. 그러나 무시당하고 거부당함에도 불구하고 사마리아 사람은 불쌍한 마음에 부상당한 사람을 부드럽게 돌보아 주었다.

이 비유 이야기를 말씀하신 다음에 예수님께서는 변호사에게 물으셨다. "자네가 '이웃'이란 말을 정의 내려 보게. 이 이야기에서 누가 이웃인지가 증명되었는가?" 변호사는 '사마리아인'이란 말을 입으로 내뱉어 말할 수 없었기에 "자비를 베푼 자니이다"라고 중얼거렸다. 그러자 예수님께서는 "가서 너도 이와 같이 하라"라고 말씀하셨다.

내가 조금 전에 말한 것처럼, 어떤 사람들은 예수님께서 이 이야기에서 말씀하시는 것은 다음과 같다고 말한다. "OK, 모든 사람들이여, 나는 여러분들이 세상에 나아가 사마리아 사람처럼 되기를 원한다. 그는 도움이 필요한 사람을 돌보았다. 나는 여러분들이 그를 본받기를 원한다. 여러분들도 가서 이와 같이 하라." 그러나 이러한 견해에는 두 가지 문제가 있다. 첫 번째 문제는 만약 이것이 예수님께서 말씀하시고자 하는 요점이라면 예수께서는 아마 이 이야기를 다르게 말씀하셨을 것이라는 데 있다. 예수께서는 이 이야기를 단순한 도덕적인 예(example)로 만들었을 것이고, 골머리를 썩게 하는 사마리아인을 이야기에서 삭제하셨을 것이다. 예수께서는 아마 다음과 같이 말씀하셨을 것이다. "어느 사람이 곤경에 처해 있는데, 그를 도울 수 있는 세 사람이 지나갔다. 첫 번째 사람은 돕지 않았고, 두 번째 사람도 그를 돕지 않았다. 그러나 세 번째 사람은 곤경에 처한 사람을 도왔다. 그러니 세 번째 사람처럼 행하고, 돕지 않은 두 사람들처럼 되지 말아라." 그러나 이 이야기는 단순히 도덕적인 이야기가 아니다. 이 이야기는 비유이다. 비유는 항상 충격적이고, 놀라게 하며, 예기치 않은 무엇인가와 씨름하게 하고 당혹하게 한다. 이 이야기에는 거부당하는 사마리아 사람이 원수에게 자비를 보여 주고 있는 불필요한 사실이 있다. 이러한 점은 간단한 설명을 방해하고 있다. 이 비유에는 "OK, 여러분들, 세상에 나아가 선한 사마리아인처럼 되기 바랍니다."라고 말하기에는 무엇인가 더 깊은 것이 들어 있다.

두 번째의 문제는 더 중요하다. 만일 우리가 용기 있게 불쌍히 여기는 마음을 가지고 있는 선한 사마리아인을 본받는 것이 예수님 말씀의 요점이라면, 슬픈 사실은 우리가 그렇게 할 수 없다는 데 있다. 그러하기에 웨슬리 오트리가 지하철 플랫폼에서 행한 것이 믿을 수 없을 정도의 주목할 만한 일인 것이다. 우리 가운데 거의 모두가 그렇게 행하지 못할 것이다. 우리가 자신을 잊어버리고 낯선 사람을 위해 모든 위험을 감수한다는 것은 솔직히 우리 본성에 맞지 않다.

몇 년 전에 신학교 학생들을 대상으로 행한 유명한 실험이 있었다. 연구가들은 교실에 신학생들을 모이게 한 다음, 선한 사마리아인의 비유에 관한 토론을 녹음하는 과제를 주었다. 녹음은 학교 교정의 다른 쪽에 있는 건물에서 행해질 것이고, 시간이 촉박하기에 서둘러 그 건물로 가야 한다고도 말해 주었다. 학생들에게 알려지지 않았지만 그 건물로 가는 길에 연구가들은 어느 배우로 하여금 곤경에 빠져, 좁은 길에 쓰러져서 기침하며 고통스러워하는 모습을 연기하도록 하였다. 선한 사마리아인에 관한 토론을 하여야 하는 신학생들이 도움이 필요한 사람을 만났을 때, 무슨 일이 일어날 것인가 연구가들은 알고 싶어 했다. 그들은 선한 사마리아 사람이 되었을까? 전혀 그렇지 않았다. 거의 모두가 고통당하고 있는 사람을 그냥 지나쳤고, 어느 한 신학생은 선한 사마리아인에 관한 과제를 위하여 바빠 가느라고 쓰러져 있는 사람의 몸을 넘어갔다. 우리는 선한 사마리아인의 비유를 실천에 옮기지 못하는 신학생들을 무시해서는 안 된다. 왜냐하면 우리들도 그렇게 할 수 없기 때문이다. 우리가 무엇이 옳은가를 머리(mind)로 안다는 것은, 우리가 그것을 행할 수 있다는 것을 의미하지 않는다. 우리가 선한 사마리아인이 되려면, 우리의 생각이 변하는 것 이상이 되어야 한다. 우리의 가슴(heart)도 변화되어야 한다. 이 비유는 가슴의 변화에 관한 것이다.

프린스턴 대학의 사회학 교수인 로버트 워스나우(Robert Wuthnow)는 왜 어떤 사람은 너그러우며 동정심을 가지고 있고, 어떤 사람들은 그렇지 않은가에 관한 연구를 한 적이 있었다. 그의 조사에 의하면 동정심이 있는 사람들은 어느 누군가가 그들에게 동정심이 있는 행위를 하였기에, 그 경험이 그들의 삶을 변화시켰다고 한다. 워스나우 교수는 선한 사마리아인이 되기에는 작은 이유를 가지고 있는 구조대원으로 일하고 있는 잭 케이시의 이야기를 실례로 들어 말하고 있다. 잭 케이시는 알코올의존자인 아버지의 아들로, 고된 가정환경에서 자라났다고 한다. 그는 말하였다. "나의 아버지가 나에게 가르쳐 준 것이 하나 있다면, 그것은 나는 커서 아버지와 같은 사람이 되기를 원치 않는다는 것이었다." 그런 잭이 어렸을 때 그의 삶과 그의 가슴(heart)을 변화시킨 어떤 일이 일어났었다. 그는 어느 날 수술을 받게 되었는데, 몹시도 두려워했었다. 그는 기억하기를 수술실에 있는 어느 간호사가 그의 곁에 서 있었고, 동정심 있게 "염려하지 말아라."라고 안심시켜 주었다고 한다. 그녀는 "무슨 일이 일어나도 나는 네 곁에 있어 주마."라고 말했고, 잭이 수술에서 깨어났을 때 그녀는 그 말대로 그의 곁에 있어 주었다고 한다.

오랜 세월 후에, 긴급 의료원(paramedic)으로 일하고 있는 잭 케이시는 어느 날 고속도로에서 일어난 사고 현장으로 보내졌는데, 어떤 사람이 운전하던 픽업트럭이 뒤집어져 차 안에 갇혀 있었다고 한다. 잭이 완파된 차로부터 그를 끌어내려고 할 때, 잭과 차 안에 갇힌 사람 위에 가솔린이 뚝뚝 떨어지고 있었고, 그들의 옆에서 구조대원들이 찌그러진 차체로부터 그를 끌어내기 위하여 전기 톱(power tool)을 사용하여 차체를 깎기 시작했다고 한다. 불똥 하나가 가솔린에 튀면 모든 것을 폭파시켜 버릴 수 있었다. 운전자는 너무 무서워서 죽는 것이 두렵다고 울기 시작했다고 한다. 잭은 그가 어린 시절 수술대 위에 누워 있었을 때를 떠올렸다고 한다. 그 간호사가 부드러운 말로 그에게 말하며 그의 곁에 있어 준 것을 생각하고, 그 트럭 운전수에게 "염려하지 말게나. 내가 당신 곁에 있어 줄 것이고, 당신 곁을 떠나지 않겠네."라고 말해 주었다고 한다. 얼마 후 잭은 이 사건을 회상하면서, 어린 시절 간호사가 그에게 말한 것처럼 그의 곁을 떠나지 않은 일이 상기되어 그도 그와 같이 행동하였다고 말하였다. 구조받은 트럭 운전사는 잭에게 말하였다. "당신은 바보요. 불똥이 우리들 몸에 있는 가솔린에 튀었으면, 당신과 나는 타 버려 죽었을 것이요." 그때 잭은 "나는 당신을 떠날 수가 없었습니다."라고 말했다고 한다. 잭 케이시에게는 그의 삶을 변화시킨 어떠한 일이 일어났고, 그 일이 그를 선한 사마리아인으로 만든 것이다. 이와 같은 일이 여러분에게도 일어났는가? 그렇다. 여러분에게도 이러한 일이 일어났다. 이것이 예수님의 선한 사마리아인 비유 말씀의 요점이다. 변호사가 발견한 것, 또 우리들도 발견하는 것이다.

우리는 길가에 서서 어떻게 하면 선한 사람이 될 수 있는가를 생각해 내며, 이 사람이 나의 이웃인가 아닌가를 정의 내리고, 영생을 얻기 위하여 무엇을 행해야 하는지를 생각해 낼 수 없다.

우리들의 모든 종교적인 미덕과 자세로 우리는 정말 아무것도 행할 수가 없다. 우리는 자신의 힘으로 선한 사람이 되기에는 무력한 존재들이다. 다른 말로 한다면 우리는 구렁텅이에 빠진 사람들이고, 부상당하여 길가에 쓰러진 무력한 사람들이요, 구조가 필요한 사람들이다. 이럴 때 선한 사마리아인, 멸시받고 거부당한 예수라고 불리는 선한 사마리아인이 우리에게 다가와 우리를 구원해 주시며, 부드럽게 말을 걸어 주시고, 우리를 그의 손으로 들어 올려 치유의 장소로 우리를 데리고 가신다. 바울이 말한 것처럼 우리가 하나님의 원수 되었을 때, 하나님은 구렁텅이에 빠져 있는 우리를 보시고 불쌍히 여기시어 우리를 예수 그리스도 안에서 구원하러 오신 것이다.

그렇다면 "이웃의 정의가 무엇이냐?"라는 문제는 변호사의 것이 아니다. 문제는 누가 여러분의 이웃이 되어 왔느냐이다(The question is who has been neighbor to you). 예수 그리스도가 여러분들의 이웃이 되려고 오셨다. 십자가에 못 박히신 그분이 여러분들의 이웃이 되어 왔다. 예수님의 자비(mercy)가 여러분들의 가슴을 자비롭게(merciful) 만들고 있는가? 그렇다면 "가서 너도 가서 이와 같이 하라"라는 말씀이 무엇을 의미하는지 여러분들은 가슴으로 알게 될 것이다.

"오 하나님, 우리가 자신에게 정직할 때 우리는 자신의 힘으로 옳은 행동을 선택하지 못한다는 것을 알고 있습니다. 우리는 옳고 그른 것에 관하여 많은 말을 하고 있지만, 우리는 의롭게 되기 위한 지혜나 능력을 우리 안에 가지고 있지 못합니다. 우리는 길가에 쓰러져 있는 무력한 존재입니다. 우리들의 최고의 도덕적 본능도 우리를 피하여 갑니다. 하나님이여, 우리에게 오시옵소서. 예수 그리스도 안에서 우리에게 다시 오시옵소서. 우리를 깨어진 것으로부터 들어 올리사 치유의 장소로 데리고 가소서. 주님, 우리는 방황하기 쉬우며, 우리가 사랑하는 하나님을 떠나기 쉬운 존재들입니다. 여기에 나의 가슴이 있사오니, 받으시고 봉인(seal)하시옵소서. 하늘의 법정(courts)을 위하여 봉인하소서. 아멘."

# 중요한 참고 도서

## 설교학

Barth, Karl. *Church Dogmatics*, I/1. (3$^{rd}$ Edition). London : T & T Clark, 1999.
_____. *Church Dogmatics*, I/2. Edinburgh : T & T Clark, 1956.
_____. *The Word of God and Theology*. Edinburgh : T & T Clark, 2011.
Brueggemann, Walter. *Finally Comes the Poet*. Minneapolis : Fortress Press, 1989.
Buttrick, David. *Homiletic : Moves and Structures*. Philadelphia : Fortress, 1987.
Craddock, Fred B. *Preaching*. Nashville : Abingdon, 1985.
Greidanus, Sidney. *The Modern Preacher and the Ancient Text*. Grand Rapids : Eerdmans, 1988.
Kay, James. F. *Preaching and Theology*. St. Louis : Chalice, 2008.
Long, Thomas G. *The Witness of Preaching* (2$^{nd}$ Edition). Atlanta : Westminster John Knox, 2005.
Lowry, Eugene L. *The Homiletical Plot* (Expanded Edition). Louisville : Westminster John Knox, 2001.
Llyod-Jones, Martyn. *Preaching & Preachers*. London : Hodder & Stoughton, Revised edition, 1998.
Mathewson, Steven D. *The Art of Preaching Old Testament Narrative*. Grand Rapids : Baker, 2002.
Robinson, Haddon W. *Biblical Preaching* (2$^{nd}$ Edition). Baker, Grand Rapids, 2001.
Stott, John R. W. *Between Two Worlds*. Grand Rapids : Eerdmans, 1982.
Taylor, Barbara Brown. *The Preaching Life*. Cambridge : Cowley, 1993.

Wiersbe, Warren W. *Preaching & Teaching with Imagination*. Wheaton : Victor, 1994.

Willimon, William H. *Conversations with Barth on Preaching*. Nashville : Abingdon, 2006.

Brueggemann, Walter. *Finally Comes The Poet*. 주승중 역. 「설교자는 시인이 되어야 한다」. 서울 : 겨자씨, 2007.

Fred B. *Craddock. Preaching*. 김영일 역. 「설교 : 열린 체계로서의 귀납적 설교방식」. 서울 : 컨콜디아, 1989.

Greidanus, Sidney. *The Modern Preacher and the Ancient Text*. 김영철 역. 「성경 해석과 성경적 설교」 상·중·하. 서울 : 여수룬, 1995.

Long, Thomas G. *The Witness of Preaching*. 이우제, 황의무 공역. 「증언하는 설교」. 서울 : CLC, 2006.

Lloyd-Jones D. Martyn. *Preaching & Preachers*. 서문강 역. 「목사와 설교」. 서울 : 기독교문서선교회, 1977.

Mathewson, Steven D. *The Art of Preaching Old Testament Narrative*. 이승진 역. 「청중을 사로잡는 구약의 내러티브 설교」. 서울 : 기독교문서선교회, 2011.

Robinson, Haddon W. *Biblical Preaching*. 박영호 역. 「강해 설교 : 강해 설교의 원리와 실제」 제2증보판. 서울 : CLC, 2008.

Stott, John R. W. *Between Two Worlds*. 정성구 역. 「현대 교회와 설교」. 서울 : 생명의샘, 2002.

Taylor, Barbara Brown. *The Preaching Life*. 김덕수, 임성민 공역. 「설교와 함께 살아가라」. 서울 : 대서, 2010.

Wiersbe, Warren W. *Preaching and Teaching with Imagination*. 이장우 역. 「이미지에 담긴 설교」 상·하. 서울 : 요단출판사, 1997.

김운용. 「설교의 새로운 패러다임」. 서울 : 장로회신학대학 출판부, 2004.

주승중. 「설교의 레노베이션을 꿈꾸는 성경적 설교의 원리와 실제」. 서울 : 예배와 설교 아카데미, 2006.

이문균. 「설교와 신학」. 서울 : 한국장로교출판사, 2011.


## 설교집

Barth, Karl & Willimon, William H. *The Early Preaching of Karl Barth*. Louisville :

Westminister John Knox, 2009.

Brueggemann, Walter. *The Collected Sermons of Walter Brueggemann*. Louisville : Westminster John Knox, 2011.

Craddock, Fred B. *The Collected Sermons of Fred B. Craddock*. Louisville : Westminster John Knox, 2011.

Taylor, Barbara Brown. *Bread of Angels*. Boston : Cowley..

Turpie, Bill. *Ten Great Preachers*. Grand Rapids : Baker, 2000.

Willimon, William H. *The Collected Sermons of William H. Willimon*. Louisville : Westminster John Knox, 2011.

Turpie, Bill. *Ten Great Preachers*. 김대웅 역. 「우리 시대의 위대한 설교자들」. 서울 : 브니엘출판사, 2002.


## 사전, 주석 및 해석학

Fee, Gordon D. & Stuart, Douglas. *How to Read the Bible for All It's Worth*. Grand Rapids : Zondervan, 1993.

Ricoeur, Paul. *Interpretation Theory*. Fort Worth : TCU, 1976.

Ricoeur, Paul & Thompson, John B. *Hermeneutics & the Human Sciences*. Cambridge : Cambridge Uni. Press, 1981.

Vanhoozer, Kevin J. (ed.) *Dictionary for Theological Interpretation of the Bible*. Grand Rapids : Baker, 2005.

Willimon, William H. & Lischer, Richard (eds.). *Concise Encyclopedia of Preaching*. Louisville : Westminster John Knox, 1995.

Fee, Gordon D. & Stuart, Douglas. *How to Read the Bible Book by Book*. 김진선 역. 「책별로 성경을 어떻게 읽을 것인가」. 서울 : 성서유니온선교회, 2003.

Ricoeur, Paul. *Interpretation Theory*. 김윤성 역. 「해석이론」. 서울 : 서광사, 1994.

Ricoeur, Paul & Thompson, John B. *Hermeneutics and the Human Sciences*. 윤철호 역. 「해석학과 인문사회과학」. 서울 : 서광사, 2003.

Vanhoozer, Kevin J. *Is There a Meaning in This Text?*. 김재영 역. 「이 텍스트에 의미가 있는가」. 서울 : 한국기독학생출판부, 2008.

Willimon, William H. & Lischer, Richard (ed.). *Concise Encyclopedia of Preaching*. 이승

진 역. 「설교학 사전」. 서울 : 기독교문서선교회, 2003.
윤철호. 「기독교 인식론과 해석학」. 서울 : 한국장로교출판사, 2001.


## 설교의 역사

Brilioth, Yngve. *A Brief History of Preaching*. Philadelphia : Fortress, 1965.
Edwards, Jr., O. C. *A History of Preaching*. Nashville : Abingdon, 2004.
Holland, Dewitte T. *The Preaching Tradition*. Nashville : Abingdon, 1980.
Old, Hughes Oliphant. *The Reading and Preaching of the Scriptures in the Worship of the Christian Church*. Vol 1-6. Grand Rapids : Eerdmans, 1998-2007.
Brillioth, Yngve. *The Preaching Tradition*. 홍정수 역. 「설교사」. 서울 : 신망애출판사, 1986.
Old, Hughes Oliphant. *The Reading and Preaching of the Scriptures in the Worship of the Christian Church*. 홍성훈 역. 「설교의 전통」. 서울 : 소망사


## 설교자의 영성

Bonhoeffer, Dietrich. *Life Together & Prayerbook of the Bible*. Minneapolis : Fortress, 2005.
Casey, Michael. *Sacred Reading*. Liguori, Missouri : Liguori/Triumph, 1995.
Peterson, Eugene H. *Working the Angless*. Grand Rapids : Eerdmans, 1987.
_____. *Subversive Spirituality*. Grand Rapids : Eerdmans, 1994.
_____. *Eat this Book : A Conversation in the Art of Spiritual Reading*. Grand Rapids : Erdmans, 2006.
_____. *Tell It Slant*. Grand Rapids : Eerdmans, 2008.
Pennington, M. Basil. *Lectio Divina*. New York : The Crossroad Publishing, 1998.
Peterson, Eugene H. *Tell It Slant*. 양혜원 역. 「비유로 말하라」. 서울 : 한국기독학생회출판부, 2008.
이경용. 「말씀묵상기도」. 서울 : 스텝스톤, 2010.
최창국. 「영성과 설교」. 서울 : CLC, 2011.